독립지사

예관 신규식의 여름과 겨울

시집 『아목루』 완역 · 주해

예관 선생님께

독립지사

예관 신규식의 여름과 겨울

시집 『아목루』 완역 · 주해

진옥경 역주

학자원

추천사

김승환

(단재신채호 선생기념사업회 대표, 충북대 명예교수)

'정부, 정부'를 외치면서 몽매에도 잊지 못한 대한민국임시정부를 지키고자 자진한 열혈 지사가 있다. 25일간 단식 끝에 순국한 그는 백절불굴의 예관 신규식 선생이다. 예관의 참절(慘絶) 장렬한 자진은 세 번째 만에 성공했는데, 첫 번째는 1905년 을사늑약(乙巳勒約)에 항거하는 자진이었고, 두 번째는 1910년 경술병탄(庚戌倂呑)에 절망하는 자진이었고, 세 번째는 1922년 독립운동 분열에 한탄하는 자진이었다. 예관은 1911년 11월 개천절 직후 압록강 건너 중국으로 망명하여 1922년 순국하기까지 민족해방의 일념으로 일생을 살았다. 중국 망명 11년 동안 남긴 높은 기상을 품은 한인(恨人)의 청신한 시문이 『한국혼(韓國魂)』과 『아목루(兒目淚)』다. 예관의 애절한 피와 눈물이 담긴 『한국혼』과 『아목루』는 단순한 문장이나 한시가 아니라 단군 이래 대한민족(大韓民族)의 오천년 혼이 서린 글이다.

진옥경 박사는 기존의 연구와 번역을 존중하면서 신규식의 정신사와 신규식의 인생사와 신규식의 시사(詩史)를 편찬, 번역, 주해하는 어려운 작업을 완성했다. 원전 『한국혼』과 『아목루』는 중국에서 중국어로 출판된 판본이다. 『한국혼』과 『아목루』에는 대한독립의 열망과 함께 진단(震壇)의 희망이 쌓여있고, 1911년 신해혁명 이후 삼민주의(三民主義)의 열풍이 불던 중국 장강 유역과 강남 지방의 상황이 놓여 있다. 아울러 중국어 원전에는 정신의 깊이와 고뇌가 문채(文彩)의 아우라(aura)로 빛난다. 예관이 한자문화권의 보편어(lingua franca)로 망국의 설움과 독립의 희망을 표현한 것 자체가 특수한 맥락이다. 특히 중국의 혁명가들을 포함한 저명한 인사들과 중국어로 교류하고 한시로 인간관계를 형성한 것은 예관만이 할 수 있었던 일이다. 이런 여러 원인 때문에 두 저작의 무시무시한 정신과 형형한 영혼을 번역하기가 쉽지 않다.

이런 작업을 할 때는 탁월한 중국어 실력과 해박한 중국문화 이해 능력이 필요하다. 그리고 해석학, 문학이론, 번역론, 문헌학, 실증주의를 갖추어져야 하고 장인의 정신이 뒷받침되어야 한다. 강한 인내와 씩씩한 의지도 있어야 한다. 간단히 말하면 신규식의 의지와 실천에 값하는 번역편찬자의 의지와 노력이 있어야 하는 것이다. 그렇지 않으면 부실한 허접(虛接)의 바다로 빠져 글이 되지 않는다. 이렇게 상재(上梓)한 『예관 신규식의 여름과 겨울』은 예관의 한시를 완역하고, 고증하고, 주석하고, 해설한 것이면서 대한민국 초기 독립운동사를 연대순으로 정리한 역저(力著)다. 특별한 점은 통용본 『아목루』(1955)와 그 이전의 필사본 『아목루』를 대조하고 비교하면서 완역했다는 것이다. 따라서 이 역저는 예관의 인생사이자 정신사이고 춘추(春秋)의 시사(詩史)이면서 하동(夏冬)의 기실(紀實)이다.

시 번역은 가능하기도 하고 불가능하기도 하다. 특히 한시는 평측, 압운, 대우, 기승전결, 절주, 의상, 의경을 포함한 여러 가지를 고려해야 하므로 형식과 내용의 등가(equivalence) 번역은 불가능하다. 그래서 야콥슨(R. Jakobson)은 시의 번역불가능성과 함께 창의적 전이(creative transposition)를 제시했다. 또한 고립어인 중국어와 교착어인 한국어는 언어계통론적 차이가 있어서 번역하기 어렵다. 그러나 수 천년 한중교류로 형성된 문화적 친연성 때문에 어휘와 정서의 보편성이 있다. 이 책은 고전 중국어, 현대 중국어, 1910년대 조선어, 현대 한국어 등 여러 언어 층위를 고려하여 번역한 예관 신규식 선생의 시집이자 문집이다. 진옥경 박사는 예관의 무인다운 호방함 외에 독립운동의 서사(敍事), 고뇌와 슬픔의 서정(敍情), 부모 처자와 고향을 그리워하는 향수, 증여시와 화답시 형식의 교유 등을 비단처럼 교직했다.

진 박사는 원 텍스트를 훼손하지 않는 충실한 번역을 위하여 각주와 해설에 아주 많은 정성을 들였다. 언어적 차이, 문화적 상황, 역사적 맥락, 발신자인 저자의 내면의식, 수신자인 독자의 기대지평, 당시의 창작과 출판 상황을 모두 고려하는 것은 실로 난망한 일이다. 이 책에는 예관도 참가한 1913년 7월 2차 혁명의 실패, 쑨원(孫文)과 국민당의 상해임시정부 지원, 민족 독립의 희망과 절망까지, 초기 독립운동사가 모두 담겨 있다. 죽은 번역과 적당한 표현을 거부하고 한 자 한 자, 장인의 철저한 정신으로 번역하고 수정하고 주해한 정전(canon) 『예관 신규식의 여름과 겨울』로 인하여 예관의 생애와 대한민국임시정부와 한중외교사의 단면이 선연하게 밝혀졌다. 참으로 대단한 정성이고 열정이다. 비재천학(非才淺學)한 사람이 명저에 한 줄 글을 쓰게 되어 큰 영광이다. 청구 대한의 근대사를 복원하고 동아시아 문명사를 밝힌 이 작업의 의미를 특별히 강조하면서 혼신의 역저에 경의를 표한다.

책머리에

일제 강점기 항일지사들이 비바람 속에서 상해 임시정부를 세운 지도 100여 년, 올해로써 뜻깊은 광복 80주년을 맞았다. 수많은 굴곡 끝에 맞은 오늘 우리의 자리는 그분들의 헌신과 희생 끝에 얻어진 것이기에 소중하게 보전하고, 조심스럽게 이어가야 할 것이다.

그간 국내외에서는 세월에 묻힌 그들의 발자취를 찾으려는 탐색들이 이루어져 많은 성과를 거두었는데, 이제까지의 연구가 행적의 수집과 정리라는 일차적 단계에 집중되다보니, 그들의 대외 활동을 추동했던 사유(思惟)나 개인체험을 드러내는 작업은 상대적으로 많지 못했다. 세월이 흘러 그 시대를 기억하는 세대도 점차 드물어지는 이즈음, 독립지사들의 열정과 내밀한 숨결을 되살려 그 숭고한 삶을 새롭게 조명하는 일이 요청되고 있다.

대외 활동에 치중할 수밖에 없었던 독립지사들의 여건상 일지(日誌)나 서간(書簡) 혹은 시문(詩文)을 남긴 경우는 흔치 않지만, 남아 있는 이런 자료들은 그들의 감성에 포착된 시간들을 생생하게 추체험(追體驗)하도록 돕는 소중한 열쇠이다. 이 책에서는 예관(睨觀) 신규식(申圭植) 선생의 시들을 보다 자세히 들여다보고, 그 고난과 극복의 자취를 따라가 보고자 한다.

예관 신규식(1880~1922) 선생은 일제하에 중국으로 망명하여 시대의 풍운을 온몸으로 겪어내며 11년 동안 항일 구국활동을 펼쳤던 독립지사이다. 그는 혁명파 등 수많은 중국 정계·학계 인물들과 교류하는 한편, 고국을 떠나 온 국내 젊은이들의 진학과 교육에 힘쓰고, 동제사(同濟社) 등 독립을 위한 단체를 조직하면서, 만 리 타국에서 독립의 교두보를 마련하고자 노력하였다. 신해혁명으로 清(청) 정부가 무너졌지만, 이후 불어 닥친 중국 내외의 혼란을 뚫고 上海(상해) 임시정부에서 국무총리까지 역임하며 조국의 독립을 위해 분투하다 1922년 43세의 젊은 나이로 타국에서 서거하였다.

그토록 그리던 고국의 광복을 끝내 보지 못한 망명 생활 중에 열정과 고뇌로 점철된 사상서(思想書) 『韓國魂(한국혼)』과 한시(漢詩) 모음집 『兒目淚(아목루)』를 남겼다. 이 시집에는 일제의 침략 이후 10여 년에 걸친 중국 망명기에 일구월심 모색했던 구국의 방략, 망국인으로서의 울분, 지사들과의 우정 등이 다양하게 묘사되어 있고, 정치 활동 중에 만났던 인물과 겪었던 사건들에 대한 비망(備忘)의 작품들이 실려 있어서, 독립운동의 생생한 발자취를 담은 시사(詩史)라 불릴 만하다. 뿐만 아니라 남다른 인품과 문학적 소양에서 우러나온 세련된 시구(詩句)들은 읽는 사람들을 감동시킨다.

그간 국내외에서 아목루 시 번역이 한 두 차례 시도된 적이 있으나, 중국의 지식인들에게 이웃 나라의 참상을 알리고 협력을 구하고자 선생이 일종의 공용어로 택했던 한시(漢詩) 형식은 유래가 있는 고사(故事) 등, 오늘 우리가 넘어야 할 여러 장벽을 안고 있다. 또한 담고 있는 시대적 배경도 생소한 부분들이 많아 이해에 어려움이 있다. 이 책에서는 이 같은 거리를 좁혀보고자 우리말 번역과 상세한 주석 및 해설을 덧붙이고, 각 작품 제작 시기를 규명할 근거들을 탐색하여 연도별로 재배열해 봄으로써, 종전의 번역이나 평전을 되풀이하는 데서 한걸음 더 나아가보고자 하였다.

번역 작업 중에 국내 경기도 박물관에 소장되어 있던 필사본이 현존 최고(最古)의 『아목루』 판본임을 입증할 수 있었고, 이를 통해 그간 통용되던 판본의 오류를 바로잡게 된 것은 나름의 성과라고 할 수 있다. 귀한 판본이어서 책 뒤에 첨부하려 하였으나, 지면 관계상 별책으로 발간하고자 한다. 아울러 선생 고향 인근에 살게 된 인연으로, 시에 담긴 지명의 본뜻을 찾아내고 훼손되기 전 계산(桂山)의 모습을 사진으로 남길 수 있게 된 것도 의미 있는 일이라 하겠다.

그러나 역시 여러모로 부족한 점이 많아 예관 선생님과 스승님들께 누가 되지나 않을 지 염려도 된다. 삼가 강호 제현의 귀한 가르침을 받들고자 한다.

선생은 공자(孔子)가 엮은 역사책을 본 따 '춘추(春秋)'라는 말을 붙여 멋대로 쓴 역사책들보다, 한여름의 더위나 한겨울의 혹한과 싸우며 피땀으로 일군 역사를 '하동(夏冬)'이란 어휘로서 더욱 중시하면서, 나라를 되찾고자 동분서주하셨다. 기실 우리가 역사를 공부하는 것도 단순히 과거지사를 알기 위함이 아니라 지금 나아갈 바른 길을 찾기 위함일 것이다. 나의 나라를 찾고 바로 세우려는 한마음으로 쓰신 선생의 시가 이 시대 대한의 벗들을 비추는 등불이 될 수 있다면, 미력한 안내자로서 더없는 보람이 되겠다.

집필을 마치고 나니 고마우신 여러분들이 새삼스럽게 떠오른다. 긴 시간동안 건강을 허락해 주신 하느님, 끝없는 공부의 길에 격려를 아끼지 않으신 부모님, 스승님. 독립지사들의 발자취에 무지하였던 필자에게 예관 선생의 숭고한 정신을 일깨워 주신 예관편찬위원회 박정규 교수님과 예관신규식선생순국100주년기념사업회 박걸순 교수님, 단재신채호선생 기념사업회 김승환 교수님께 깊이 감사드린다.

한결같은 응원을 보내준 이영주 시인, 형제와 벗들, 귀한 자료를 제공해 주신 기념사업회 김동진 님과 관계자 여러분, 디자인101 원종문 대표님, 독립기념관, 경기도박물관, 대종교 관련 자료에 대한 조언을 주신 김상웅 전 독립기념관장님, 자료와 함께 조언을 주신 역사학자 배경한 교수님, 홍순권 교수님, 중문학자 원종례 교수님, 서울대 규장각 황재문 교수님, 도움을 주신 충북대학교 중문과 봉인영 교수님, 주기하 교수님, 중국에 유학 중인 졸업생 여러분께 감사드린다.

어려운 출판 여건 속에서 책의 간행을 결정하고 지원해 주신 학자원 출판사 김병환 사장님과 여러분들께 존경을 표하며, 아울러 연구에 매달린 오랜 시간동안 조력과 조언을 아끼지 않은 남편 노경희 교수와, 적지 않은 분량의 원고를 꼼꼼히 교정보아준 큰딸 채운에게 감사의 마음을 전한다.

2025년 봄 회인재(懷仁齋)에서

예관 신규식 선생. 1921

예관 신규식 선생의 가족 · 친지

충북 청주시 가덕면 인차리 (당시 문의군 동면 계산리) 선생 생가

부인 조정완 여사와 아들 상호

딸 신명호와 사위 민필호 부부 (83쪽 참조)

아우 신건식 부부와 그의 딸 신순호(493쪽 등 참조)

큰 조카 신형호(112쪽 등 참조)

조카 딸 신순호와 조카 사위 박영준 부부

단군 성상. 국내 1920(520쪽 등 참조)

이순신 장군 성상. 1920(193쪽 등 참조)

홍암 나철 선생(520쪽 등 참조)

백암 박은식 선생(246쪽 등 참조)

의암 손병희 선생(512쪽 참조)

석농 유근 선생(517쪽 참조)

예관 신규식 선생의 선배

이동녕(496쪽 등 참조)

우당 이회영(291쪽 등 참조)

성재 이시영(오른쪽에서 두 번째)(496쪽 등 참조)

이준, 이상설, 이위종 (왼쪽부터)

안중근(254쪽 등 참조)

산동삼재 중 예관 신규식

산동삼재 중 단재 신채호(204쪽 등 참조)

산동삼재 중 경부 신백우(368쪽 등 참조)

예관 신규식 선생의 한국 절친 동지

계원 노백린 장군(왼쪽에서 네번째)과
레드우드 비행 학교 장교들(390쪽 등 참조)

청사 조성환(90쪽 등 참조)

춘교 유동열(74쪽 등 참조)

우천 조완구, 앞 줄 왼쪽(455쪽 등 참조)
오른쪽 이동녕 이시영,
뒷줄 외쪽으로부터 송병조, 김구, 조성환 등

남파 박찬익(365쪽 등 참조)

韓興教 (한만양, 177쪽 참조)

대한제국 시절 신필균 등의 동료들과 함께.
앞줄 오른쪽 신규식, 왼쪽 신필균

보본 엄주동과. 1917(399쪽 참조)

동지들과. 신채호, 신석우, 신규식

단체사진

동제사 동인들이 상해 비밀 장소에서 거행한 개천절 행사.
1912년 11월 11일(음력 10월 3일) (187쪽 참조)

박달학원 학생과 예관 선생.
왼쪽 신성모, 오른쪽 신건식

예관 선생과 박달학원 학생들

동제사와 배달학회 동인들이 상해 환구학생회관에서 거행한 개천절 경축식
1914년 11월 20일(음력 10월 3일)

신해혁명 원로 동지

신해혁명 주역 손문, 진기미, 송교인(왼쪽부터)(142, 349, 166쪽 등 참조)

신해혁명의 샛별 서혈아
(108쪽 등 참조)

신해혁명 주역 황흥(134쪽 등 참조)

당소의(460쪽 참조)

극심한 정세와 문학활동

원세개의 이중성을 풍자한 民權畫報의 만화.
雪魂 作. 1912.7.27.

원세개의 배신을 풍자한 民權畫報의 만화.
雪魂 作.1912.8.7.(322쪽 등 참조)

예관 선생과 남사 동인들 (286쪽 등 참조)

위당 정인보(305쪽 등 참조)

가인. 벽초 홍명희(315쪽 등 참조)

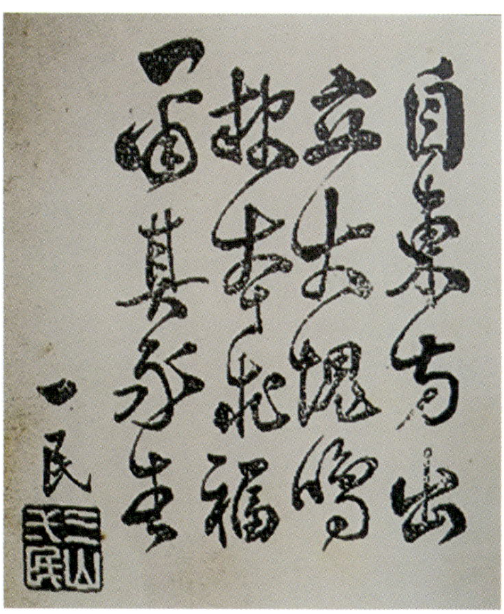

향강잡지 창간 축하시 1913(249쪽 참조)

벼루 뚜껑에 새겨 홍명희에게 준,
산려도를 읊다 시(259쪽 참조)

새로운 희망

고려사, 편액과 영련이 모두 보임(449쪽 등 참조)

대동단결선언 표지. 1917(387쪽 등 참조)

지산외유일지(118쪽 등 참조)

한국 후배 동지

윗줄 왼쪽부터 김규식, 여운형, 조소앙. 아랫줄 왼쪽부터 김철, 조동호, 서병호(472, 251, 484쪽 등 참조)

정원택(118쪽 등 참조)

해위 윤보선(511쪽 참조)

정정화(83쪽 등 참조)

우남 이승만(500쪽 등 참조)

상해 임시정부청사,
상해 법조계 하비로 321, 1919.10.11(473쪽 참조)

1921년 1월 1일 임시정부와 의정원 신년축하 기념식. 둘째 줄 좌측 네 번째(508쪽 등 참조)

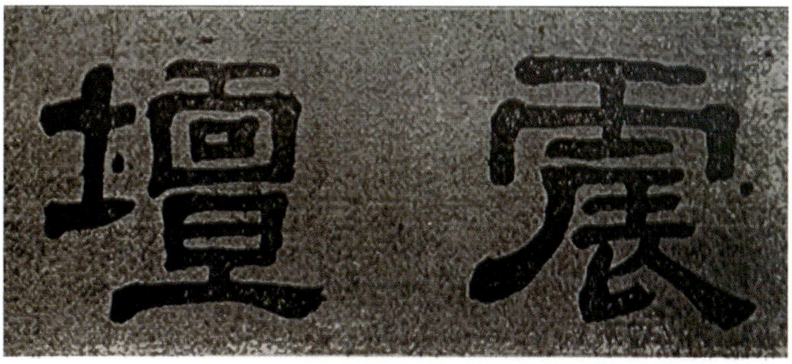

진단 잡지 예관 선생 제호 1920(503쪽 등참조)

도산 안창호(480쪽 등 참조)

손정도

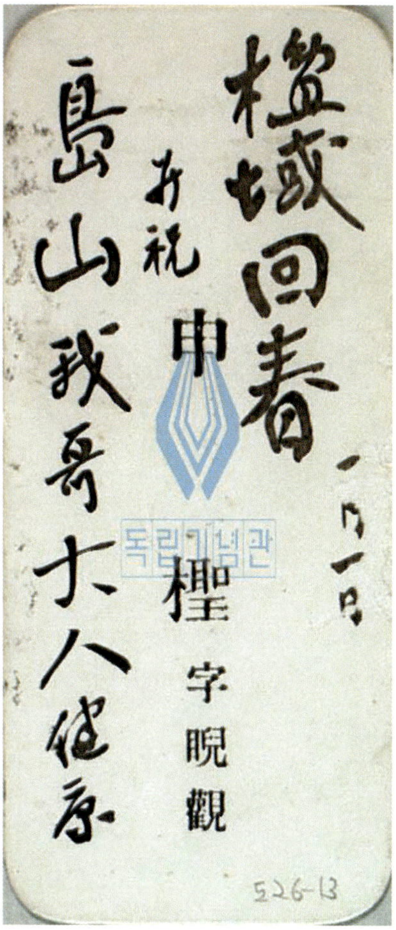

檀域回春(단역회춘)
도산 안창호 선생께 보낸 예관 선생 명함.
신년인사(483쪽 등 참조)

타계

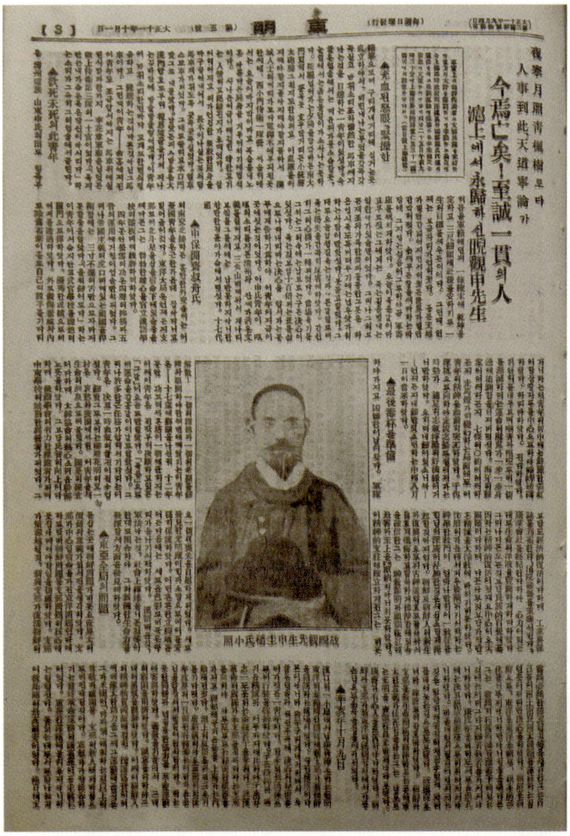

東明

夜來月照靑楓樹로다 人事到此天道寧論가

今焉亡矣! 至誠一貫의人

滬上에서永歸하신睨觀申先生

故睨觀申先生圭植氏小照

예관 선생 부음 국내 기사.
1922. 10. 동명 잡지(504쪽 등 참조쪽 참조)

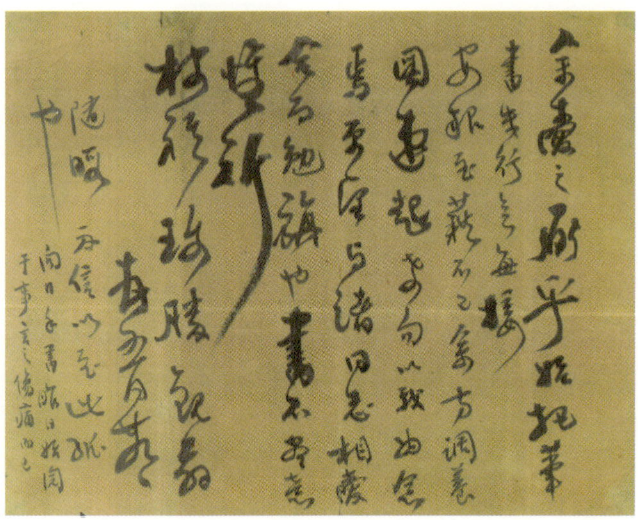

순국 4개월 전 사위 민필호에게 부친 편지 1922

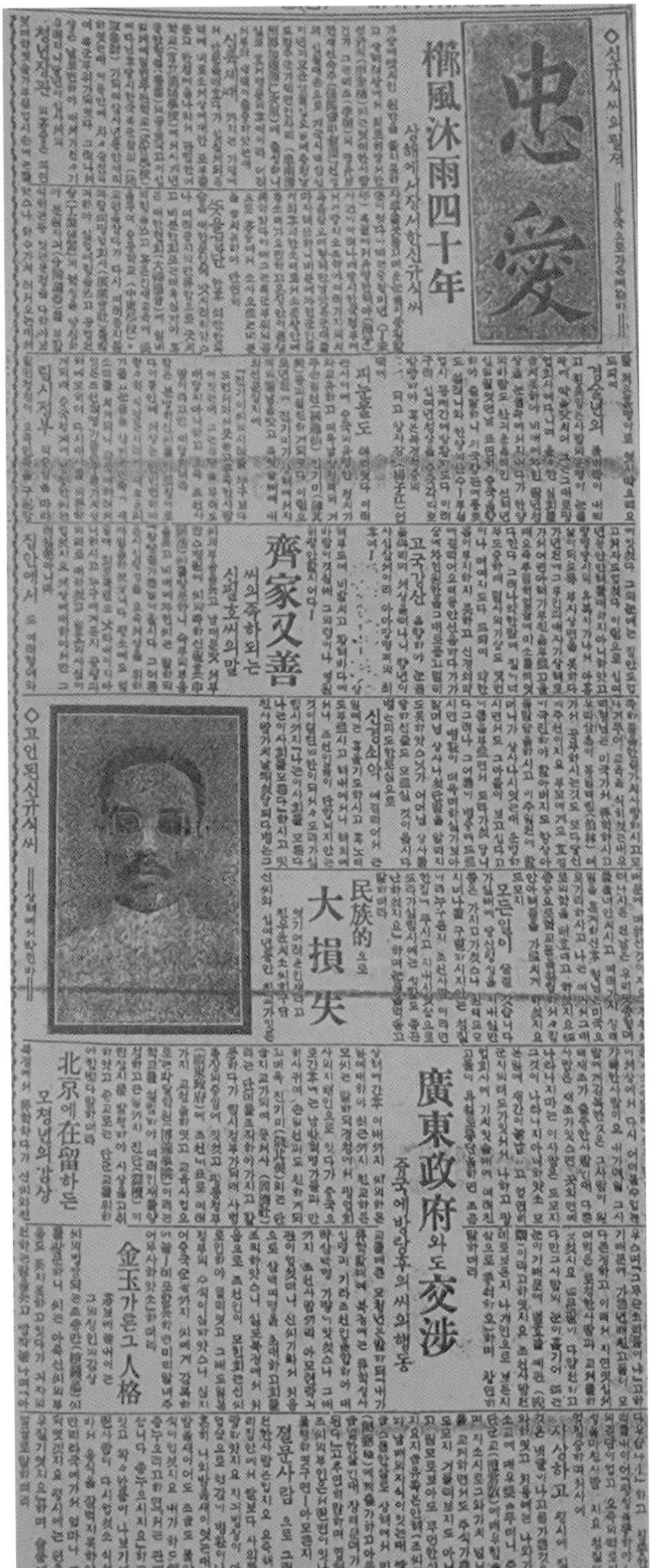

忠愛

櫛風沐雨四十年

齊家又善

民族的으로 大損失

廣東政府와도 交涉

北京에在留하든

金玉가튼그人格

1922년 9월 28일자 동아일보에 게재된
예관 신규식의 부음기사

1945년 12월 3일 대한민국 임시정부 요인 귀국 기념사진
(앞줄 왼편으로부터 장건상, 우천 조완구, 성재 이시영, 백범 김구, 우사 김규식, 조소앙, 해공 신익희, 청사 조성환.
뒷줄 왼편으로부터 일파 엄항섭, 황학수, 성주식, 김성숙, 김상덕, 단주 유림, 백강 조경한, 김봉준, 유동열)

차례

일러두기

01 이 책의 원문은 1955년 臺灣(대만)에서 간행된 增訂再版(증정재판) 『아목루(兒目淚)』와 현존 최고본인 박찬익 일가 기증 한국(韓國) 경기도 박물관 소장 『아목루(兒目淚)』 필사본 2권을 바탕으로 취사선택하였다. 이후 각각 〖통용본〗, 〖필사본〗으로 표기한다.

02 한국 인명(人名)이나 지명(地名)은 한글 우선으로, 중국 인명이나 지명은 한자(漢字) 우선으로 표기하여 차별화하였다.

03 서술은 번역, 원문, 주석, 해설 순으로 하였고, 작품이 장편인 경우에는 편의상 단락을 나누고 이를 밝혔다.

04 주석은 시구(詩句)의 출처, 역사적 지리적 배경을 간략하게 서술하였다. 해설은 각 작품의 제작 시기를 확정한 繫年(계년)의 근거를 중점적으로 다루고, 제작 시기를 밝혔다.

05 주석이나 해설 중에 표기된 날짜는 자료의 특성상 음력 날짜 위주로 서술하고, 괄호 안에 '*' 표로 양력을 표기하였다.

06 작품은 고찰을 통해 규명한 시기 순으로 재배열하였으며, 해설 첫머리에 양력으로 환산한 제작 날짜를 표기하였다. ■은 근거가 분명한 것, ▲는 근거가 다소 약한 것으로 구분하였다.

07 작품의 제작 날짜를 규명하기 어려운 것은 미계년(未繫年) 부분에 넣었다.

08 〖필사본〗에는 애도시 부분이 없어, 원문 등은 〖통용본〗에 따랐다.

신규식 선생의 시와 독립운동

조국 독립에 바친 일생

1. 국내 활동

출생과 성장

예관(睨觀) 신규식(申圭植) 선생은 1880년 2월 22일 충북 문의군 동면 계산리(桂山里 : 현 청주시 가덕면 인차리)에서 고령 신씨 문중의 둘째로 태어났다. 선생은 관립한어학교 입학을 위해 상경할 때까지 18년간 이곳에서 성장하였는데, 3세 때 이미 글을 익히기 시작하고 한학에 뛰어난 재능을 보였다. 특히 한시를 잘 지어 인근 동네에 신동이라는 소문이 널리 퍼지면서, 또래인 신채호(申采浩)·신백우(申伯雨) 선생과 더불어 산동삼재(山東三才)로 불렸다. 16세 때는 일본이 명성황후(明成皇后)를 시해한 을미사변(乙未事變)이 일어나자, 향리에서 소년대(少年隊)를 조직하여 의병활동(義兵活動)에 동참하고자 하였다. 17세에는 경기도 명문 한양 조씨 규수 조정완(趙貞婉)님과 결혼하였다.

선생은 18세 되던 1897년 5월 관립한어학교에 입학하여 서울 생활을 시작하였다. 예관이 입학한 학교는 갓 설립된 관립 중국어학교로, 중국어 학습을 통한 역관(譯官) 양성을 목적으로 하는 학교였다. 그는 한어학교에서 3년간 수학한 후 일생을 군적(軍籍)에 던지기로 결심하고 1900년 9월에 육군무관학교(陸軍武官學校)에 입학하여 1902년 육군보병 참위(參尉)에 임관된 뒤 약 4년간 재직하였고, 1906년 정삼품(正三品)에 오른 후, 황실경비와 수도 방어를 담당하는 시위(侍衛)에 배속되어 9개월 간 복무하였다.

이처럼 선생은 유·소년기에 유학(儒學)을 공부하였고, 서울로 와서는 중국어를 익힌 위에 무관(武官)의 전술 지식과 기개까지 갖춘 대한의 열혈 남아였다.

한일합방에 대하여 목숨 건 항거

그러던 중 세상은 점차 변하여, 일제가 마각을 드러낸 1905년 11월 을사늑약(乙巳勒約)에서 1910년 8월 경술병탄(庚戌併呑)에 이르는 동안 나라의 앞날은 날로 어두워졌다. 이한응, 민영환, 조병세, 박승환, 이준, 홍범식, 황현 등의 우국지사들은 각기 을사늑약과 경술국치에 반대하고 국민의 궐기를 호소하면서 순국·순절하였고, 곳곳에서 의병전쟁이 일어났다. 선생도 지방군대에 연락하고 동지를 규합한 뒤 의병거사를 일으키고자 하였지만 실패하여 음독자살을 기도하였는데, 주변의 만류로 생명은 건졌지만 이로 인해 오른쪽 눈의 시신경이 마비되었다. 흘겨본다는 의미의 '예관(睨觀)'이란 자호(自號)도 여기에서 연유하였다.

1907년 정미년(丁未年) 4월 선생은 시위대 소대원들과 국채보상운동에 적극 참여하고, 8월 1일 일제의 군대해산으로 해직되자 병사를 이끌고 대한문까지 진출하여 자결을 시도하였으나 동지들의 만류로 뜻을 이루지 못하였다.

계몽운동과 종교 활동

선생은 그 후 전방위적으로 계몽운동에 헌신하며 비분과 절망을 삼켰다. 9월에는 황성광업주식회사(皇城廣業株式會社)를 설립하였고, 1908년 정초에는 어려운 여건 속에서도 의(義)를 지켜 나아가는 《황성신문(皇城新聞)》사를 격려하며 논설 난에 기고하고 기부도 하였으며, 3월경에는 가정에서 양계를 활성화하여 산업(産業)을 장려하고자 벗들과 함께 『가정양계신편(家庭養鷄新編)』을 역술(譯述)하였다.

1908년 5월 13일 서울에서 산동 신씨 문중의 친목 및 장학 모임인 영천학계(靈川學契)를 조직하였을 때, 선생은 총무(總務)로 이름을 올렸다. 당시 영천학계 대종회의 권고문에 따라 수원·문의·청주·옥천 등에 학교를 세우게 되자, 사립학교인 문동학교(文東學校)의 설립과 운영에 도움을 주었다. 1908년 6월에는 계몽운동에 앞장서서 일제의 침략정책에 항거·투쟁하던 대한자강회(大韓自强會)가 강제 해산되고 뒤를 이어 대한협회(大韓協會)가 창립되자, 해산에 울분을 표하고 새로운 출범을 축하하는 시들을 회보(會報)에 기고하고, 단체에 가입하여 활동하였다.

1909년 음력 1월 15일 홍암(弘巖) 나철(羅喆, 1863~1916) 선생이 겨레의 역사적 사명을 깨우치기 위하여 대종교(大倧敎)를 부활시키자, 선생은 솔선하여 입교하였다. 1911년 1월에는 독실함을 인정받아 대종교 교리를 강술할 수 있는 등급인 지교(智敎)에 오르고 본사(本社)의 경리부장, 종리부장의 일을 맡아보게 되었으며, 동년 4월에는 영계(靈戒)를 받아 '신정(申檉)'이라는 대종교 교명을 받았다. 이는 선생의 일생에서 빼놓을 수 없는 중요한 일로서, 훗날 망명한 중국에서 신정(申檉)이란 이름으로 활동하게 된 것도 여기에서 비롯되었다. * 檉 : 위성류(渭城柳). 64, 411쪽 등 참조.

이 기간에 1909년 2월에는 박찬익(朴贊翊) 선생과 함께 잡지 《공업계(工業界)》를 창간하여 사장 겸 편집인으로서 4호까지 발간하였고, 그 해 4월경에는 벗 유석태(柳錫泰) 선생이 짓고 유정열(柳廷烈) 선생이 다듬어 완성한 『산술지남(算術指南)』에 서문을 쓰면서 미신을 타파하고 산술을 중시해야 한다는 지론을 펼치며, 과학적 사고의 도입과 전파를 강조하였다.

1910년 8월 29일 경술국치(庚戌國恥)를 맞게 되자 선생은 절망감에 재차 음독하였고, 대종교 대종사(大宗師) 홍암 나철 선생에 의해 가까스로 목숨은 건졌지만 건강이 매우 쇠약해졌다.

2. 중국 망명 이후

동제사同濟社 결성

1911년 신해년 10월 10일, 부패한 淸(청) 정부를 타도하는 중국 혁명세력에 의해 武昌起義(무창기의)가 성공하고 14개의 省(성)이 이에 호응하여 독립을 선포하였다는 소식이 국내에 전해지자, 일본의 강점으로 나라를 잃은 한국인들은 크게 고무되었다. 선생 또한 중국과의 동맹이 한국의 독립에 힘이 될 것이라 여겨, 조성환(曺成煥)·박찬익(朴贊翊) 선생과 새로운 각오로 독립운동에 투신할 것을 맹세하며 의형제를 맺고서, 그해 11월 말 비밀리에 압록강을 건너 중국으로 망명하였다. 이후 丹東(안동)에 머물고 있던 조카 신형호(申衡浩)

선생과 합류하고, 北京(북경)에 먼저 가서 활동하고 있던 조성환 선생을 찾아가, 그와 함께 신해혁명의 현장을 보고 혁명 원로들에게 한국 독립에 대한 지원을 요청하고자 남쪽으로 길을 떠났다.

선생 일행은 북경–천진–산동성–청도–교주만을 거쳐 12월 말경에 上海(상해)에 도착하였다. 선생은 孫文(손문) 선생이 일본에서 결성한 同盟會(동맹회)의 중국 중부(中部) 기관지 《民立報(민립보)》사에서 필봉을 휘두르던 혁명인사 徐血兒(서혈아, 徐天復) 선생을 만나서 시(詩)로 사귀며 깊은 마음을 주고받았고, 그와 긴밀하게 교류하던 당대 혁명 인사들을 소개받게 되었다. 그리고는 상해에서 2주 동안 사태를 관망한 후, 1912년 1월 孫文(손문)이 임시대총통으로 선출되고 中華民國臨時政府(중화민국 임시정부)가 출범한 南京(남경)으로 갔다.

이후 선생은 同盟會(동맹회)에 가입하고, 黃興(황홍), 宋教仁(송교인), 陳其美(진기미), 戴季陶(대계도) 선생과 같은 혁명 인사들과 사귀었으며, 《民權報(민권보)》사에 경리(經理 : 총책)으로 취직하였다. 4월 중순에는 임시대통령직을 사임한 孫文(손문) 선생과 여러 개혁 인사들을 만나 사귀고, 동포들을 고무 격려하며 上海(상해)를 중심으로 활동하였다.

이 해 음력 5월 20일(* 7월 4일)에는 망명지에서의 독립운동 기반을 마련하기 위해 그간 준비해왔던 비밀결사체 동제사(同濟社)를 조직하여 출범시켰으며, 이후 중국의 주요 혁명 인사들까지 연대한 新亞同濟社(신아동제사)를 결성하여 한·중 협조체제를 구축하였다.

자신의 거처에 단군 초상화, 한국 지도, 이 충무공의 시 구절을 걸어놓고 조국의 독립 쟁취를 맹세하며 경배하셨던 선생은, 11월 26일 이순신 장군이 순국한 노량해전(露粱海戰) 314주년을 추모하는 기념시를 지어, 충효와 학문, 무예를 모두 갖춘 이순신의 넋을 높이 기리며 조국 광복에 헌신하고자 망명한 대한의 젊은이들을 격려하였다.

이즈음 袁世凱(원세개)는 淸(청) 황제의 퇴위와 공화정을 조건으로 손문의 사직을 받아내어 임시대총통이 되고서, 당시 다수당이었던 국민당의 이사장 宋教仁(송교인) 선생이 국무총리가 되기 직전인 1913년 3월 20일 그를 암살하였다. 이에 손문 선생 등은 원세개를 타도하고자 1913년 7월 12일 제2차 혁명(癸丑之役 : 계축년인 1913년의 혁명)을 일으켰으나, 3개월도 못되어 패배하고 黃興(황홍), 陳其美(진기미) 선생과 일본으로 망명하였다. 辛亥革命

(신해혁명) 주체세력의 지원을 받아 현지에 조국 독립의 기반을 마련하고 유리한 국제 정세를 이용하여 일제를 물리쳐보려던 보려던 예관 선생 일행은 큰 난관을 맞게 되었다.

상해 독립운동의 중심

1913년 하반기부터 원세개는 손문이 입안했던 臨時約法(임시약법)의 공화정신을 폐기하고 제정(帝政)을 강화하는 또 다른 約法(약법)을 제정하는 등, 개혁의 시계를 거꾸로 돌렸다. 이에 대륙 전체가 혼란에 빠졌고, 한국의 망명인사들 역시 큰 파란을 겪었다. 그러나 선생은 이에 굴하지 않고, 국내에서 유학 온 젊은이들을 교육하고 진학과 진로지도에 매진하여, 그가 머물던 상해의 우거(寓居)는 한국 망명객들이 몰려드는 본거지가 되었다. 이에 음력 12월 17일(* 1914년 1월 12일) 이들의 중국 및 구미(歐美) 학교 진학을 위한 예비 학교로서 박달학원(博達學院)을 열어 영어·중국어·지리·역사·수학 등을 가르쳤다. 3기에 걸쳐 이곳에서 배출된 100여 명의 젊은이들은 훗날 상해 임시정부의 실무를 담당하는 등 독립운동의 중추적 인재로서 활약하였다.

1914년 초 선생은 대종교의 상교(尙教)로 승질되어, 백두산 아래 화룡현 삼도구 청파호에 대종교 총본사를 이전하고 이곳을 항일투쟁의 본거지로 삼은 홍암 나철 선생의 교구개편에 따라, 상해에 위치한 대종교 서이도본사(西二道本司)의 총책을 맡게 되었다. 이에 시교당(施教堂)에서 매주 경배를 올리고 어천절(御天節)과 개천절(開天節)에는 상해에 있는 교포들을 모두 모아 성대한 기념식을 거행하는 등, 상해에 설치된 대종교 조직의 모든 행사를 주관하며 선생은 독립운동의 정신적 구심점이 되었다.

이즈음 중국은 국내적으로 袁世凱(원세개)가 각 省(성) 의회를 해산시키고, 정치결사와 동맹파업을 막았으며, 언론의 자유를 억압하는 등, 전횡이 날로 심해져 갔다. 7월 말 서양에서는 영국·프랑스·러시아 등의 연합국과 독일·오스트리아 등의 동맹국이 대치하는 제1차 세계대전(1914~1918)이 발발하였는데, 그 규모가 날로 확대되며 세계 전쟁이 수년간 이어짐에 따라 중국 정가는 물론 한국 망명객들도 전란에 휩쓸리게 되었다.

이런 중에 예관 선생은 8월 14일 개혁적인 문필가 단체인 南社(남사)에 유일한 한국인으로 가입하고, 그 모임인 雅集(아집)에 수차례 참석하여 진보적인 중국문인들과 사귀며 교제의 폭을 넓혀 나아갔다. 12월 6일에는 1912년 동제사 창립 기념 강연 내용을 정리한 『한국혼(일명 痛言)』을 탈고하였다. 이 저술은 선생의 애국애민 사상을 집약한 것으로서, 비장하고 웅혼한 문체로 국내외 뜻있는 인사들의 공감을 불러일으켰다. 그 주된 내용은, 망국의 치욕을 가슴 깊이 새기고, 뚜렷한 역사관을 확립한 위에 선열들의 뜻을 받들어 일치단결하여 굳세게 떨쳐 일어서자는 것이다.

백절불굴百折不屈

제1차 세계 대전이 발발한 후 선생은 러시아 당국의 정치사회 활동 금지로 인해 상해로 온 이상설(李相卨) 선생을 만나, 박은식(朴殷植) 선생과 함께 국제정세를 관망하며 국내와 연결하는 새로운 출로를 모색하였다. 이들은 세계전쟁에서 독일과 중국이 제정(帝政 : 군주의 정치)으로 연합하여 일본을 공격해서 승리할 것으로 예견하고, 이와 비슷한 형태의 정치체제로서 독일·중국 편에 서면 유리할 것으로 보고, 국내의 고종(高宗) 임금을 우두머리로 하는 신한혁명당(新韓革命黨)을 조직하며 대응해나가고자 하였으나, 요원들의 국내 활동이 발각되고, 예측과는 달리 세계대전에서 일본이 가담한 연합국측이 승리하면서 계획은 실패로 돌아가고 말았다.

1915년이 되자 원세개는 어용단체인 籌安會(주안회)를 결성하면서 황제 체제로의 복귀까지 추진하여 민권과 공화를 기치로 삼던 개혁세력의 분노를 불러일으켰다. 중국 혁명 세력을 지지하던 선생 역시 낙망의 시간을 보내면서, 남양(南洋)에 가 있는 가인(可人) 홍명희(洪命憙), 고국으로 간 위당(爲堂) 정인보(鄭寅普), 북경(北京)에 가 있는 단재 신채호(申采浩) 선생 등에게 회인체(懷人體)로 된 시 등을 지어 보내며, 암담한 정국에 대한 울분과 외로움을 토로하였다.

1916년 5월에는 존경해마지 않던 중국혁명가 陳其美(진기미)가 袁世凱(원세개)의 사주(使嗾)로 살해당하여 선생의 상심은 이루 말할 수 없었다. 얼마 후 6월 초에는 中華帝國(중화제국)의 황제가 되고자 했던 원세개가 세상을 떠나 왕정으로의 복귀가 멈추는 듯하였으나, 정국은 다시 혼란으로 접어들었다. 9월 13일에는 대종교 교주이며 생명의 은인 홍암 나철 선생이 황해도 구월산에서 자진(自盡)하자 스승을 잃은 예관의 충격은 극에 달하였으며, 10월에는 절친 黃興(황흥)마저 타계하여 선생의 상심은 더해만 갔다.

대동단결선언과 3·1 항쟁

혼란과 막막함 가운데 1917년을 맞았으나, 그 해 초 중국 혁명인사 黃介民(황개민)과의 만남을 통하여 독립에의 희망을 품게 되었다. 1917년 음력 1월 13일(* 2월4일) 선생의 생일에는 주변 인사들이 정성껏 생일상을 차리고 먼 곳에 있던 단재와 남파 박찬익 선생 등 여러 동지들도 한데 모여 축하하였고, 모두들 밤늦게까지 애국가를 부르며 독립을 소망하였다.

이 해 3월 8일 러시아 혁명으로 황제 니콜라스 2세가 물러나고 신생 러시아는 주변의 약소민족들의 민족자결(民族自決)을 지지했으며, 그 결과 핀란드와 폴란드 등 여러 나라들이 독립하게 되었다는 소식에, 선생과 망명인사들은 다시 희망을 품고 국내외 인사들의 규합을 도모하였다. 한국 잡지 《東明(동명)》에 실린 예관 선생 부음기사에 따르자면, '이 해 3월을 기한으로 해외재류민족대회(海外在留民族大會)를 추진하고자 필설(筆舌)을 다하였으나, 반응이 저조하여 매우 낙심하였다'고 한다. 그럼에도 5월에는 조선사회당(朝鮮社會黨)을 꾸렸고, 선생을 비롯한 망명지사 14인들은 6년 전 '한마음으로 독립의 피안에 도달하자'며 동제사를 결성했던 7월 4일을 기해 '한마음'으로 다시 뭉쳐, 해외 각지의 독립 단체들이 대동단결하여 총본부를 설치하고 국민 주권에 기반한 관련 규정을 마련하자는 취지의 「대동단결선언문(大同團結宣言文)」을 발표하였다. 이 선언은 당장 실효를 거두지는 못하였으나, 각지 독립운동가들의 관심을 촉발시켜 거국적인 대일항쟁의 도화선이 되었다.

1917년 8월 말 스웨덴 스톡홀름에서 만국사회당대회(萬國社會黨大會)가 열리게 되자, 선생과 몇몇 동지들은 없는 형편에 의복과 장신구를 팔아 조소앙(趙素昂) 선생을 파견하여 한국의 독립을 국제여론에 호소했다. 가을 무렵에는 배와 기차를 타고 天津(천진) 일대를 여행하게 되었으나 비참한 민중들의 생활상을 목도하고 애통해하면서, 뜻대로 되지 않는 세상사를 한탄하기도 하였다. 이 즈음 선생은 아우 신건식(申健植) 선생을 통해 杭州(항주)에 위치한 고려사(高麗寺) 옛 터의 위치를 확인하고, 무너져가는 절의 보수를 추진하며 중국 내에 남아있는 고국의 숨결을 되살리려고 노력하기도 했다. 연말에는 "일본제국주의 타파와 서로 도움, 민족평등과 국제평등"을 강령으로 1916년 일본에서 중국 인사 중심으로 결성된 新亞同盟黨(신아동맹당) 창립 2주년 상해본부 설립대회에 참석하여 단체 대표인 黃介民(황개민) 선생 등과 시를 주고받으며 뜻을 모았다.

제1차 세계대전이 끝나갈 무렵인 1918년경 한인 교포사회의 거물들이 제각기 영웅으로 자처하며 할거하여 단결의 기미를 좀처럼 찾아보기 어려워지자, 단재·조소앙 선생 등 주요 인사들은 상해를 떠나 있었다. 선생은 낙담 중에도 11월 말 上海(상해)에서 열혈청년들의 조직인 신한청년당(新韓靑年黨)의 출범을 도왔으며, 1919년 1월 25일에는 약소민족과 압박당하는 민족의 장래에 광명을 줄 것이라 여겨, 한국독립공화당 총재 신정(申檉)과 사무총장 김규식(金奎植) 명의로 공동 서명한 「독립청원서」를 작성하여, 파리강화회의 미국 대표단에 제출하였다. 그리고는 奉天(봉천)에 있던 정원택(鄭元澤) 선생에게 편지를 보내어 吉林(길림)에 있던 조소앙과 북경에 있던 단재 선생을 설득하고 조소앙 선생을 東京(동경)에 밀파시켜 거사토록 하였다. 이에 동경에서도 「2·8 독립선언서」가 발표되었다. 1919년 2월 말 길림에서는 조소앙 선생이 기초하고 예관과 단재 등 해외 망명 독립운동가 39인이 연서명하여 일본을 주적(主敵)으로 명기한 「대한독립선언서」가 작성되었고, 3월 1일 국내에서 민족대표 33인 명의의 「독립선언서」가 발표되고, 이어 「대한독립선언서」도 발표되었다.

어려운 여건 속에서도 국내외의 긴박한 움직임들이 결집되어 3·1 항쟁이 이루어진 뒤에는 건강이 악화된 중에도 전방위적으로 펼쳐진 예관 선생의 진두지휘가 있었다. 이에 민족대표 33인 중 한 분인 오세창(吳世昌) 선생도 "3·1 운동은 예관에 의해 점화되었다"고 하였다.

임시정부에서의 중책

3·1 항쟁 후 1919년 4월 13일 상해에서 임시정부가 출범하였는데, 이승만의 취임을 두고 상해로 집결한 인사들의 의견이 여러 갈래로 대립되었다. 4월 11일 1차 임시의정원회의에서 단재 선생은 이승만을 국무총리로 임명하는 것에 반대하였고, 예관 선생은 4월 중순 경 상심이 깊어져 상해의 병원에 입원하였다. 4차 회의(4.30~5.12)에서 선생이 부의장으

로 선임되었으나, 안창호 선생이 미국에서 돌아온 5월 말에는 杭州(항주)에서 요양하고 있었다. 5차 임시의정원 시기(7.7~7.19)에는 사퇴의사를 밝힌 선생의 후임으로 신익희 선생이 선출되었다. 그해 8월 18일부터 9월 17일 사이에 개최된 6차 의정원에서 이승만이 대통령으로 선임되자 단재 선생은 격렬히 반대하며 전원위원회 위원장직을 사임하였고, 예관 선생은 9월 11일 공표된 노령·한성·상해 통합정부의 법무총장으로 선임되어 10월 13일 아픈 몸을 이끌고 상해로 돌아왔다.

독립신문獨立新聞과 진단震壇

선생은 일찍부터 신문이나 서적과 다른, 잡지 특유의 강점을 인식하고 있었으며, 중국망명 초기부터 중국 신문, 잡지 등 출판계 요인들과 밀접한 교류를 가지고 경영에도 참여하였다. 임시정부가 출범하자, 1919년 8월 21일 상해에서 임정 기관지 《獨立(독립)신문》이 창간되었다. 이 신문사의 사장이자 주필이었던 이광수(李光秀)는 이 신문의 사명을 '① 민족사상 고취와 민심의 통일 ② 국민 스스로 사정과 사상을 알림 ③ 정부 독려와 국민의 방향 제시 ④ 새로운 학술과 사상 소개 ⑤ 새로운 국민성 조성에 있다'고 하였다. 두 달 후 신문 이름은 《獨立新聞(독립신문)》으로 변경되었다.

선생은 임시정부 출범 후 많은 괴로움을 겪어 몸과 마음이 쇠진한 상태였지만, 1920년 10월 10일 상해에서 순한문 주간(週刊) 잡지 《震壇(진단)》을 발간하여, 개천절, 이순신 등 한국의 역사와 문화를 중국인들에게 알렸다. 또한 『한국혼』을 연재하여 한국인으로서의 자긍심을 고취하고, 국내외 소식도 실으면서 1921년 하반기까지 발간하였다.

자결 순국

그 해 12월 8일, 미국으로 갔던 이승만이 상해에 오자, 예관 선생은 임시정부를 지지하면서 옹호를 호소하는 글을 발표하며 동족간의 분열을 저지하려 하였으나 혼란은 계속되었고, 이승만은 별다른 성과 없이 21년 5월에 미국으로 돌아가버렸다. 그러자 선생은 부득불 6월부터 국무총리 대리와 외무총장직을 겸하여 중책을 맡게 되었고, 10월에는 임시정부에 대한 정식승인과 광복운동 지원 문제를 교섭키 위해 孫文(손문)의 廣東政府(광동정부)

에 급파되어, 5개조의 외교문서를 전달하고 공식적인 외교관계를 성립시켰다. 이러한 활동은 그 해 11월부터 1922년 6월까지 이승만이 참석하게 될 태평양회의에서 우리 측이 우위를 차지하기 위함이었으나, 회의는 결국 임정 측에 유리한 결말 없이 끝났다. 1922년 6월 17일 제10차 임시의정원회의에서는 이에 대한 문책으로서 이승만에 대한 불신임안이 통과되고, 신규식 내각도 전 각료가 사퇴하였다.

여기에 중국 내에서는 護法北伐(호법북벌 : 임시정부 때 제정하였던 법을 수호하고 북쪽을 정벌함)하려던 손문 선생 측과 聯省自治(연성자치 : 각 지역 자치를 보장하는 연방제)를 도모하려던 陳炯明(진형명) 편이 충돌한 6 · 16 사변(事變)이 일어났다. 이 전투에서 패배한 손문이 상해로 후퇴하자 그의 권토중래를 기대했던 선생은 좌절하여 그예 병석에 누웠고, 25일간의 조식법(調息法 : 호흡을 조절하는 방법)으로 죽음을 선택하여 마지막까지 '정부, 정부'를 부르면서 1922년 음력 8월 5일(양력 9월 25일) 43세를 일기로 일생을 마쳤다.

한국혼韓國魂과 아목루兒目淚

선생은 망명지에서 유학생들을 돌보고 독립지사들을 규합하느라 분주하던 중에도, 개혁적 중국 문인들의 결사단체인 南社(남사)에 가입하여 예술가들과도 친분을 쌓았으며, 민족주의적 관점에서 자국민의 각성과 대동단결을 촉구한 웅혼한 연설문 『한국혼(韓國魂)』과, 눈물어린 한시(漢詩) 모음집 『兒目淚(아목루)』를 남겼다.

1914년 탈고하였던 『한국혼(韓國魂)』은 1920년 10월 10일 상해에서 발간된 순한문 주간잡지 《진단(震壇)》에 연재되었는데, 선생의 타계 후인 1939년에 시집 『아목루』와 함께 중국대륙에서 발간되었고, 1942년 본을 거쳐 1955년 臺灣(대만)에서 발간되었다. 주요 내용은 망국의 현실 속에서 민족의 문화유산을 보전하여 민족정신을 이어나갈 것을 역설한 것이다. 비분한 정서와 기백 넘치는 이 연설문에서 특히 돋보이는 면모는, 희망이 사라진 상황에서 민심을 통솔할 방안으로서 단군과 이순신 장군이라는 대한(大韓) 역사 속 롤 모델을 찾아 한마음으로 받들 것을 제시하는 안목, 그리고 주장하는 항목마다 동서고금의 사례들을 폭넓게 열거하며 후진들을 이끌고자 하는 정성스러운 마음이다.

1913년 상해에서 선생과 함께 생활하였던 위당(爲堂) 정인보(鄭寅普, 1893~1950) 선생은 해방되던 1945년 12월, 『해방기념 시집』에 선열들의 행적과 죽음을 기리며 「십이애(十二哀)」라는 일련의 시조를 지어 실었는데, 그 중에, '고(故) 신규식(申圭植) 선생을 생각하고' 라는 작품에서 그를 '설움의 독립투사'로 회고하였다. 설움은 상실에서 오는 슬픔이다. 나라를 빼앗기고, 광복을 위해 고향과 부모처자를 떠나, 존경하는 스승과 혁명 동지들마저 차례로 떠나보내고, 끝내는 동족의 분열상까지 맞닥뜨린 서러운 눈물(淚)이 모여 『아목루』라는 시집이 되었다.

시의 힘

예관 선생의 생애나 독립운동에 관한 연구는 비교적 활발하여 관련 논문들이 많지만, 그의 사상을 집약한 저작 『韓國魂(한국혼)』에 비해 시집 『皃目淚(아목루)』에 대한 관심은 그리 많지 못하였다. 그것은 아마도 망국의 원인을 준엄하게 설파하고, 광복의 당위성과 추진 방안을 열정적으로 웅변한 연설문의 무게에 비해, 시는 아무래도 현실에서 한발 물러선 장르라고 여겨졌기 때문일 것이다. 그러나 『한국혼』에 담긴 굳센 의지와 저항정신도 기실 여린 감수성과 진실한 마음의 발로였음에 비추어볼 때, 『아목루』 시집이 지니는 의미와 가치가 새롭게 조명될 필요가 있다.

이 시집의 제목 '아목루'는 직역하면 아이(皃)의 눈(目)에 흐르는 눈물(淚)이지만, 이는 을사늑약을 수치로 여기고 음독하여 한쪽 시력을 잃은 예관의 '예(睨)'자를 파자(破字 : 한 글자를 나눔)하여 '아목(皃目)'으로 표시한 것이다. 이를 풀이하면 '외눈박이의 눈물'이란 뜻이며, 『아목루』 시집에 수도 없이 등장하는 '申包胥(신포서)의 눈물', 곧 나라를 상실한 자의 울분에 찬 눈물이다. 제목이 상징하듯이 이 시집을 일관하고 있는 정서는 설움이다. 매일 아침 단군 초상과 이순신 장군의 시 앞에서 단정한 묵도(默禱)를 올리고, 낮에는 이국땅의 사람들을 만나 많은 일들을 처리한 후, 날이 저물고 밤이 깊어 온 주위가 소리 하나 없이 적막해지면, 2층 처소에서 벼루를 꺼내 먹을 갈아 글을 쓰고 조용히 읊조리고 또 흐느껴 우시던 선생의 모습을 돌아볼 때, 한낮의 울분과 혼란을 시어로 정돈하는 시인의 시간이 투쟁의 새 날을 추동하는 힘이었음을 짐작해 볼 수 있다.

형식과 내용

중국 망명 지사들의 광복의지를 고취시키고, 중국인들에게 한국의 존재를 각인시킨 연설문 『한국혼』이 한문체(漢文體)로 되어 있듯이, 『아목루』 시도 한시(漢詩) 형식을 취하고 있다. 이는 임시정부가 출범한 후, 1920년 5월 3일 상해거류민단이 주최한 어천절(御天節, 음력 3월 15일) 축하식에서 예관 선생이 낭독했던 〈어천절 기념 시〉의 여리고 상냥한 한글체와는 완연히 다른 것이다.

선생은 사건의 단순한 기록이나 자전적 술회를 넘어 망명지에서의 소통과 공감의 매체로서 한시 형식의 중요성을 깨닫고, 어린 시절부터 줄곧 연마해 온 한시의 아름다운 기교들을 힘껏 구사하였다. 그 결과, 한국의 망명 지식인들과 정서적 유대를 이어가고 중국 혁명 인사들과 우의를 다지는 데 한시 형식은 중요한 공용어 역할을 하게 되었다.

『아목루』에는 작자가 마주친 크고 작은 사건들과 다양한 정서, 그리고 교유의 편린들이 실려 있는데, 예관 식으로 표현하자면 '紀實(사실을 기록함)과 交遊(교유), 誌感(감상을 적음)' 세 가지 정도로 나누어, 다음과 같이 내용을 소략하게 정리해 볼 수 있다.

(1) 사건들

『아목루』에는 조국 광복을 도모하기 위해 떠난 망명의 길, 신해혁명(辛亥革命)의 파란, 중국 국내외의 격변하는 정세와 망명객들이 처한 위기 등이 사실적으로 묘사된, 서사성(敍事性) 강한 작품들이 눈에 뜨인다. 예관 본인은 '사실을 기록한 것(紀實)에 지나지 않는다'고 겸손하게 표현하였지만, 이들 작품에는 上海(상해)의 찌는 더위와 부실한 겨우살이 속에서 펼쳐온 고난의 독립운동사가 고스란히 담겨 있다.

선생의 행적을 연구할 때 회자되는 『아목루』 첫 부분의 작품들에는 압록강을 건너 安東縣(안동현, 丹東)을 지나 沙河鎭(사하진), 遼陽(요양, 高麗門), 盛京(성경, 瀋陽), 山海關(산해관)을 거쳐 燕京(연경·북경)에 도착하고, 그곳에서 동지 조성환(曺成煥, 1875~1948) 선생을 만나 함께 남쪽으로 향하던 망명의 여정이 사진처럼 박혀있다. 이처럼 기록에 가까운 시들에는 고난의 길도 언젠가는 보람으로 기억될 날이 오리라는 부푼 기대가 담겨 있다.

상해를 거쳐 남경을 오가며 많은 인사들을 만나면서 독립운동의 교두보를 준비하던 중에, 선생은 절친 조성환을 비롯한 北京(북경)과 天津(천진)의 동지들이 체포되어 국내로 압송될 것이라는 급보를 받아들었다. 동제사(同濟社) 결성으로 망명인사들을 위한 정착기반이 어느 정도 마련되었다고 한숨 돌리던 차에 받아 든 소식이었기에 거의 실성할 지경이 된 선생은, 좁혀오는 일제의 포위망으로 본인도 南京(남경)으로 피신하는 급박한 처지에서, 동지들 구할 길을 백방으로 찾으려 애를 태웠다. 68행에 이르는 5언 장편 〈移寓金陵聞晴蓑及諸學生解往漢城監獄(금릉으로 거처를 옮기고서, 청사와 여러 학생들이 모두 풀려나 서울감옥으로 압송된다는 소식을 듣다)〉 시는 이 사건을 다룬 작품으로, 동지들의 체포 소식에 고통을 못 이겨 남은 수염을 잘라버리고, 한쪽 눈마저 시력이 흐려지고, 애가 끊어지는 복통으로 들볶이는 선생의 처절한 상황이 눈에 보이는 듯하다. 여기에 일본 원흉 桂太郎(계태랑 : 가츠라), 일본에 무력하게 협조하는 중국 경찰, 힘없는 새 내각과 대조적으로 문제 해결을 위해 나선 孫文(손문, 中山), 黃興(황흥, 克强), 陳其美(진기미, 陳都督) 등 당대 정계의 대표자들과 '우방의 여러 인사들(友邦諸君子)' '自由總團體(자유를 주장하는 단체들)' '轟轟民權子(우레같은 기세의 민권주의자)' '同志(동지)'들이 한국 지사들을 구하러 긴박하게 움직이고 있는 모습들도 생생하다.

선생이 38세 되시던 정사년(丁巳年)(1917) 음력 1월 13일 지은 76행의 5언 장편 〈丁巳年自壽詩(정사년 생일 기념 시)〉 역시 서사성이 돋보이는 작품으로, 타지에서 벗들이 모여와 선생의 생일상을 마련하고 밤늦도록 어울려 독립을 열망하는 담소와 노래를 이어가는 정경이 아름답게 그려져 있다. 이승만이 상해임시정부 대통령이 되면서 임정 내 갈등이 첨예화된 것에 상심하여 43세에 순국(殉國)을 택한 예관의 일생을 통해 볼 때, 이 작품은 중국 각지에서 활동하던 망명 지사들이 만리타국에서 하나가 되었던 행복한 기념사진이 되었다.

무엇보다도 예관 선생을 대표할 서사시는 중국 내에서 원세개의 독재정치가 정점을 이루고, 국외에서는 제1차 세계대전이 한창이던 1915년 11월에 국내외의 벗들에게 쓴 〈海上懷人(상해에서 벗을 그리며)〉 又(其3, 필자 주)일 것이다. 모두 66행에 여덟 번의 환운(換韻)이 이루어진 5언 장편 고체(古體 : 글자 수나 평측(平仄)에 구애되지 않는 형식) 시로서, 망명 후 겪게 된 중국 혁명의 성공과 실패, 원세개의 독재정치와 관리들의 부패상, 그리고 외국에서 벌어지고 있는 세계대전의 참상, 고국의 홍수 소식 등 그를 괴롭히고 있는 국내외 사건들을 수많은 비유(比喩)와 고사(故事)로 공들여 묘사하였다.

(2) 우정

전체 작품 분량의 2/3를 차지하는 100수 가까운 시들은 국내외 혁명동지들에게 헌정(獻呈)하거나 주고받은 증답시(贈答詩), 서신 형식의 기시(寄詩) 같은 교유시(交遊詩)들로서, 상대방의 고난에 찬 인생행로와 영웅적 행위에 대한 예찬, 그리고 현실에 대한 우려와 연대 의지 등이 주된 내용을 이룬다. 전란(戰亂)이라는 시대적 특성을 반영하듯, 벗들의 죽음을 추모하고 그들의 행적을 기리는 만사(輓詞)와 제문(祭文)도 교유시의 연장이다. 이러한 부류의 시들은 망명기간에 쌓은 그의 교제범위와 포용력, 그리고 교류의 깊이를 반영하고 있다. 망명하여 한국 동지들과 한마음으로 뭉치고, 현지의 혁명 지도자들과 시로서 사귀어 그들의 마음을 움직여 함께 어깨를 겯게 되기까지, 10여 년에 걸친 이러한 활동은 상해 임시정부를 세우고 광복의 토대를 마련한, 중요한 외교활동이자 독립운동의 일환이었다.

고국을 뒤로 하고 北京(북경)에 도착하여 절친 조성환(曺成煥) 선생을 만나 지은 〈抵燕京訪晴蓑(연경에 도착하여 청사를 찾아가다)〉 시에서 '中華消息倘其眞(중화의 혁명이 성공하였다는 소식 과연 정말인가)'라고 되물을 정도로 선생은 1911년 10월의 신해혁명, 곧 武昌起義(무창기의)를 경이롭게 받아들이고 있었다. 그는 상해에서 처음으로 만난 혁명 인사 徐血兒(서혈아)와 사귀고, 그에게 〈寄徐血兒(서혈아께 부침)〉 시를 보내며 당시 南京(남경)에 집결되어 있던 중국 혁명 인사들과의 관계 폭을 넓히고자 노력하였다. 선생은 이렇게 확보된 관계망 속에서 공화정(共和政)의 새 시대를 연 孫文(손문, 1866~1925)에게 축하와 지지를 담아 〈손 총통께 축하드림(祝孫總統)〉 시를 보내고, 辛亥革命(신해혁명) 시기에 孫文(손문)의 조력자로서 보이지 않는 수고를 마다지 않았던 黃興(황흥, 1874~1916) 선생의 헌신을 예찬하며 〈贈黃克强(황극강께 드림)〉 등 여러 수의 시를 지어 보냈다.

선생은 한편으로 국내외 선배들께 〈贈弘巖先生(홍암 선생께 드림)〉(羅喆), 〈答朴白菴書附詩(박백암 선생님께 답하며 시를 첨부합니다)〉(朴殷植), 〈贈島山(도산께 드림)〉(安昌鎬), 〈義菴

六十一壽詩(의암 환갑 기념 시)〉(孫秉熙) 등에 존경의 마음을 담아 근황을 전하고, 〈旅泰樓(여태루)〉 〈贈可人(가인께 드림)〉 〈可人我弟大吟壇郢政又乞和之(훌륭한 시인 가인 아우에게 가필과 함께 화답시도 바라노라)〉(洪命憙), 〈憶晴蓑(청사를 그리며)〉 〈送晴蓑(청사를 배웅하며)〉(曺成煥), 〈送晴醒書(청사와 성운에게 보내는 편지)〉(李馨久와 洪選(琁)杓), 〈贈丹齋(단재께 드림)〉(申采浩), 〈海上懷人(상해에서 벗을 그리며)〉 〈贈友人(벗에게 드림)〉(鄭寅普), 〈寄桂園(계원께 드림)〉(盧伯麟), 〈輓錦山郡守(금산군수만사)〉(洪範植), 〈輓安義士重根(안중근 의사 만사)〉(安重根), 〈奉悼羅公弘巖神兄五章(나공 홍암 신형을 받들어 애도함 5장)〉(羅喆) 등의 시에 걸출한 동지들에 대한 우정·기대와 존경심·추모의 정을 담아 보냈다.

(3) 슬픔

선생은 '나라를 잃어 한에 맺힌 자'라는 뜻에서 스스로의 호(自號)를 '恨人(한인)'이라 짓고, '시라고 모양만 갖추었지 느낌을 적은 것(誌感)에 불과하다'며 서정적인 시들을 짓기도 하였다. 망명지에서 맞이하게 되는 생일이나 섣달그믐, 정월 초하루 같은 기념일에 더욱 새삼스러워지는 그리움과 안타까움은 〈生日書感(생일날 감회를 적다)〉(1913), 〈夜與諸棣小酌共題詩(밤에 여러 아우들과 작은 술자리를 갖고 함께 시를 짓다)〉(1914), 〈寄忘年會(망년회에 부치다)〉(1915), 〈丁巳年元月一日(정사년 정월 초하루)〉 〈丁巳年自壽詩(정사년 생일 기념 시)〉(1917), 〈今日所謂(오늘은 이를테면)〉 등의 시에 선명하게, 때로는 몽롱하게 묘사되어 있다.

고국에 계신 부모를 그리는 마음은 여러 시에 드러내면서도 처자식에 대한 언급은 자제하며 의연함을 지켜왔던 선생은, 고군분투하던 일들이 허사로 돌아간 말년에 배편으로 고국과 가까운 바다를 지나게 되었을 때, 아픈 아내와 세상을 떠난 아우가 보이는 꿈을 꾸고 〈過煙台題感(연태를 지나며 감회를 읊다)〉 시를 적어 아내와 가족에 대한 염려를 표현하였다. 작품에 녹아 든 중국어 '鐘(종 : 시간)'이 짧지 않은 망명의 시간을 말해주지만, 가족을 떠나와 애쓴 보람도 없이 멀어져버린 광복의 꿈을, 西山(서산)에서 나뭇가지와 돌을 물어 와 너른 동해바다를 메우려 했다는 精衛(정위) 새의 허황한 꿈에 빗대며 낙심하였다.

중국 각처를 누비며 조국 독립의 길을 모색했던 그는 여행길의 소회를 담아 〈上平江九

層塔(평강의 구층탑에 올라)〉, 〈到津門觀水災(진문에 도착하여 수재 현장을 살펴보다)〉, 〈早發津門(아침에 진문을 떠나며)〉, 〈舟中願禱(배 안에서의 기도)〉와 같은 작품들을 남겼다. 특히 〈舟中願禱(배 안에서의 기도)〉에서는 개인적 고난을 뒤로 한 채, 홍수로 고통 받는 중국 대중들의 참상에 기도밖에 올릴 수 없는 안타까운 심경을 담고 있다.

그 외에도 망명지에서 떠들썩하게 망년회를 하는 동지들을 못마땅해 하기도 하다가(〈寄忘年會(망년회에 부치다)〉), 기약도 없는 광복의 길을 찾는 자신을 두고 '죽은 말을 구태여 사려는' 어리석은 사람이라 자책도 하며(〈夜與諸棣小酌共題詩(밤에 여러 아우들과 작은 술자리를 갖고 함께 시를 짓다)〉), 자신의 신체적 장애를 드러내는 표현도 서슴지 않는 〈可人我弟大吟壇郢政又乞和之(훌륭한 시인 가인 아우에게 가필과 함께 화답시도 바라노라)〉 대목에서 선생의 진솔한 인간미를 느낄 수 있다.

선생의 서정시 중에서도 가장 큰 여운을 남기는 것은 역설적이게도 역경에 처했을 때의 작품이다. 인고의 나날도 결국에는 고향에서 가족들과 무탈한 일상을 보내고자 기울인 시간이었지만, 권력의 무상함에 눈물을 흘린 옛 고사(故事)로 마무리 지을 수밖에 없었던 〈威海舟中紀夢示蘇子二友(위해의 배 안에서 꿈을 적어 소, 자 두 벗에게 주다)〉 시에는 공들인 세월이 무산되었다는 깊은 슬픔이 배어있다.

『아목루』의 어제와 오늘

작품집의 첫 부분을 제외하고는 거의 무작위에 가까운 작품의 수록 순서를 미루어볼 때, 『아목루』 시집을 예관 선생 자신이 손수 엮은 것인지 단정 짓기는 어렵다. 그러나 수록된 170수 남짓의 한시(漢詩)들은 선생의 11년 망명 생활 중에 독립운동 최전선에서 만났던 인물들, 겪은 사건, 갈등과 좌절, 그리고 극복의 시간을 담은 것이 분명하기에, 시로 쓴 역사 곧 시사(詩史)라 부를 수 있을 것이다.

판본

이 시집은 1939년 3월 1일 重慶(중경)에서 3·1운동 20주년에 즈음하여 한국 임시정부가 출자(出資)하고 예관 선생의 제자이자 사위인 민석린(閔石麟, 1898~1963, 본명 필호(弼鎬)) 선생의 편저와 중국 문인(文人) 卜乃夫(복내부, 1917~2002) 선생의 윤문·교정을 거쳐 출판한 『中韓外交史話(중한외교사화)』 초판(初版)에 실려 있었다. 민석린 선생이 쓴 1955년 본 〈編著者勤識(편저자근식)〉의 술회에 따르자면, "당시 간행된 5,000부 중 3,000부는 당시 각계에 나누어보내어 많은 지지를 받았고, 1,000부는 한국으로 가려가려 하였으나 적기의 폭격으로 모두 불타버렸다". 그 후 이 본래 서적의 순서 그대로 다시 東方出版公司(동방출판공사)에서 발행한 『中韓外交史話(중한외교사화)』 1942년 본이 나왔고, 현재 국내 경기도 박물관과 국회도서관 등에도 이 서적이 보존되어 있다.

현행 〖통용본〗 『아목루』는 그 후 1955년 민석린 선생의 주도와 중국인 季公勤(계공근) 선생의 정리를 거쳐 臺灣(대만) 三省印刷廠(삼성인쇄창)에서 다시 간행된, 대만 증정재판(增訂再版) 『韓國魂(한국혼)』第二輯 『兒目淚(아목루)』를 바탕으로 한 것이다. 본서에서 〖통용본〗이라 함은 이 1955년도 대만 간행본과 이를 저본으로 하여 다소 수정된 것을 일컫는다.

주목할 만한 사실은, 2014년 한국 독립지사 박찬익(朴贊翊) 선생 일가가 한국 경기도 박물관에 기증한 『아목루』 〖필사본(筆寫本)〗 2권의 사료적 가치이다. 여러 필체의 붓글씨로 필사된 이 판본을 2021년 필자가 열람한 결과, 이 판본에는 1939년 판본의 차서(次序) 그대로 재발간한 1942년, 혹은 1955년 본 『아목루』 중의 만사(輓詞) 부분에 해당되는 작품들이 빠져 있음을 발견하게 되었다. 처음에는 책의 뒷부분이 상실된 것으로 생각하였는데, 이후 1914년 박은식(朴殷植) 선생이 上海(상해)에서 간행한 『安重根傳(안중근전)』 부록(附錄)에 '聯'이라는 제목으로 실린 작품이, 『아목루』 〖통용본〗에 수록된 〈輓安義士重根(안중근 의사 만사)〉와 동일하다는 것을 발견하고, 2021년 논문을 통해서 이 〖필사본〗은 만사(輓詞)들까지 각처에서 추가로 수집하여 엮은 〖통용본〗보다 앞선, 현존 최고본(最古本) 『아목루』임을 밝힌 바 있다.

이 〖필사본〗의 필체는 여러 가지여서, 한 명 이상이 필사 작업에 가담한 것으로 보이는데, 간혹 빗금 등으로 교정(矯正 : 잘못을 바로잡음)한 흔적이 있다. "上元夜席上(정월 대보름 밤 모임에서)"로 시작되는 서문(序文) 붙은 무제시(無題詩)에서 예관 선생이 일으켜 세우느라 심혈을 기울였던 同濟社(동제사)의 '濟'를 잘못 썼다가 다른 글자체로 교정한 부분이나, 〈和孟碩獄中原韻(맹석이 옥중에서 지은 시 운에 화답함)〉 시 제목에 '原'을 '願'으로 썼다가 교정한 것도 있고, 필사하다가 놓친 구절을 뒤에 첨가하느라 고심한 흔적도 보인다.

오자(誤字)에 대한 교정 외에, 퇴고(推敲) 후 수정(修正)한 곳도 적지 않으니 〈贈少衡(소형께 드림)〉, 〈贈宋漁父(송어부께 드림)〉, 〈送楊春時赴湖北(호북으로 가는 양춘시를 배웅하며)〉 시가 대표적인 예이다. 이와 같이 수정된 내용은 훗날 나온 〖통용본〗에 반영되어 있다. 〖필사본〗에는 또한 〖통용본〗에 없는 내용도 있다. 〈寄徐血兒(서혈아께 부침)〉, 〈贈宋漁父(송어부께 드림)〉 시에는 제목 아래에 괄호를 치고 해당 시를 짓게 된 전후 상황을 간략하게 덧붙였다. 필체로 보아, 이 같은 교정이나 수정·첨가의 주체는 예관 선생 본인 혹은 측근일 가능성이 있으나, 단정 짓기는 어렵다.

이 〖필사본〗은 예관 선생이 작품을 지은 지 얼마 되지 않아 나온 것이어서, 뒤에 출판된 〖통용본〗의 잘못을 교정할 수 있다. 대표적인 예로, 〖통용본〗의 〈送晴簑書〉, 〈遊本湖贈紫芹君〉, 〈讀美岑見贈二首卽次原韻和之〉, 〈南社十一次雅集示亞子〉, 〈恭賀惠仁園弟春庭

大人(號城菴)六十一壽〉의 제목과, 〈送崔楝君赴美州(미주로 가는 최동 군을 배웅하며)〉, 〈舊曆元旦訪新民宅(음력 정월 초하룻날 신민리 댁을 방문하여)〉 시 본문에는 오자(誤字)가 분명히 존재하여, 『필사본』의 해당 작품이 그 교정을 도울 수 있다. 또한 반대로 최근 연구에서 『통용본』 글자 교정의 필요성이 제기되었던 '靜廬', '芝珪'와 같은 호(號)는 『필사본』에도 변함이 없는 것으로 보아, 오자(誤字)가 아니라 자(字)나 호(號), 혹은 이름을 비슷한 한자로 바꾸거나 동음이자(同音異字)로 작품 안에 녹여낸 선생 특유의 표현방식이 적용된 것으로 판단된다.

『필사본』에는 또한 초고를 수정한 흔적이 분명한 〈寄南社(남사에 부침)〉 시가 있고, 『愛吾汕廬(고국의 집을 사랑하여)』라는 대분류 아래에 '草'라는 글자가 붙은 것 등이 있어서, 이 판본은 원시(原詩)에 대한 수정과 보완을 거치며 나온 것임을 알 수 있다.

제목 위에 붓글씨로 78까지 붙던 번호는 그 이후에 보이지 않지만, '日記'에서 발췌한 네 편의 작품 및 증여 대상을 통해 수집된 것으로 추정되는 작품들을 계속 수록하여, 제문(祭文), 만사(輓詞)들이 시작되는 〈奉悼羅公弘巖神兄 五章(나공 홍암 신형을 받들어 애도함 5장)〉 직전까지 『통용본』과 차서가 거의 일치한다.

『필사본』은 총 2권으로 되어 있는데, 제2권은 증여하거나 부친 증기시(贈寄詩)가 많은 부분을 차지하고 있어서, 증여 받은 측을 통하여 구한 시와 여러 곳을 통해 추가로 취합한 시들을 모은 부분으로 판단된다.

제문(祭文), 만사(輓詞) 부분의 원문은 『필사본』에 수록되어 있지 않아, 『통용본』에 따랐다. 다만, 陳其美(진기미) 선생 관련 제문(祭文)과 만련(輓聯)은 1930년도에 중국에서 출간한 『陳英士先生紀念全集(진영사 선생 기념전집)』 수록 작품들과 대조하여 취사선택하였다.

글자나 시구에 대한 판본 간 이동(異同)은 각 작품에서 다루기로 한다.

번역과 연구

이제까지 나온 국문 번역서로는 1994년 중국 北京(북경) 民族出版社(민족출판사)에서 金東勛(김동훈) 등의 『신규식 시문집』이 출간되었으며, 이듬해 국내에서 한국문화사 영인판(影印版)이 나왔다. 2007년에는 延邊大學(연변대학) 조선문학연구소가 간행한 연세국학총서

73 중에《신규식편》이 실려 있는데, 1994년 본과 대동소이하다. 그 후 오랜 공백 기간을 거쳐 2019년 국내 박정규 교수가 이끄는《예관신규식전집 편찬위원회》에서 간행한『신규식 전집』제1권에는 연관된 귀한 자료들과 함께『한국혼』과『아목루』의 원문 및 번역문이 수록되었다.

『아목루』에 관한 논문으로는 金東勛(김동훈)의 〈예관 신규식과 그의 문학〉, 朴忠祿(박충록)의 〈申圭植的詩的世界(신규식의 시 세계)〉, 陳尙勝(진상승)의 〈申圭植漢文詩歌作品初探(신규식 한문시가 작품 초탐)〉, 김병민, 劉霞(유하)의 〈중국 망명시기 예관 신규식의 意識世界와 문학 想像〉, 한국 신범식의 〈국역 아목루 해제〉 등이 있다. 예관의 시문학에 대한 연구가 큰 주목을 받지 못했던 풍토에서 이들 모두 소중한 성과인데, 관련 역사 자료가 주로 망명 초기에 집중되어 있고, 논의가 몇몇 대표작들 위주로 되풀이 되는 감이 있어 아쉽다.

2020년 劉霞(유하)는 그간의 신규식 연구들을 종합. 발전시킨 山東大學(산동대학) 박사논문 〈申圭植的中國體驗與文學創作研究(신규식의 중국체험과 문학창작 연구)〉에서 한국에서는 접근하기 어려운 중국 자료들을 찾아 고증하는 큰 성과를 내었다. 다만 시집『아목루』에 대해서는 집중도가 상대적으로 떨어지고, 제작 연도가 규명되지 못한 시들이 여전히 많아, 생애 흐름에 따른 시 세계의 변모 과정에 대한 탐색이 부족한 감이 있으며, 한국 인사들과 연관된 작품들에 대해서는 보완의 여지가 있다.

2019년 국내 번역 작업에 미력한 힘을 보탰던 일원으로서, 필자는 여전히 적지 않은 수정과 세밀한 보충이 필요하다고 생각되어, 2021년 연구논문 〈독립지사 신규식 아목루 연구(1)–작품 계년과 해설을 중심으로〉를 발표하였고, 2022년 한국 청주(淸州)에서 열린《예관 신규식 선생 순국 100주년 기념 학술회의》에서 〈예관의 후기시(後期詩) 연구를 위한 선결과제〉를 발표하면서, 후반기 시와의 연결고리가 되는 작품의 제작 배경을 집중적으로 탐색한 바 있다.

그간 한국에서 예관의 한시 연구가 활발하지 못했던 데에는 여러 요인들이 있겠으나, 주석과 해설 부족이 가장 큰 원인으로 보인다.『아목루』시에 등장하는 많은 인물과 장소가 필명(筆名)이나 호(號), 옛 지명(地名)으로 표기되어 있고, 특정 사건을 배경으로 한 것도 적지 않아, 단순 번역만으로는 작품의 주제나 배경에 대해 깊이 있는 접근이 차단될 수밖에 없기 때문이다. 여기에 크고 작은 오역(誤譯)들은 문맥을 이해하는 데 적지 않은 장애로 작용하고 있다. 이에 필자는 무모함을 무릅쓰고, 그 가치가 새로이 발견된 〖필사본〗을 근거로, 〖통용본〗과의 대조를 통해 오류를 수정하면서, 『아목루』에 대한 번역과 주해(註解) 및 계년 작업(繫年作業 : 작품별 제작연도를 규명하는 일)을 시도해보았다.

작품 계년繫年 작업과 그 기준

독립지사 박찬익(朴贊翊) 일가가 2013년 경기도 박물관에 기증한 〖필사본〗『아목루』에는 〈贈島山(도산께 드림)〉又(其2, 필자 주)까지 붓글씨로 쓴 78개의 일련번호가 붙어있어, 〖통용본〗에 추가되어 있는 만사(輓詞)들과 산문체(散文體), 〈碧浪湖畔恨人談(벽랑호반에서 한인이 하는 이야기)〉까지 합산하고, 다소의 출입을 감안하면 총 175까지의 번호를 매길 수 있다.

이들 작품은 작자의 행적(行蹟)과 사유(思惟)의 흐름을 효과적으로 드러낼 수 있는 방식으로 재배열되는 것이 필요해 보이는데, 이제까지 작품 제작 시기와 배경이 밝혀진 것이 극히 일부여서, 생애 흐름에 따른 고찰은 아직까지 시도된 바 없다. 이에 필자는 시집(詩集) 안팎의 다양한 자료들을 수집·분석하고 개별 작품의 제작연도를 최대한 규명(繫年 : 계년)하여, 연대순으로 재배열해보았다.

일찍이 한국의 송상도(宋相燾, 1871~1946)가 '(중국 대륙의) 남북으로 부지런히 다녀, 전국에 친구들이 수두룩했던' 분으로 묘사하였듯이, 예관 선생은 10여 년의 망명기간 동안 중국 대륙 곳곳을 수없이 오갔고, 단기간 내에 같은 장소도 여러 차례 방문한 사례가 있기 때문에, 거명된 장소만을 근거로 『아목루』 시들의 제작시기를 특정하기 어렵다. 또한 날짜가 부기(附記)된 〈輓白岡仁棣(백강 아우 만사)〉2首처럼 제작 시기는 분명하지만, 독립운동가의 신분을 감추기 위해 자(字)나 호(號), 혹은 가명(假名)을 사용한 경우가 많아, 작중 인물의 상세한 행적이나 작품의 배경을 추적할 수 없는 경우도 있다. 뿐만 아니라 현재 통용되는 판본(板本)과 번역본들에서 모두, 1915년 지은 것이 분명한 〈可人我弟大吟壇郢政又乞和之(훌륭한 시인 가인 아우에게 가필과 함께 화답시도 바라노라)〉 시가 시집(詩集)의 앞부분에 오고, 1912년 작이 확실한 〈移寓金陵聞晴蓑及諸學生均解往漢城監獄(금릉으로 거처를 옮기고서, 청사와 여러 학생들이 모두 풀려나 서울 감옥으로 압송된다는 소식을 듣다)〉 시가 좀 더 뒤에 등장하는 등, 편차가 흐트러진 흔적이 역력한 경우도 있다. 이에 이 책에서는 망명 직전부터 상해 도착까지의 경로가 제목에 표시되어 역사학자들이 대체적으로 인정하고 있는 앞부분의 작품들을 제외하고는, 『통용본』과 『필사본』 수록 순서는 참고 자료로 사용하고자 한다.

고국을 떠나 상해 도착까지의 시들이 일목요연한 이유는 비교적 단순한 환경이었기에 가능하였는데, 상해 도착 이후부터 순차가 흐트러진 듯이 보이고, 때로 작품 간에 상당한 공백이 짐작되는 것은 폭발적으로 늘어났던 교류의 폭과 횟수 때문으로 짐작된다. 이러한 현상은 1918년 이후 3·1운동 이후부터 1921년 임시정부의 요직을 맡아 주변 여건이 급변하던 시기에 다시 반복되어 나타난다.

작품의 제작시기를 고증하는 계년(繫年) 작업의 선결문제는 제작 시기를 확정할 근거를 찾는 것이다. 필자는 2021년 논문에서 『아목루』 시 제작연도 추정 기준을 밝힌 바 있다. 제일 우선적인 것은 〈丁巳年自壽詩(정사년 생일 기념 시)〉처럼 제목(題目)에 제작시기가 표시된 것에서부터, 내용에 언급된 증여 대상과 행적, 그리고 시간의 경과 묘사 등과 같은, 작품에 내재해 있는 단서들이다. 그 중 시간의 경과 묘사에 대해서는 특히 주의가 필요하다. 예를 들어 정사년(丁巳年)(1917)에 지었다고 제목에 적시된 〈丁巳年自壽詩(정사년 생일 기념 시)〉 내용 중에 '38년 전(三十八祀前)'의 구절은 예관 선생 본인이 세상에 태어난 해를 회고한 것이다. 이 작품 안에 탄생한 해가 '경진년(庚辰年)'이라고 명시되어 있으므로 출생년도는 1880년이며, 결과적으로 작품에 사용된 '祀'라는 글자는 당해 연도를 포함한 우리 나이 식 계산법에 쓰인 용어임을 알 수 있다. 같은 글자가 사용된 작품으로, 같은 1917년에 지어진 것이 분명한 〈丁巳秋旅雜感(정사년 가을 여행 단상)〉 시들 중 〈到良王莊(양왕장에 도착하여)〉가 있다. 이 작품에서 '기차를 기다리는 세 시간도 괴롭거늘, 8년에 비해 볼 때 그 마음 오죽할까(三鐘八祀較何如)'라는 구절의 '八祀'는 1917년을 포함한 8년 전, 곧 일제에게 나라를 빼앗긴 1910년 경술국치(庚戌國恥)의 고통을 일컫는 것임을 알 수 있게 된다. '祀(사)'의 이러한 용례는 동음이자(同意異字)인 '禩(사)'가 사용된 '겨레를 떠나 한 마음으로 3년을 보내고, 고통과 치욕 속에 또 한 해가 저물었군요(逋宗同經三禩, 痛恥忍言加一籌)' 〈答朴白菴書附詩(박백암 선생님께 답하며 시를 첨부합니다)〉 시의 작품 제작시기를 추정할 수 있게 해준다. 즉 예관 선생이 백암 선생과 비슷한 시기 중국으로 망명했던 1911년으로부터 3년 후인 1913년에 지은 작품이며, 한 해가 저물었다는 표현에서 그 해 연말에 지은 것임을 알 수 있다. 이와 유사하게 1915년에 지은 것이 분명한 〈寄南社(남사에 부침)〉 시의 '통곡하여도 오 년 눈물 거두지 못하네(痛哭不乾五年淚)' 시구에서 '오 년의 눈물'은 곧 고국을 떠난 1911년부터의 눈물임이 분명하다. 이로써 시간의 경과를 '年'으로 표시하여 '몇 년이 지났다'고 한 경우에도 같은 방식의 햇수 계산이 적용되었음을 알 수 있다.

다만, '네 해 동안 떠돌며 세 차례 개천절을 지내다(飄搖四載三回節)' 〈상해에서 벗을 그리며(海上懷人)〉 又(其3, 필자 주) 시의 경우는, 한 해가 경과한 후를 1년으로 계산한 '載'를 사용하기도 하였다.

그 외 과거지사를 가리키는 용어로 '去年(거년)', '昔年(석년)', '曩年(낭년)' '往年(왕년)' 등이 있다. 용례들을 종합해볼 때, 1912년 사건을 배경으로 한 것이 분명한 〈移寓金陵聞晴蓑及諸學生均解往漢城監獄(금릉으로 거처를 옮기고서, 청사와 여러 학생들이 모두 풀려나 서울 감옥으로 압송된다는 소식을 듣다)〉 시에서 '작년 광복일(去年光復日)'이라는 구절이 1911년 武昌起義(무창기의)를 가리킨 것임이 확실시 되므로, '去年(거년)'은 중국어와 같이 '작년'의 의미로 쓰였음이 분명해진다. 이와 유사하게 '去冬(거동)'의 시기를 '甲寅(갑인)(1914)'으로 명시한 〈可人我弟大吟壇郢政又乞和之(훌륭한 시인 가인 아우에게 가필과 함께 화답시도 바라노라)〉 시의 제작 시기는 이듬해인 1915년으로 추정된다. 무엇보다 '去年(거년)'의 의미를 분명하게 드러내 준 것은 같은 용례로서 '去年今日坐西樓(작년 오늘 서루에 앉아)' 구절이 등장하는 〈夜與諸棣小酌共題詩(밤에 여러 아우들과 작은 술자리를 갖고 함께 시를 짓다)〉 시로, 바로 전 해의 같은 날 지은 〈乘江西船發向青島(강서선을 타고 청도로 향하며)〉 시와 호응하고 있기에 더욱 분명하다. 이러한 날짜 감각을 갖은 '去年今日'이 등장하는 〈贈弘巖先生(홍암 선생께 드림)〉 시에 적용해 보면, 홍암 선생과 예관이 '함께 옥에 갇혔던' 일은, 함께 고국에 있었던 1911년 11월 이전의 일이며, 그것이 '작년 오늘'의 일이었다면 이 작품의 제작 시기는 1912년 11월 이전으로 한정된다.

그 밖에 '昔年(석년)'은 '예전에(신해년) 색안경을 끼고 찍은 작은 사진을 찾다(得昔年辛亥黑鏡小影)'(1911년, 필자 주) 〈可人我弟大吟壇郢政又乞和之(훌륭한 시인 가인 아우에게 가필과 함께 화답시도 바라노라)〉(1915년 작, 필자 주) 시에서 비교적 가까운 과거를 가리킬 때 쓰였으며, '曩年(1912, 필자 주)第一訂交友如樫者慟自不已(지난 날 처음 망년지우를 맺었던 나는, 애통한 눈물 금치 못하네)'〈輓黃克强(황극강 만사)〉(1916년 10월 작, 필자 주), '曩年(1902, 필자 주)光武獄(예전에 광무 옥사 있을 때)'〈京津同志被捕(북경과 천진의 동지들이 체포되다)〉(1912년 작, 필자 주), '曩年(1911, 필자 표기)余渡華之日, 首先次第訂交者…'〈碧浪湖畔恨人談(벽랑호반에서 한인이 하는 이야기)〉(1917년 작, 필자 주) 등에서의 '曩年(낭년)'은 5년 이상된 과거를, '痛恨那堪說往年(통한의 지난날을 어이 말로 다하랴)' 〈讀芙岑見贈二首卽次原韻和之(부잠이 준 시 두 수를 읽고 차운하여 화답함)〉(1915년 작, 필자 주) 시에서의 '往年(왕년)'은 불특정의 지난날을 가리킬 때 사용되었다.

망명지에서 수없는 눈물의 밤을 떨치고 아침이면 광복의 길을 찾아 집을 나서던 그 시간을 기억하기 위해, 이제 선생의 시집을 다시 펼쳐들어 보자.

I. 망명

1911.10~1911.12

(韓) 전북 김제시 금산사의 위성류(渭城柳) 산림청 제공

신규식 선생은 대종교에 귀의하여, 교주 홍암 나철 선생에게서
'위성류'라는 뜻을 가진 한자, 정(檉)이라는 교명(敎名)을 받았다.
선생은 고국을 떠나 상해에서 타계할 때까지
줄곧 이 '신정(申檉)'을 공식적인 성명으로 사용하였다.

1911년 신해년 10월 10일, 부패한 淸(청) 정부를 타도하는 중국 혁명세력에 의해 武昌起義(무창기의)가 성공하고 14개의 省(성)이 이에 호응하여 독립을 선포하였다는 소식이 국내에 전해지자, 일본의 강점으로 나라를 잃은 한국인들은 크게 고무되었다. 국권을 잃고 지도층마저 일제의 앞잡이로 변하여 국내에서는 더 이상 도모할 수 있는 일이 없고, 중국과의 동맹이 한국의 독립에 힘이 될 것이라는 판단에서 감행한 중국행은 결국 국적마저 바꾼 망명길로 이어졌다. 선생은 1911년 음력 10월 3일 개천절(양력(이하 * 로 표기) 11월 23일)에 대종교 천궁(天宮)에 고하고 서울을 떠나 비밀리에 압록강을 건너 중국으로 망명하였다.

그리고는 北京(북경)에서 활동하고 있던 무관학교(武官學校) 동기 청사(晴蓑) 조성환(曺成煥)을 찾아가, 그와 함께 辛亥革命(신해혁명)의 현장을 보고 주요 혁명 인사들을 만나 지원을 요청하고자 남쪽으로 길을 떠났다. 예관 일행은 북경–천진–산동성–청도–교주만을 거쳐 12월 말경에 上海(상해)에 도착하였다.

관을 놓고 장사하는 짓거리로 비유되는 조국의 처참한 상황, 중국 혁명 소식을 접하였을 때의 놀라움과 부끄러움, 그리고 망명에의 결심, 집을 떠나 국경을 넘어 상해로 이어지는 비장한 여정이 『아목루』 시집 첫머리에 고스란히 담겨 있다.

속마음을 털어놓고 석, 손 두 아우에게 보임

述懷示石巽兩棣[1]

푸르던 산은 예전과 같지 않아	靑山非舊日[2]
낙엽 지고 또 가을이 깊었네.	落木又深秋[3]
한스러울 손, 부자 나으리들	可恨多錢客
관머리 앞에서 돈 벌 궁리만 하다니.	經營在棺頭

주석

1 兩棣양체 : 두 명의 아우, 석(石)과 손(巽). 실명(實名)은 알 수 없다.
예관 선생은 친형제가 아니어도 체(棣)라는 경칭을 사용하였기에 이들을 친동생들로 확정짓기는 어렵다. 〈以永樂亭詩贈鐵兒弟(영락정 시로 철아 아우에게 줌)〉, 〈夜與諸棣小酌共題詩(밤에 여러 아우들과 작은 술자리를 갖고 함께 시를 짓다)〉, 〈慶節題感(기쁜 명절에 소감을 적다)〉其1(필자 주), 〈寄耦泉仁棣老同志(오랜 동지이자 아우 우천께 부침)〉, 〈弔閔英華君(민영화 군을 조문함)〉, 〈輓白岡仁棣(백강 아우 만사)〉 시 참조.
종전의 【통용본】에서는 제목을 '述懷示石巽兩棣'로 하였으나, 【박찬익 일가 기증 경기도 박물관 소장 아목루 필사본】(이하 【필사본】)에는 '述懷示石巽兩棣'로 되어 있다. 『兒目淚(아목루)』에 이와 유사하게 표기된 〈威海舟中紀夢示蘇子二友〉란 제목이 있고, 내용상 온당하다고 생각되어 【필사본】의 표기를 택한다.

2 靑山청산 : 우리나라의 별칭인 청구(靑丘)를 함축한다.

3 늦가을임을 알 수 있다. 동시에 나라의 처지를 빗댄 것이다.

해설

■ **1911년 10월**

을사늑약(乙巳勒約)(1905) 이후 경술국치(庚戌國恥)(1910)에 이르는 동안 국권(國權)을 송두리째 앗겨 '관 속에 누워버린' 나라(靑山)이건만, 돈 많은 고관대작들은 관머리에서 잇속 챙기기에 혈안이다. 『아목루』 시집은 이처럼 선생이 고국을 떠날 수밖에 없는 암담한 현실에서 시작하고 있다.

『아목루』 시는 계절과 정경 묘사가 중시되는 漢詩(한시) 형식으로 되어 있어, 작품 안에 제작 시기를 유추해 볼 수 있는 단서들이 적지 않다.

신문을 읽고서

讀報有感

밤이 되어 비바람 몰아치는데	夜來風雨急
중원 땅엔 날랜 사슴 달려가네.	逸鹿走中原[1]
내 어이 팔짱끼고 있겠는가만	壁上非吾觀[2]
이 세상 어디고 원수들 천지.	舟中盡敵門[3]
병서는 진즉 손에서 놓았고	陰符曾廢讀[4]
따르는 병졸 또한 하나도 없네.	親卒亦無存[5]
혁명의 정신이 선포된 날	發表精神日
외롭고 미욱하다 핑계도 못 대겠네.	孤愚不暇論[6]

주석

1 逸鹿**일록** : 뛰어난 사슴. 훌륭한 인물을 빗대었다.

2 壁上觀**벽상관** : (성벽 위에서) 수수방관함

3 舟中敵門**주중적문** : 배 안의 사람이 온통 적으로 변함. 등을 돌림

4 陰符**음부** : 병서(兵書)

5 예관 선생은 1903년 9월 육군무관학교 졸업 후 육군 보병(步兵) 참위(參尉)를 지낸 1907년까지 군 생활을 하였다. (정삼품(正三品)으로 올라 시위보(侍衛補) 주임(奏任)을 지내기까지 하였으나, 최종 공식 직함은 보병 참위였다.) 따라서 이 작품은 군대를 나온 1907년 이후의 처지를 묘사한 것임을 알 수 있다.

6 우리도 독립운동을 더 이상 지체할 수 없다는 절박함을 표현한 것이다.

해설

■ 1911년 10월 13일 즈음

1911년 10월 10일 武昌起義(무창기의)를 일으킨 중국 기의군(起義軍)은 12일이 되자 滿淸(만청) 정부의 죄상을 성토하는 격문(檄文)을 발표하고, 전국에 전보를 타전하여 이를 알렸는데, 여기에는 淸(청) 정부가 그동안 국민에게 가했던 8개의 학정(虐政)이 열거되어 있었다. 기의군은 청조의 宣統(선통) 연호를 폐지하고, 黃帝(황제) 기원을 사용하면서, 새 시대의 도래를 천명하였다. 작품에서의 '정신(精神)'은 격문 등에 담긴 혁명의 취지를 가리킨 것으로 보인다.

이 날의 봉기(蜂起) 사건만을 가리킬 때는 武昌起義(무창기의)로, 이를 전후로 두고 벌어진 일련의 과정을 가리킬 때는 辛亥革命(신해혁명)으로 불린다.

당시 일제치하였던 우리나라에서는 총독부 기관지《每日申報(매일신보)》가 유일한 한국어 신문이었는데, 대륙의 무창기의 소식은 10월 13일자 지면에 보도되기 시작하였고, 이후에도 혁명소식이 보도되었다. 이에 뜻있는 국내인사들이 크게 고무되어 독립운동을 위한 결심을 굳히고, 망명을 다짐하게 되었다.

홍암 선생께 드림

贈弘巖先生[1]

작년 오늘, 우리 같은 옥에 갇히어	去年今日共囹圄[2]
아사달 읊조리며 영웅기개 떨쳤어라.	歌咏阿斯氣尚豪[3]
외기러기 남으로 날아 어디로 가는가	隻雁南飛何處向
백산 흑수 천리 길 아득도 한데.	白山黑水路迢迢[4]

주석

1 弘巖홍암 : 대종교(大倧敎)의 초대 교주이자 독립운동가 나철(羅喆). 〈留盛京奉天有感題寄弘巖(성경봉천에 묵으며 느낀 바를 적어 홍암께 부침)〉, 〈贈弘巖先生(홍암 선생께 드림)〉, 〈慶節題感(기쁜 명절에 소감을 적다)〉5首, 〈奉悼羅公弘巖神兄(나공 홍암 신형을 받들어 애도함)〉, 〈並附一首戊午嘉倍日憶弘師(아울러 시 한 수를 덧붙이며 무오년 가배일에 홍암 대종사를 생각함)〉 시, Ⅶ장 민족의 단결과 대종교 참조.

2 去年거년 : 【중국어】 qùnián, 작년

함께 옥에 갇혔던 작년 일을 회고한 것으로 보아, 망명 전인 일을 1911년 그 날짜에 회고한 작품으로 추정된다.

예관 선생은 하루 만에 72명이나 되는 열사들이 장렬하게 전사한 중국의 황화강기의(起義) 1주년 기념일을 맞이하여, 1912년 3월 29일(* 5월 15일) 〈往黃花岡七十二烈士紀念會送一輓(황화강 72열사 기념회에 가면서 만사 한 장을 보내다)〉 시를 지어 이 날을 회고하며 '去年今日'이란 어휘를 사용하였다. 또한 1912년 10월 10일 지은 〈送冶公先生同志重遊日本(야공 선생 동지가 다시 일본으로 떠남을 배웅함)〉글에서 "去年今日, 即武漢義擧之秋(작년의 오늘은, 바로 무한의거의 가을)"이라고 하거나, 1913년 중양절에 지은 "去年今日坐西樓, 細雨疏風感九秋(작년 오늘(9월 9일 중양절, 필자 주) 서루에 앉았을 때,

가랑비 선들바람에 가을이 깊었지)" 〈夜與諸棣小酌共題詩(밤에 여러 아우들과 작은 술자리를 갖고 함께 시를 짓다)〉와 같은 시구에서 '작년의 오늘 날짜'를 가리키는 '去年今日'을 자주 사용하였다. 〈贈冶公(야공께 드림)〉 시 해설 참조.

3 阿斯아사 : 고조선의 수도 아사달(阿斯達). 혹은 대종교에서 단군(檀君)이 들어가 한얼(天神)이 되었다는 阿斯達 뫼(아사달산, 황해도 九月山). 단군(檀君), 단웅(壇雄), 단인(壇因)을 기리는 사당 三聖祠(삼성사)가 이 산 밑에 있다.

4 白山黑水**백산흑수** : 백두산(白頭山)과 黑龍江(흑룡강). 이들이 위치한 東北三省(동북삼성)의 별칭이다. 해설 참조.

해설

■ 1911년 10월 30일 즈음

『大倧教重光六十年史(대종교 중광 육십년사)』에 따르면, 홍암 선생은 1910년 7월 30일 단군교(檀君教)를 대종교(大倧教)로 개칭하고, 그 해 10월 25일(* 11월 26일) 滿洲(만주) 北間島(북간도) 三道溝(삼도구)에 지사(支司)를 설치하였다. 또한 1911년 7월 21일(* 9월 13일)에는 고적(古跡) 답사와 영적(靈跡) 답사를 위하여 서울을 출발하여 강화도와 평양을 거쳐 西北巡禮(서북순례)를 마치고, 두만강을 건너 백두산 북록(北麓) 青湖(청호, 青坡湖, 현 清湖. 이하 동일)에 당도하여 지사(支司)를 설치하였다고 한다)에 당도하여 시교당을 설치하였다.

두 차례에 걸친 백두산 행차 중에 제2차 여정은 북간도 和龍縣(화룡현) 青湖(청호)를 중심으로 펼쳐진 향후 4년간의 북간도 포교활동에서 중요한 의미를 지닌다. 홍암 선생 당신이 죽음을 앞두고 일생을 회고하며 지으신 《重光歌(중광가)》 53장 중 제 49장에는 "辛亥秋蕭蕭壇杖, 古蹟靈跡 찾는다. 塹城崇靈奉審後 豆滿江 물 건너니…"라는 구절이 이 같은 행적을 뒷받침하고 있으며, 예관 선생의 〈奉悼羅公弘巖神兄五章(나공 홍암 신형을 받들어 애도함)〉又(其2, 필자 주) 시에서도 "斬棘披荊尋舊蹟, 翩翩道杖白頭山(가시덤불 헤치며 옛 자취 찾아 훨훨 지팡이 짚고 백두산으로 가셨네)"라고 하여 고난에 찬 이 여정을 기리고 있다.

위 작품은 과거지사를 회고하는 앞의 두 구와, 막막한 앞날을 안타까워하는 뒷 2구로 나뉘어 있다. 이 시의 제작 시기를 추정해 볼 수 있는 키워드는 '去年今日' '隻雁' '南飛'이다. 위 주석에서 살펴본 바와 같이, 예관 선생이 '작년의 오늘'이라고 일컬은 날은 기념일이거나 명절처럼 관련자들이 모두 알고 있는 공식적인 날이다. '외기러기가 남으로 날아가다'라는 구절은 절기(節期)와 시를 받는 대상인 홍암 선생의 고생스러운 북간도(北間島) 여정을 동시에 암시하고 있다. 여기서 홍암 선생의 제1차 백두산 여정은 '7월 21일(* 9월 13일) 서울 출발-황해도 구월산-평양-두만강-백두산 북록 북간도 청호'로 이어지고 있음을 상기해 볼 필요가 있다. 예로부터 변방지방에서 서리 맞은 '기러기'를 볼 수 있는 때는 음력 9월 9일 중양절(重陽節) 즈음인 점에 비추어볼 때, 행차를 떠나서 중양절 즈음 어느 만치 가 계신 홍암 선생께 이 시를 보낸 것으로 짐작해볼 수 있다.

여기서 홍암 선생은 서북 순례를 마치고 두만강이 있는 동북쪽으로 향했는데, 외기러기가 '남쪽'으로 향한다고 한 이유는 무엇일까. 그것은 남한에서 두만강을 건너 백두산 북쪽 청호로 가는 길은, 회령(會寧)을 거쳐 두만강을 건너 현재의 국경을 넘어 동북쪽으로 올라간 후 돌아서 남하(南下)하는 경로를 택해야하기 때문이다. 이러한 경로는 북간도에 올라가 약 6개월간 대종교 포교활동을 펼치다 귀국한 조창용(趙昌容, 1875~1948)의 『白農實記(백농실기)』에 실린 〈北艮島視察記(북간도시찰기)〉에 부산(釜山)에서부터 배와 철도를 이용하여 북상한 후 '회령(會寧)-두만강(豆滿江)-용정(龍井)-이도구(二道溝)-청호(靑湖)'로 북간도에 진입한 대목을 통해 알 수 있다. 『大倧敎重光六十年史(대종교 중광 육십년사)』에 〈睨觀申圭植道兄喪葬節次(예관 신규식 도형 장례절차)〉와 함께 실린 〈致祭睨觀大兄(예관 대형 제사)〉 글에는 "弘矣(?岩, 필자 주)神兄이 有微其托이라 先後去國, 辛亥秋冬이라(홍암 나철 선생이 은밀하게 권하여 앞서거니 뒤서거니 나라를 떠났으니, 신해년(1911) 가을에서 겨울 사이라)"는 대목이 있다. 그러므로 이 시는 홍암 선생이 1911년 음력 7월 21일(* 9월 13일) 서울을 떠나 서북순례를 마치고 두만강을 넘은 음력 9월 9일 중양절(* 10월 30일)을 기하여 예관 선생이 지어 보낸 것으로 추정할 수 있다.

이렇게 볼 때 1년 전인 1910년 9월 9일(* 10월 11일)에 두 분이 수감되었던 일은 1910년 11월부터 안명근(安明根)이 서간도(西間島)에 무관학교를 설립하기 위한 자금을 모집하다가 황해도 신천지방에서 관련 인사 160명이 검거된 안악사건(安岳事件)과 연관되었을 가능성이 있다.

배웅하며

送

조카와 두군·阿侄杜君

조카더러 길 찾으라 안동에 눌러 앉히고	安東探路留阿侄[1·2]
곧장 북쪽으로 편지 전하러 두군을 보냈네.	直北傳書送杜君[3]
살벌한 경계망 도처에 펼쳐졌으니	更看綱羅前後織
숨어 안전하게 나갈 곳 어디이려나.	遁身何處是奇門[4]

주석

1 安東안동 : 현재의 중국 遼寧省(요녕성) 丹東(단동)

2 阿侄아질 : 큰 조카인 신형호(申衡浩, 1891~1960). 예관보다 먼저 중국으로 떠났다. 1912년 6월 도미(渡美)하여 학업을 마치고 해외에서 독립운동을 펼쳤다. 〈與晴兄阿侄發燕京(청사 형 그리고 조카와 연경을 떠나며)〉, 〈送家侄赴學生軍團(학생군단에 입대하는 조카를 배웅하며)〉 시 참조.

3 杜君두군 : 불명(不明)

4 奇門기문 : 고대의 신비한 예측술 중 한 가지인 기문둔갑(奇門遁甲)을 말한다. 방술사는 기문과 둔갑을 근거로 추산해 군사 작전에 대한 성패와 길흉을 미리 알 수 있었는데, 이것으로 길한 데로 나아가고 흉한 것을 피하는 조치를 취했다고 한다.

해설

■ 1911년 11월경

『아목루』 앞 부분의 시들을 통해서 파악할 수 있는 예관 선생의 망명 여정은, 압록강 바로 건너편 중국 마을 단동에 조카 신형호를 먼저 보내 머물게 하면서 길잡이를 부탁하고, 북경에 있는 벗 조성환에게 기별을 전하고자 두군을 먼저 보낸 후, 뒤따라 압록강을 건너 단동에서 조카와 합류하여, 함께 북경에 있는 조성환을 찾아가는 것이었다.

벗을 그리며 느껴워

懷友有感

산 위 구름, 호수 가 버들처럼 하냥 부드럽고	嶽雲湖柳全和善[1·2]
드너른 문수에 환하게 펼쳐진 빛이로다.	洋野汶洙普廣光[3·4]
위에 거룩한 하늘이 다 듣고 보시거늘	上有大天明視聽
그에게 죄를 덮씌우다니, 기가 막히도다.	罪知一任起倉皇[5]

주석

1 嶽악 : 큰 산. 태산(泰山)을 일컫기도 한다.

2 和善화선 : 온화선량(溫和善良). 부드럽고 선량하다.

3 汶洙문수 : 산동성(山東省) 경내의 강 이름. 세존(부처)의 제자 중에 최고의 지혜를 지닌 문수보살(文殊菩薩)을 연상시킨다.

4 普廣보광 : 너르다. 세존의 제자 중에 보광 보살(普廣菩薩)이 있다. 보광은 보편적 진리가 가득하다는 의미이다. 이 두 구절은 유동열(柳東說)의 다사롭고 너그러우며 지혜로운 모습을 묘사한 것으로 보인다.

5 倉皇창황 : 蒼惶. 놀랍고 당황스러움

해설

■ 1911년 11월경

당시 신규식과 함께 중국으로 떠나려 했다가 일본 경찰에 체포된 인사로 예관 선생보다 한 살 위인 유동열(柳東說, 1879~1950, 號 春郊)이 있다. 그는 일본육군사관학교를 졸업하고 러일전쟁이 일어나자 대한제국 파견 무관 자격으로 일본군에 종군했다. 이후 서울의 일본군 6군사령부에서 근무하다가, 1904년 8월 대한제국 군인으로 복귀하여 무관학교(武官學

校) 교관, 시위대 기병대장, 참모국 제2과장을 역임했다.

러일전쟁 이후 일본의 한반도 국권침탈 야욕이 가시화되자, 이에 커다란 분노를 느끼며 항일운동에 투신하였으며, 장교로 근무하며 노백린, 이동휘 선생 등과 어울리면서 효충회란 단체를 세워 친일파를 암살하려고 하였으나 대한제국군 해산 등을 겪으며 군 규모가 위축되자 1909년 10월 초 北京(북경)으로 망명했다. 얼마 후 군자금 모금을 위해 국내로 잠입하였다가 1911년 일본이 조작한 105인 사건(데라우치총독 암살사건)에 연루되어 10년형을 선고받았으나 1913년 3월 무죄 석방되었다.

1911년 음력 10월 21일자(* 12월 11일) 〈조성환이 안창호에게 보낸 편지〉에는 '신규식과 春郊 兄(유동열)이 망명하던 중, 유동열은 불행하게도 체포되었다'는 내용이 있다. 『아목루』에서 위 작품 바로 뒤에 실린 〈束裝(행장을 갖춰 차리며)〉 시의 '聞友人被捕(벗의 체포소식을 듣다)'라는 부제(副題), 그리고 함께 떠나려던 벗이 체포되어 버려서 이제 '그 누가 나와 함께 배를 탈건가'라는 막막함이 토로된 작품 내용 등을 미루어볼 때, 위 작품에서 망명 전 '죄를 덮어 쓰고 체포되었다'는 소식의 주인공은 춘교(春郊) 유동열(柳東說)임을 알 수 있다.

이 작품은 혐의를 받아 체포된 벗의 처지를 고려하여, '春郊'라는 호를 대신해서 그의 너르고 따스한 품성을 '봄 풍경' 묘사로 대체하고 있음이 주목된다. 『아목루』에서 묘사 대상의 본명(本名)을 부제(副題)로 밝힌 경우에도 이 작품처럼 넌지시 빗대거나 가명(假名) 혹은 자(字)·호(號)를 쓴 대목에서 일제의 눈을 피해 은밀하게 활동해야 했던 망명 지사들의 어려운 처지를 짐작해 볼 수 있다.

행장을 갖춰 차리며

束裝

벗의 체포 소식을 듣다·聞友人被浦

오늘 밤 새장에 갇힌 새가	今夜籠中鳥
내일은 바다 위 갈매기 되려네.	明朝海上鷗
별안간 세찬 파도 소리 들리니	忽聞風浪急[1]
그 누가 나와 함께 배를 탈건가.	誰能共我舟

주석

1 망명을 떠나려고 짐을 꾸리던 중 급작스러운 유동열의 체포소식을 접하게 된 것을 가리킨다. 〈懷友有感(벗을 그리며 느꺼워)〉 시 해설 참조.

해설

■ **1911년 11월경**

천궁에 절하고 물러나며

拜退天宮

개천 경축일 천궁에 절 올리고	開天慶日拜天宮[1·2]
정성으로 분향하며 피어린 충심을 고했네.	一炷心香告血衷[3·4]
이번 떠나는 길에 신의 힘 아니시면	此去如非神化力
미욱한 이 몸이 작은 공로라도 어이 아뢰리.	頑冥何以奏微功[5·6]

주석

1 개천 경축절은 음력 10월 3일이었으므로, 양력으로 1911년 11월 23일이었다.

2 천궁天宮 : 대종교(大倧教)에서 한인·한웅·한검이 계신 하늘나라를 가리키며, 그 경배 장소인 대종교(大倧教) 총본사(總本司), 각도 본사 및 시교당(施教堂) 안에 단군한배검의 상(像)을 모신 천전(天殿 : 天眞殿)을 가리키기도 한다.

3 炷주 : 심지.

4 血衷혈충 : 피로써 맹세한 충성.

5 頑冥완명 : 미련하다. 본인의 능력을 겸손히 일컬음.

6 微功미공 : 작은 공로.

해설

■ 1911년 11월 23일(음력 10월 3일 개천절)

예관 선생의 망명일자에 대해서는 여러 견해들이 있지만, 선생은 중국에 도착한 날보다 한국을 떠난 날을 더 중요하게 생각하였다.

위 작품을 비롯하여, 1912년 10월 10일 중국의 벗 陶冶公(도야공)이 일본으로 유학을 떠나게 되자, 〈送冶公先生同志重遊日本(야공 선생 동지가 다시 일본으로 유학 떠남을 배웅하며)〉

란 글과 함께 시를 지어 전송하였는데, 전송의 글 중 일본 유학을 마친 도야공과 예관 자신이 비슷한 시기에 중국에 왔음을 회고한, "去年今日, 卽武漢義擧之秋. 足下自東瀛還, 不佞從古都而出, 與斯時也, 荊川棘地, 呼號奔走, 有同其感(작년의 오늘은 武漢義擧(무한의거)의 가을이었는데, 그대는 일본에서 돌아오고 저는 故都를 나와 지금까지 가시밭길을 소리치며 뛰어다니는 서로의 처지에 공감하여 왔습니다)"라는 대목에서 '故都'가 회고되고 있다. 또한 〈悼故友血兒君(오랜 벗 혈아 군을 애도하다)〉 시 서문에서 '由故都遁身渡海上(故都에서 몸을 숨겨 상해로 건너왔다)'라고 회고한 것, 그리고 1917년 5월 20일 陳其美(字 英士)의 죽음을 애도하며 자신과의 교류를 회고하는 대목에서도, "余與英士訂交, 在第一次革命時, 余由故都而出, 會君於海上(내가 영사와 교분을 맺은 것은 제1차 혁명 때였으니, 내가 故都를 떠나와 上海에서 그를 만나게 되었다)" 〈碧浪湖畔恨人談(벽랑호반에서 한인이 하는 이야기)〉라고 반복적으로 '故都'를 언급하였다.

그의 제자이자 사위인 민석린(閔石麟)이 예관 선생의 망명을 회고하며 묘사한 "於是秘密'來'華(이에 비밀리에 중국으로 오게 되셨다)"는 『예관 신규식 선생 전기(睨觀 · 申圭植先生傳記)(이하 전기)』의 기록, 그리고 송상도의 『騎驢隨筆(기려수필)』의 "公遂密'渡'海, 至滬(上海, 필자 표기)(예관 선생은 급기야 비밀리에 바다를 건너 상해에 도착하였다)" 구절 모두 고국을 출발지로 전제하고 있다.

일각에서는 고도를 중국의 옛 도시 南京(남경)을 출발한 것으로 보기도 하였지만, 위의 글 모두에서 중국 또는 上海(상해)라는 목적지가 망명의 출발지 고국 또는 서울을 전제한 것으로서, 언급된 來(오다), 渡(건너다), 出(나오다)과 같은 動詞는 서해 건너편으로 온 망명 행위를 가리킨 것이므로, 출발지 '故都'는 南京(남경)이 아니라 '서울(漢城)'을 가리키는 것으로 보아야 한다.

이처럼 예관은 단군 한배검의 상(像)을 모신 서울 대종교(大倧敎)의 천궁(天宮)에서 분향하며 충심을 아뢰고, 비장한 마음으로 고국을 떠난 개천 경일(* 1911년 11월 23일)을 가슴 깊이 새겼다.

상심

有感

만형님께 드림·呈舍伯[1]

낳아 기르신 부모님이 계시건만	生我劬勞有兩親[2]
황망하여 조석 인사도 못 올렸네요.	倉皇不告缺昏晨[3]
천하를 위한다는 것도 빈이름 뿐	爲天下者名無實
훗날 불효자란 말 어찌 감당할지요.	他日那堪不孝人[4]

주석

1 舍伯사백 : 남에게 자기의 맏형을 겸손하게 이르는 말. 친형 신정식(申廷植, 1868~1946)을 가리킨다. 네 형제 중에 유일하게 국내에 남아, 진사, 탁지부 회계국장 등을 거쳐 덕천과 자성 군수를 역임했다. 일제강점기에는 향리에서 덕남사숙(德南私塾) 숙장으로 교육 사업에 몸담았다. 독립운동하는 아우들로 인해 국내에서 잦은 고초를 당했다.

2 劬勞구로 : 자식을 낳아 기르는 부모님의 수고로움. "哀哀父母, 生我劬勞(슬프다 부모님이여, 날 낳고 고생 많으셨네)." 『詩經(시경)』〈小雅(소아)〉〈蓼莪(육아)〉

3 昏晨혼신 : 昏定晨省. 부모님께 조석 문안드리는 것

4 那堪나감 : '어이 감당하겠는가, 감당할 수 없다'는 뜻의 관용어.

해설

■ 1911년 11월 23일

한국의 시사 주간잡지《東明(동명)》1922년 10월 1일자 예관 선생의 부음 기사에는, 선생이 고국을 떠날 때 "신속(迅速)으로써 행장(行裝)을 수습(收拾)하였다"고 묘사하였다. 앞의 시들과 연결해 볼 때, 동행하기로 했던 벗의 체포로 망명 계획에 차질이 생기고, 급하게 일정이 잡히는 바람에 황망하게 떠나게 되면서 맏형님께 드린 시인 듯하다.

서울을 떠나 압록강을 건너며

發漢城渡鴨綠江

큰 강물 저처럼 흘러가서는	大江如彼逝[1]
언제나 다시 동으로 돌아오려나.	何日更歸東[2]
무수한 열혈 지사들이	無數宜陽子[3]
거센 물결 속에서 외쳐대누나.	聲聲博浪中[4]

주석

1 如彼逝여피서 : 저와 같이 흘러가다. 압록강이 서쪽으로 하염없이 흘러가는 모습에서, 공자가 흐르는 냇물을 보며 "逝者如斯夫(흘러감이 저와 같구나)"라고 한 일을 떠올린 것이다. 『論語(논어)』 〈子罕篇(자한편)〉

2 何日更歸東 : "何日是歸日(어느 날이 돌아갈 날일까)" 〈送陸判官往琵琶峽(육판관이 비파협으로 떠나 배웅함)〉, 〈奔亡道中(도망 길에)〉 其1(이상 李白), 그리고 杜甫(두보)의 〈絶句(절구)〉 其2 등, 난리를 피하여 도망가던 중에 고향으로 돌아가지 못하고 앞날을 걱정하던 고전적인 표현이다.

3 宜陽子의양자 : 의양은 張良(장량, ?~B.C.186)의 고향. 의협심 많은 열혈인사를 상징한다.

4 博浪中박랑중 : 張良(장량)의 조상이 韓(한)나라에서 五世(오대) 동안 정승 노릇하였는데, 조국이 秦(진)나라에 멸망되자, 원수를 갚고자 滄海力士(창해역사)에게 철퇴를 들려 博浪沙(박랑사)에서 秦始皇(진시황)을 저격하였는데, 빗나가 그의 부거(副車 : 호송 수레)를 맞혔다. 『史記(사기)』 〈留侯世家(유후세가)〉

해설

■ **1911년 11월 말**

〈送(배웅하며)〉, 〈有感(상심)〉, 〈到安東縣留誠一號(안동현에 도착하여 성일호에 묵다)〉 등과 같은 전후의 작품들, 그리고 망명시기를 회고한 〈悼故友血兒君(오랜 벗 혈아 군을 애도하다)〉 시 서문(序文)의 "由故都遁身渡海上(고국의 수도로부터 몸을 숨겨 상해로 건너와)" 같은 구절에서 알 수 있듯이, 예관의 출국은 비밀리에 추진되었다.

한반도의 끝이자 중국 땅이 시작되는 압록강은 일제 강점기 만주 땅으로 이주하는 백성들과 망명 인사들의 암울함과 해방 의지가 교차하는 비장한 장소였다. 허술한 배로 사방 칠흑 같은 압록강을 건너며 언제 발각될 지도 알 수 없는 불안함과 거센 물결 소리 속에서도 그는 의(義)를 위해 목숨 바친 역사 속 열혈 인물들의 쟁쟁한 외침소리를 들으며, 굳센 의지를 곧추세우고 있다.

야음을 틈 타 강을 건너는 배 안에서 이 시를 쓰지는 않았겠지만, 불안과 흥분으로 황망한 처지였음에도 '눈앞에 펼쳐진 정경(實景 : 실경)' 묘사와 '상상 속 정경(虛景 : 허경)' 묘사를 대비시키고, 매 구절마다 옛 고사(故事)와 시구(詩句)를 인용하며 간결하게 환골탈태(換骨奪胎 : 훌륭한 탈바꿈)시킨 데서 선생의 소양(素養)과 격조(格調)를 가늠해볼 수 있다.

안동현에 도착하여 성일호에 묵다

到安東縣留誠一號[1·2]

도깨비 같은 얼굴에 검댕 투성이	鬼面頻涂墨
흐트러진 머리에 모자도 없이	蓬頭不着冠
창호지 세 조각에	三片封窓紙
구명단 몇 포 싸 넣었네.	數包保命丹[3]
제일 사무칠 손, 나라 잃은 아픔이려니	最痛喪邦恨
가는 길 어려움이 무슨 걱정이리오.	何憂行路難[4]
안동현에 도착해 보니	及到安東縣
친한 벗도 날 못 알아보네.	親朋不識顔

주석

1 安東안동 : 압록강을 사이에 두고 조선과 마주보고 있는 중국 遼寧省(요녕성)의 도시. 지금의 丹東(단동). 民國(민국3년, 1914년) 5월부터 安東縣(안동현)은 奉天省(봉천성) 관할이었다.

2 留誠一號류성일호 : 종전의 번역들은 모두 '안동현 류성 일번지에 도착하다'로 보았으나, 〈留盛京奉天有感題寄弘巖(성경봉천에 묵으며 느낀 바를 적어 홍암께 부침)〉, 〈悼故友血兒君(오랜 벗 혈아 군을 애도하다)〉의 시 제목(題目)이나, 〈천진에 도착하여(到天津)〉 시의 '留法界佛照棧(프랑스 조계의 불조 여관에 묵다)', 〈到山東省(산동성에 도착하여)〉 시의 '留濟南府津濟棧'(제남부의 진제 여관에 묵다), 〈到青島(청도에 도착하여)〉 시의 '留大享棧(대향 여관에 묵다)'와 같은 부제(副題)들에서 '留'는 특정 장소를 이끌며, '그곳에 묵어가다'라는 의미로 사용되었으므로, 여기서도 '성일호에 묵다'로 번역함이 온당할 것이다. 1912년 일제의 기록 문건 중에 중국 安東縣(안동현)에 관한 사항을 기록한 내용으로,

'誠一號(성일호)'라는 조선인 상점 관련 기록이 여섯 차례나 등장하여, 이러한 추정을 뒷받침해주고 있다.

3 保命丹**보명단** : 뇌졸중 등을 치료하는 응급용 한약

4 行路難**행로난** : 인생길의 험난함을 노래한 樂府 民歌(악부 민가) 〈行路難(행로난)〉을 함축하고 있다.

해설

■ **1911년 12월 초**

〈拜退天宮(천궁에 절하고 물러나며)〉 시 해설에서도 언급한 바 있듯이, 예관 선생은 〈悼故友血兒君(오랜 벗 혈아 군을 애도하다)〉 시 서문에서 "由故都'遁身'渡海上(故都에서 '몸을 숨겨' 상해로 건너왔다)"고 회고하였고, 그 제자이자 사위인 민필호(閔弼鎬, 號 石麟)이 예관 선생의 망명을 묘사한 "於是'秘密'來華(이에 '비밀리에' 중국으로 오게 되셨다)"고 하거나, 宋相燾(송상도, 1871~1946)가 『騎驢隨筆(기려수필)』에서 "公遂'密'渡海, 至滬(上海, 필자 표기)(예관 선생은 급기야 '비밀리에' 바다를 건너 상해에 도착하였다)"한 것 등, 모두 비밀리에 중국에 왔다고 서술한 것을 미루어볼 때, 예관 선생은 야음(夜陰)을 틈타 갖은 고생 끝에 국경을 넘은 것으로 보인다. 위 작품에서 安東(안동 : 丹東)에 도착하였을 때, 벗조차도 못 알아볼 봉두난발의 행색이었다는 구절이 당시 정황을 여실히 말해주고 있다.

독립운동가 정정화(鄭靖和, 1900~1991) 여사가 독립지사들의 자금모집을 위해 예관의 특명을 받아 국내로 잠입하였다가, 1920년 4월에 중국 丹東(단동)으로 가기 위해 야밤에 배를 타고 압록강을 건너던 험난함을 묘사한 『長江日記(장강일기)』의 다음 대목은 예관의 망명 경로가 유사하여, 그 위험했던 상황을 짐작해볼 수 있다.

> "신의주에서 안동으로 빠져나가는 것은 많은 위험이 따랐다. 압록강 철교를 건너는 것이 아니라 배로 강을 건너야 했기 때문에 낮에는 움직일 수가 없었고, 밤이 되기를 기다려 이세창씨의 안내로 양복점을 빠져 나갔다. 압록강 하류에 도착한 우리는 신발을 벗어들고 진흙과 자갈이 섞여 펼쳐진 강변을 따라 맨발로 삼십 리 길을 거슬러 올라가야 했다. 사방이 깜깜하고 바닥이 고르지 않은 밤길이어서 이세창씨의 바로 한 걸음 뒤에서 바짝 뒤꽁무니를 따라가자니 여간 벅차고 힘든 길이 아니었다… 거의 세 시간쯤 걸어 북화동에 이르렀을 때 어둠 저편에서 쪽배 하나가 기다리고 있었다. 미리 연락이 닿아 있는 모양이었다."

고려문을 지나며

過高麗門[1]

아침에 사하진을 떠났는데	早發沙河鎭[2]
또 고려문을 지나가네.	更過高麗門[3]
텅 빈 산에 아무도 보이지 않으니	山空人不見[4]
침통하여 가만히 혼을 불러보네.	悵惘暗招魂[5]

주석

1 高麗門**고려문** : 安東(안동 : 현재의 丹東) 북쪽에 위치한 곳으로, 청나라와 조선의 국경이었고 교역이 이루어지던 관문이었다. 한국의 국경도시 평북 의주로부터 48㎞ 떨어진 지점 九連城(구련성)과 鳳凰城(봉황성) 사이에 한국인이 중국에 들어가는 관문이자 별정소(別定所)가 있어 의주 관리들이 파견돼 상주하였다. 옛 사신들이 압록강을 건너 명이나 청나라로 들어가기 위해 처음 만나는 관문이기도 했다. 목책을 둘러쳐서 경계를 삼았다고 해서 柵門(책문)이라고도 하고, 변경에 있는 문이라고 邊門(변문)이라고도 부른다.

병자호란(1636~1637) 때 清(청)나라에 잡혀간 고려인 수천 가구가 살았던 지역이라 고려문(高麗門)이라는 이름이 붙었고, 지나가는 철로에 고려문역이 있었으나, 1962년 김일성이 중국을 방문할 때 이곳을 지나간다고 역 이름을 一面山驛(일면산역)으로 바꾸어 버렸다. 1966년에는 문을 없애고, 1995년 5월 그 자리에 邊門(변문)이란 표지석을 세웠다. 표지석은 현 일면산역에서 가까운 곳에 있으며, 철길 건널목 도로변에 자리 잡고 있다. 아직도 주변에는 고려문을 헐었던 돌무더기가 보인다.

2 沙河鎭**사하진** : 당시 한국과의 교역이 활발하여 안동(단동)에서 인가가 가장 밀집해 있었다는 성진(城鎭)

3 중국 땅에 도착한 후 이제 망명의 여정은 내륙 쪽으로 들어가는 것인데, 또 다시(更) 고국의 이름이 붙은 지역을 지나게 되어 착잡한 심경을 묘사한 것이다.

4 空山人不見공산인불견 : "空山不見人(빈 산에 사람 보이지 않네)" 唐(당) 王維(왕유) 〈鹿柴(녹시)〉. 고려문 근처에는 산세가 아름다운 鳳凰山(봉황산)이 있다. 해설 참조.

5 세상 떠난 이주(移住) 한민족을 추모한다는 뜻이다.

해설

■ 1911년 12월 초

위 시에는 고려문을 지나며 산을 바라본 정경이 묘사되어 있는데, 1933년 8월 13일자 조선일보에는 고려문에 대한 다음과 같은 기사가 실렸다. "안동현(安東縣)을 떠나 정거장(停車場) 다섯을 지나면 고려문(高麗門)이라는 곳이 잇다… 역(驛)에서 약 십오리(約十五里)되는 산상(山上)에는 아즉도 고려성지(高麗城趾)가 남어 잇다고 한다."

또한 고려문 인근의 산세에 대해서도 다음과 같이 묘사하였다.

> "고려문역(高麗門驛)에서 북방(北方)으로 지척지간(咫尺之間)에 천인만검(千仞萬劍)을 꼬자노흔 듯한 일좌기산(一座奇山)이 잇스니 명왈 금석산(名曰金石山)이라 하야 계관산(鷄冠山), 천산(千山)과 아울너 남만(南滿)의 삼명산(三名山)이라고 한다."

최근 조병현의 북한토지연구소 지도에 따르면, 금석산은 고려문의 남쪽에 위치하고 있으며, 고려문역 북쪽에 봉황산이 있다.

성경봉천에 묵으며 느낀 바를 적어 홍암께 부침

留盛京奉天[1]有感題寄弘巖[2]

영단에 비와 이슬 내려, 백두산에 봄이러니	靈檀雨露白山春[3·4·5]
두루 돌보시어 중생들 모두 나고 자라네.	一視莫非生育民
이곳을 봉천이라 한 것 정녕 우연치 않아	此地命名誠不偶
당시 천제님 받든 일을 기념해서라네.	當年紀念奉天神

주석

1 盛京성경 : 1625~1664년간 淸朝(청조)의 수도였던 지역. 奉天(봉천), 지금의 沈陽(심양), 遼寧省(요녕성)의 옛 이름이기도 하다. 『통용본』의 제목은 〈留盛京奉天有感題寄弘巖〉으로 되어 있는데 완정치 못하여, 『필사본』에 따른다.

2 弘巖홍암 : 대종교(大倧敎) 초대 교주이자 독립운동가 나철(羅喆, 1863~1916). 〈贈弘巖先生(홍암 선생께 드림)〉, 〈慶節題感(기쁜 명절에 소감을 적다)〉5首, 〈奉悼羅公弘巖神兄五章(나공 홍암 신형을 받들어 애도함 5장)〉, 〈並附一首戊午嘉倍日憶弘師(아울러 1수를 덧붙여 무오년 가배일에 홍암 대종사를 생각함)〉 시 참조.
『통용본』에서는 이 시의 제목을 '留盛京奉天'으로 적고, '有感題寄弘巖'은 작은 글씨로 표기한 뒤에 '弘巖乃大倧敎敎主'를 괄호에 넣었는데, 이보다 먼저 나온 『필사본』에서는 '奉天'을 제외하고 '弘巖'까지 같은 크기의 글자로 이어 썼으며, 대종교 교주라는 설명은 없다. 『필사본』에는 제목에 쓴 호(號)나 자(字)에 대하여 구태여 설명을 덧붙이지 않았는데, 『통용본』에 이르러 이 부분이 첨가되었다. 원본의 형태를 존중하여 『필사본』에 따른다.

3 靈檀영단 : (특히 대종교에서) 단군 한배검의 영을 모신 제단.

4 雨露우로 : 조상 또는 자연의 은혜

5 白山백산 : 백두산

해설

■ **1911년 12월 초**

제목으로 짐작할 수 있듯이, 이 작품은 대종교의 신관(神觀)을 삼신일체의 원리로 설명한 『神理大全(신리대전)』을 발간하고, 강화도 마니산 제천단(祭天壇)과 평양의 숭령전(崇靈殿)을 순방한 후 만주 和龍縣(화룡현) 靑坡湖(청파호)에 교당과 지사(支司)를 설치한 선생의 노고를 추앙하고, 아울러 본인의 중국 도착을 알려드리고자 하였다.

1914년 이후 예관이 참여했던 중국 진보적 문인 모임 南社(남사)의 대표격인 柳亞子(유아자, 1887~1958)는 시인들의 글 모음집 『南社叢刻(남사총각)』 13집 부록에서 "社友申者, 爲箕壤遺民, 國亡以後, 恥隸島夷, 間關內渡, 占籍奉天…(우리의 벗 신규식은 조선의 유민으로서, 나라가 망한 후 일본 오랑캐의 노예가 되는 것을 치욕으로 여기고, 국경을 넘어 국내로 넘어와 봉천에 호적을 올렸다…)"라고 예관 선생을 소개하고, 뒤에는 南社(남사)의 역사를 쓴 『南社紀略(남사기략)』에서 "申睨觀, 名檉, 字汕廬, 遼寧人, 原籍朝鮮…(신예관의 이름은 정, 자는 산려, 요녕인으로 본적은 조선이다…)"이라고 소개하였다. 이를 통해볼 때 奉天(봉천 : 遼寧省)이란 지역은 선생의 성명을 교명(敎名)인 정(檉)으로 바꾸고 국적(國籍)도 바꾼 지역이어서, 감회를 담아 홍암 선생께 이 시를 보낸 것으로 보인다.

安東(안동 : 丹東)에 도착한 이후 奉天(봉천 : 盛京)까지는 安奉鐵路(안봉철로)(안동—봉천) 기차편을 이용한 것으로 보인다. 안동과 봉천 중간에 등장한 〈고려문을 지나며(過高麗門)〉 시도 고려문역을 지나는 이 노선을 짐작케 한다. 이후 山海關(산해관)을 거쳐 北京(북경 : 燕京)까지는 京奉鐵路(경봉철로)를, 天津(천진)에서 濟南(제남)을 거쳐 靑島(청도)까지는 津浦鐵路(진포철로)와 膠濟鐵路(교제철로)를 이용하였을 것이다.

산해관에 도착하여 임유현

到山海關[1] 臨楡縣[2]

저녁 해 마주한 청구자여	落日靑邱子[3]
산해관엔 북풍이 몰아치네.	北風山海關
혈기 넘치는 섭군의 말들로	聶君多血語
황황했던 나의 마음 누그러지네.	能使此褭寬[4]

주석

1 山海關산해관 : 만리장성의 동쪽 끝의 성벽으로, 燕山(연산)과 渤海(발해) 사이에 있는 관문

2 臨楡縣임유현 : 산해관은 임유현에 속해 있으며, 북경으로 가던 조선 사신들이 지나가던 유서 깊은 옛 길이다.

3 靑邱子청구자 : 예관 선생의 자호(自號). 청구(靑丘)는 한국의 별칭이다. 이 어휘가 최초로 등장하는 기록은 중국 『山海經(산해경)』이다. 『산해경』 靑邱國(청구국)조에 "군자국 북쪽에 있으며 이 나라에는 꼬리 아홉 달린 구미호(九尾狐)가 있다."라고 쓰고 있다. 그러나 청(靑)은 동방을 가리키는 색으로 청구는 '동방의 나라'라는 뜻이라는 해석이 있고, 하늘에 청구라는 별이 있는데 동쪽에 뜨는 별이라 하여 '동방세계'라고 해석하는 설도 있다. 우리나라에서는 삼국시대 이래 '우리나라'의 별칭으로 쓰여 왔다. 조선 전기 김종직(金宗直)이 편찬한 시집으로 『靑丘風雅(청구풍아)』가 있고, 김천택(金天澤)이 우리나라의 민요를 수집한 『靑丘永言(청구영언)』, 김정호가 그린 우리나라 지도 『靑丘圖(청구도)』가 있다.

예관 선생은 고국을 그리는 망명객으로 자칭할 때, 청구자(靑邱子)나 청구한인(靑邱恨人), 혹은 한인(恨人)이란 자호(自號)를 사용하였다. 〈贈宋漁父(송어부께 드림)〉, 〈贈天

仇(천구께 드림)〉, 〈輓白岡仁棣(백강 아우 만사)〉 시, 그리고 〈寄南社(남사에 부침)〉 주석 참조.

4 〖필사본〗에는 '懷'의 고자(古字)인 '褱'로 되어있다.

해설

■ **1911년 12월 초**

이 작품에 이어지는 〈抵燕京訪晴蓑(연경에 도착하여 청사를 찾아가다)〉 시에 비추어볼 때, 예관 선생은 북경에 거처하던 동지 조성환(曺成煥) 선생과 합류할 예정으로 산해관을 거쳐 갔음을 알 수 있다. 이곳에 도착한 예관 선생 곁에는 섭군(聶君)이라는 인물이 있었다. 성만 언급되어 이름과 상세한 행적은 알 수 없지만, '君'으로 지칭된 것으로 보아 예관보다 연배가 아래인 젊은이로 짐작된다. 망명지에서 을씨년스러운 저물녘을 맞은 예관 선생은 혈기방장한 후배의 의기 넘치는 언변에 위로를 받고 있다.

연경에 도착하여 청사를 찾아가다

抵燕京訪晴蓑[1·2·3]

한 번 서울을 떠나 어언 삼천리 길 漢城一別三千里
해질녘 연경에서 옛 친구를 찾아갔네. 落日燕京訪故人
눈물만 흘리며 이윽히 바라보나니 有淚無言相視久
중화 땅의 소식, 정녕 사실이런가. 中華消息倘其眞[4]

주석

1 抵저 : 맞닥뜨리다

2 燕京연경 : 지금의 北京(북경)

3 晴蓑청사 : 독립운동가 조성환(曺成煥, 1875~1948)의 호, 일명 조욱(曺煜)이라고 하였다. 1900년 육군무관학교 입학, 참위(參尉)로 임관. 안창호(安昌鎬)·양기탁(梁起鐸) 등과 함께 신민회(新民會)를 조직하여 구국 항일 운동을 하였다. 1909년 예관 선생, 박찬익(南坡) 선생과 셋이서 조국광복을 다짐하며 망명을 결심하고 北京(북경)으로 가서 만주, 연해주, 북경일대를 오가며 항일 운동을 전개하였다. 1910년부터는 미국에 계신 안창호 선생에게 계속 서신을 보내어 중국의 정세를 알리고 1912년 예관 선생이 상해로 망명하자, 함께 南京(남경)으로 가서 동제사 등의 조직에 힘을 기울였다. 북경에서 일제 경찰에 잡혀 국내로 호송되어 1년간 거제도(혹은 진도)에 유배생활을 하고 다시 북경으로 가서 상해의 예관 선생과 긴밀한 관계 속에 신한혁명당, 대동단결선언, 대한독립선언서 발표 등에 참여하였다. 상해 임시정부에서 군무부 차장에 임명되었다.
그 후 다시 북경과 북만주로 가서 동포사회 안정을 위해 대종교 사업에 전념하고 독립군 양성에 힘을 기울였다. 1930년 상해 한국독립당에 참가하고, 임시정부 군무차장, 의정원(議政院) 의원 등을 지냈다. 南京(남경), 廣州(광주) 柳州(유주), 重慶(중경) 등으로 이어지는 대한민국 임시정부의 이동에 함께 하고, 1945년 해방을 맞아 임시정부 요인으로 고국에 돌아왔다.

이후 비상국민회의 대의원, 대한독립촉성국민회 위원장 등을 지냈고, 1948년 서울 낙원동 낙산장에서 서거하여 효창원(孝昌園)에 안장되었다. 국가는 1962년 건국훈장 대통령장을 추서하였다.

조성환 선생 자신은 안창호에 보낸 편지에서 본인을 청사(晴蓑)로 표기하였고, 예관 선생도 자필로 조성환 선생의 사진을 설명한 부분에서 '晴蓑'로 표기하였는데, 『필사본』에서는 '晴簑'로 쓰고 있다. 이에 『아목루』 번역에서는 두 분 선생의 표기에 따라, '晴蓑'로 표기한다.

4 1911년 10월 10일 일어난 중국 武昌起義(무창기의) 소식은 예관 선생의 중국 망명에 기폭제가 되었다. 〈讀報有感(신문을 읽고서)〉 시 참조.

해설

■ **1911년 12월 초**

청사 조성환 선생은 망명 전 예관 선생, 남파 박찬익 선생과 의형제를 맺고 독립운동에 투신하기로 맹세한 동지이다. 그는 예관 선생의 초창기 중국 정착과 동제사(同濟社) 조직을 위해 아낌없는 도움을 주었으며, 미국의 안창호 선생에게 중국 '통신원'으로서 중국의 정세 변화와 현지 한인 동포사회의 동향을 편지로 남겼고, 이후 北京(북경)으로 가 북방의 독립운동 거점을 마련하였다.

1911년 10월 21일(* 12월 11일) 조성환 선생이 도산 안창호 선생에게 보낸 편지에 의하면, 예관과 신형호 일행은 적어도 3, 4일 전인 12월 8, 9일경에 북경에 도착한 것으로 보인다. 선생은 이 시기 檀君天祖降世 10월 16일(* 양력 1911년 12월 6일)에 미국에 계신 도산 안창호께 "붓을 든 지 한참 되었으나 차라리 말이 없고자 합니다. 다만 건강하시기만을 삼가 비옵니다"라는 내용의 짤막한 한문 서신을 보내어, 본인의 중국 도착을 넌지시 알린 바 있다.

옛 공사관을 지나며

過舊公館

이전의 우리 한국공사관이 거짓말처럼 프랑스 동방회리은행 대출처로 변했네.
무엇을 잃은 듯 어쩔 줄을 모르는데, 건너편엔 욱일기만 펄럭대고 있네.

前我國公使館, 幻作法國人東方匯理銀行貸金家.[1]
彷徨如有失, 越邊只有旭旗[2]揚揚[3]

공사관이라고 찾아갔는데	行尋公使館
대출은행에 도착해버렸네.	誤到貸金家
쓸쓸한 거리엔 물을 사람도 없는데	寂寂無人問
서쪽 하늘가로 저녁 해 또 기우네.	西邊日又斜

주석

1 東方匯理銀行동방회리은행 : Crédit Agricole Corporate and Investment Bank. 농업 신용대출을 기치로 내세웠던 프랑스 외자은행(外資銀行)이다. 1898년 중국 상해, 광주, 한구, 심양, 북경, 천진, 광주만, 곤명 등에 분점을 냈다.

2 旭旗욱기 : 욱일기(旭日旗). 일본 군대의 깃발. 일본의 국기인 일장기 가운데 붉은색 원에서 16개의 햇살이 방사형으로 퍼져나가는 것을 형상화한 도안이다.

3 揚揚양양 : 기세 좋은 모양

해설

■ 1911년 12월 初

상전벽해(桑田碧海)가 되어버린 고국의 자취. 선생은 북경에서 프랑스와 일본 등 외세의 침탈 양상을 목도하고 놀라며, 사라진 조국의 위상을 한탄하고 있다. '적적한(寂寂)' 거리에 '기세 좋게 펄럭이는(揚揚)' 일본 군대 깃발. 더없이 비감한 정경이다.

청사 형 그리고 조카와 연경을 떠나며

與晴兄阿侄[1]發燕京[2]

북풍은 차갑고 또 매서운데	北風寒更烈
흰 눈이 어지럽게 흩날리네.	白雪落還飛
초수와 오산 먼 남쪽 길을 향해	楚水吳山路[3·4]
그대와 손잡고 돌아가노라.	與君携共歸[5]

주석

1 阿侄아질 : 조카, 신형호(申衡浩). 앞의 〈送(배웅하며)〉 시 참조.

2 燕京연경 : 北京(북경). 春秋(춘추 : B.C.770~B.C.403)시대 燕(연)나라의 수도였기에 붙은 이름으로, 그 후로도 오랫동안 燕京(연경)으로 불렸다.

3 楚水초수 : 湖北省(호북성), 湖南省(호남성) 호수가 많은 지역 일대를 가리킴

4 吳山오산 : 江蘇省(강소성) 일대를 가리킴

5 『필사본』에서는 위 시의 '與'자들이 '与'와 같은 약자(略字)나 초서체(草書體)로 쓰였다. 간혹 이런 경우가 보이는데, 모두 정자체(正字體)를 사용한다.

해설

■ 1911년 12월 12일

미국 안창호에 보낸 청사 조성환의 1911년 10월 21일(* 12월 11일)자 편지 등으로 볼 때, 예관 선생과 조성환, 신형호는 예정대로라면 12월 12일 北京(북경)을 출발하여 혁명의 현장을 보기 위해 武昌起義(무창기의) 주역들이 모인 南京(남경)을 향하여 길을 떠났을 것이다. 눈발 휘날리는 한겨울, 독립운동을 향한 예관 선생의 고된 여정은 이렇게 시작되었다.

민영화 군을 조문함

弔閔泳華君

신해년 10월 23일(天祖降世 4368년)·辛亥十月二十三日(四三六八)[1]

아아! 어진 아우여	嗚呼仁棣
애석토다, 꽃다운 나이에	惜哉芳年
어이하여 오늘	其奈今日
갑자기 영면에 이르렀는가.	遽至長眠
북쪽을 편력할 때 장한 뜻	北遊壯志
성실하며 딴마음 없었고	斷斷無他
학문을 도야함도	修養學問
오직 나라를 위해서라.	惟我國家
어쩌다 병으로	偶爾一病
맥없이 쓰러져 몸져눕게 되자	頹唐貼席[2]
친구가 곁에 있으면서	故友在傍
날마다 약과 침 시중을 하였으나	日事藥石
이제는 모두 끝나 버렸으니	今焉已矣
스러진 죽음을 어이 감당하랴	傷盡何堪
평소의 뜻 이루지 못했으니	素志未遂[3]
저승과 이승이 같은 감회라.	幽明同感
청년들의 죄악을	青年罪惡
그대가 대속하려는가.	君或代贖[4]
산 자는 맹렬히 반성하리니	生者猛省
가신 영령, 애석해 말지어다.	逝者勿恨[5]
만리 이역에다	惜萬里殊域

너의 마른 유골을 묻노라.	埋爾枯骨
상엿줄 잡고서 통곡하자니	執紼一哭[6]
청산이 찢어지려 하누나.	青山欲裂
초혼의 소리 들을 수 있다면	魂號有知[7]
그 마음도 비감하리라.	倘其凄悵[8]
지성으로 비옵나니	至誠願禱
하늘나라 천궁에 오르시기를.	天宮在上[9]

주석

1 〖통용본〗에서 부제(副題)에 신해년(辛亥年)(1911)을 다시 '四二六八'로 표기한 것은 대종교(大倧敎)식 연도(年度)를 강조하기 위함일 터인데, '天祖降世' 연호를 서기(西紀)로 환산하려면 2457년을 제(除)해야 하기에, '四二六八'은 '四三六八'로 정정되어야 한다. 이 해 음력 10월 23일은 양력 12월 13일, 북경 출발 예정일 하루 뒤이다. 해설 참조.

2 頹唐퇴당 : 쇠락하다.

3 遂수 : 성취하다.

4 代贖대속 : 대신 속죄하다.

5 勿恨물한 : 4言体 시 형식의 용운(用韻)으로 미루어, '恨' 자는 衍字(불필요하게 첨가된 글자)이고, 아랫줄의 '惜'자로 대체되어야 할 것으로 보인다.

6 紼불 : 얽힌 줄

7 魂號혼호 : 혼을 부름

8 倘당 : 아마도

9 天宮천궁 : 대종교(大倧敎)에서 한인·한웅·한검이 계신 하늘나라를 가리키며, 그 경배 장소인 대종교(大倧敎) 총본사(總本司), 각도 본사 및 시교당(施敎堂) 안에 단군한배검의 상(像)을 모신 천전(天殿 : 天眞殿)을 가리키기도 한다.

해설

■ 1911년 12월 13일

이 시에서 애도의 대상인 민영화군이 어떤 인물인지에 대한 상세한 추적은 불가능하나, '北遊壯志, 斷斷無他. 修養學問, 惟我國家(북쪽을 편력할 때 장한 뜻 성실하며 딴 마음 없었고, 학문을 도야한 것도 오직 나라를 위해서였지)'와 같은 구절로 미루어, 한반도 북쪽으로 가서 독립을 위해 헌신하다가 타계한 인물이었음을 짐작해볼 수 있다. 그의 죽음을, 조국의 나약한 젊은이들이 지은 죄에 대한 대속으로 이해해보려는 안타까움이 '青年罪惡, 君或代贖(청년들의 죄악을 그대가 대속하고자 함인가)'라는 탄식에 잘 나타나 있으며, '至誠願禱, 天宮在上(하늘에 있는 천궁에 지성으로 비나이다)'와 같이 '天宮'에 기원하는 대목, 그리고 부제에 언급된 대종교(大倧敎)식 연도 표기를 종합해 보면, 민영화군은 대종교 포교와 독립운동에 헌신적이었던 청년이었음을 알 수 있다.

미국 도산 안창호 선생께 보낸 조성환 선생의 1911년 12월 11일자 편지에 의하면, 예관 선생과 조성환, 그리고 신형호가 북경을 출발한 것은 편지를 쓴 다음날인 12월 12일이다.

천진에 도착하여

到天津

프랑스 조계의 불조 여관에 묵다·留法界佛照棧[1·2]

천진의 다리 위로 고운 여인들 오가고	天津橋上麗人行[3]
불조루에선 세상사 논하는구나.	佛照樓中世事評
지배인은 나의 괴로움도 모르고	掌櫃不知我心苦[4·5]
무슨 장사하시느냐 묻는 말, 다정도 하네.	問何買賣語多情[6]

주석

1 法界법계 : 프랑스령 租界地(조계지). 조계지란, 개항장(開港場) 내에 일정한 범위의 지역을 구획하여 이를 외국인 거주 지구로 하고, 그 지구 내 지방 행정권의 전부 또는 일부를 외국 정부[영사] 또는 거류 외국인들이 관리하는 장소이다. 조계의 어원은 '외국 거류민에게 가옥 건축을 할 대지(垈地)의 조임(租賃)이 허용된 구역의 계지(界址)'에서 나왔다.

1845년 중국 상해에 설치된 최초의 조계는 점차 각 개항장에 설치되어가다, 1876년 이후에는 개항장 내에 조계를 설치하는 것이 정식화되었다. 조계 내에서는 경찰·위생·과세 등에 관한 소속국(중국) 행정권의 전부 또는 일부가 포기되고, 그 대신에 일반적으로 조계 설정국의 관할권이 지역별로 행사되거나 소속국의 지방 관헌과 설정국의 영사들, 그리고 거류 외국인 대표들에 의하여 구성되는 이른바 거류지회(居留地會, municipal council)에 의하여 지방 행정권이 수행되었다.

2 佛照棧불조잔 : 본래 佛照樓(불조루)는 天津市(천진시) 和平區(화평구)에 위치한 옛 건축물이다.

棧잔 : 【중국어】 zhàn, 여관.

佛照樓客棧(불조루 객잔)은 1880년 천진시 법조계 狄總領事路(적총영사로, Rue Dillon : 지금의 哈爾濱道 48호)에 위치하고 있던 여관이다. 〈到天津(천진에 도착하여)〉, 〈到山東省

(산동성에 도착하여)〉, 〈到青島(청도에 도착하여)〉 시들을 살펴보면, 예관 선생이 청사 조성환 선생 일행과 합류한 이후 膠洲灣(교주만)에서 배를 타기 전까지는 단출한 여관, 客棧(객잔)에서 묵으신 것을 알 수 있다.

3 麗人여인 : 아름다운 사람, 가인(佳人)

4 掌櫃장궤 : 지배인

5 不知부지 : 臺灣(대만) 증보판(增補版)을 저본으로 한 〖통용본〗에는 '訪知'로 되어 있으나, 〖필사본〗에는 '不知'로 되어 있으며, 문맥상 이것이 옳다.

6 買賣매매 : 【중국어】 mǎimài, 장사일, 상업, 점포. 臺灣(대만) 증보판(增補版)을 저본으로 한 〖통용본〗에는 '賣買'로 표기되어 있으나, 〖필사본〗에는 '買賣'로 되어 있으며, 글자 옆에 작은 글자로 '下' '上' 같은 중국어의 성조까지 표기되고 있는데 이 표기가 옳다.

해설

■ 1911년 12월 중순

화려하고 평화로운 이곳은 남의 나라. 영문도 모르고 건네는 장궤의 상냥한 인사에 고통은 오로지 자신만의 것임을 절감하는 선생이시다.

산동성에 도착하여

到山東省

제남부의 진제 여관에 묵다(김의교라는 청년이 찾아오다)·留濟南府津濟棧(有金宜喬君來訪)

제남시는 단산 동쪽 으뜸가는 수도	濟南首府檀山東[1]
선비의 고장답게 밤늦도록 담론하네.	入夜謾談齊魯風[2·3]
당부하노니, 꿋꿋한 대가집 자제여	寄語宜陽喬木子[4·5·6]
명예와 의로움 지키는 것, 고금에 중한 일일세.	顧名思義古今同[7]

주석

1 檀山단산 : 『大倧教重光六十年史(대종교 중광 육십 년사)』에 '檀은 속칭 박달나무라고 하는데 이는 잘못이며, 가장 영험한 나무라는 뜻에서 붙인 이름이다.'라고 하였다.

山東산동 : 河南省(하남성) 滎陽市(형양시)에 唐代(당대) 시인 劉禹錫(유우석)과 李商隱(이상은)의 묘소가 있는 것으로 알려진 檀山(단산)이 있으며, 濟南(제남)은 그 동쪽이다. 戰國(전국 : B.C.476~B.C.221)시대에는 鎬京(호경 : 西安)의 華山(화산) 동쪽을 광범위하게 일컫다가, 唐宋(당송)대에 와서 太行山(태항산) 동쪽을 山東(산동)이라고 하였다.

한편 환국(桓國)의 7대 지위리(智爲利) 환인(桓因)의 여러 아들 중 하나인 환웅(桓雄)이 발해로부터 중국 황하 중상류의 태백산으로 내려와 그 아래에 터를 닦아 만든 마을 신시(神市)를 수도로 삼고, '弘益人間(홍익인간)' 세상을 열었다(開天)는 견해들이 있어, 예관 선생이 그 동쪽인 산동성을 '檀山東'으로 불렀을 가능성도 있다.

2 謾談만담 : 謾은 흐트러지다, 만담(謾談)은 '자유롭게 이야기하다'는 뜻이다.

3 齊魯風제노풍 : 孔子(공자)와 孟子(맹자)의 고향이 있는 山東省(산동성)이 학자들의 고장이라는 뜻이다.

4 寄語기어 : 말을 전함

5 宜陽의양 : 洛陽(낙양) 옆에 위치한 지역명. 戰國時代(전국시대 : B.C.476~B.C.221) 말, 강

대국 秦(진 : B.C.221~B.C.207)나라는 韓(한 : B.C.403~B.C.230)나라의 요충지 宜陽(의양)을 차지하고자 다섯 달을 싸웠으나 이기지 못하였다. 결국 좌승상 甘茂(감무)의 지원으로 6만 군사를 참수하고 겨우 점령하였다. 의양은 전략적인 지혜를 잘 써서 劉邦(유방)이 漢(한)나라를 세우고 천하를 통일하도록 도와준 책략가 張良(장량, ?~B.C.186)의 고향이어서, 이 지명(地名)은 용사(勇士)들의 고장을 상징하였다. 〈發漢城渡鴨綠江(서울을 떠나 압록강을 건너며)〉 시 참조.

6 喬木子**교목자** : 대대로 문벌(門閥)이 높은 집안, 교목세가(喬木世家)의 자제. 여기서는 찾아 온 김의교군을 가리킨다.

7 顧名**고명** : 명예를 소중히 여김. 예관 선생은 〈送崔棟君赴美洲(미주로 가는 최동 군을 배웅하며)〉 시에서도 '顧名實事求(명예를 지키고 좋은 경험 쌓으시길)'이라고 당부하셨다.

해설

■ **1911년 12월 중순**

청도에 도착하여 대향 여관에 묵다

到青島 留大享棧

광서 24년, 서기 1898년· 光緖二十四年 西歷一八九八年

독일이 청도를 점령하였다

德占青島[1]

놀랍구나, 황폐하던 고장이	可驚一片陳荒地
거짓말처럼 번화가로 변하다니.	幻作千秋壯麗區
산하가 아름답고 든든하다 자랑은 그만	休道山河多美固[2]
예가 독일 땅 된 게 누구의 허물인고.	其于在德更誰尤

주석

1 德덕 : 德國.【중국어】Déguó, 독일.〖필사본〗에는 '德占青島' 네 글자가 제목과 같은 크기로 적혀있으나, 바로 앞의 연도(年度)와 연결된 문장이므로 부제(副題)로 처리함이 옳다.

2 休道휴도 : 말하지(道) 말라(休).

해설

■ 1911년 12월 중순경

청일 전쟁 후, 삼국 간섭으로 중국을 침략한 독일제국은 1897년 青島(청도) 일대를 膠州灣 租借地(교주만 조차지)로 삼으면서 산동반도 일대를 세력 하에 두고, 청도를 극동의 근거지로 삼았다.

1898년 독일에 의해 개항된 이후 도시에는 아름다운 서양풍의 건물들이 들어서게 되었다. 예관 선생은 눈앞에 펼쳐진 놀라운 정경을 바라보면서, 주권이 사라진 땅은 경관이 좋아봐야 소용없다며 착잡해 하신다.

교주만에서 상해로 가는 길에

發膠州灣向上海[1]

당고에서 온 영국 배에 오르니, 선실 안이 온통 아편쟁이 뿐이다. 이 때문에 결국 주야로 잠을 이루지 못하고, 음식도 입에 댈 수 없었다. 밉살스러우나 막을 방법이 없었기에, 5언시를 지어 괴로움을 삭여보노라.

坐塘沽英船[2], 所謂房艙內, 前後左右盡是吃鴉烟者. 因此竟 晝夜眠餐不得, 痛憎而無法止, 乃賦五絶遺悶逐鴉片鬼.

아편 귀신을 쫓노라

逐鴉鬼[3]

너는 어쩌다 독극물이 되어	爾何爲毒物
지나는 곳마다 멸망이냐.	所過皆滅亡
영국 장사치 정녕 멋대로인 데다	英市眞無道
청나라 사람들 스스로 재앙을 부르누나.	清人自取殃
몹시 미워한다 탓하지 말라	毋怪憎之痛
넘치는 죄악을 너 또한 알리라.	罪盈爾亦知[4]
헤이그에서 회의가 열리는 날엔	海牙來日會[5]
기필코 씨를 말려버릴 테다.	滅種斷無違[6]

주석

1 膠州灣교주만 : 중국 산동반도 남쪽 연안 황해로 이어진 만

2 塘沽당고 : 천진(天津)에 있는 항구.

3 『통용본』 등에는 서문(序文)에 '逐鴉片鬼' 네 글자를 더 붙였는데, 『필사본』에서는 시제(詩題) '發膠州灣向上海' 뒤에 서문을 작은 글씨로 넣고, '逐鴉鬼'는 앞의 제목과 같은 크기의 한자로 필사하여 제목의 연장으로 간주하였기에, 다소 가감하였다.

4 爾이 : 『필사본』에는 '尒'로 되어 있는데, '爾'의 중국어 간체자(簡體字)인 '尔'의 오기(誤記)인 것으로 보인다. 필사자(筆寫者)는 작품의 맨 앞 글자가 '爾'이기에, 반복하여 쓰기보다는 간체자를 써서 중복을 피하고자 했던 것으로 보인다.

5 海牙해아 : 네덜란드 헤이그(Hague). 1899년과 1917년 두 차례에 걸쳐 국가적 평화를 확보하고자 회의가 열려 이를 헤이그 규칙이라 한다. 폭발물 투하 금지선언, 독가스 사용 금지선언, 텅텅탄 금지 선언 등이 채택되었다.

6 無違무위 : 어김없다

해설

■ 1911년 12월 하순

예관 선생은 상해로 가는 뱃길 내내 아편 연기에 시달리는 중에, 아편 귀신을 '너(爾)'라고 부르며 헤이그의 독가스 사용 금지 조항을 들이대면서 썩 물러가라고 으름장을 놓고 있다. 선생의 여유와 유머를 엿볼 수 있는 작품이다. 이는 '가난 귀신(窮鬼)'를 의인화하며 짐짓 쫓아버리고자 했던 당(唐) 한유(韓愈, 768~824)의 〈送窮文(송궁문)〉을 비롯한 〈鰐魚文(악어문)〉, 宋(송) 歐陽修(구양수, 1007~1072)의 〈憎蒼蠅賦(증창승부)〉 등 기피대상을 의인화하여 지은 고전 문장들과 맥을 같이 하려는 창작 의도가 담긴 것으로 보아, 서문(序文) 뒤에 별도의 부제(副題)를 붙인 『필사본』의 체례를 따랐다.

서문(序文)의 '坐塘沽英船' 구절에 대하여, 종전의 번역들은 '당고에서 영국 배를 탄 것'으로 해석하였으나, 바로 앞 〈到青島(청도에 도착하여)〉 시와 이동 경로에 비추어볼 때, 예관 선생은 青島(청도)에 도착하여 하루를 머물고, 이튿날 天津(천진) 塘沽港(당고항)에서 출발한 영국 배를 타고 膠州灣(교주만)을 떠나 上海(상해)로 향한 것으로 봄이 온당하므로, '당고에서 온 영국 배를 타다'가 타당할 것이다. 상해에 도착하기 전, 1911년 12월 18~19일 경 지은 작품으로 보인다.

II. 혁명의 나라

1911.12~1912.7

집집마다 깃발을 내걸고 辛亥革命(신해혁명)을 환영하는 상해시(上海市) 남경로(南京路) 풍경
(中) 東方雜志 제8권 제11호에서

1911년 10월 10일 武昌起義(무창기의)를 일으킨 중국 起義軍(기의군)은 12일이 되자 滿淸(만청) 정부의 죄상을 성토하는 격문(檄文)을 발표하고, 전국에 전보를 타전하여 이를 알렸는데, 여기에는 淸(청) 정부가 그동안 국민에게 가했던 8개의 학정(虐政)이 열거되어 있었다. 일본에서 동맹회를 조직한 孫文(손문)의 '민족·민권·민생'의 三民主義(삼민주의) 이념과 민주공화국(民主共和國) 건설로 대표되는 실천 강령은 민중들의 폭발적인 호응을 받아, 湖南省(호남성)과 陝西省(섬서성)을 시작으로 혁명은 한 달 만에 중국 전역으로 확산되었다.

예관 선생 일행이 북경을 거쳐 上海(상해)에 도착한 시기는 중국이 이러한 변화를 겪고 있던 12월 20일경이었다. 선생은 이튿날 孫文(손문)이 일본에서 결성한 同盟會(동맹회)의 중국 중부(中部) 기관지 《民立報(민립보)》사에서 필봉을 휘두르던 혁명인사 徐血兒(서혈아 : 徐天復)을 만나 시로서 사귀었다. 선생 일행은 2주 동안 정계의 동태를 살핀 뒤, 1912년 1월 초에 孫文(손문)이 임시대총통으로 선출되자 中華民國臨時政府(중화민국 임시정부)가 출범한 南京(남경)으로 가서, 黃興(황흥), 宋敎仁(송교인), 陳其美(진기미)와 같은 쟁쟁한 중국 혁명인사들을 만나 시로 사귀며 한국의 상황을 알리고, 그들이 주축을 이루는 혁명조직 同盟會(동맹회)에도 가입하여 연대의 폭을 넓혀갔다.

1912년 2월에는 '사회의 자유를 유지하여 공화(共和)에 장애물을 제거한다'라는 취지로 민권(民權)의 확장 등을 추구한 浙江省(절강성) 중심의 정당, 自由黨(자유당)에도 가입하였고, 그 기관지 《自由月報(자유월보)》의 창간에 부쳐 축사와 함께 기부금을 지원하였다. 3월에는 혁명파의 지도자 戴季陶(대계도)와 사귀고, 그가 이끄는 上海(상해) 《民權報(민권보)》사에 기부하기도 하다가 經理(경리 : 총책)으로 취직하였다. 4월 중순에는 南京(남경)에서 孫文(손문)을 비롯한 여러 개혁 인사들을 만나 시를 주고받으며 우의를 다지고는, 상해로 와 이곳을 중심으로 활동하였다. 『아목루』 시집에는 이 시기 수많은 중국 혁명 원로들과 친교를 맺으면서 한국의 실상을 알려 지지와 협조를 구했던 시들이 대거 수록되어 있다. 나라를 잃은 통분에 음독하여 한쪽 시력을 잃고, 만리타국으로 와서 조국에 대한 지지를 호소하는 그의 눈물 어린 시(詩)에 누구나 감동하고 기꺼이 그와 벗이 되었다.

서혈아께 부침 (민립보 사원) (상해에 도착하였다)

寄徐血兒 (民立報社員)[1] (到滬)[2]

다행히도 서혈자를 만났으니	幸逢徐血子[3]
한형주에게 인정받던 옛일을 좇고 싶어라.	願逐識荊州[4]
그 붓 하나는 천근의 필력으로 힘차건만	一管千鈞力
양 미간엔 만 가지 근심 서렸도다.	兩眉萬種愁
우리 조국에는 역사가 없으나	海東無日月[5]
상해만 해도 춘추가 있구나.	滬上有春秋[6·7]
(당시 호상춘추 역시 그의 노력으로 편찬되었다)	(時滬上春秋亦係君撰)
혹시 이 청구자와	倘認靑邱子[8·9]
애써 같은 뜻을 다져보시려는가.	苦心同氣求[10]

주석

1 民立報민립보 : 1910년 10월 于右任(우우임)이 상해에서 창간하여, 1911년 중국 武昌起義(무창기의) 전후로 淸朝(청조)의 부패를 고발하고 독립된 민족과 국가를 바로세우고자 하는 革命黨(혁명당)의 정치사상을 활발하게 선전 보도했던 일간지(日刊紙)

2 『필사본』〈寄徐血兒(서혈아께 부침)〉 제목 아래에는 다른 판본과 달리 괄호 안에 "到滬"라는 구절이 덧붙여져 있다. 호(滬)는 '나팔 모양의 수로'라는 의미의 '扈瀆(호독)'에서 연유하여, 上海(상해)의 간칭(簡稱)으로 쓰였다. 해설 참조.

3 徐血兒서혈아 : 예관 선생이 상해 도착 다음날 만난《민립보》기자. 서혈아가 24세의 나이로 요절하자, 그를 애도하며 "余往在辛亥之年, 由故都遁身渡海上, 翌日訂交之第一人也(내가 일찍이 신해년에 상해에 왔을 때, 그 이튿날 친교를 맺은 첫 번째 사람)"이라고 밝혔다. 〈悼故友血兒君(오랜 벗 혈아 군을 애도하다)〉 시 서문(序文) 참조.

이십 세 남짓 젊은이였던 徐天復(서천복, 1891~1915.9.22)은 《민립보》의 전신인 《民呼報(민호보)》에 혈아(血兒)라는 필명으로 〈泣血篇(읍혈편)〉이라는 강개격앙(慷慨激昂)한 글을 기고하며 이름을 날렸다. 창간 42일 만에 폐간을 맞은 《민호보》 뒤를 이어 于右任(우우임)이 창간한 《민립보》사에서 그는 宋教仁(송교인), 範鴻仙(범홍선), 邵力子(소력자), 葉楚傖(엽초창) 등 혁명파 인사들과 공동 주필(主筆)을 맡고 있다가, 武昌起義(무창기의) 후에는 송교인과 함께 정치 평론을 기고하며 활약하였으며, 孫文(손문)이 임시대총통을 맡게 되고서는 《민립보》사의 편집장이 되었다.

그는 상해에 갓 도착한 망명인사 예관 선생의 인물됨을 단번에 알아보고, 《민립보》 필진이던 중국 동맹회 회원들을 기꺼이 소개하고 도왔다.

4 荊州**형주** : 〖통용본〗에는 '荊洲'로 되어 있는데 잘못이므로, 〖필사본〗에 따랐다.
長江(장강)의 중류지역, 湖北省(호북성), 湖南省(호남성) 일대를 예스럽게 일컫는 말. 이 작품에서 예관 선생은 唐(당) 시인 李白(이백, 701~762)이 당시 훌륭한 인재를 발탁하여 조정에 추천하기로 유명한 荊州長史(형주장사) 韓朝宗(한조종)에게 〈與韓荊州書(형주장사께 드리는 글)〉을 올리며, "白聞天下談士相聚而言曰, 生不用封萬戶侯, 但願一識韓荊州(제가 듣기로 천하의 논객들이 모여 말하기를, '만 호의 가구를 다스리는 제후가 되기보다, 한형주에게 한번 인정받기를 원한다'고 합니다)"라는 고사(故事)를 인용하면서, 상대방 서혈아를 안목과 영향력이 높았던 韓朝宗(한조종)에게 빗대어 높이 평가하였다. 짧은 구절에 고사(故事)를 인용하여 축약(縮約) 효과를 살렸다.

5 無日月**무일월** : '상해만 해도 서혈아가 저술(著述)에 기여한 『滬上春秋(호상춘추)』가 있다'는 대구(對句)와 연관지어볼 때, 우리나라는 독자적 시각에서 쓴 제대로 된 역사책 하나 없음을 개탄한 것이다.
예관 선생은 그의 저서 『韓國魂(한국혼)』에서, "嗚呼, 吾國史籍淪亡… 彼可無乃考借, 則惟有取於漢書中他之人片之語書, 譯籍日人之狂言瞽說而已. 我國無史, 其何敢辯(아아, 우리나라에 역사 전적이 사라져 버려… 고찰하고 인용할 근거가 없어서 중국의 역사책인 『漢書(한서)』 중에 몇 마디 말을 취한 책이나, 일본 사람의 미친 망나니 말을 번역한 것뿐이다. 우리나라에 역사가 없다고 한들, 어이 변명할 건가)"라고 통탄하였으며, 『아목루』 시 중에서도 "宗國無正史, 世人皆我嘲(나의 조국에 제대로 된 역사가 없다고, 세상 사람들 다 나를 비웃네)." 〈海上懷人(상해에서 벗을 그리며)〉(其1, 필자 주)와 같은 대목에서 안타까움을 표현하였다.

6 滬上**호상** : 上海(상해)의 별칭

7 滬上春秋**호상춘추** : 『滬上春秋(호상춘추)』는 중국 청말 민국 초, 절강성 여항에서 출생한 학자이자 혁명가 章炳麟(장병린, 1868~1936)이 일생의 대부분을 上海(상해)에서 보내면서, 격변하는 정국과 정치활동, 학술경력, 생활상황, 사상의 변천과정 등을 저술한 책으로 알려져 있으나, 예관 선생은 이와 같은 자료들을 정리한 서혈아의 공을 높이 평가하였다.

8 倘**당** : 혹시

9 靑邱**청구** : 남해(南海) 가운데 신선(神仙)이 살고 있다는 선경(仙景), 한국의 이칭(異稱). 청구자는 예관 본인을 칭할 때 사용되었다. 〈到山海關(산해관에 도착하여)〉 시 참조.

10 同氣求**동기구** : "同聲相應, 同氣相求(같은 소리는 서로 호응하고, 같은 기운은 서로 부른다)." 『易經(역경)』.

기풍(氣風)과 뜻이 같은 사람은 서로 의기투합하여 모인다는 뜻이다. 同氣는 형제, 동지라는 뜻으로 쓰인다.

해설

■ **1911년 12월 말경**

진보적인 문인 단체, 南社(남사)에서는 1916년 9월에 24세 나이로 요절한 서혈아를 기리기 위해 『南社叢刻(남사총각)』 17集(집) 附錄(부록)을 발간하였는데, 여기에 이 작품과 유사한 예관 선생의 〈辛亥贈血兒舊作(신해년 혈아에게 준 예전 작품)〉이 실려 있다. 내용은 다음과 같다. "初逢徐血子, 恰似識荊洲. 一發千鈞勢, 兩眉萬種愁. 亞東無日月, 海上有春秋(時倘滬上春秋系君撰). 我亦傷心者, 遠來同氣求." 『남사총각』의 시는 훗날 수록한 것이다.

이 시가 서혈아를 만나본 후 멀리서 부친 '寄詩(기시)'라는 점은, 예관 선생이 고국을 떠나 상해에 도착하고, 상해《민립보》사 편집장이었던 서혈아와 만나 의기투합하여 사귀고, 다시 그와 떨어져 있는 일련의 시간을 함축하고 있는 것이다. "願逐識荊洲(이태백이 한형주에게 인정받고자 했던 옛 일을 따라하고 싶다)"는 시를 보냄으로써, 남경(南京)에 있던 주요 혁명 인사들에게 자신을 소개해달라고 넌지시 부탁한 이 시의 내용과, 예관 선생 일행이 상해 도착 2주 후인 1912년 1월 4, 5일 경에 남경에 도착하여 宋教仁(송교인), 黃興(황흥) 등 고위 인사들을 만나보게 된 과정을 미루어볼 때, 이 시는 예관 선생이 남경에 가기 전에 그곳에 가 있던 서혈아에게 보낸 시로 짐작된다.

학생군단에 입대하는 조카를 배웅하며

送家侄赴學生軍團

이 아저씨와 조카는 어찌된 일인가	如何吾叔侄[1·2]
둘 다 군인 되길 원하였다네.	俱願在軍中
백성을 새롭게 할 피를 사랑하여	是愛新民血
공화로써 조국을 일으키려 함이라네.	共和扶大東[3·4]

주석

1 吾叔오숙 : 조카에게 숙부인 예관 본인을 가리킨다. 예관 선생은 고국에 있을 때, 1897년 5월부터 4년간 관립 한어(중국어) 학교를 다닌 다음, 일생을 군적(軍籍)에 던지기로 결심하고, 1900년 9월 육군 무관학교에 입학하여 교육과정을 마친 후 1902년 7월 육군 보병 참위(參尉)에 임관되어 약 4년간 재직하였으며, 1906년 정삼품(正三品)으로 올라 4월에는 육군보병 시위(侍衛)에 배속되기까지 하였다. 그러나 1907년 8월 일본의 군대 해산령에 극력 저항하다가 무관생활을 마치게 되었다.

2 侄질 : 예관의 맏형 신정식(申廷植, 1868~1946)은 네 형제 중에 유일하게 국내에 남아 교육 사업에 몸 담았는데, 그 아들 신형호(申衡浩, 1891~1960)는 숙부인 예관, 조성환과 함께 상해 도착 직후에 중국혁명을 지원하기 위하여 上海(상해)의 中華學生軍團(중화 학생 군단)에 자원 입단하였다. 〈送(배웅하며)〉, 〈與晴兄阿侄發燕京(청사 형 그리고 조카와 연경을 떠나며)〉 시 참조.

3 共和공화 : 평등과 국민주권을 골자로 하는 이념

4 大東대동 : 동방의 큰 나라. 우리나라의 별칭

해설

■ 1912년 1월 초

상해에 도착하고서 혁명의 기운에 고무되어 중국군에 자원하는 문중 장손을 전송하게 된 예관 선생의 심경은 대견하면서도 착잡하다. 예관, 신형호와 함께 상해로 간 조성환은 1912년 2월 20일자 안창호에게 보낸 편지에서 "신형호는… 중·일·미 3개국어에 능하며 중등교육에 법률까지 졸업하였고 품성은 감성이 풍부하고 열심이오… 청년의 모범적 인물이라… 상해에 도착한 즉시 중화학생군단에서 한 달 여 서무를 보다가 본부가 해산되면서 그곳을 나왔고, 조만간 하얼빈을 지나 海港(해항 : 海埠, 海參崴, 블라디보스토크)을 거쳐 러시아에 있는 이갑(李甲)의 지도를 받아 미국 뉴욕으로 갈 예정"이었다.

상해에 있던 중화학생군단은 1911년 11월 창립하여 南北和議(남북화의)가 종료된 1912년 2월 중순경에 해산하였으므로, 상해 도착하여 바로 이곳에 들어갔다가 한 달 여 후에 나온 신형호의 입단 시기는 1월 초순경이 될 것이고, 그의 입단을 '보내는' 입장이었다면, 예관 선생 일행은 남경에 가 계실 때였을 것이다.

1910년 러시아로 망명하여 시베리아에 계시던 추정(秋汀) 이갑(李甲, 1877~1917) 선생은 1912년 3월 17일자 안창호에게 보낸 편지에서, "신형호가 해부(海埠 : 海參崴, 블라디보스토크)에 있다"는 소식을 전하고 있다.

1912년 6월 17일자 신한민보(미국)는, "신형호(申衡浩)는 김려식과 상해로부터 구라파를 유람하고 보스톤에 상륙하였다"는 도미(渡美) 소식을 실었다. 신형호는 이후 헤이스팅스 한인 소년병학교에 들어가 군사 훈련을 받고, 노스웨스턴 대학을 졸업한 후, 미국에서 독립운동을 펼치며 활약하였다.

산음의 왕문부께 화답함

和山陰王文富

비바람 불고 저물녘에 파도가 일어도	雨打風鳴夕起波
한 배 탄 벗들 용감하게 잘도 나아가네.	同舟不畏好經過
곳곳에서 환호하며 새 세상 반기는데	幾處歡呼新日月
외로운 이 몸은 고국 생각에 통곡할 뿐.	孤生痛哭舊山河
상해의 뿌연 안개는 예나 다름없는데	海上烟塵依舊樣[1]
산음의 눈 내린 밤, 이즈음 어떠하신지.	山陰夜雪近如何[2]
설욕의 뜻을 전해주니 참으로 고마우이	惠投薪膽眞多感[3]
술잔 나누며 함께 적 소탕가를 불러보세나.	對酒無妨掃敵歌

주석

1 海上해상 : "海上烟塵方絡繹, 中原黎庶欲凋殘(바다 위에 전화(戰火)가 연이어지니, 중원의 백성들 시들어가네)." 明(명) 于愼行(우신행) 〈寄王對南相君(왕대남 재상께 부침)〉 예관 선생은 이 시 구절을 염두에 두면서, 한편으로는 자신이 있는 '上海(상해)'를 중의적으로 표현하며 다음 구에 등장하는 '山陰(산음)'과의 대구(對句)를 이끌고 있다. 海上(해상)은 바다에 흙이 퇴적하여 생긴 지역, 상해의 별칭이다. 〈可人我弟大吟壇郢政又乞和之(훌륭한 시인 가인 아우에게 가필과 함께 화답시도 바라노라)〉3수, 〈海上懷人(상해에서 벗을 그리며)〉3수 등 참조.

2 山陰夜雪산음야설 : 중국 東晉(동진) 때, 王羲之(왕희지, 303~361)의 아들 王子猷(왕자유, 338~386)는 山陰(산음, 곧 會稽)에 살면서, 눈 내리는 밤 불현듯 剡溪(섬계)에 있는 벗 戴安道(대안도)가 생각나 작은 배를 타고 찾아갔다가, 정작 그곳에 도착해서는 문 앞에서 배를 돌려 돌아왔다. 사람들이 그 까닭을 물으니, "흥에 겨워 왔다가, 흥이 다하여 돌아

가는 걸세. 군이 戴(대)씨를 만나 볼 필요가 있겠는가?" 하였다.

작은 일에 구애되지 않는 호방함을 묘사한 대목인데, 여기서는 유명한 옛 고사의 인물과 같은 성씨의 왕문부가 사는 산음 지역을 운치 있게 묘사한 것이다. 山陰(산음)은 산의 북쪽을 가리키는 보통명사이기도 한데, 지명으로는 會稽山(회계산)의 북쪽, 紹興(소흥)을 가리킨다.

3 薪膽신담 : 臥薪嘗膽(와신상담)의 줄임말. 중국 春秋時代(춘추시대) 말, 越王(월왕) 句踐(구천)은 會稽(회계)에서 吳(오)에 패배했던 치욕을 씻고자 섶에서 자고 쓸개를 맛보며 절치부심하였다는 고사(故事)에서 온 말인데, 산음(곧 회계)에 사는 왕문부가 설욕의 날을 위해 인내하자는 격려의 시를 보내준 것에 화답하며 감사의 뜻을 표한 구절이다.

해설

▲ 1912년 1월경

대륙 곳곳에서는 환호하며 새 시대를 반기는데, 조국 잃은 본인은 통곡할 뿐이다. 이런 대목을 미루어볼 때, 1912년 1월 1일 국민당 정부의 출범을 듣고, 부러움과 회한이 겹치는 청사(晴蓑 : 曺成煥)은 1912년 2월 20일경 안창호에게 보낸 편지에서, "우리도 용감만 하면, 반도강산에 악마가 멸흉(滅凶)하고 일월(日月)이 중명(重明)할 날이 멀지 않을 줄 자신하나이다. 그러나 중국혁명이 처음에는 대한 남아의 피를 끓게 하고 정신을 요란케 하더니, 끝내는 대한 건아의 자신감을 높이고 용감함을 고취 격려하면서, 한편으로는 부끄럽게 하고 조급케 하는도다. 슬프다. 우리 민족은 어느 날에나 이 성공을 이룰 것인가. 촉물상정(觸物傷情)에 금치 못할 피눈물이 줄줄 쏟아지고 미친 듯 취한 듯한 심신으로 우는 듯 웃는 듯…" 탄식하며 목이 메던 그 즈음에 같은 마음이었음을 알 수 있다.

앞의 작품이 상해 도착하자 사귄 徐血兒(서혈아)에게 부친 시인데, 그 바로 뒤에 山陰(산음, 곧 紹興, 會稽)에 사는 인물에게 보낸 화답시가 이어졌으므로, 그 전에 누군가에 의한 소개와 상호간의 인사, 그리고 王文富(왕문부)가 예관에게 시를 보낸 일련의 과정들이 선행되었으리라 짐작된다.

예관 선생과 함께 한 조성환 선생이 도산 안창호 선생에게 보낸 편지에 의하면, 1911년 12월 20일 경에 상해에 도착하여 2주 후에 남경으로 가서 여러 혁명 인사들을 만나고 黃興(황흥)과도 글을 주고받았는데, 그가 매우 호의적으로 여러 기관에 연락을 주선하였다고 한다. 이어 함께 남경으로 간 조 선생도 自由黨(자유당)과 共和憲政會(공화헌정회)에 가입하였다고 쓰고 있으므로, 1912년 2월 3일 自由黨(자유당) 紹興(山陰)(會稽)支部(소흥지부)(당시 당원 350여 명)의 창립을 앞두고 있던 그 지역의 인사, 왕문부와도 시로서 교류하게 되었을 가능성을 생각해 볼 수 있다.

소주를 지나며

過蘇州

한산사는 閶門(창문) 밖 7리로에 있다고 하는데, 못 가보았다.

寒山寺在閶門外七里路[1]云, 未得往.

신강으로 돌아가는 나그네가 소주로 내려가는데	申江歸客下蘇州[2]
병란으로 떠도는 몸, 잠시 쉴 겨를도 없구나.	漂泊兵塵不暫休
성문 밖 번화한 풍광은 어지럽기만 하고	城外風光難管領[3]
차가운 종소리 열차 탄 길손에겐 들려오지 않네.	寒鍾不到鐵車軀[4]

주석

1 閶門창문 : 江蘇省(강소성) 서북쪽 문 이름. 성문 밖은 吳縣(오현)에서 가장 번성하던 지역으로, 7里(3,600km)에 벋어 있는 七里山塘路가 유명하다. 특히 楓橋(풍교) 근처의 寒山寺(한산사) 일대는 경치가 빼어나 시인들에게 회자(膾炙)되었다.

2 申江신강 : 상해에 흐르는 강. 일명 黄浦江(황포강). 申(신)은 戰國時代(전국시대 : B.C.476 ~B.C.221) 春申君(춘신군)의 봉지(封地 : 하사받은 영토)였기에 붙여진, 상해의 별칭이다.

3 管領관령 : 다스리다.

4 寒鍾한종 : 寒山寺(한산사)는 蘇州(소주) 제일의 사찰로서, 위 구절은 唐(당) 시인 張繼(장계)가 지은 〈楓橋夜泊(밤에 풍교에 배를 대다)〉 시의 "姑蘇城外寒山寺, 夜半鐘聲到客船(고소성 밖 한산사, 한밤중 종소리 나그네 탄 배에 들려오네)"라는 무한한 여운의 시구를 의식한 구절이다. 姑蘇(고소)는 장강 이남 太湖(태호) 東岸(동안)의 장강 삼각주 중부 지역, 곧 蘇州(소주)의 별칭이다.

해설

■ 1912년 1월 초

작품의 첫 줄 '申江歸客(상해로 돌아가는 나그네)'의 구절로 보아, 예관은 상해를 떠나 다른 곳에 다녀서 기차를 타고 상해로 돌아오던 중 소주를 지나간 것으로 보인다.

송상도(宋相燾, 1871~1946)는 『騎驢隨筆(기려수필)』〈申圭植(신규식)〉 편에서, 예관 선생이 "且奔馳南北, 文墨之朋殆遍(중국 대륙의 남북으로 부지런히 다녀, 전국에 지성인 벗들이 수두룩했던 분)"이라고 적고 있다. 실제로 10여 년의 망명 기간 동안 그는 중국 대륙 곳곳을 수없이 오갔고, 단기간 내 같은 장소도 여러 차례 방문한 사례가 있기 때문에, 거명된 장소만을 근거로 『아목루』 수록 시들의 제작 시기를 특정하기가 쉽지 않다.

당시 예관 선생의 지근거리에서 망명 생활을 하였던 정원택의 일기, 『志山外遊日誌(지산외유일지)』에 따르자면, 선생은 1913년 한 해만 해도 3월 이후 남경에 세 차례 다녀오고 있다. 지산이 간도와 블라디보스토크를 거쳐 上海(상해)에 막 도착한 이튿날, 1913년 양력 3월 8일 다음과 같은 기록이 있다. "예관 선생이 일이 있어 남경으로 가시는데, 나도 따라서 남경으로 출발하고… 기차의 속력이 너무 빨라 고적을 살펴보지도 못하고 10시에 蘇州(소주)를 통과하고, 오후에 鎭江(진강)에 다다르니… 선생이 이곳에서 마침 볼 일이 있어 차에서 내리시고, 나는 오나라 태부인이 건축한 오층 고탑이 의연하게 서 있는 모습을 보았고, 선생이 돌아오시매 다시 차를 타고 해질 무렵에 남경에 다달았다"고 기록하고 있어, 당시 상해-소주-남경 간을 오가는 滬寧鐵路(호녕철로 : 1908년 말 전 구간 개통)의 경로를 짐작케 한다.

예관 선생이 上海(상해)에 도착한 후 南京(남경)으로 가서 黃興(황흥) 등의 주요 인물을 만나기 전후 한 달 간의 상세한 행적은 자료 부족으로 추적이 불가능하다. 이 책에서는 현존 자료들과 〚필사본〛 〚통용본〛의 수록 차서를 종합하여 배치하였다.

蘇州(소주)를 지나며 寒山寺(한산사) 종소리를 묘사한 옛 시 구절을 떠올리는 선생은 유소년 시절부터 문학적 소양이 풍부하였고, 오랜 기간 한학(漢學)을 공부하여 고을 일대에 신동(神童)으로 이름이 났었는데, 굴곡진 망명 생활 중에도 시를 써서 마음을 달래고 벗들을 사귀었다. 주야로 선생을 곁에서 모셨던 제자이자 사위 민석린(閔石麟)은 『전기』에서 "그 분은 세속적인 오락에는 관심이 없었고, 오로지 산수(山水)와 시화(詩畫)를 즐겼을 따름"이라고 회고하였다.

평화로운 시대를 만났더라면 출중한 지성인으로서 후진들에게 많은 가르침을 주셨을 선생이련만, 불행한 시대의 소명을 받아들이고 중국의 유서 깊은 고장을 곁눈으로 지나치며 병진(兵塵) 속에서 즐풍목우(櫛風沐雨)의 한평생을 보내신 것이다.

남경에 도착하여 남양 제일루에 묵으며

到南京留南洋第一樓[1]

남양의 제일루에 나 올라 보니	我在南洋第一樓
옛 도읍의 새 모습이 한 눈에 들어오네.	故都新象入雙眸[2]
이제사 알겠노라, 영웅의 값진 피로	始知有價英雄血
존귀한 나라와 바꾸어 만 천하에 빛내는 것임을.	好換金甌耀六洲[3·4]

주석

1 南洋第一樓남양제일루 : 南京(남경)의 여관이다. 현재 사라져 볼 수 없으나 둘째 구를 미루어볼 때, 남경시를 조망할 수 있는 고지대에 위치한 건물이었던 듯하다.

2 古都고도 : 南京(남경)은 예로부터 金陵(금릉), 建康(건강)이라 불렸던 옛 도시로서, B.C.229년부터 東吳(동오), 東晉(동진), 南朝(남조)의 宋(송), 齊(제), 梁(량), 陳(진), 그리고 南唐(남당), 明(명), 太平天國(태평천국), 中華民國(중화민국)의 수도였으므로, 우아하게 '十朝都會(십조도회)'라고 불린다.

3 金甌금구 : 영토(領土), 주권(主權)이 완전하고 견고(堅固)한 나라를 가리킨다.

4 六洲육주 : 5대양(五大洋), 6대주(六大洲), 즉 온 세계

해설

■ 1912년 1월 초

남경은 1912년 중화민국이 성립하면서 근거지로 삼았던 곳이다. 선생은 이 유서 깊은 도시에 와 높은 곳에서 조망하면서, 온 세상에 빛나는 자랑스러운 나라는 영웅의 피로 맞바꾸는 것임을 깊이 깨닫는다. 이 작품은 선생 자신의 평생 지향을 새겨 넣은 이정표와도 같은 작품이라 하겠다.

한흥 군께 부침

寄韓興君[1]

뜻을 세운 사내들 칼 짚고 나서	矢志男兒杖劍行[2·3]
몸 던져 싸우느라 저마다 분주하네.	奮身當日各奔忙
한흥자여 간곡히 당부하노니	申勤寄語韓興子[4]
나라 구하고 적 토벌하는 두 가지 잊지 마시게.	存楚椎秦兩不忘[5·6]

주석

1 韓興한흥 : 1888~1959. 함경남도 신흥군(新興郡) 출신. 보성전문학교(普成專門學校)를 졸업한 뒤 1912년 4월 간도(間島)로 망명, 和龍縣(화룡현) 동명학교(東明學校) 강사로 재직하면서 한국교포들에게 민족의식과 독립사상을 고취하였으며, 1913년 3월 沿海州(연해주)의 海蔘威(해삼위, 곧 블라디보스토크)에서 《勸業新聞社(권업신문사)》 통신원으로 활약하였다. 해설 참조.

2 矢志시지 : 【중국어】 shǐzhì, 뜻을 세우다. 포부를 가지다.

3 杖劍장검 : 칼을 짚다. 쥐다.

4 申勤신근 : 정성스럽다.

5 椎추 : 때리다.

6 存楚椎秦존초추진 : 통곡으로 호소하여 구원병을 지원받아 조국 楚(초)나라를 구한 申包胥(신포서)와, 博浪沙(박랑사)에서 몽치로 진시황을 저격하여 조국 韓(한)나라의 원수를 갚고자 했던 倉海力士(창해역사)와 張良(장량)을 가리킨다.
예관 선생은 중국으로 망명하여 고국 독립을 위한 도움을 구하고자 했던 자신을 자주 신포서에 빗대어 표현하였다. 〈寄南社(남사에 부침)〉, 〈寄藕泉仁棣老同志(오랜 동지이자 아우 우천께 부침)〉, 〈寄夢巖(몽암께 부침)〉又(其2, 필자 주) 시, 『韓國魂(한국혼)』 序言(서언) 참조.

해설

▲ 1912년 초

한홍 선생은 1912년 4월 망명 이후, 간도에서 和龍縣(화룡현) 동명학교(東明學校) 강사로 재직하면서 한국교포들에게 민족의식과 독립사상을 고취하였고, 1913년도 3월경에는 블라디보스토크에서 《권업신문》 발행에 종사하다가 예관 선생이 활약하고 계신 상해로 왔다. 상해에 머물던 정원택 선생은 『지산외유일지』에서 1913년 8월 11일 여러 동지들과 함께 머물고 있던 한홍을 만났다고 기록하고 있다. 단재 신채호 선생 역시 《권업신문사》에서 종사하다가 이 신문이 하향길을 걷게 되자 1913년 8월 19일 상해로 옮겨온 걸로 보아, 비슷한 시기에 상해로 온 것이다. 정원택은 또한 이 해 9월 19일(* 10월 18일) "한홍이 열하(상해)(熱河路로 추정)에 체류하며 회관(環球 中國學生會館으로 추정, 초기에는 白克路(백극로) 562號에 위치하였다가, 후에 靜安寺路(정안사로) 51號로 이전. 현재 上海 熱河路는 靜安區에 위치)내에 영어강습소를 설치하고 일반 동지가 배우고 있었다"고 기록하고 있다.

따라서 위 작품은 그가 상해에 온 1913년 8월 이전에 예관 선생이 그에게 부친 기시(寄詩)로 볼 수 있겠다. 비교적 연도별 순차에 준하여 수록된 『아목루』 시집 앞부분의 남경(南京) 도착 시들과 나란히 수록된 것으로 미루어 볼 때, 간도로 망명하기 전인 1912년 초에 지었을 것으로 추정된다.

存楚(협조와 이해를 구하는 일)과 椎秦(무력 항쟁), 어느 한 가지도 소홀해서는 안 된다는 은근한 당부말씀, 그리고 서두에 칼 차고 저마다 투쟁에 나서는 사회 분위기 묘사까지를 미루어볼 때, 예관 선생은 한홍 군의 지성과 교육자적인 소양을 일찍이 헤아리시고, 무력투쟁에 편입하기보다는 망명 후 현지의 협조와 이해를 구하는 일에 치중하기를 당부하신 것으로 보인다.

상해에서 얼마간 활동한 후 그는 간도로 되돌아간 듯 하며, 1918년 12월에는 파리강화회의와 관련하여 이광(李光)과 함께 동제사(同濟社)를 대표하여 北京政府(북경 정부)에 청원서를 제출하였고, 1919년 3·1독립선언이 나올 즈음에는 간도(間島) 지역 인사들이 중심이 되어 제작한 「대한독립선언서」에 실명으로 참가하는 굳은 의지를 보였다.

그 후 1920년에는 汪淸(왕청)·琿春(혼춘)·東寧(동녕)·寧安(영안)·穆稜(목릉) 일대를 관장하는 임시정부의 간북 북부 총판부(墾北 北部 總辦部) 서기로서 김병하(金炳河)·김헌(金憲)·조봉(趙封) 등과 함께 활약하였다. 같은 해 군자금 모집 차 국내에 들어와 활동하다가 체포되어 징역 5년형을 받고 옥고를 치렀다. 출옥 후 1925년 6월에는 다시 북경으로 망명하여 《先頭者(선두자)》社의 동인(同人)으로 조남승(趙南升)·원세훈(元世勳)·서왈보(徐日甫)·박건병(朴健秉) 등과 함께 활동하였으며, 중국 국민과 함께 구국구족(救國救族)을 위하여 협력하자는 격문(檄文)을 발표하기도 하였다. 1929년 귀국 후에는 함흥에서 육영사업에 진력하였다. 예관 선생의 간곡한 당부를 명심하며 걸어 온 그 행적이 여실하다.

여암께 부침(적십자사 이사)

寄余巖(赤十字社理事)[1]

정치란 사나이들 혈투장	政是男兒血劇場
아시아 동쪽 판세가 존망에 처했네.	亞東大局祭存亡[2]
혜탄백열은 당연한 이치	蕙嘆柏悅皆常理[3]
아낌없는 도움, 잠시인들 어이 잊으리.	一空扶携豈暫忘[4]

주석

1 余巖여암 : 餘巖(여암, 1879~1954). 의사. 중국의 구학문(舊學問)을 공부하였으나, 다시 서양 학문에 뜻을 세우고, 1905년 일본 동경에 유학하였다. 적십자사에서 활동하다가 1911년 신해혁명을 지지하며 귀국하여 활발한 군사구호활동을 펼쳐, 상해 곳곳에 그의 자취가 남아 있다. 이후 1913년 봄, 다시 일본에 유학하여 의학을 공부하고 서양 의학 전파에 앞장섰다.

2 祭제 : 접하다.

3 蕙嘆栢悅혜탄백열 : 난초가 탄식하고 잣나무가 기뻐하다. "信松茂而柏悅,嗟芝焚而蕙嘆(소나무가 무성하면 잣나무가 기뻐하고, 지초가 불에 타면 혜초가 탄식하네)." 陸機(육기, 261~303) 《嘆逝賦(탄서부)》. 벗이 잘 되는 것을 보고 덩달아 좋아하고, 벗이 불행해지면 함께 슬퍼하며 위로하는 것이 당연하다는 고사(故事)이다.

4 一空일공 : 깨끗하다. 텅 비다.

해설

▲ 1912년 1월 초

적십자사 이사인 여암에게 감사의 뜻을 표하는 내용으로 미루어볼 때, 예관 등 망명 인사들의 상해 정착 과정에 그의 도움이 적지 않았을 것으로 짐작된다. 특히 남경 함락

전투 중 구호활동을 펼쳤던 한국 의사 한흥교(韓興教, 1885~1967)는 1912년 북벌혁명군 홍십자회(적십자회, 필자 주) 대장에 임명되는 등 적십자사와 인연이 깊었다. 여암은 1913년 봄에 2차 일본 유학을 떠났고, 작품이 시집의 앞부분에 위치하고 있기에, 이 시의 제작 시기는 1912년 초부터 1913년 봄 사이, 특히 바로 뒤의 〈寄赤十字從軍諸君(적십자에 종군한 제군들에게 부침)〉 시와 연관된 1912년 초 무렵으로 좁혀볼 수 있다.

적십자에 종군하는 제군들에게 부침

寄赤十字從軍諸君

동경 유학에서 돌아오다·自東京留學而來

그대들 적십자로 종군하러 오는 날	十字從軍日
이 국면을 치료해야 한다는 오직 한마음	一心醫局辰[1]
자비심으로 위업을 이루는 그날	慈悲成偉業
대륙에는 봄이 다시 돌아오리라.	大陸復回春

주석

1 『필사본』에는 『통용본』의 '國'과 달리 '局'으로 되어 있다. 局(국)은 판세. 의미의 폭이 넓어 이를 택하였다.

해설

■ 1912년 1월경

무창혁명 이후 계속되는 지역의 기의(起義)로 전쟁 부상자들이 속출하는 가운데, 일본 大阪(대판), 長崎(장기)의 유학생 및 千葉(천엽), 東京(동경), 名古屋(명고옥), 京都(경도), 岡山(강산)으로 유학한 중국 의학전문대생들이 조직한 홍십자대(紅十字隊 : 적십자대) 총 120명은 중국 대륙으로 귀국하여 1911년 11월 26일 상해에 도착하였다. 1911년 12월 11일 갑(甲)·을(乙) 양 부대로 나뉘어 대륙 남부 각지로 파견된 이들은 이듬해 1912년 2월 20일경까지 험한 전쟁터에서 淸(청) 관군(官軍)과 혁명군(革命軍) 양측 부상자 구호활동을 펼치고 일본으로 돌아갔다.

예관 선생은 외국에서의 학업을 중단하고 귀국하는 젊은이들의 박애정신에 감동하여 이들을 격려하며 대륙의 봄을 고대하고 있다.

자신을 가여이 여김

自憫

흉금을 남김없이 털어놔야 하건만 胷海須相吐
의심의 구름을 뭉쳐 안고 풀지를 않네. 疑雲擁不開
내 어이 화근을 숨길 것이며 豈是潛藏禍
또 나설 위인도 못된다오. 又非自薦才
결단코 다른 뜻 없건만 斷斷無他意
구차스러움이 예서 생겨나네. 區區有此來
나라를 망치는 일임을 이제야 깨달으니 始知喪國物
쌓이고 쌓이는 시름, 나 홀로 슬퍼하네. 累累獨悲哀[1]

주석

1 서로 간에 의심은 나라를 망치는 물건이자 숨은 재앙이라는 취지로 보아, 동족끼리의 불신을 크게 우려하면서 속수무책인 자신을 안타깝게 생각하는 작품임을 알 수 있다. 단순하고도 반복적인 형용어에는 꾸밈없이 진실한 마음이 담겨있다.

해설

▲ 1912년 초

〈有感(느낀 바 있어)〉 시 해설 참조.

막수호에 가서

往莫愁湖[1]

석두성 밖에 호수와 누각 있으니	石頭城外有湖樓[2]
누각은 승기루, 호수는 막수호.	樓是勝棋湖莫愁[3]
왕자와 가인을 어디서 찾을까?	王子佳人何處見
황량한 누대 적막한데 강물만 흘러가네.	荒坮寂寂水空流

주석

1 莫愁湖막수호 : 南京(남경)시 水西門(수서문) 밖에 있는 호수. 石頭城(석두성)에 위치하여 石城湖(석성호)라고도 불렀다. 南朝(남조) 梁(양 : 502~557)나라 때 순박하고 아름다운 盧莫愁(노막수)란 여인이 이곳에 살았는데, 梁 武帝(양 무제)가 모란꽃 구경을 하다가 그녀의 아름다움에 혹하여 남편을 죽이고 비(妃)로 삼으려 하였으므로, 그녀는 이 호수에 빠져 자진(自盡)하였다고 한다. 사람들이 그녀를 애처롭게 여겨 이 호수를 막수호라고 불렀다고 한다.

경관이 맑고 뛰어나 '金陵(금릉, 곧 南京) 제일의 명승'으로 손꼽힌다.

2 石頭城석두성 : 중국 江蘇省(강소성) 南京(남경) 清涼山(청량산)에 있는 성. 孫權(손권)의 吳(오 : 222~280)나라 때부터 중요한 군사 요새였다.

3 勝棋樓승기루 : 막수호 가에 있는 누각. 2층으로 된 긴 누대로, 푸른 벽돌과 아로새긴 난간으로 지어진 아름다운 건물이다. 明(명 : 1368~1644)나라 太祖(태조) 朱元璋(주원장, 1328~1398) 때 지어진 것으로, 본래는 對弈樓(대혁루)라고 불렀다. 바둑의 명인인 徐達(서달) 장군은 이 누각에서 주원장과 바둑을 두면서 번번이 지므로, 주원장은 왕이라고 봐주지 말라고 명하였는데, 바둑판에 바둑알들이 '萬歲(만세)'라는 두 글자 형상으로 남아 있는 것을 보고, 주원장은 누각 이름을 勝棋樓(승기루)로 바꾸고, 누각과 막수호 화원(花園) 일대를 그에게 상으로 내렸다고 한다. 누대 2층 정면에 서달 장군의 초상이 걸려있다.

해설

■ 1912년 1월 초

남경 부근의 유적지를 돌아보는 선생의 고전적 감수성은 막막한 현실 앞에서 길을 잃었다. 역설적이게도 호수의 이름은 '수심에 젖지 말라'는 '莫愁'이다.

남경을 돌아보며(금릉)

南京記事(金陵)

그 옛날 육조의 도회로 나 지팡이 짚고 나서니	六朝夢里我笻餘[1·2]
만세 소리 속에 중화민국 출범했네.	萬歲聲中民國初
용반호거 산세의 도성은 장엄한데	龍蟠虎踞城都壯[3]
오랜 세파에 성과 성채 비어있네.	雹散風飛壁壘虛[4]
꽃비 내리고 잎이 소생하였다 이름이 났고	雨花蘇葉傳名蹟[5]
주작교와 오의항의 옛 터라 하네.	朱雀烏衣說舊墟[6]
명승지와 새 풍광이 좋기는 하다만	勝地新光非不好
깊은 수심, 아득한 한을 또 어이하리오.	深愁遠恨更何如

주석

1 六朝夢**육조몽** : 吳(오), 東晉(동진), 宋(송), 齊(제), 梁(량), 陳(진) 등 6개 왕조가 南京(남경)을 수도로 하였다. 222~589년 사이에 부침(浮沈)했던 이 여섯 나라의 영고성쇠를 '꿈'으로 안타까워하며 지은 중국 시들이 매우 많다.

2 我笻餘 : 笻은 지팡이. 곧 건강과 시력이 좋지 않아, 지팡이에 '겨우 지탱하여' 나선 자신

3 龍蟠虎踞**용반호거** : 범이 쭈그려 앉아있고 용이 서린 듯한 南京(남경) 특유의 산세(山勢)를 일컫는 말.

4 雹**포** : 우박

5 雨花臺**우화대** : 南京(남경)시의 驟寶山(취보산) 정상(頂上)에 있다. 梁(양)나라 武帝(무제) 때에 雲光法師(운광법사)가 이곳에서 설법(說法)하였는데, 하늘이 감응(感應)하여 꽃비가

내렸다는 전설이 있다.

6 朱雀烏依주작오의 : 朱雀門(주작문), 朱雀橋(주작교)와 烏依巷(오의항). 도성(都城)을 건축하면서 도성의 정남쪽에 주작문이나 주작교를 세우고 번화가로 오의항을 만든 것은 六朝(육조) 때 도성건축 방식이었던 것 같다. 唐(당) 劉禹錫(유우석, 772~842)은 육조시대의 번화한 金陵(금릉, 남경의 옛 이름)의 모습을 회고하는 〈金陵五題(금릉시 다섯 수)〉를 지었는데, 그 중에 변화무쌍한 인생을 읊은 "朱雀橋邊野草花, 烏衣巷口夕陽斜(번화하던 주작교 가에 들꽃 피어나고, 오의항에는 석양이 비꼈구나)"란 대목이 있다.

해설

■ 1912년 1월 초

1912년 1월 1일 南京(남경)에서 孫文(손문, 1866~1925)이 임시대총통으로 취임하여 中華民國(중화민국) 臨時政府(임시정부)를 선포하였다. 예관 선생은 역사의 현장을 방문한 감격과, 환호의 뒤안길에서 고적지나 더듬어보고 있다는 자괴감 섞인 슬픈 발자취를 '기사(記事 : 일을 기록함)'라는 제목에 담았다.

평강의 구층탑에 올라

上平江九層塔

평강 길을 걷다가 보탑 앞에 이르니	路出平江寶塔前[1·2]
구층탑 우뚝하게 하늘로 솟았네.	九層兀兀揷蒼天[3]
오나라 때 세웠다 스님끼리 말하는데	吳家創建僧相語[4]
이천년 풍상 속에 오늘까지 전해지네.	歷二千年尙有傳

주석

1 平江路**평강로** : 江蘇省(강소성) 蘇州(소주)의 강 가로 난 유서 깊은 길.

2 寶塔**보탑** : 蘇州(소주)의 報恩寺(보은사) 탑. 일명 北寺塔(북사탑). 9층으로 되어 있으며, 三國(삼국)시대 吳(오 : 222~280)나라 때 건립되어 "吳中(江蘇省 일대)第一古刹"이라고 불리는 절이다. 南朝(남조) 梁(양 : 502~557)나라 때 11층으로 건립되었다가, 北宋(북송) 때 불에 타 다시 9층으로 중건된 웅장하고 아름다운 탑이다.

3 兀兀**올올** : 우뚝한 모습

4 吳家創建**오가창건** : 평강 구층탑은 오나라 孫權(손권, 182~252)이 초대 황제가 된 후 어머니를 추모하며 보은(報恩)하기 위해 세웠다고 한다.

해설

■ **1912년 1월**

蘇州(소주)의 구층탑을 바라보는 예관 선생의 시선이, 같은 지역을 기차로 지나치던 망명 초기에 비해 비교적 편안해 보이는 것은 새 나라의 출범에서 오는 안도감 때문일 것이다. 오랜 풍상 속에 꿋꿋이 살아남은 탑처럼 면면히 이어지는 이 나라의 명맥이 대견하다. 〈過蘇州(소주를 지나며)〉 시 참조.

느낀 바 있어

有感

사랑하던 미워하던 사감이 없이	愛憎無私意
향해야 할 곳은 오직 공리이거늘	向背惟公理[1]
어이하여 동족끼리 다툼을 하나	何爲種族爭
어부지리 되어 남의 잇속 채울라.	恐作漁人利

주석

1 公理공리 : 공공의 가치, 공공선

"漢興秦滅惟公理(한흥진멸만이 오직 공리)" 〈贈黃克强(황극강께 드림)〉, "救世惟公理(세상을 구하는 길은 오로지 공리 뿐)" 〈贈冶公(야공께 드림)〉, "强權如彼理無公(저 강권 정치는 공리도 모르네)" 〈和孟碩獄中原韻(맹석이 옥중에서 지은 시운에 화답함)〉其1(필자 주), "公理今何在(오늘 공리가 어디에 있는가)" 〈移寓金陵聞晴蓑及諸學生均解往漢城監獄(금릉으로 거처를 옮기고서, 청사와 여러 학생들이 모두 풀려나 서울 감옥으로 압송된다는 소식을 듣다)〉, "先生所以厚受吾儕者, 深有合乎公理正義(선생이 우리에게 후하게 베푼 것은 공공의 이익과 정의에 깊이 부합되었다)" 〈陳先生英士誄(진영사 선생 뇌문)〉 등과 같은 작품에서 볼 수 있듯이, 예관 선생은 公理(공리)가 공화 시대의 가장 핵심적인 가치라고 여기셨다.

해설

▲ 1912년 초

『아목루』 앞부분에 실린 〈自憫(자신을 가여이 여김)〉 시와 이 시, 두 작품은 동족(同族) 간의 암투와 갈등을 토로한 망명 초기의 작품으로 보인다. '胸海傾相吐, 疑雲擁不開(아무리 흉금을 털어놓아도 의심의 구름을 걷지 않음을 슬퍼하며)'(自憫), '공리에 기반 한 사랑과 증오가 아닌', '사심 가득한 지지 혹은 반대'가 난무하는 동족끼리의 다툼은 결국 어부지리만을 초래할 것임을 우려하고 있다.

이들 작품과 시간상의 차이는 다소 있지만, 1913년 9월 9일(양력 10월 10일), 망명인사 김규흥(일명 김진용, 김성도, 김복, 김범재) 선생의 재정지원을 요청하고 나섰던 김영일(金永一)이 미국에 계신 안창호(安昌浩) 선생께 보낸 편지에서, "예관과 김규식(金奎植)이 중국인과의 교류를 독점하면서 배타적인 태도를 취하고 있다", 혹은 자신에 대하여 일방적으로 무례하게 대했다는 것 등을 지적하면서, 심지어는 "저 사람들이 하는 대로 그냥 두면 상해(上海)는 아무것도 되지 않을 것"이라고까지 비판하였다. 망명 초기부터 시작되어 1913년 여름 즈음에 노골적으로 드러난 동족 간 갈등 양상이 상당 기간 이어진 것으로 짐작해볼 수 있다.

훗날 예관 선생의 중국 지기(知己) 胡林(호림, 1889~1949) 선생은 예관의 『韓國魂(한국혼)』 중국판 서문(序文), 胡序(호서)에서, "말년에 예관 자신이 회고하기를, 중국에 바라는 것이 너무 지나쳐 오히려 본국인의 불만을 일으켰다고 이야기 하여, 나와 동석자(同席者)들 모두 그 심적 고통에 공감하며 침통해했다"라고 서술하였다.

이러한 갈등에 대하여 제자이자 사위였던 민석린(閔石麟) 선생은 "선생은 중국에 대한 희망이 매우 깊었고 또 기대가 대단히 컸으므로 다른 한국 동지들이 받아들이지 못하는 점이 있어도, 당신은 그렇게 생각하지 않으셨다"고 회고하였다.

이 시를 통해서 우리의 독립이 중국의 공화정부 수립과 불가분의 관계가 있다고 인식하고 그 지도자들과 친분을 쌓아가고자 했던 예관 선생의 고통과 고심의 깊이를 짐작해 볼 수 있다.

보검

寶劍[1]

황극강께 드림·贈黃克强[2]

극악무도한 원수를 먼저 자르고 　　先斬窮凶大懟人[3·4]
배은망덕한 이웃을 그 다음 베소서. 　　次殲渝約背盟隣[5]
나머지 서슬로 뭇 요물들 쓸어내고 　　餘鋒撲滅群妖物[6]
태평양에 던져 피 먼지 씻으소서. 　　投太平洋洗血塵[7]

주석

1 寶劍보검 : 武昌起義(무창기의) 때, 전세가 혁명군 측에 불리하게 기울자, 1911년 11월 13일 湖北軍政府(호북군정부) 都督(도독) 黎元洪(여원홍)은 동맹회에 황흥을 호북성으로 불러 군사를 지휘하게 하면서, 漢(한) 高祖(고조) 劉邦(유방)이 韓信(한신)을 장수로 임명했던 전례 의식을 모방하여, 목판으로 拜將臺(배장대)를 쌓아 임명식을 거행하고, 황흥에게 戰時總司令印(전시총사령인)과 깃발, 그리고 칼을 증정하였다. 이에 황흥과 군민(軍民)들은 용기백배하였다.

2 黃興황흥 : 1874~1916, 字(자) 克強(극강). 중국 근대 혁명가, 중화민국 개국공신, 辛亥革命(신해혁명) 시절 孫文(손문)의 조력자로서 '孫黃(손황)'으로 병칭되었지만, 외국에서 三民主義(삼민주의)와 같은 혁명의 이론을 정립하고 지지세력을 확장하는 데 주력했던 손문(孫文)에 비해, 혁명의 현장에서 오랜 무장 투쟁을 펼쳤던 황흥이 임시 정부의 수립에 더 많은 공을 세웠다고 평가되고 있다. 후에 손문과 노선 차이로 멀어졌으나 그의 사망 소식을 들은 손문은 혼절하며 비통해 하였고, 대총통 여원홍은 국장(國葬)으로 장례를 치렀다. 대한민국 정부는 독립지사들을 도운 그의 공을 기려 1968년 건국훈장 대통령장을 추서하였다. 〈贈黃克强(황극강께 드림)〉其1 · 其2(필자 주), 〈輓黃克強(황극강 만사)〉其1 · 其2(필자 주) 참조.

3 窮凶궁흉 : 더없는 원흉

4 懟대 : 원망하다. 원한을 품다.

大懟人대대인 : 큰 원수. 여기서는 黃興(황흥)이 젊은 시절부터 강조해 온 '배만(排滿 : 만주족을 배척한다)'의 대상, 부패하고 무능한 晚淸(만청) 정부를 가리킨다.

5 殲섬 : 죽이다

6 先, 次, 餘가 차례로 이끄는 시구(詩句)에는 파죽지세의 혁명에 대한 기대가 담겨 있다.

7 太平洋태평양 : 황흥은 1911년 음력 3월 29일(* 4월 27일) 廣東省(광동성) 廣州(광주)에서 일어난 黃花崗起義(황화강 기의)의 주역이다. 이 기의는 사전에 작전이 누설되면서 수많은 인물들이 사망하고 포로로 잡혀갔으며, 황흥을 비롯한 극소수만 탈출하여 목숨을 건졌다. 시에서는 이 지역이 태평양에 인접해 있는 것을 상기시키며, 실패에 대한 설욕을 기원하고 있다. 〈往黃花岡七十二烈士紀念會送一輓(황화강 72열사 기념회에 가면서 만사 한 장을 보내다)〉 시 참조.

해설

▲ 1912년 초

이 시는 보검(寶劍)이 상징하는 황흥의 공을 높이 기리면서, 공화혁명(共和革命)을 이끌어 온 지사의 기개를 기리며 승리를 기원한 작품이다.

예관 선생은 1916년 10월 타계한 황흥의 만사, 〈輓黃克强(황극강 만사)〉又(其2, 필자 주)에서 "曩年第一訂交友如檉者(지난날 처음 망년지우를 맺었던 나 申檉)"이란 표현을 사용했다. 또한 1916년 5월 절친한 중화민국의 개국 원로, 陳其美(진기미, 字 英士)의 죽음을 맞아, 그와 사귀었던 지난날을 회고하는 글, 〈碧浪湖畔恨人談(벽랑호반에서 한인이 하는 이야기)〉에서도 본인이 중국에 와서 사귄 중국 인사들을 차례로 거론하며, "曩年余渡華之日, 首先次第訂交者, 爲遯初(卽宋教仁),克强(卽黃興),英士,中山(卽孫逸仙)諸公(둔초(곧 송교인), 극강(곧 황흥), 영사, 중산(곧 손일선) 등)"으로 회고하였다.

여기서 정교(訂交)란 통상 문인들이 사귀려고 할 때, 시나 편지를 먼저 보내어 만남을 청하고, 만난 후에 수창(酬唱 : 시를 주고 받음)이나 토론을 하고, 선물 등도 주고받는 고전적인 방식이다. 1912년 1월 초 남경에 찾아간 예관 일행은 주요 인사만 두어 사람을 만나고, 황흥은 접견하지 못하고서 그에게 "吾族의 정신을 담은 문자(文子)를 지어 전달"하고(또 다른 서신에는 '書字로 吾族의 정신을 발표하였다'고 되어 있다), 감사의 뜻이 담긴 황흥의 답장을 받았다고 적고 있다. 〈寄徐血兒(서혈아께 부침)〉 해설 참조.

〈寶劍(보검)〉 시에는 이 훌륭한 혁명가에 대한 존경과 기대가 담겨 있는 것으로 보아, 첫 만남을 위한 예의로서 보낸 작품으로 보인다.

황극강께 드림

贈黃克强

정의의 북소리 온 세상에 울리고	義鼓一聲轟四境
10월의 드높은 바람, 중원 땅에 이르렀네.	高風十月到中原[1]
한낮에 반딧불이 무슨 소용이랴만	日下螢芒無少補[2]
물가의 말가죽엔 충언이 있네.	河邊馬革有衷言[3]
대륙은 온통 훈풍의 덕을 환호하나	大陸歡呼春布德[4]
청산은 통곡하며 깊은 밤에 혼을 부르네.	青山痛哭夜招魂[5·6]
한흥진멸만이 모두의 목표라 하니	漢興秦滅惟公理[7]
이 시대 그 누가 창해군을 돌아보리오.	此世誰知滄海君[8·9]

주석

1 高風十月고풍시월 : 중국의 전국적인 민주혁명 辛亥革命(신해혁명)의 결정적 계기가 된 1911년 10월 10일 武昌起義(무창기의)를 일컫는다.

2 芒망 : 바늘 끝, 사소한 것. 환한 해가 비치는 곳에서 반딧불의 빛은 보탬이 되지 않는다는 뜻으로, 본인의 힘이 나라의 광복(光復)에 태부족(太不足)임을 비유한 것이다.

3 馬革裹屍마혁과시 : 말가죽으로 시체를 싸다. 편안히 집에 누워 아녀자 품에서 세상을 떠나느니, 전장에 나아가 용감하게 적을 무찌르다 죽는 것이 소중함을 뜻한다. 《漢書(한서)》

나라의 독립을 위해 목숨 바쳐 충성하겠다는 예관 선생 본인의 망명 결심을 소환한 듯하다. 제3·4句의 대구(對句) 기법이 돋보인다.

4 春布德춘포덕 : 봄날 훈풍 같은 덕을 베풀다. 개혁을 바라는 민중의 여망을 받아 안고 거행한 공화혁명, 곧 辛亥革命(신해혁명)을 가리킨다.

5 靑山청산 : 청구(靑邱)라 부르기도 하는 예관 본인을 일컫는다. 〈贈宋漁父(송어부께 드림)〉 시 참조.

6 招魂초혼 : 예관의 시 중에 '혼을 부르는' 묘사는 타계한 이들의 영혼을 부른다는 의미 외에, '喚舊魂(옛 혼을 부르네)' 〈送晴簑(청사를 배웅하며)〉, '招倍達魂(배달의 혼을 부르네)' 〈慶節題感(기쁜 명절에 소감을 적다)〉(其1(필자 주)), '故國魂(고국의 혼)' 〈高麗寺題感(고려사에서 감회를 읊다)〉 등으로 '조국의 얼'을 일깨운다는 의미로 자주 사용되었다.

7 漢興秦滅한흥진멸 : 한나라가 흥하고 진나라가 멸망함. 淸(청) 왕조의 몰락에 이어 중화민국이 선 것이 역사의 필연적 귀결임을 부각시켜 비유한 것이다.

8 滄海君창해군 : 비록 실패는 하였지만, 張良(장량)과 함께 秦始皇(진시황)을 철퇴(鐵椎)로 저격했다는 고려의 무명용사 여씨(黎氏).

9 망국민의 한을 호소한 시이다.

해설

■ **1912년 1월경**

황홍은 '청(淸)나라 조정에서 벼슬하지 말라'는 조상의 유훈을 들으며 자랐고, 28세 부터는《湖北學生界(호북학생계)》라는 잡지 창간을 지지하면서 줄곧 '만주 배척(排滿)'을 강조해왔다. 이는 한족(漢族) 중심의 민족주의 정신의 발로이기도 하였지만, 만청(晩淸) 정부의 무능과 부패를 타도하자는 의미도 담겨 있었다. 신해혁명 초기 '한나라를 일으키고 진나라를 멸하자(漢興秦滅)' '외족을 몰아내자(驅逐韃虜)' 같은 주요 구호가 진보적 인사들의 글에 빈번하게 등장하였다. 예관 선생은 청(淸) 정부를 몰아내고 새로운 정부를 세우자는 신해혁명의 목표를 부정하지는 않으면서, 한국과 같은 주변 국가의 독립에도 힘써 함께 나아갈 것을 당부하고 있다.

『아목루』에 수록된 황극강에게 준 시는 모두 세 수이다. 미국에 계신 도산 선생께 보낸 청사 조성환 선생의 편지에 따르면, 1912년 1월 초 당시 상해를 거쳐 남경에 찾아간 예관 일행은 주요 인사만 두어 사람 만나고 황홍은 접견하지 못하고서, 그에게 "吾族의 정신을 담은 문자(文子)를 지어 전달"하고 (또 다른 서신에는 '書字로 吾族의 정신을 발표하였다'고 되어 있다), 감사의 뜻이 담긴 황홍의 답장을 받았다고 적고 있다.

이 편지의 내용을 미루어볼 때, 예관 일행은 황홍을 접견할 계획을 가지고 있었던 것으로 보인다. 그러나 남경에 가서 그를 바로 만나지 못하고, '한국인의 정신을 발표하여 지은 文子(혹은 書字)'를 전하였다고 한다. 이것이 시(詩)인지 여부는 분명치 않으나, 중국 진보 인사들이 자국(自國)의 혁명에만 몰입할 것이 아니라, 한국과 같은 주변 국가의 독립도 함께 힘써 줄 것을 당부하며, 원수를 저격한 고려의 무명용사, 창해군(滄海君)에 자신을 빗댄 내용으로 보아, 남경에 가서 황홍에게 전달했다는 '문자(文子)'는 이 작품이었을 가능성이 높다.

또

又(其2)

강산이 새로이 변하고	山河逢再造[1]
일월이 다시 바뀌었도다.	日月見重新[2]
공을 세우고도 보답을 구하지 않으니	成功功不取[3]
천년만에 나올 위인이로세.	千秋一偉人

주석

1 再造山河재조산하 : 무너진 나라를 다시 일으켜 세우다. 임진왜란 당시 서애 유성룡(柳成龍, 1542~1607)이 실의에 빠져 있을 때, 충무공 이순신(李舜臣, 1545~1598) 장군이 이 구절을 써 주었다는 주장이 있다. 실제로는 명나라 사신이 유성룡의 능력을 평가하며 사용한 어구이다.『宣祖實錄(선조실록)』45

2 日月일월 : 역사를 일컫는다.

3 1912년 蘇州(소주), 杭州(항주), 上海(상해) 등 중국 각지가 수복되자 宋教仁(송교인), 陳其美(진기미) 등은 上海(상해)에서 각 省(성) 都督府(도독부) 대표회의를 열고, 黃興(황흥)을 大元帥(대원수), 혹은 大元帥(대원수) 대행(代行) 副元帥(부원수)로 세우고자 했으나, 황흥은 이에 응하지 않고서 孫文(손문)에게 전보를 쳐서 국가대사를 맡아달라고 하였다.

해설

▲ 1912년 初

황흥의 훌륭한 인품을 기리며, 정을 담아 전한 작품이다.

武昌起義(무창기의)를 전후한 신해혁명 중에 가장 많은 공을 세운 이는 黃興(황흥)이었다. 그는 이보다 앞선 1911년 4월 廣州起義(광주기의)의 최선봉에서 총 지휘를 맡았으며, 과

정 중에 부상을 입었다. 1911년 10월 10일 武昌起義(무창기의)가 폭발하자 그는 28일 武漢(무한)으로 가서 革命軍(혁명군) 戰時總司令(전시총사령)이 되어 漢陽(한양)을 보위하고 漢口 전투에서 반격을 가하며 민군(民軍)을 이끌고 淸軍(청군)과 20여 일을 싸웠다. 그는 매번 전투에 져서 '패배 장군'이란 별명까지 얻었으나, 백전불굴의 정신과 기여도는 단연 으뜸이었다.

외국에 나가 있던 孫文(손문)이 여러 사람들의 추궁에 의해 중국으로 돌아오기 전까지 모든 사람들은 황흥을 임시대총통(臨時大總統)으로 추인하고자 하였으나, 황흥은 무인(武人)이 권력을 가지면 유지할 수 없다며 겸손하게 사양하였고, 결국 귀국한 손문이 1912년 1월 임시대총통에 취임하였다.

기록에 따르자면, 남경에 간 예관 일행은 만나보고자 했던 黃興(황흥)을 만나지 못하고, 한국인의 형편을 토로하는 문자를 보냈으며, 그에게서 우호적인 감사 편지를 받았다고 하였다. 예관 선생은 이 서면 답장을 보고 다시 편지로 작별을 고하고 면담을 요청하지는 않았다고 한다.

당시 오고 간 '문자'가 시였을지 단정 지을 수는 없으나, 『아목루』 앞부분에 수록된 망명 초기의 시들이 대체적으로 시간의 흐름에 따라 배열되어 있고, 같은 제목의 시 여러 수가 한데 수록되었을 때에도 시간 차순이 거의 지켜지고 있음에 비추어볼 때, 당시 작별을 고한 편지와 이 작품이 연관되었을 가능성을 생각해 볼 수 있다.

손 총통께 축하드림(중산)

祝孫總統(中山)[1]

공화국 세상 새로이 밝히고	共和新日月
낡은 천지에 새 빛을 열었네.	重闢舊乾坤[2]
천하 만백성 기뻐들 하니	四海羣生樂
중산은 만세의 위인이로세.	中山萬歲尊

주석

1 孫總統손총통 : 손문(孫文, 1866~1925). 辛亥革命(신해혁명)을 통해 중화공화국의 임시대총통이 된 인물.

廣東省(광동성) 香山(향산 : 中山)에서 가난한 농부의 아들로 태어나 홍콩 西醫學校(서의학교)를 졸업하여 의사가 되었으며, 재학 중부터 혁명에 뜻을 두었다. 1894년 淸日戰爭(청일전쟁) 때 미국에서 興中會(흥중회)를 조직한 뒤 몇 차례의 거병(擧兵)을 도모하였으나 실패하고 일본으로 망명하였다. 1905년 中華革命同盟會(중화혁명동맹회)를 결성하고, 反淸(반청) 무장봉기를 되풀이하였다.

1911년 10월 미국에서 군자금을 모금하던 중 辛亥革命(신해혁명)의 발발 사실을 알고 귀국하였다. 귀국 후 臨時大總統(임시대총통)에 추대된 그는 1912년 1월 1일 중화민국을 발족시켰으나, 여전히 건재한 淸(청)나라를 타도하기 위해 北京(북경)을 정복할 북벌군을 조직해야만 하여, 얼마 후 북부의 군벌들과 타협(議和)하고 袁世凱(원세개)에게 정권을 넘겨주었다. 당시 타협에서는 청나라를 멸망시키고 공화제를 도입하기로 합의하였으나, 원세개는 이를 어기고 스스로 황제가 되었다. 손문은 중국혁명동맹회를 개조하여 國民黨(국민당)을 설립하였고 원세개에 대항하고 사회개혁을 추진하였다. 宋教仁(송교인)이 암살당한 것을 계기로 일으킨 제2혁명이 실패하자, 또다시 일본으로 망명, 中華革命黨(중화혁명당)을 창설하고 군벌들이 얽혀 싸우는 틈에 護法運動(호법운동)을 벌여, 廣東(광동)을 중심으로 정권수립에 힘을 기울였다.

1919년 5·4운동이 일어나자 대중성을 도입할 필요성을 느끼고 中國國民黨(중국국민당)으로 개조한 뒤, 공산당과 제휴(國共合作)하여 노동자·농민과의 결속을 꾀하였다. 그리고 국민혁명을 추진하기 위하여 장병을 양성하고 북벌을 준비하였으나, 뜻을 이루지 못한 채 1925년 3월 12일 사망하였다.

그의 정치사상은 太平天國(태평천국)의 혁명적 전통을 이어받고, 19세기의 진화론, 프랑스의 인민 주권설과 영국의 사회학설 등을 받아들여 중국 현실에 적응시킨 三民主義(삼민주의)로 대표된다.

그는 예관 선생의 망명 초기부터 상해 임시 정부 시기까지 우의(友誼)를 이어가며, 한민족의 독립을 지지하고 도움을 주었다. 대한민국 정부는 1968년 임시정부를 지원한 공으로 건국훈장 대한민국장을 추서하였다.

2 闢벽 : 열다

해설

■ **1912년 초**

위 작품은 제목으로 미루어볼 때 1912년 4월 18일 그와의 첫 면담 이전에, 손중산의 임시대총통 재직 시(1912.1.1.~1912.4.1.) 축하의 뜻을 담아 증여하려던 작품으로 보인다. 〈贈孫中山(손중산께 드림)〉 시 참조.

정려께 드림

贈靜廬[1]

그대가 도원로에 산다하여 찾아갔으나 만나지 못했다·君寓桃源路造訪未遇[2·3]

삼라만상이 달라진 이 세상에서	萬象森羅異
변함없는 천지의 기운만 조용히 살피시는가.	靜觀聲氣同[4]
신선의 도화원 어디에 있길래	仙源何處在
세상과는 발길을 끊고 있는가.	不許世人通

주석

1 靜廬정려 : 伍崇学(오숭학, 1881~1955)의 字(자) 靜廬, 號(호) 仲文(중문). 江蘇省(강소성) 江寧(강녕 : 南京)인. 중국 民國(민국) 시대 교육가. 南京(남경) 강남 육사학당 부설 노광학교에 다니면서 魯迅(노신)과 함께 공부하였다. 1912년 南社(남사) 회원(社員)으로 가입하였으며, 그 해 5월 노신과 함께 임시정부 교육부에 봉직하기도 하는 등 교육 사업에 전념하였다.

2 造訪조방 : 【중국어】 zàofǎng, 방문하다

3 桃源路도원로 : 『통용본』에는 '桃源里'로 되어 있으나, 『필사본』에 따랐다. 1910년대 上海(상해)에는 桃源路(도원로)가 있었으며, 현재 南京(남경)에는 桃源街(도원가), 桃源里(도원리)가 있다.

4 聲氣성기 : 천지의 생명력

해설

■ 1912년 초

삼라만상이 변한 상황에서 현실을 관조하거나 도피할 게 아니라, 세상으로 나와 참여해야 할 때임을 완곡하게 권유하는 내용이다. 사회 분위기가 크게 변화하는 시기임을 강조한 점과, 훈풍이 부는 중국의 정세를 묘사하며 같은 대상에게 6월 즈음 발표한 〈寄靜廬(정려께

부침)〉 시가 『아목루』 시집에서 이 작품 뒤편에 실린 것으로 미루어볼 때, 위 작품은 중화민국이 새로 선 초창기에 그의 집을 처음으로 방문하였다가 남긴 시로 볼 수 있다.

伍崇学(오숭학)은 당시 민권(民權)과 공화(共和)를 중시하는 진보적 문인 집단 남사(南社)의 일원이었지만, 1915년 8월 袁世凱(원세개)가 공화정(共和政)을 군주입헌제(君主立憲制)로 변경하고자 어용단체 籌安會(주안회)를 결성하자, 이에 동조하여 국가 체재 변경을 청원하던 20인의 南社(남사)(혁명적 문인집단) 회원 중 한 사람이었다.

작품의 상대는 〖통용본〗에 '靜廬'로 되어 있는데, 근래 연구자 劉霞(유하)는 1912년 6월 중국 平湖(평호) 自由月報社(자유월보사)에서 발행한 《自由月報(자유월보)》 제1호에 실린 예관 선생의 〈和靜慮七律一首(정려의 칠언율시에 화답하는 시 한 수)〉와 〈寄靜廬(정려께 부침)〉 시가 동일한 작품이며, 이 잡지에 '靜慮'로 실려 있으므로 이것이 옳다고 정정의 필요성을 제기하였다. 〈寄靜慮(정려께 부침)〉 시 해설 참조. 그러나 〖필사본〗에는 이 작품을 비롯하여 〈寄靜慮(정려께 부침)〉 시까지 세 차례 모두 '慮'로 쓰였던 붓글씨 원본을 이 글자의 '마음 心' 자리에 '그릇 皿'을 대체하여 '廬'로 수정한 흔적이 있다. 〖필사본〗에서는 이 작품부터 필사자가 바뀐 듯 필체가 달라지고 이후 한동안 교정된 글자들이 나와, 오기(誤記)를 교정한 것일 가능성도 배제할 수 없지만, 한 차례도 아니고 세 차례나 반복적으로 이루어진 수정이 모두 잘못된 것이라기보다는, 이를 통해 같은 남사(南社) 회원이었으면서 훗날 袁世凱(원세개)의 전제정치에 동조한 그를, 완고함에 갇혀 있고(廬) 사려 깊지(慮) 못하다는 비난의 의미에서, 시를 보낼 당시에 썼던 '靜慮'를 '靜廬'로 바꾸어 쓴 것이 아닌가 생각된다. 예관 선생은 『아목루』 시에서 이름이나 호를 종종 同名異人(동명이인)의 이름 글자나 同音異字(동음이자)로 바꾸는 경향을 보이고 있기 때문이다. 〈贈少衡(소형께 드림)〉, 〈題水邨第五圖贈芝珪('수촌 제5도'에 시를 써서 지규께 드림)〉, 〈寄夢巖(몽암께 부침)〉, 〈贈界民(계민께 드림)〉 시 참조.

살복 기소포지 만사

輓薩福奇釗[1]蒲智[2]

학계에 쟁쟁하게 이름 날리다	學海風聲雷將鳴[3·4]
연단에서 피눈물 쏟더니, 홀연 말가죽에 싸여 돌아왔도다.	演臺血淚, 馬革遽返[5]
중화의 역사 속에선 죽어도 영광이련만	中華日月死爲榮
한반도 강산에는, 산 자도 한이 많도다.	半島江山, 生者多恨

주석

1 奇釗기소 : '釗'는 중국어 음이 'zhāo'로서, '갈다'라는 동사와, '용감하다, 성실하다'라는 형용사로 쓰이며, 사람 이름에도 사용된다. 奇釗는 본래 도교(道教)에서 북두성(北斗星) 중의 신(神)이름이라고 한다.

『아목루』 시제(詩題)에서 작게 표시된 것은 본명을 밝힌 경우가 많으나, 때로는 자(字)나 호(號)를 가리키기도 한다.

2 蒲智포지 : 해설 참조.

3 學海학해 : 드넓은 학문의 세계

4 風聲풍성 : 교훈(教訓). 풍화(風化). 또는 소문(所聞)

5 馬革마혁 : 後漢(후한)의 명장(名將) 馬援(마원, B.C.14~A.D.49)이 일찍이 "男兒要當死於邊野, 以馬革裹屍還葬耳, 何能臥牀上在兒女子手中耶(남아는 의당 변방에서 죽어 말가죽에다 시신을 싸서 돌아와 장사지내면 그 뿐, 어찌 침상에 누워 아녀자의 수중에서 죽을 수 있겠는가)"라고 했던 데서 온 말로, 남아가 뛰어난 충용(忠勇)으로 전장에서 싸우다가 장렬하게 전사하는 것을 말한다. 〈贈黃克强(황극강께 드림)〉 시 참조.

해설

■ 1912년 2월 8일 즈음

1912년도 상반기에 예관 선생은 중화민국 임시정부의 역량에 조국 독립의 희망을 걸며, 중국내 다양한 인사들과의 교제를 넓혀갔으며, 이는 그들에게 보낸 증여시(贈與詩)들을 통해 드러난다. 이 작품의 대상은 그간 알려지지 않았는데, 최근 劉霞(유하)는 학위논문 『申圭植的中国體驗與文學創作硏究』에서, 신해혁명 90주년을 맞이하여 2001년 福州市(복주시) 檔案館(당안관)에서 당시의 서류를 검토하던 중, 13명의 福州(복주) 출신 黃花崗(황화강) 혁명(革命) 의사(義士)와 열사(烈士)를 추가로 발견하였는데, 그 중에 薩蒲智(살포지)가 포함되어 있다고 밝혔다.

그런데 필자의 조사에 따르면, 薩蒲智(살포지)는 1911년 4월의 黃花崗起義(황화강 기의)에 참여는 하였으되 그곳에서 죽음을 당하지는 않았던 것 같다. 그 생애는 거의 알려지지 않았지만, 1911년 10월 武昌起義(무창기의) 관련 자료 중에 蒲智(포지)가 字(자)인 인물로 薩福錦(살복금)이 있어 주목된다. 그는 福建省(복건성) 候官(후관) 사람으로, 자(字)는 國昌(국창)이라고도 하며, 清(청) 해군제독(海軍提督) 薩鎮冰(살진빙)의 조카이다. 北洋海軍學堂(북양해군학당)을 졸업한 그는 同盟會(동맹회) 회원으로서, 충직하고 의협심이 강하며 독실한 기독교 신자여서 사람이 모인 곳에서는 어디서든 연설을 잘하였다고 하였으니, 예관 선생의 위 만사(輓詞) 중에 '學海風聲雷將鳴(학계에서 명성이 쟁쟁하였고)', '演臺血淚(연단에서 피눈물 쏟았다)'고 회고한 대목과도 호응한다. 그는 20세에 烟台(연태)에 유학하여 해군학당(海軍學堂)에 입학하였는데, 당시 그곳의 共和會(공화회)에서 自治會(자치회)에 이르기까지 모든 사설(私設) 단체의 창립을 주도하였다.

薩福錦(살복금)이라는 이름은 『辛亥革命史料選輯(신해혁명 사료선집)』에도 등장한다. 1912년 1월 16일 北京(북경)에서 隆裕太后(융유태후)에게 清(청) 皇帝(황제)의 퇴위를 권하는 글을 올리고 집으로 돌아가던 袁世凱(원세개)에게 폭탄을 던져 암살을 기도했던 中國同盟會(중국동맹회) 京津分會(경진분회) 대원 명단 중에 薩福錦(살복금)이 있다. 그는 이 사건 직후 체포되어 처형된 명단에는 포함되어 있지 않으나, 이 교전 이후 잠행(潛行)하다가 王襄(왕양), 趙祝軍(조축군), 陳傑三(진걸삼) 등과 雷莊(뇌장), 開平(개평), 古治(고야) 등지에서 차례로 순국하였는데, 그는 2월 8일 타계하였다. 예관 선생의 표현처럼 '말가죽에 싸인 시신으로 홀연 돌아온(馬革遽返)' 그의 행적에 대해, 1912년 3월 9일자 《民立報(민립보)》에서는 11면에 추모의 뜻을 담아 肖像(초상)과 함께 略傳(간략한 전기)를 실었다. 그는 武昌起義(무창기의) 순국(殉國) 열사(烈士)로 인정받았다.

예관 선생은 그의 죽음을 영웅적인 것으로 예찬하는 한편, 조국에서 혁명조차 시도할 수 없는 망명자로서의 참담한 심경을 대비시키고 있다.

청사를 배웅하며

送晴蓑[1]

우국의 초심을 칼과 피로 우러르며	慷慨初心鐵血尊
북풍 10월에 나 그대와 함께 하였지.	北風十月我與君[2]
오늘 기꺼이 새로운 풍경을 노래하지만	共歡此日歌新象
홀로 분개할 손, 어느 날에나 우리 얼을 찾으려는지.	孤憤何天喚舊魂[3]
조카가 얼마 전 시베리아로 돌아갔는데	阿侄頃歸西伯里
옛 벗도 또 정양문을 향해 떠나네.	故人又向正陽門[4]
강남 돌아가는 돛배는 어이 그리 늦어지나	江南歸帆歸何晚
나는 민권을 함께 논해보리라.	我與民權共討論[5]

주석

1 晴蓑청사 : 조성환(曺成煥, 1875~1948). 일명 조욱(曺煜)의 호(號). 1907년에 안창호, 이갑 등과 신민회를 조직하여 항일 구국 운동을 벌였으며, 1919년에 임시 정부 수립에 참여하였다. 광복군 창설의 기초를 닦았으며, 광복 후 대한 독립 촉성 국민회 위원장을 지냈다.

예관 선생과는 고국에서 육군무관학교 동기로 얼굴을 맞대며 서로 힘을 보태는 동지로 우의를 다졌으며, 망명 전 남파 박찬익 선생과 셋이서 새로운 각오로 독립운동에 투신할 것을 맹세하여 의형제를 맺은 각별한 사이였다. 〈與晴兄阿侄發燕京(청사 형 그리고 조카와 연경을 떠나며)〉, 〈憶晴蓑(청사를 그리며)〉, 〈移寓金陵聞晴蓑及諸學生均解往漢城監獄(금릉으로 거처를 옮기고서, 청사와 여러 학생들이 다 풀려나 서울 감옥으로 압송된다는 소식을 듣다)〉 시 참조.

〖필사본〗에는 '晴簑'로 되어 있으나, 예관 선생의 친필 글씨에 '晴蓑'로 되어 있어 이를 택하였다. 〈抵燕京訪晴蓑(연경에 도착하여 청사를 찾아가다)〉 시 참조. 〖통용본〗에는

부제(副題)로 '曺成煥(조성환)'이 있으나, 이것이 없는 『필사본』에 따랐다.

2 예관 선생이 망명하여 북경으로 청사 선생을 방문한 일을 가리킨 것이다. 〈抵燕京訪晴蓑(연경에 도착하여 청사를 찾아가다)〉, 〈與晴兄阿侄發燕京(청사 형 그리고 조카와 연경을 떠나며)〉 시 참조.

3 舊魂구혼 : 옛 얼, 고유의 정신적 가치

4 正陽門정양문 : 北京(북경) 天安門(천안문) 광장 남단에 위치하는 皇城(황성)의 남문(南門)

5 예관 선생의 조카 신형호(申衡浩)는 1911년 상해 도착 직후 중국혁명을 지원하기 위하여 中華學生軍團(중화학생군단)에 자원 입단하였다. 1912년 6월 도미(渡美) 이후 미국에서 활동하였으므로, 그의 시베리아 행은 1912년 6월 이전이 분명하다.
청사 선생은 1912년 7월 예관 선생과 동제사를 조직하고 8월 북경에서 카츠라 살해 혐의로 국내로 송환되었다. 〈移寓金陵聞晴蓑及諸學生均解往漢城監獄(금릉으로 거처를 옮기고서, 청사와 여러 학생들이 모두 풀려나 서울 감옥으로 압송된다는 소식을 듣다)〉 시 참조.

해설

■ 1912년 2월 말~3월 초

위 작품의 제작 시기는 또한 예관과 함께 중국으로 망명해 온 '조카가 얼마 전 시베리아로 돌아갔다(阿侄頃歸西伯里)'는 구절을 통해서도 추정해볼 수 있다. 조카는 신형호(申衡浩, 1891~1960)로서, 1911년 말 상해 도착 직후 중국혁명을 지원하기 위하여 중화학생군단에 자원 입단하였다. 당시 예관은 〈送家侄赴學生軍團(학생군단에 입대하는 조카를 배웅하며)〉 시를 지어 조카의 장래에 대한 우려와 기대를 담아 표현하기도 하였다. 미국에 도산 안창호 선생에게 보낸 조성환 선생의 편지에 따르면 신형호는 "여기서 한 달간 서무를 보다가 본부가 해산되면서 그곳을 나왔고, 조만간(* 2월 20일경) 하얼빈을 거쳐 해항(海港, 곧 李甲의 '海埠' 海參崴, 블라디보스토크)으로 하여 러시아에 있는 이갑(李甲)의 지도를 받아 미국 뉴욕으로 갈 예정"이었다. 그 뒤 1910년 러시아로 망명하여 시베리아에 있던 추정(秋汀) 이갑(李甲) 선생은 1912년 음력 1월 29일자(양력 3월 17일) 안창호에게 보낸 편지에서, "신형호가 海埠(해부, 곧 海參崴, 블라디보스토크)에 있다"는 소식을 전하고 있다. 뒤이어 미국에서 발행되는 1912년 6월 17일자 《新韓民報(신한민보)》는 "신형호(申衡浩)는 김려식과 상해로부터 구라파를 유람하고 보스톤에 상륙하였다"라는 도미(渡美) 소식을 실었다. 신형호는 이후 줄곧 미국에서 활동하였으므로, 위 작품에서 묘사된 그의 '시베리아로의 출발'은 우선 1912년 3월 17일 이전으로 한정할 수 있다.

또한 위 시에서 '共歡此日歌新象(이 즈음의 새로운 풍경을 모두 기뻐하며 노래하네)' 구절은, 청사가 1912년 2월 19일자 편지에서 "(양력) 2월 12일 淸(청) 宣統帝(선통제)가 퇴위하여 5천년 제제(帝制)가 막을 내리고 공화(共和)의 세상이 펼쳐진" 역사적 사건에 감격하며 안창호에게 기별한 것과 맥을 같이 한다. 그리고는 이튿날인 1월 3일(* 2월 20일) "저는 속히 北京(북경)으로 가고자 한다" 하고, 同 4월 1일자(* 5월 17일자) 편지로 "정월 23일(* 3월 11일) 북경에 도착하였음"을 알렸다. 앞서 예관 일행이 북경에서 상해로 이동한 기간이 열흘 남짓(음력 10월 22일에서 음력 11월 초까지)이었음을 감안하여 추산(推算)해 볼 때, 청사가 북경에 도착한 3월 11일에서 열흘 전쯤인 2월 말~3월 초 무렵에 상해를 출발하였을 것이고, 시에서 언급한 신형호의 상해 출발도 이보다 조금 앞섰을 것이다.

작품 말미의 '江南歸帆(강남으로 돌아가는 배)'에 대한 언급으로 미루어보면, 당시 선생은 청사와 함께 배를 타고 어느 정도까지는 동행(同行)했던 것 같다.

천구께 드림

贈天仇[1]

눈 내린 산음의 달빛이 아득히 멀어	山陰雪月逈雲衢[2·3]
신강에서 며칠 밤을 그리고 그렸다오.	幾夜申江傻想紆[4·5·6]
대지를 울리는 우레소리에 벌레들 깨나는데	雷鳴大地驚羣蟄
해지는 푸른 언덕에 흰 새가 한스럽소.	日沒靑邱恨白鳥[7]
어느 하늘이라도 신묘했을 전생의 그대와	何天神妙前生爾[8]
이번 생에 홀아비에다 죽지도 못한 나	此世孤鰥不死吾
굳은 악수 나누어 감개가 무량한데	握手悠悠無限感
앞길에는 세찬 파도 거친 골이 첩첩이구려.	千波萬壑是前途

주석

1 天仇천구 : 戴季陶(대계도, 1890~1949)의 號(호). 중국 국민당 우파(右派)의 지도자·정치가·이론가. 이름은 傳賢(전현), 字(자) 季陶(계도), 號(호) 天仇(천구). '(戴)天仇'란 '원수와 하늘을 함께 이고 있다'는 의미로서, 부패한 청조 등을 불구대천의 원수로 삼는다는 의미가 담겨있다.

그는 1905년에 일본으로 건너가 1909년에 일본대학 법과를 졸업했다. 귀국한 뒤에는 上海(상해)《天鐸報(천탁보)》 기자가 되어 언론인으로 이름을 날렸으며, 예관 선생이 중국에 도착하고 얼마 후 孫文(손문) 중심의 革命黨(혁명당) 기관보인 일간지,《民權報(민권보)》를 창립하였다. 예관 선생은 이 신문사가 갓 창립하여 자금난에 시달리자, 고국에서 가지고 간 자금을 쾌척하였고, 얼마 후에는 민권보사의 경리(經理)(경영 책임자)로 참여하였다.

〖필사본〗에는 '戴季陶' 세 글자가 없다. 이에 따른다.

2 山陰산음 : 浙江省(절강성) 紹興市(소홍시)의 옛 이름. 會稽(회계)·越(월) 문화의 중심지였다. 〈和山陰王文富(산음의 왕문부께 화답함)〉 시 참조.

3 雲衢운구 : 허공

4 申江신강 : 上海(상해) 黃浦江(황포강). 일명 東江(동강). 申(신)은 戰國時代(전국시대 : B.C.476~B.C.221) 春申君(춘신군)의 봉지(封地)(하사받은 영토)였기에 붙여진, 상해의 별칭이다.

5 傻想사상 : 어리석은 생각. 〖통용본〗에는 '夢想'으로 되어 있는데, 필사본에는 '夢'보다는 '傻'에 가까워 보이고, 내용상으로도 어울려 이를 택한다.

6 紆우 : 굽다. 첫 두 구는 상해에 있던 예관 선생이 중국에 도착한 겨울에 山陰(산음)에 있던 대계도를 흠모하였으나, 만나지 못했던 일을 묘사한 것이다.

7 靑邱청구 : 해가 지는 '청구(靑邱)'는 당대의 한국을 비유하는 어휘이자 예관 본인의 호였으므로(靑丘), '흰 새'에도 '한민족'의 의미가 중첩되어 있다고 볼 수 있다.
더불어 이 구절은 唐(당) 杜甫(두보)의 〈絶句(절구)〉 시 "江碧鳥逾白, 山靑花欲燃(강이 푸르니 새 더욱 희고, 산은 초록 꽃은 불붙는 듯하도다)"에 담긴 사향(思鄕)과 우국(憂國)의 정서를 연상시킨다.

8 何天하천 : "上九, 何天之衢, 亨" 『周易(주역)』 〈上天大畜卦(상천대축괘)〉, "어느 하늘 길이라도 형통할 것이다"라는 의미이다. 대계도의 굳세고 거침없는 삶을 동경(憧憬)하는 구절이다.

해설

■ **1912년 3월 6일**

戴季陶(대계도)는 1912년 4월 10일자 《民權報(민권보)》 제 11版(판)에 〈壬子春贈天仇(임자년 봄 천구께 드림)〉이란 제목으로 이 시를 수록하고, "저 사람은 나라가 망하고 집이 파괴된 삼한(三韓)(한국)의 지사로서, 강호에 몸을 숨기고 나라 일로 분주한 인물"이라고 소개하고, 자신은 이 시를 읽을 때마다 눈물을 흘린다면서 얼마 있지 않아 대한의 전철을 우리가 잇게 될 것이라는 주석을 달아, 깊은 우정을 표하였다.

이 시는 또한 1923년 12월 예관의 타계를 추모하며 『南社叢刻(남사총각)』 22集(집)에도 수록되었는데, 제3·4구에 몇 글자 차이가 있다. 작품 내용과 《민권보》에 실린 이 시의 제목을 종합해 보면, 이 작품은 임자년 봄, 즉 1912년 경칩(* 3월 6일) 즈음에 지은 작품임을 알 수 있다. 시기상으로 망명 초기의 작품임에도 『필사본』에서는 제2권, 『통용본』에서도 뒷부분에 수록되어 있는데, 이같이 작품들이 연대순으로 수록되지 못한 이유 중에 하나는, 적지 않은 증기시(贈寄詩 : 주거나 먼 곳에 부친 시)들을 예관 사후에 각처에서 수집하여 『아목루』 시집을 엮었기 때문이다.

유좌성 군께 드림

贈劉佐成君[1]

불같은 가슴에서 번개가 떨어지고	霹火懷中落
발아래엔 풍운이 비장하도다.	風雲足下悲
흉금을 트고 말할 벗이 있으니	論心知己在[2]
어려운 때 나서는 그대 같은 이 드무네.	急難似君稀[3]
천하 정세가 바쁘게 돌아가는 이 때	寰海方多事[4]
대장부는 또다시 비행기를 만들었네.	男兒更造機[5]
강산은 화려하고 아름다우니	江山華且麗
손잡고 정답게 나아가보세.	携手惠同歸[6]

주석

1 劉佐成유좌성 : 중국의 대표적인 항공 선구자(1883~1943). 해설 참조.

2 論心논심 : 터놓고 말하다

3 急難급난 : 어려움에서 구하다

4 寰海환해 : 온 천하

5 造機조기 : 비행기를 만들다. 〈寄桂園(계원께 부침)〉 시 참조.

6 惠同歸혜동귀 : 동귀(同歸)는 함께 돌아가다. 뜻을 같이 하다. 〈贈島山(도산께 드림)〉 又(其2, 필자 주), 〈送楊春時赴湖北(호북으로 가는 양춘시를 배웅하며)〉, 〈和孟碩獄中原韻(맹석이 옥중에서 지은 시운에 화답함)〉 又(其3, 필자 주) 시, 〈碧浪湖畔恨人談(벽랑호반에서 한인이 하는 이야기)〉 참조.

해설

■ 1912년 3월 초 이후

劉佐成(유좌성)은 일본 공병 항공학교에서 비행기 제작 기술을 배우고 돌아와 淸朝(청조)에 비행기 산업 육성을 건의하고, 北京(북경) 교외 南苑(남원)의 毅軍(의군) 연병장에 비행장과 비행기 제작공장을 건설하였다. 1911년 6월 2일 의군 연병장에서 李寶悛(이보준)과 함께 제조한 '비행기 2호'를 날리는 데 성공했지만, 갑자기 추락하여 큰 부상을 입었다.

동맹회 회원이었던 두 사람은 신해혁명이 일어나자 혁명군에 가담하였고, 중화민국이 성립하자 1912년 南京(남경)으로 내려가 혁명군 항공대 대장을 맡고, 양력 3월 6일에는 이보준과 함께 '다시 직접 제조한(更造機) 비행기'의 시험 비행에 성공하였다. 따라서 이를 칭송한 예관 선생의 위 작품 제작 시기는 1912년 3월 6일 이후로 추정된다.

오수경 만사

輓吳綬卿[1]

산하를 되찾았으니	山河克復
선생은 한하지 마시라.	先生莫恨
해와 달처럼 빛나나니	日月同光
죽어서도 영광일진저.	雖死爲榮

주석

1 吳綬卿오수경 : 淸(청)나라 장군(將軍)이자 혁명 원로 吳祿貞(오록정, 1880~1911)의 字(자). 1898년 일본에 유학하고 1902년 귀국한 후, 1903년에 黃興(황홍), 宋敎仁(송교인), 陳天華(진천화) 등과 湖南(호남)에서 華興會(화흥회)를 조직하고, 적극적으로 長沙(장사)에서 봉기의 계획을 수립했다. 그 후에 軍事參議(군사참의), 延吉邊務幫辦(연길변무방판), 延吉邊務督辦(연길병무독판), 陸軍協都統(육군협도통) 등을 역임하였다. 1911년 11월 17일 河北省(하북성) 石家莊(석가장)에서 袁世凱(원세개) 측에 의해 피살되었다.

해설

■ **1912년 3월 14일 전후**

民國(민국) 원년 1912년 3월 14일, 孫中山(손중산)은 1911년 11월 타계한 오수경을 大將軍(대장군)으로 추증하면서 上海(상해) 張園(장원)에서 추도회를 열었다. 또 그가 직접적으로 혁명에 가담하였던 山西省(산서성) 太原(태원)에서도 오수경의 부인과 자제를 모셔다가 혁명동지 黃興(황홍)이 지은 만련(挽聯)을 걸어놓은 추도회를 열었고, 이듬해 1913년 순국 2주년 기일인 11월 17일 河北省(하북성) 石家莊(석가장)에 장사지낼 때, 손문은 제문(祭文)을 지어 보냈다.

1913년 영장(營葬 : 안장) 때에는 혁명세력이 2차 혁명에 패하여 손문, 황흥 등이 일본으로 피신하였을 때이므로, '산하가 극복되었다(山河克復)'고 시작하는 이 작품은 상해 추도식을 기해 1912년 3월 14일 전후 지은 작품이 분명하다.

이당께 부침

寄彛堂[1]

부처가 나타나야 설법을 깨우친 걸까요.	何必現身說法通[2]
보리수 아래서도 기쁨이 무한하지요.	菩提樹下樂無窮
마음을 밝히고 본래 성품 깨닫는 일 알고 계실 터	明心見性知耶否[3·4]
공이 공임을 깨우쳐도 그 또한 공이 아니지요.	悟到空空亦不空[5]

주석

1 彛堂이당 : 독립운동 관련 국내 인사로 호가 彛堂(이당)인 인물로 성주(星州) 출신 정순영(鄭舜永, 1879~1941)이 있다. 그는 1905년 을사늑약 이후 국내에서 각지를 돌며 구국을 위한 동지규합에 주력하였다. 이후 1907년부터 만주·시베리아·상해 등을 돌며 비밀결사를 모으는데 힘쓰다 1913년 귀국하여, 해외동정과 협의내용을 국내의 동지들에게 전달하였다.

이후 조선국권회복단과 대한광복회 소속의 이시영 등과 함께 대구 권총사건에 연루되어 만주로 건너갔다. 1919년에는 조국광복의 수단으로 한민족 및 동부 시베리아의 각 민족을 규합하여 대동민국을 건설하기 위해 만인 자본가(滿人 資本家)의 자금을 이용하려다가 만주 사람의 밀고로 張作霖(장작림)에게 붙잡혀 奉天(봉천)으로 압송되었다. 그 후 퇴거령이 내려져 국내로 돌아와 대한독립단(大韓獨立團) 간부 김기한(金起漢) 등과 연락하여 각 도에 국내지단을 설치하는데 참여하였다. 독립군을 양성시켜 일제히 총궐기할 계획을 세웠으나, 이 일이 탄로나 3년간 서대문형무소에서 옥고를 겪고 후유증으로 별세하였다.

2 現身현신 : 부처가 몸을 드러냄

3 明心명심 : 본래의 진실심(眞實心)을 깨달음

見性견성 : 불성(佛性 : 本來面目)을 깨달음

4 知耶不지야부 : 알고 계시지 않습니까

5 不空불공 : "공(空)은 공(空)하지만 공(空)에 머물지 않으며, 공(空)하지만 공(空)의 상(相)이 없다. 상(相)이 없는 법에 대하여 무엇을 취하거나 버림이 있겠는가? 취함이 없는 경지에 들어가면 곧 삼공(三空)에 들어가게 된다." 『金剛三昧經論(금강삼매경론)』 329
순간적인 모든 존재가 부질없기는 하지만, 허무하다고만도 할 수 없다. 이를 인정하는 해탈의 경지를 추구하라는 의미로 풀이해본다.

해설

■ 1912년 4월경

작품의 짧은 편폭 안에서 수차례 되물어가며 깨달음의 기쁨과 해탈의 경지를 강조한 기조로 보아, 암담한 현실의 번뇌를 토로한 벗에게 불교 교리를 상기시키면서, 내면에서 우러나오는 진정한 힘을 터득해보시라고 진심 어린 충고를 담아 부친 시로 보인다. 내용만으로는 이 작품의 제작 시기를 특정하기 쉽지 않은데, 두 번째 작품(其2, 필자 주)에서 "(음력) 4월 꾀꼬리 울 때 만나지 못하였다"는 구절이 있어, 위의 시를 보낸 시기를 양력 4월경으로, 가을 국화철을 언급한 두 번째 작품은 이 해 후반부에 계년(繫年) 하였다. 〈寄彛堂(이당께 부침)〉又(其2, 필자 주) 참조.

손중산께 드림

贈孫中山

험한 가시덤불 기꺼이 헤쳐 왔건만 荊天棘地一身輕
초수오산 펼쳐진 길 평탄치 않아라. 楚水吳山路不平[1]
피로서 싸우길 바라는 목전의 소원 鐵血疆場當日願[2·3]
만백성 모두 이구동성이라네. 數千萬口是同聲

주석

1 楚水吳山초수오산 : 중국의 남방, 장강(長江) 중하류 일대. 〈與晴兄阿侄發燕京(청사 형 그리고 조카와 연경을 떠나며)〉 시 참조.

2 疆場강장 : 전쟁터

3 當日願당일원 : 목전의 소망

해설

■ 1912년 4월 18일 즈음

『아목루』에는 孫文(손문)에게 보낸 시가 두 수 나란히 실려 있다. 앞의 〈祝孫總統(손 총통께 축하드림)〉과 이 작품으로, 앞의 작품은 총통 취임을 축하하는 취지이고, 뒤의 작품은 잘 싸워주기를 고무(鼓舞)하는 내용이다.

손문은 오랜 망명생활 중에 '만주족 축출, 중화 회복, 연합정부 건설'을 강령으로 하는 興中會(흥중회)를 비롯하여 同盟會(동맹회)를 결성하는 한편, 공화정 설립을 위한 三民主義(삼민주의) 이론을 정립하였고, 영국을 비롯한 세계 각국을 돌며 새로운 국가의 설립에 지지를 호소하였다. 오랜 해외 체류 기간을 보내던 중, 중국에서 武昌起義(무창기의)에 이어 南京起義(남경기의)가 동맹회의 승리로 이어지자, 1911년 12월 27일 南京(남경)으로 와서 남부 16개 省(성) 대표들의 지지를 받아 1912년 1월 1일 중화민국 임시정부를 선포하고 임시대총통에 취임하였다. 중국에서 뿐 아니라, 아시아에서 최초의 민주공화정을 수립한 것이다.

예관 선생은 상해로 망명한 지 이 주일 정도 지난 뒤에 손문의 귀국 소식을 듣고 1912년 1월 초에 남경으로 갔다. 〈祝孫總統(손 총통께 축하드림)〉 시에는 손문에 의한 공화정의 수립을 예찬하는 내용을 담으며 그와의 면담을 기대하였을 법 하지만, 이즈음의 조성환의 편지를 보면 임시정부의 몇몇 인사들을 만나는 것에 그쳤으므로, 당시에 손문에게 이 시를 직접 증여하지는 못하였을 것이다.

예관 선생이 손문을 처음으로 만나본 것은 그가 원세개에게 총통직을 양위한 1912년 4월 1일 이후, 4월 18일 즈음이었다. 신해혁명 지지자들이 발간한 일간지 《民權報(민권보)》 1912년 4월 18일자 신문에는 필자를 "韓人□□撰(한국인 아무개 씀)"이라고만 밝힌 〈拜謁孫中山記(손중산을 배알하고서)〉라는 투고문이 실려 있다. 여기에는 당대 유력한 정치가 胡漢民(호한민, 1879~1936)의 소개로 上海(상해) 匯中旅館(회중여관)에서 손중산을 만나보게 된 경위, 망국민(亡國民)조차 따스하게 맞는 그의 인품과 제세구민(濟世救民)의 업적, 토포악발(吐哺握髮)의 고결한 정신을 기리고 있다. 전후 맥락으로 보아 예관 선생의 글이 분명하고, 내용에 손중산을 '선생(先生)'으로 호칭한 것은 그가 임시대총통직을 사직하고 4월 1일자로 원세개에게 양위(讓位)하였기 때문이다.

당시 《민권보》는 4월 16일부터 5월 1일까지 보름 동안에만도 대총통이 된 원세개가 "민주를 짓밟고 약법(約法) 어기고 있으며 전제정치(專制政治)를 추진하므로, 선거를 통해 파면해야 한다"는 강경한 어조의 논평을 10회나 게재하였다. 이 해 3월 말 《민권보》사에 거액을 희사하였던 예관의 위 투고문도 이 같은 분위기 중에 실리게 된 것으로 보인다.

이런 일련의 과정에 비추어 볼 때, 예관 선생은 임시대총통에 즉위하고 공화정이 설립된 민국 초기에 〈손 총통께 축하드림〉 시에 경하(敬賀 : 존경하고 축하함)의 뜻을 담고, 4월 중순에야 첫 개인 면담을 맞게 된 것이 분명하다. 〈손중산께 드림〉 시에 이르면, 손문에 대한 공식 호칭은 '총통' 대신 4월 면담기와 같은 '손중산'으로 바뀌었고, 공화정 수립을 축하하는 기조는 수천만 민중들과 함께 손문의 분투(鐵血疆場)를 응원하는 것으로 차이를 보인다. 그가 민중들의 여망을 안고 국내에서 싸워야 하는 국면은, 프랑스에서 귀국하여 국내 허다한 省(성)들의 지지를 얻으며 임시대총통으로 부임한 민국 초기와는 사뭇 다른 비장한 분위기이다.

이 시의 제작 배경을 구체적으로 규명하기는 쉽지 않지만, 시의 증여 대상에 개인적 친분을 드러낸 '손중산'인 점, '강고하게 싸워야 할 때라는 것이 중론'이라는 격려가 당시 《민권보》의 논조와 호응하고 있는 것으로 보아, 1912년 4월 면담 직후의 작품일 가능성이 높다.

황화강 72열사 기념회에 가면서 만사 한 장을 보내다

往黃花岡七十二烈士紀念會送一輓[1]

온 세상이 함께 추모하니	四海同悲
작년의 오늘.	去年今日
천년을 비추는 그 빛깔은	千秋有色
붉은 피와 노란 국화.	赤血黃花

주석

1 黃花岡황화강 : 1911년 음력 3월 29일(* 4월 27일), 孫中山(손중산)이 이끄는 同盟会(동맹회)는 淸(청) 정부를 무너뜨리기 위하여 黃興(황흥)을 필두로 廣州(광주)에서 무장봉기를 감행하였으나, 현저한 실력의 차이로 인해 참전자 거의 대부분이 희생되고 기의(起義)는 실패하였다. 동맹회 회원 潘達微(반달미)는 생명의 위험을 무릅쓰고 여기저기 흩어진 72열사들의 유해를 수습하여 廣東省(광동성) 廣州(광주) 성 북문 밖 白雲山(백운산) 紅花崗(홍화강)에 장사지냈다.

후에 이곳을 黃花崗(황화강)이라고 명명하였는데, 이는 9월에 피는 황화(黃花), 곧 국화가 열사들의 충성심과 절개를 더욱 잘 상징할 수 있기 때문이다. 강(崗, 岡)은 산등성이라는 뜻이다.

이듬해 中華民國(중화민국) 임시정부가 출범한 1912년, 음력 3월 29일(* 양력 5월 15일)을 기념일로 정하고 묘원건립을 시작하였으며, 南京(남경), 廣州(광주), 北京(북경) 등지에서 기념식을 거행하였다. 손문은 廣州(광주) 기념식에 참가하고, 〈祭黃花崗七十二烈士文(황화강 칠십이 열사 제문)〉을 지어 행사를 주관하였다.

해설

■ 1912년 5월 15일 즈음

지사들의 희생을 '赤血黃花(붉은 피 노란 국화)'로 선명하고 간결하게 표현한 이 작품은 '去年今日(작년의 오늘)'이라는 대목으로 미루어 黃花岡起義(황화강 기의) 이듬해인 1912년 음력 3월 29일을 기념하며 지은 것으로 판단된다. 제목에서 밝혔듯이 예관 선생은 이 기념식에 참여한 것으로 보이는데, 여기에는 그간 혁명인사들과 자못 깊어진 인연들이 작용했던 것 같다.

정려께 부침

寄靜廬

초심이며 혈기 스러지고 부끄러운 마음으로	自愧初心熱血流
강남 만 리를 쪽 배로 떠도네.	江南萬里一孤舟
훈풍 맞이한 대륙은 다 함께 즐겁건만	和風大陸人同樂
요괴 든 조국 일로 나 홀로 시름겹네.	妖祲東方我獨愁[1]
피로서 호소할 나라 사라져 급히 달려와	碎首無庭鳴楚急[2·3]
철퇴로 원수 칠 그날을 기약하려네.	椎爭有日擊秦仇[4]
저물녘 아득한 앞길 그 누가 밝혀주나	黃昏誰指茫茫路
정려는 장막 안에서 묘책을 꾸미시는가.	靜廬帷中運妙籌

주석

1 妖祲**요침** : 재앙을 일으키는 기운. 東方(동방)은 중국의 동쪽에 위치한 조국.

2 碎首**쇄수** : 春秋(춘추)시대 禽息(금식)이 유능한 白里奚(백리해)를 천거하여도 秦(진) 穆公(목공)이 등용하지 않자, "나라에 보탬이 못되느니 죽는 것이 낫다"라고 하며 말뚝에 머리를 부딪혀 자진하였다. 이에 감동한 목공이 결국 백리해를 기용하였다.

3 鳴楚**명초** : 소리를 내어 말채찍을 울림. 조정이 일본에 넘어갔을 때, 급하게 나라를 떠나왔다는 의미이다.

4 秦仇**진구** : 한(韓)나라 대대로 정승 가문이었던 張良(장량)은 나라를 멸망시킨 秦始皇(진시황)을 저격하고자 博浪沙(박랑사)에서 쇠몽치를 휘둘러 저격을 시도하였다. 여기서는 대한민국을 집어삼킨 일본을 韓(한)나라를 멸망시킨 秦(진)에 빗대어 원수라고 표현하였다.

해설

■ 1912년 5월 즈음

"훈풍을 맞은 대륙은 모두들 기뻐하는구나"라며 부러워하는 구절에서 1912년 중화민국 초기 작품임을 짐작할 수 있다. 이 시는 1912년 6월 중국 平湖(평호) 《自由月報(자유월보)》사에서 발행한 《自由月報(자유월보)》 제1호에 실린 〈和靜慮七律一首(정려의 칠언율시에 화답하는 시 한 수)〉와 동일한 작품이다. 여기서 '靜慮'라고 표시되었던 호(號)를 『아목루』에서 '靜廬'로 수정한 것에 대해서는 〈贈靜廬(정려께 드림)〉 시 해설 참조.

이 잡지는 "사회의 자유를 추구하며, 共和에 장애물을 제거한다"는 깃발을 들고 1912년 2월 3일 출범한 中華民國自由黨(중화민국자유당)의 선전지로서, 자금난에 봉착하고 있던 중 예관 선생이 기부를 하여, 관계자로부터 곡진한 감사의 말을 들었다. 이국땅에서 지지 세력을 확보해 나아가기 위한 방편이었을지라도, 망명객의 처지에서 적지 않은 기부를 거듭했던 예관 선생의 도량을 짐작케 하는 자료이기에, 전문(全文)을 옮긴다.

> 예관 선생은 대한의 지사이다. 나라가 망하고 집도 부서져 이역에서 떠돌고 계시는데, 우리 혁명 전투에 남모르게 도와주신 것이 적지 않다. 내가 그와 나라 일을 이야기하다 보니, 고초가 이루 다 듣기 어려울 지경이던데, 우리 신문이 발행에 어려움이 있다고 하자, 선생은 돕겠다고 청하셨다. 나는 선생의 열성을 존경하지만, 그 심한 가난과 고통을 생각하고 사양하여 받지 않으려 했으나, 감사히 받고 말았으니 이를 어찌하나. 아아! 우리 고장은 되려 동류끼리 엎치락뒤치락 하는 지경이거늘, 이를 보고 고칠지어다.
>
> 睨觀先生, 三韓志士也. 國亡家破, 異國飄零. 革命之役, 得其隱助滋多. 余與之談國事, 輒酸楚不忍卒聽. 本報締造維艱, 先生以資助為請, 余敬先生之熱誠, 且憐其貧峻, 辭, 不敢受. 然而感佩為何如焉. 嗚呼, 我鄉之尙有同類傾軋者, 觀此可以返矣.
>
> 鴛識 〈睨觀先生介紹序(예관 선생 소개 서문)〉

선생은 이 잡지의 창간에 맞추어 青邱恨人(청구한인) 명의의 축시와 축사를 보내는 등, 정성을 기울였다.

송어부께 드림(송교인)

贈宋漁父(宋教仁)[1]

(농림부 장관을 사직하고 고향으로 돌아갈 때·辭農相歸湘時)

풍운이 혁명의 장막을 걷어	風雲開革幕
눈 내린 낚시터에 달빛이 가득.	雪月滿漁磯[2]
한나라 국운이 일어나는 날	漢運中興日[3]
진나라 원수는 다 갚지 못한 때.	秦仇未報時[4]
소나무 무성함은 기쁠 일이나	松茂能知悅
원숭이 죽었으니 슬픈 일이로다.	猩亡還可悲[5]
혹시 기억하시려나, 남경 용공관에서	倘記龍公館[6·7]
피눈물 흘리던 조선 사나이를.	青邱血淚兒[8]

주석

1 宋教仁송교인 : 1882~1913. 중국의 혁명가. 필명(筆名) 漁父(어부). 예관 선생과 절친한 사이였다. 국민당의 사실상 당수로 지냈으며 정당(政黨) 내각제(內閣制)를 만들어 대총통 원세개를 견제하려 하다 1913년 3월 20일 자객에 의해 살해당했다. 대한민국임시정부를 지원한 공로가 인정되어 건국훈장 대통령장이 추서되었다. 〈贈丹齋(단재께 드림)〉 시 참조.

2 漁磯어기 : 낚시터 물가, 송교인의 자호(自號) 내지 필명(筆名)이 漁父(어부)임을 빗댄 것이다. 그는 1904년 귀국하여 長沙(장사)에서 黃興(황흥) 등과 華興會(화흥회)를 조직, 그해 11월 清朝(청조) 타도를 위한 長沙起義(장사기의)를 꾀하다가 사전에 탄로되어 고향 桃源(도원)에서 쫓기던 중, 한 어부가 조각배로 구해주었기에, 이를 기념하여 自號(자호)를 漁父(어부)라고 지었다.

3 예관의 시에서 漢(한)은 새로운 나라를 가리키며, 秦(진)은 멸망된 清(청) 왕조로 표현되

었다. 〈寄靜廬(정려께 부침)〉, 〈贈黃克强(황극강께 드림)〉其1(필자 주) 시 참조.

4 秦仇**진구** : 혁명세력이 몰아내려던 대상. 곧 淸(청)의 舊官僚(구 관료)와 舊軍閥(구 군벌)이다.

5 松茂**무송** : 원숭이 떼를 없애려고 숲을 베려하자, 이를 본 늙은 원숭이가 어느 집 불에 뛰어들어 집을 태우니, 사람들이 불을 끄는 데 집중하여 숲도 살고 원숭이 떼도 달아날 수 있었다는 『淮南子(회남자)』〈說山訓(설산훈)〉의 '망원재목(亡猿災木)' 고사를 변형시킨 것이다.

소나무들은 무성해졌지만 불에 타 죽은 원숭이가 슬프다는 표현에는, 대국적 견지에서 이루어진 손문의 양위(讓位), 이로 인한 혁명 세력의 위축에 대한 안타까움이 내포된 듯하다.

6 倘**당** : 혹시

7 龍公館**용공관** : 南京(남경)에서 송교인이 머물던 숙소. 신해혁명 즈음에는 송교인의 눈부신 활약으로 용공관은 당대 정치의 중추적인 장소가 되었다.

8 靑邱**청구** : 우리나라의 별칭. 청구(靑丘). 예관의 호이기도 하다. 이 어휘가 최초로 등장하는 기록은 중국 『山海經(산해경)』이다. 『산해경』 청구국 조에 "군자국 북쪽에 있으며 이 나라에서는 꼬리 아홉 달린 구미호(九尾狐)가 있다."라고 쓰고 있다. 그러나 청(靑)은 동방을 가리키는 색으로 청구는 '동방의 나라'라는 뜻이라는 해석이 있고, 하늘에 청구라는 별이 있는데 동쪽에 뜨는 별이라 하여 '동방세계'라고 해석하는 설도 있다.

우리나라에서는 삼국시대 이래 '우리나라'의 별칭으로 쓰여 왔다. 조선 전기 김종직(金宗直)이 편찬한 시집으로 『靑丘風雅(청구풍아)』가 있고, 김천택(金天澤)이 우리 나라의 민요를 수집한 『靑丘永言(청구영언)』, 김정호가 그린 우리나라 지도 『靑丘圖(청구도)』가 있다.

해설

■ **1912년 7월 초 즈음**

망명지사 박찬익(朴贊翊) 일가가 경기도박물관에 기증한 〖필사본〗에는 이 작품의 제목 아래에 "辭農相歸湘時(농상을 사직하고 湘(상)으로 돌아갈 때)"라는 설명이 붙어 있는데, 이는 〖통용본〗에 없는 것이다.

송교인은 1912년 1월 1일, 중화민국 임시정부가 남경에서 창립할 때 法制局(법제국) 국장으로 임명되어, 《中華民國臨時政府組織法(중화민국임시정부조직법)》의 기초를 마련하였다. 이어 2월 1일, 長沙(장사), 漢口(한구)를 지나 동쪽으로 내려오면서 上海(상해), 杭州(항주), 南京(남경) 등을 시찰하며 당무(黨務)를 보았으며, 政事部(정사부) 主任幹事(주임간사)로 임명되었다. 이어 4월 27일에는 唐紹儀(당소의) 내각에서 農林總長(농림총장)을 임명받았으나, 袁世凱(원세개)가 손문이 만든 臨時約法(임시약법)을 파괴하려 하자, 농림(農林) 쪽은 자신이 잘 할 수 있는 분야가 아니라며 6월 31일 농림총장직을 사퇴하고, 효도나 마저 해보겠다면서 고향인 湖南省(호남성) 桃源縣(도원현)으로 내려갔다. 湘(상)은 湖南省(호남성)의 별칭이다. 따라서 【필사본】의 이 설명은 예관 선생께서 시를 지을 즈음의 특별한 정황이 반영되지 않고서는 붙을 수 없는 것이라고 판단된다.

작품에서 특히 주목을 끄는 것은 남경에서 송교인이 머물던 숙소, '龍公館(용공관)'이라는 용어로, 이곳은 신해혁명 즈음에 그의 눈부신 활약으로 당대 정치의 중심지가 되었던 곳이다. 따라서 위 작품은 송교인의 필명이 비롯된 1904년 長沙起義(장사기의)를 예찬하고, 용공관에서의 첫 만남을 회고하며 1912년 7월 초 무렵에 지은 것이라 볼 수 있다.

Ⅲ. 풍랑을 헤치고

1912.8~1913.8

총석정(叢石亭), (韓) 이인문(李寅文 1745~1824) 간송미술문화재단 소장

선생은 뜻을 같이하는 망명인사들과 1912년 양력 7월 4일에 '한 배를 타고 함께 나아가자'는 '同舟共濟(동주공제)'의 취지로 비밀 결사체 동제사(同濟社)를 조직하여 중국 안팎에 독립운동의 거점을 확보하고, 상해로 망명 온 한국 청년들에게 주체적 역사관을 설파하며 민족혼을 고취하였다.

동제사(同濟社)를 출범시킨 얼마 뒤인 7월 20일을 전후하여 선생은 일본 총리대신의 암살을 계획하였다는 죄목으로 북경과 천진에서 활동하던 동지들이 체포되었으며, 곧 일제가 지배하는 고국으로 호송될 예정이라는 잇단 소식을 접하고 큰 충격을 받았다. 체포된 이들 중에는, 고국에서부터 형제의 의를 맺고 독립을 위해 헌신하기로 맹세하고 앞서거니 뒤서거니 망명하여 한국 지사들의 중국 활동 기반을 마련하고자 분투하던 청사(晴蓑) 조성환(曺成煥) 선생도 포함되어 있었다. 예관 선생 자신도 이 일로 신변이 위태로워져 중국 지도자들의 주선 속에 거처를 南京(남경)으로 옮기고, 현지의 유력한 인물들과 언론을 동원하여 구명을 위해 백방으로 노력하였지만, 그들은 결국 본국으로 호송되고 말았다. 이 사건으로 선생은 망명 이래 가장 큰 정신적 위기를 겪게 되었으며, 국내외 인사들의 도움과 위로로 겨우 추스릴 수 있었다.

그 해 말에는 망명자들의 마음을 하나로 모으기 위해 이순신 장군이 순국한 노량해전 314주년을 추모하는 기념시를 지었으며, 경술국치 3주년 되던 1913년 국치일 이후에는 동제사(同濟社) 총회를 여러 차례 열고, 일제에 항거하여 목숨을 끊은 홍명희의 부친 금산군수(錦山郡守) 홍범식(洪範植) 선생의 추도식을 개최하면서 용기를 불어넣어 주고자 하였다.

한편, 袁世凱(원세개)는 淸(청) 황제의 퇴위와 공화정을 조건으로 孫文(손문)의 사직을 받아내어 임시대총통이 되고서, 민주 공화정(民主共和政 : 주권을 가진 민중들의 응집된 의사 결정에 의해 국정을 운영하는 정치체제)으로 이끌겠다는 당초의 약속을 어기고 제정(帝政 : 군주에 의한 전제 정치)으로의 복귀를 도모하면서, 당시 혁신파이자 다수당인 국민당 이사장 宋敎仁(송교인)이 국무총리가 되기 직전인 1913년 3월 20일 그를 암살하고 권력의 독점을 꾀하였다. 송교인과 막역한 벗으로 사귀던 예관 선생은 정신적으로 큰 타격을 입었다.

송교인의 죽음으로 촉발된 원세개 타도의 목소리에 손문과 혁명 세력은 1913년 7월 12일 제2차 혁명(癸丑之役, 계축지역)을 일으켰다. 두 달 간 이어진 이 전쟁으로 한국 망명지사들 또한 이 소용돌이에 휩쓸릴 수밖에 없었다. 한 마음으로 나아가자고 출범한 동제사(同濟社)의 배는 거친 세파 속에서 위태로운 지경을 맞게 되었다.

청사를 그리며

憶晴蓑[1]

요사한 구름 북경 땅을 뒤덮고	妖雲燕市暗[2]
외로운 새, 험한 길 위태로운데	孤鳥蜀途危[3]
밤낮으로 분주하게 호소하고 다녀봐야	日夜空奔訴
푸른 하늘조차 알아주지 않는구나.	蒼天亦不知

주석

1 晴蓑청사 : 조성환(曺成煥, 1875~1948) 선생은 1908년 노우키에프스크(煙秋)에서 최재형(崔在亨)과 구국방략을 모색하고, 북경(北京)으로 가서 항일독립운동에 가담하였다. 그 후 귀국하여 대종교에 입교하였고, 다시 북경을 근거지로 간도 연해주를 오가면서 투쟁하였다. 〈送晴蓑(청사를 배웅하며)〉, 〈移寓金陵聞晴蓑及諸學生均解往漢城監獄(금릉으로 거처를 옮기고서, 청사와 여러 학생들이 다 풀려나 서울 감옥으로 압송된다는 소식을 듣다)〉 시 참조.

2 燕市연시 : 北京(북경)

3 蜀途촉도 : 인생길을 蜀(촉)지방 길의 험난함에 비유한 것
孤鳥고조 : 〖통용본〗에는 '孤島'로 되어있으나, 〖필사본〗에는 '孤鳥'로 되어 있어, 이를 따른다.

해설

▲ 1912년 7월 중순경

이 작품의 정확한 제작 시기는 가늠하기 쉽지 않다. 다만 1912년 양력 7월 20일경 천진과 북경의 동지들이 누명을 쓰고 붙잡혀 가 그 참담한 심경을 술회한 예관 선생의 〈京津同志被捕(북경과 천진의 동지들이 체포되다)〉 시에도 "妖雲燕市暗, 孤鳥蜀途悲(요사한 구름 북경

땅을 뒤덮고, 외로운 새 험한 길 위태롭구나)"라는 똑같은 구절이 등장하는데 이는 사건 발생 후에 지은 것이므로, 위 시가 앞선 것으로 추정해볼 수 있겠다.

북경과 천진의 동지들이 체포된 배경에 대해서는 〈移寓金陵聞晴蓑及諸學生均解往漢城監獄(금릉으로 거처를 옮기고서, 청사와 여러 학생들이 다 풀려나 서울 감옥으로 압송된다는 소식을 듣다)〉 시에 잠깐 언급되고 있듯이, 망명 동지들 사이의 내분(內分)에서 시작된 것이란 견해도 있다. 이들 세 작품의 내용을 종합해 볼 때, 조성환 선생은 북경 인근의 동지들에게 협조를 받지 못할 뿐 아니라, 그들과 적지 않은 갈등을 겪고 있었던 것으로 보인다.

북경과 천진의 동지들이 체포되다

京津同志被捕

중국 경찰이 일본 경찰의 요청에 의하여 체포. 인도하였다·華警因日警請求捕給

예전 광무년 옥사 때	曩年光武獄
몸져 누웠다가 위기에서 벗어났었네.	病臥脫危機[1]
신념이 같아 의기투합하였건만	道合聲相應
나만 번번이 모면하니 원통하도다.	冤沉數偏奇[2]
요사한 구름으로 연경이 캄캄하여	妖雲燕市暗[3]
외로운 새, 험한 길 위태롭구나.	孤鳥蜀途悲[4]
오늘 한이 너무도 사무쳐	今日悠悠恨
강남으로 나는 돌아가지 못했네.	江南我未歸

주석

1 光武광무 : 1897년(고종 34)부터 1907년까지 조선말의 연호. 예관 선생은 1900년 육군무관학교에 진학해 재학 중, 광무 5년(1902) 1월 9일 부패한 친일 군부 세력에 반발하여 동맹수업거부 모의에 참여했다가 신병(身病)으로 고향으로 내려가던 중에 모의가 실행되어 처벌을 면하였다. 반면에 동기였던 조성환은 주동자로서 붙잡혀 중영창에 갇히고, 15년 유배형이 확정되었다가 2년 후에 풀려난 적이 있는데, 이 일을 회상한 것이다.

2 뜻을 같이했던 벗은 곤욕을 치르는데 자신만 번번이 체포를 모면하게 되는 형국이 원통하다는 뜻이다.

3 燕京연경 : 北京(북경)

4 蜀途촉도 : 蜀(촉)의 험난한 길. 일반적으로 험한 인생길에 대한 비유

해설

■ 1912년 8월 7일 무렵

부제(副題)에서 밝히고 있듯이, 이 시와 후속 시에 담긴 선생의 울분은 나라에 힘이 없어 한국 교포 학생들을 일제하의 고국으로 압송할 수밖에 없는 현실에서 비롯된 것이다.

1912년 8월 15일자 국내 매일신보에는 두 개의 기사가 실렸는데, 하나는 "大連(대련)에서 계공 암살을 기도하던 曺成煥(조성환) 일당들이 天津(천진)에서 관헌들에게 체포되어 조만간 관동 헌병대의 손을 거쳐 당지로 호송되리라"는 것이고, 다른 하나는 "하얼빈에서 체포된 계공 암살 음모단은 러시아 관헌의 손에 붙잡혀 교섭중이어서 조만간 일본 관헌의 손으로 인도되리라"는 것이다. 이처럼 桂太郎(가츠라) 암살음모사건은 1912년 7월 러·일 밀약이 체결된 시기에 맞추어 중국, 러시아, 일본 경찰 당국의 공조 체제 아래 혐의자 체포와 조사가 진행되었다.

그 중 大連(대련)에 있었던 조성환(曺成煥) 선생과 北京(북경) 휘문대학 유학생 백영엽(白永燁), 그리고 안중근 사건 때 배후 인물로 체포되어 옥고를 치른 후 만주리(이르쿠츠크) 국민회지방총회 부회장 정대호(鄭大鎬)는 8월 7일 '중국 현지 경찰에 체포'되고, 이튿날 일본 영사관에 이첩된 후, 국내로 압송되었다.

조성환 선생과 국내에서 있었던 일을 소환한 이 시의 첫 대목으로 보아, 그의 체포를 안타까워한 1912년 8월 7일 무렵의 작품으로 볼 수 있겠다.

금릉으로 거처를 옮기고서, 청사와 여러 학생들이 모두 풀려나 서울 감옥으로 압송된다는 소식을 듣다

移寓金陵[1]聞晴蓑[2]及諸學生均解往漢城監獄[3]

밤새껏 악몽에 시달렸는데	終宵亂夢惡
전보를 보고 크게 놀랐어라.	閱電甚駭瞠[4]
내분으로 일어난 일이라지만	雖云分內辱[5]
자세한 내막은 알 수가 없도다.	所遭亦莫詳
새 둥지 뒤집혀 알이 박살나고	覆巢卵盡破[6]
휘어진 나무에 새가 퍼덕대네.	曲木鳥不翔
터무니없는 사실을 날조하여	可笑無中事
떠들어대는 가츠라여 가소롭도다.	云云桂太郎
득실대는 승냥이 무리는	滔滔皆豺狼
양 한 마리를 마구 죽이누나.	胡爲殺一羊
긴 수염은 또다시 잘리고	長鬚重遭割
외눈마저 갑자기 멀어버렸다.	睆眼忽成盲[7]
고통스레 울부짖으니	忍痛空奔訴
이 모습 미친 듯하네.	自顧亦癡狂
우방의 여러 군자들이	友邦諸君子
구하려 급히 서두르고	急難各倉皇
자유를 주장하는 단체들은	自由揔團體
한데 뭉쳐 중앙에 항의하며	公決詰中央
우레 같은 기세의 민권주의자들은	轟轟民權子[8]
정의의 글을 써내었어라.	仗義發文章[9]
불한당이 도리를 짓밟아	小醜人道絶[10]

대륙은 국권을 잃었도다.　　大陸國權喪
낡은 경찰은 무용지물이요　　舊警皆死肉[11]
새 내각도 풀이 죽었구나.　　新閣又頽唐[12]
하소연할 데 없는 자는 서럽고　　可哀無告漢
망명을 하였어도 좋을 게 없구나.　　入籍竟不祥[13]
지난 해 빛을 도로 찾은 날　　去年光復日[14]
힘차게 모두 분주하였건만　　奮身共傍徨[15·16]
오늘 공법이 어디 있는가　　公法今何在
나 조상께 묻고 싶도다.　　我欲問廟廊
오늘 공리는 어디에 있는가　　公理今何在
나 저 하늘에 묻고 싶도다.　　我欲問彼蒼[17]
북쪽으로 올라가 정중히 말하였네　　北上慇懃語
중산과 극강 두 분이.　　中山與克强[18]
비분에 찬 요교장은　　慷慨姚校長[19]
상협당을 거처로 내주었지만　　借住尙俠堂
열흘에 일곱 번 이사하여　　十天七易所
신세가 처량하기 그지없구나.　　身世極凄凉
종업원도 감히 모욕을 일삼고　　茶房亦敢侮
소지품들을 마음대로 빼앗네.　　什物任意搶
초목마저도 적인 지경에　　草木皆是晉[20]
그 누가 철추를 들지 않으리.　　鐵椎誰非張
의리 깊은 진도독은　　義俠陳都督[21]
나를 위해 계획을 세우느라 분주했네.　　爲我設計忙
"조계지가 좋다고는 하지만　　租界雖云好[22]
앞잡이를 막기 어렵지요　　倀鬼亦難防[23]
일망타진의 간계를 꾸몄으니　　一網打盡計

포악한 자, 가증스럽기만 하오”	可惡彼暴尩[24]
몸조심하며 재앙을 피하라고	諄諄頻勸我[25]
나에게 간곡히 권하였으니	保重謹避殃[26]
그제사 동지들을 집결시켜	於是集同志
급하게 행장을 차비하였네.	悤悤理行裝
황포강에는 아침 비 내리고	朝雨春申浦
양자강에 산들바람 일더니	輕風楊子江
금릉에는 황혼이 깃들고	金陵近黃昏
삼라만상은 어둑하게 변했도다.	萬境轉蒼忙[27]
어느 날에나 또다시 상봉하여	何日還相見
지난 세월을 일소에 붙이려는지.	往刼笑一場[28]
힘없이 걸어가는 부인과	踽踽一夫人[29]
목 놓아 우는 처녀애에	呱呱二七娘[30]
연 땅에는 호송자도 없으리니	護行燕無人
한만양에게 가보기를 바라노라.	願往韓挽洋[31]
오늘 지옥에 들어간다니	今焉入地獄[32]
하루에도 아홉 번 애가 끊어지누나.	一日九回腸
그대의 죄가 아니거니	故人非其罪
내 어찌 지나치게 슬퍼하랴.	我何太自傷
한울님이시여, 선조여	願我天我祖[33]
우리 어진 이들을 구원하소서.	救護我賢良

주석

1 金陵금릉 : 중국 江蘇省(강소성) 南京(남경)의 옛 이름

2 청사 조성환(1875~1948)은 예관보다 네 살 위인 육군무관학교 동기생이다. 남파 박찬익과 세 사람은 결의형제를 맺고 중국으로 망명하여 항일투쟁 과정에서 깊은 동지애

를 이어갔다. 선생은 1908년 노우키에프스크(煙秋)에서 최재형(崔在亨)과 구국방략을 모색하고, 북경으로 가서 항일독립운동에 가담하였다. 그 후 귀국하여 대종교에 입교하였고, 다시 북경을 근거지로 간도 연해주를 오가면서 중국의 혁명인사 陳其美(진기미) 등과 함께 한중 공동전선을 구축하여 항일 공동투쟁할 것을 주장하였다. 〈送晴蓑(청사를 배웅하며)〉, 〈憶晴蓑(청사를 그리며)〉 시 참조.

3 왕往 : 가다. 향하다.
이 시는 1912년 7월 20, 21일 양일간 하얼빈에서 체포된 90여 명 중 17명과 함께 북경과 천진에서 잡혀 온 4인 등, 21인은 러시아 관헌이 있던 天津(천진) 러시아 조계지에서 추방하는 형식으로 천진 일본 영사관에 넘겨진 사건을 배경으로 하고 있다.
국내 1912년 10월 15일자 《每日申報(매일신보)》에서는 17인과 4인을 별도로 헤아리고 있어 다소간의 차이가 있다. 〈京津同志被捕(북경과 천진의 동지들이 체포되다)〉 시 참조.
〖통용본〗에는 부제(副題)로 '晴簑曹城煥'이라고 적혀 있지만, 〖필사본〗에 따랐다.

4 駭瞠해당 : 놀라서 눈을 크게 뜨다.

5 分內辱분내욕 : 내분으로 일어난 수치

6 卵破난파 : "알은 깨지고 새끼들 죽었다(卵破子死)" 『荀子(순자)』 〈勸學篇(권학편)〉

7 비보를 접하고 애통해 하는 작자의 모습을 형용한 것이다.

8 轟轟굉굉 : 우르릉하는 소리, 기세가 등등한 모습

9 이 일에 대하여 《民權報(민권보)》에서는 1912년 8월 10일 중국인 한유(漢遺)가 〈哀韓人(한국인을 애달파함)〉이란 제목의 사론(社論)을 실었으며, 이튿날에는 중국인 벗 戴季陶(대계도)가 〈捕獄韓人事件與國際法国(한국인 체포 사건과 국제법)〉이란 글을 실어 북경 정부를 매도하고, 한국인을 석방하라고 일갈(一喝)하였다.

10 小醜소추 : 불한당, 소인배

11 死肉사육 : 죽은 동물의 고기, 무용지물. 원세개가 집권한 북경 정부의 경찰을 가리킨다.

12 頹唐퇴당 : 쇠하여 힘이 없다. 1912년 6월 唐绍儀(당소의) 내각에서 원세개 파가 아닌 王芝祥(왕지상)을 직계총독으로 삼았으나, 원세개는 내각부서를 경유하지도 않고 그를 남방선위사로 파견하며 내각제를 파괴하여, 당소의 등은 6월 16일 사직하고 북경을 떠났

다. 원세개는 6월 29일 다시 무당파(無黨派) 陸徵祥(육징상)을 국무총리로 임명하여 내각(內閣)을 조직하게 하였으나, 참의원(參議院 : 국회)은 발언을 문제 삼아 새 각료(新閣員) 전원을 부결시켰다. 이를 두고 北京軍警(북경군경)은 참의원의 사사로운 판단으로, 黎元洪(여원홍)은 공화정신을 위배한 것으로, 章炳麟(장병린)은 간부(奸府)라고 매도하며, 원세개에게 합당한 처분을 할 것을 청했다. 이에 참의원은 원세개가 제시한 각료들을 통과시켰다. 육징상은 8월 20일 칭병(稱病)하고, 8월 22일 내무총장 趙秉鈞(조병균)이 국무총리를 대리하다가 9월 25일 정식 취임하였다. 따라서 예관 선생이 1912년 8월 15일 즈음에 지은 위의 작품에서 묘사한 "힘없는 새 내각(新閣又頹唐)"은 꼭두각시가 된 육징상(陸徵祥) 내각을 가리킨다.

13 入籍**입적** : 예관 선생 자신이 중국 호적을 가진 것을 가리킨다. 혁명적 문인집단 南社(남사)의 대표 시인, 柳亞子(유아자)가 엮은 남사의 역사, 『南社紀略(남사기략)』에서 예관을 소개하기를 '遼寧人(요녕인), 原籍(원적) 조선인'이라고 되어 있다. 당시 망명자들이 중국 호적을 갖는 이유는 "일본에서도 무엇이라고 간섭할 도리가 없기 때문"이었다. 1924년 4월 10일자(음력 갑자 초7일 乙未) 《동아일보》 보도

14 작년 1911년 신해혁명 끝에 孫文(손문, 1866~1925)이 임시대총통으로 취임하여 중화민국 임시정부가 수립되고, 淸(청) 왕조가 멸망하게 된 것을 일컫는다.

15 奮身**분신** : 기운차게 떨치다

16 彷徨**방황** : 찾아 헤매다

17 彼蒼**피창** : 푸른 하늘

18 손문과 황극강 : 〈祝孫總統(손 총통께 축하드림)〉, 〈寶劍(보검)〉, 〈贈黃克强(황극강께 드림)〉其1 · 其2(필자 주), 〈輓黃克強(황극강 만사)〉其1 · 其2(필자 주) 참조.

19 姚校長**요교장** : 姚華(요화, 1876~1930), 字(자) 重光(중광), 淸末(청말) 進士(진사), 중국근대 희곡 이론가, 서화가. 중화민국 원년(1911) 임시 참의원 의원이 되었고, 1912년 정식 국회 참의원 의원으로 선출되었으며, 北京女子師範學校(북경 여자사범학교) 교장을 겸임하였다.

20 晉**진** : 억누르는 자

21 陳都督진도독 : 陳其美(진기미, 1878~1916). 1911년 武昌起義(무창기의) 후 상해의 滬軍都督(호군도독)이 되었다. 이 시를 쓸 당시에는 7월 31일자로 상해도독을 사직한 상태였다.

22 租界조계 : 19세기 중엽부터 20세기 중엽까지 구미(歐美) 열강들 동아시아 국가의 연안 도시에 형성한 거류(居留)·무역(貿易) 구역. 해당국가의 행정관리권이 미치지 못하는 치외법권 지역이었다. 중국에서는 上海(상해)를 시작으로, 天津(천진)·蘇州(소주)·杭州(항주)에 생겨났으며, 重慶(중경)까지도 생겨나게 되었다. 상해로 이주한 독립운동가를 비롯한 한인들은 대개 프랑스 조계에 거주 하였으며, 일본인이나 외국인에게 고용되어 있는 사람들은 공동 조계에 주로 거주하여 두 지역 거주자의 성향이 크게 구별되었다. 1912년 7월 20일 하얼빈에서 체포된 13명과 함께 북경과 천진에서 잡혀 온 4인 등, 17인은 러시아 관헌이 있던 천진 러시아 조계지에서 추방하는 형식으로 천진의 일본 영사관에 넘겨졌다.

23 倀鬼장귀 : 미친 귀신. 일본을 가리킨다.

24 暴尫폭왕 : 사나운 절름발이

25 諄諄순순 : 타이르는 모습

26 保重보중 : 몸 조심하다

27 蒼忙창망 : 蒼茫, 아득하다. 어둑하다. 상해에서 금릉으로 옮기던 시간의 경과, 환경의 변화를 묘사한 것이다.

28 刼겁 : 영원으로 느껴지는 고통스런 시간. 〈和孟碩獄中原韻(맹석이 옥중에서 지은 시운에 화답함)〉 又(其3, 필자 주), 〈送唐少川書(당소천께 보내는 편지)〉, 〈舊正十三曉起(음력 정월 열 사흗날 새벽에 일어나)〉 시 참조.

29 踽踽우우 : 홀로 걸어가는 모습

30 呱呱조조 : 큰 소리로 우는 모습

이칠랑이라 함은 열네 댓살 되는 소녀를 가리킨 것으로, 시중드는 소녀를 가리킨 듯하다. 청사 선생은 8월 12일자 유영준에게 쓴 편지에서 "국내 아내에게 서신을 보내 북경의 가사를 정리하여 가라고 전해라"고 하였다. 따라서 이 구절은 조성환의 말에 따라 그

아내가 북경의 옹색한 살림을 꾸려 국내로 향하는 모습을 떠올리며 형용한 것이다.

31 韓興教한흥교 : 1885~1967. 일명 진산(震山), 헌산(憲山). 필명은 만양(挽洋). 한국 독립운동가. 중국혁명군 구호의장. 1912년 杭州(항주) 및 북경의학전문학교 교수로 의료활동을 하였으므로, 그를 찾아가 도움을 요청해보라는 의미이다.

32 地獄지옥 : 일본 영사관 관동군 헌병대에게 넘겨지는 것을 말한다. 해설 참조.

33 祖조 : 『통용본』에 '租'로 되어 있으나, 『필사본』의 '祖'가 옳다.

해설

■ 1912년 8월 15일 직후

桂太郎(가츠라) 암살 모의 혐의를 받던 청사 조성환 선생을 비롯하여 여러 학생들이 모두 서울 감옥으로 가게 되었다는 소식에, 역시 신변의 위협을 느껴 급히 금릉(金陵, 곧 南京)으로 거처를 옮긴 예관 선생의 슬픔과 분노를 표현한 시이다. 작품에는 이들의 이송 소식에 대한 놀라움과 비탄, 중국 지도자들의 주선(周旋) 활동, 본인이 남경으로 거처를 옮기게 된 경위 등이 逼眞(핍진)하게 묘사되어 있다.

당시 중국에서는 외국인들의 거주지역을 조차지(租借地)로 정하여 비교적 자유로운 활동을 보장하고 있었으므로, 임시 정부 출범 이후 국내 망명객들의 민족운동의 중심지가 되어왔는데, 그 해 7월 러·일 밀약이 체결되는 등 정세가 변화되면서 두 나라 경찰당국의 공조 아래 혐의자 체포와 조사가 진행되었고, 중국 경찰이 이에 협조하게 된 형국에 예관은 절망하였다. 체포된 이들은 처음에 러시아 유치장에 수감되었으나 오래지 않아, (한일합병 이후) '법적으로' 한국인을 관리하고 있는 天津(천진)의 일본 영사관으로 옮겨졌다.

하얼빈에서 대대적인 검거가 이루어진 지 두 주일 만인 1912년 8월 6일, 서울 조선총독부의 야마가타(山縣) 정무총감은 데라우치 총독에게, "가츠라 공작 암살음모사건과 관련된 혐의로 러시아 관헌에 체포되었던 92명 중에 풀려난 자를 제외하고 19명이 남아 있는데, 이들이 우리 관헌의 손에 들어와 충분한 취조를 받게 되면 음모의 진상이 밝혀질 것입니다. 그 방법은 러시아 관헌이 이들 조선인들을 러시아 조차지에서 추방명령을 내리는 즉시 우리 영사관 경찰이 이들을 인수하여 조선으로 압송할 것이니 우리도 이에 준비를 해야 할 것입니다"라고 보고한 비밀문건을 통해서 확인된다. 또한 국내 8월 15일자 《每日申報(매일신보)》의 '北滿陰謀團引渡(북만주 음모단 인도)' 제하의 기사에서, "지금은 러시아 관헌의 손에 있지만, 인도 절차에 대한 교섭이 진행되고 있어, 머지않아 우리 관헌의 손에 인도되어 호송되리라더라"라는 대목 등을 종합해 보면 예관 시의 제목에 '풀려나다(解)'라 함은 석방을 의미한 것이 아니라, '러시아 관헌이 조선인을 러시아 조차지에서 추방하는 것'을 가리킴을 알 수 있다.

조성환, 손정도를 포함한 17인은 결국 8월 15일경에 천진에 있는 일본 영사관에 이첩되고, 8월 말 국내로 압송되어, 1912년 8월 15일자 국내《매일신보》에 〈桂公(가츠라)(필자 주) 암살 음모자〉 제하에 "계공 일행의 러시아 방문을 기회로 삼아 대련에서 암살을 기도하였던 조성환 일당이 천진에서 관헌의 손에 체포되었는데, 조성환 외 3명은 관동군 헌병대의 손을 거쳐 머지않아 경성으로 호송되리라더라"는 기사가 실렸고, 1912년 9월 1일자《권업신문》에는 〈할빈에서 잡혀갔도다〉라는 기사, 그리고 1912년 10월 15일에는 국내《매일신보》에 〈桂公邀擊 嫌疑者 처분〉이란 기사들이 실렸다.

그런데 서울 감옥으로 가는 이들 일행에 대해 예관은 왜 그토록 비통해 하였을까? 청사와 함께 서울로 이송되었던 손정도 목사의 전기(傳記)를 참조.해보면 그 이유가 분명해 진다. 서울 남산에 있던 조선총독부 경부청 유치장은 1910년 신민회(新民會) 양기탁(梁起鐸) 등이 "寺內(데라우치) 총독을 암살하려 했다"는 자백을 받아내려는 일본 경찰로부터 혹독한 고문과 악형을 받았던 곳이었기에, 조성환 일행이 앞으로 겪을 끔찍한 고통이 눈에 선하였기 때문이다. 1911년 10월 21일(* 12월 11일) 조성환이 안창호에게 보낸 편지에서 "일본은 소위 죄수라고 칭하는 이들에게 악형(惡刑)이 날로 심하여져, 그 지옥에 들어가면 살아난 자가 매우 드물다"고 보고한 대목으로 미루어볼 때, 이 작품에서 '오늘 지옥으로 들어가나니, 하루에 아홉 차례 애가 끊어지도다(今焉入地獄, 一日九回腸)'라는 구절의 '지옥' 역시 체포되어 일본 치하로 들어가는 처지를 예견한 것임을 알 수 있다. 따라서 수감자들이 '오늘 지옥으로 들어가고' 조성환의 식솔들은 '호송자도 없이 연(燕 : 북경 천진 일대) 땅'을 출발하여, 인근의 '한만양에게 도움을 요청해야 할' 딱한 처지가 담긴 위 작품의 제작 시점은, 조성환 일행이 천진(天津) 일본 영사관 관동군 헌병대에게 넘겨져 국내로 향하는, 양력 8월 15일 직후임을 알 수 있다.

이 작품은 예관 선생의 망명 후 최대의 충격적인 사건을 다루고 있는데, 정황묘사는 역설적이게도 뛰어난 형상성을 보여주고 있다. '엎어진 둥우리에 깨진 알들, 휘어진 나무 가지에 날지 못하는 새(覆巢卵盡破,曲木鳥不翔)'로 표현된 처참한 피해자와 속수무책의 주변인들, '우글대는 이리 떼 속에 죽어가는 한 마리 양(滔滔皆豹狼, 胡爲殺一羊)', '알은 깨지고 새끼들 죽었다'와 같은 절망적 상황에 대한 고전적인 비유, 그리고 '힘없이 걸어가는 부인과 목 놓아 우는 처녀애(踽踽一夫人, 呱呱二七娘)', '긴 수염을 또 다시 잘라버리고, 외눈마저 갑자기 멀어버린 채 고통스레 울부짖는, 미칠 지경의(長鬚重遭割, 睆眼忽成盲. 忍痛空奔訴, 自顧亦癡狂)' 인물들은 살아 움직이는 듯 생생하다.

작품 저변에는 이 사건에 대해 당국에 항의하고, 예관의 은신처를 마련해주고, 남경으로 피신하도록 권유하는 당대 중국의 쟁쟁한 지도자 중산(中山, 곧 孫文), 극강(克强, 곧 黃興), 요교장(姚敎長, 곧 姚華), 진도독(陳都督, 곧 陳其美) 등의 전폭적인 지지가 작자의 고통을 위로해주고 있다.

평호를 거닐며 자근 군께 드림

遊平湖[1]贈紫芹君[2]

벗이여 고마우이, 마침 나를 위로하며　多謝故人時慰我
8월의 강호를 함께 거니네.　江湖八月共逍遙
명소의 경관을 누가 관리하는지　勝地景光誰管領[3]
우람한 모습이 옹색하지 않구나.　大家風致不蕭條[4·5]
고탑과 선문에는 구름이 고요하고　老塔禪門雲寂寂
조각배와 서원이 물 위에 가물대네.　扁舟書院水迢迢[6]
이번 행차 실속 없다 말하지 마오　此行休道龍眼少[7·8]
정담 깃든 화폭 안아 가슴 트이노니.　話畫藏胷志氣豪[9]

주석

1 『통용본』에는 '本湖'로 표기되어 왔으나, 『필사본』에는 '平湖'로 되어 있으며, 이것이 옳다. 해설 참조.

2 芹근 : 미나리. 조촐한 선물.
1921년 즈음 이동휘(李東輝) 선생이 김구(金九) 선생을 부르던 호칭이 '적은이(아우님)'였음을 감안해 볼 때, '紫芹君(자근군)'도 '아우님'을 뜻하는 애칭이었을 가능성이 있다. 『백범일지』 중

3 管領관령 : 관할하다.

4 風致풍치 : 뛰어난 경치

5 蕭條소조 : 쓸쓸하다

6 迢迢초초 : 아득하다, 멀다. 『필사본』에는 '迨迨'로 되어 있으나, 형용어로 쓰이는 경

우를 찾아볼 수 없으므로, 오기(誤記)라고 판단되어, 〖통용본〗에 따른다.

7 休道휴도 : 말하지 말라

8 龍眼용안 : '화룡점정(畵龍點睛)'. 가장 중요한 요소

9 胷흉 : 가슴.

해설

■ **1912년 9월 즈음**

'多謝故人時慰我, 江湖八月共逍遙(벗이여 고마우이 마침 나를 위로한다고, 8월의 강호를 함께 거니네)'라는 첫 구절의 '위로(慰)'란 시어, 그리고 '음력(음력:예관 선생은 3·1 운동 전까지 『아목루』에서 음력으로 날짜를 언급하였다) 8월'이란 시간적 배경, 양력 8월 15일 즈음 남경에서 지은 〈移寓金陵聞晴蓑及諸學生均解往漢城監獄(금릉으로 거처를 옮기고서, 청사와 여러 학생들이 모두 풀려나 서울 감옥으로 압송된다는 소식을 듣다)〉 시와 임자추(壬子秋, 곧 1912년 가을, 음력 8월)에 上海(상해)에서 지은 〈寄南京同志(남경의 동지께 부침)〉 시 등을 종합하여 미루어볼 때, 이 작품은 예관 선생이 양력 7월 말부터 8월 중순경까지 조성환 선생 등의 체포와 국내 송환으로 상당한 정신적 위기를 겪으며 남경으로 거처를 옮겼다가, 상해로 되돌아온 1912년 음력 8월 무렵의 작품으로 볼 수 있다.

그의 깊은 상심을 이해하는 자근(紫芹) 군은 예관 선생을 이곳으로 안내하여 특별한 하루를 함께 보내며 위로해드렸고, 이 일에 감사한 예관 선생은 '話畵藏胸志氣豪(정담 깃든 화폭 안아 가슴 트이노라)'라며 아름답게 묘사하였다.

여러 판본과 번역본에서 '本湖'라고 표기된 곳은 실재하지 않으며, 〖필사본〗의 '平湖'가 온당하다. 平湖(평호)는 호수 이름이 아니라 아홉 개의 강물로 물길이 많이 나 있는, 상해 바로 남쪽 浙江省(절강성)의 한 지명(地名)이다.

예관 선생은 이보다 약 석 달 전인 1912년 5월 15일(* 6월 29일), 自由黨(자유당)에 몸담았던 망명 초기에 平湖支部(평호지부)에서 창간한 기관지《自由月報(자유월보)》의 발간에 즈음하여 축사(祝辭)와 함께 기부금을 희사한 일이 있는데, 이 축사에 첨부된 시에서 '평호의 물가에 물건 하나 탄생했네(平湖之濱, 一物誕生)'이라고 축하한 인연이 있다.

위 시를 쓸 당시 예관 선생이 平湖(평호)로 이동하게 된 경위를 구체적으로 파악할 수는 없지만, 〈寄南京同志-壬子秋(남경의 동지께 부침)〉 시를 지을 음력 8월경에 상해로 돌아와 있음을 밝히고 있어, 이즈음 인근의 平湖(평호)로 가기는 어렵지 않았을 것으로 보인다.

남경의 동지께 부침

寄南京同志[1]

(임자년 가을·壬子秋[2])

동트지 않은 이른 새벽에	早朝夜之半
조용히 기도하며 천궁에 절하노라.	默禱拜天宮[3]
큰 길에는 사사로이 굽은 길 없고	大道無私曲[4]
지극한 정성은 하늘에 닿으리니	至誠能感通
천지가 뒤바뀐 지, 오늘로 며칠인가	滄桑今幾日[5]
괴로움과 아픔이 세 겹이나 쌓였도다.	痛楚已三重[6]
빈 말은 죄다 부질없는 짓	徒語皆虛事
실천만이 성공을 가져오리라.	實行方有功
고국 강산 어디로 갈까	江山何處去
풍랑이 나의 배와 함께하누나.	風浪我舟同
푸른 옷의 젊은이들 장쾌하고	濟濟青衿壯[7·8]
백발 섞인 노옹도 씩씩하도다.	星星白髮雄
그리운 임 아스라이 있으니	宛在伊人者[9·10]
저마다 사공 되고 키잡이 되어	篙師又舵工[11·12]
한 맘 한 뜻으로 저 강가에 오르면	一心登彼岸[13]
어영차 함성소리 우렁차리라.	於起此聲中[14]
환영 겸 축하모임 열릴 그 날엔	歡迎兼祝賀
기쁜 마음 정녕 한이 없으리라.	其樂正無窮
8월의 상해 황포강 위에서	八月申江上[15]
예관은 삼가 간절히 절하노라.	睨觀謹鞠躬[16]

주석

1 1912년 7월 4일 중국에 망명한 인사들을 규합하여 결사단체인 동제사(同濟社)를 만든 지 약 두 달 후에, 당시 南京(남경)에 있던 중국의 혁명 지도자에게 보낸 것이다.

2 1912년 가을 음력 8월에 지었다. 해설 참조.

3 天宮천궁 : 대종교(大倧敎)에서 한인. 한웅. 한검이 계신 하늘나라를 가리키며, 그 경배 장소인 대종교(大倧敎) 총본사(總本司), 각도 본사 및 시교당(施敎堂) 안에 단군한배검의 상(像)을 모신 천전(天殿(天眞殿))을 가리키기도 한다. 〈拜退天宮(천궁에 절하고 물러나며)〉, 〈弔閔泳華君(민영화 군을 조문함)〉 시 참조.

4 대의를 품고 나아가는 길에 사심이 있을 수 없다는 의미

5 滄桑창상 : 桑田碧海(상전벽해). 큰 변화

6 1910년 8월 29일 국치일로부터 3년 되었다는 의미이다.

7 濟濟제제 : 물밀 듯 많은 모습

8 靑衿청금 : 푸른 옷을 입은 사람. 젊은이. 衿(금)은 옷깃

9 宛在완재 : 아스라이 있다.

10 伊人이인 : 그리운 사람. "蒹葭蒼蒼, 白露為霜. 所謂伊人, 在水一方. 溯洄從之, 道阻且長. 溯遊從之, 宛在水中央(검푸르게 우거진 갈대, 흰 이슬 내려 서리 되었네. 내 사모하는 그 사람 강물 저쪽에 있네. 물결 거슬러 올라가 따르려 해도 길이 험하고 멀고, 물결 따라 내려가 따르려 해도 아스라이 강물 가운데 있네)." 『詩經(시경)』《秦風(진풍)》〈蒹葭(겸가)〉

11 篙고 : 상앗대. 얕은 곳에서 배질을 할 때 쓰는 장대. 삿대

12 舵타 : 배의 키. 선박 끄트머리 가운데 설치하여 배의 항해 방향을 바꾸거나 유지시키는 조종 장치.

13 彼岸피안 : 이상향

14 於起어기 : 기운을 북돋는 소리 '어기어차'의 의성어

15 申江신강 : 상해 黃浦江(황포강)

16 鞠躬국궁 : 절하다

해설

■ **1912년 9월**

숨 가쁘게 중국에서의 독립활동 기반을 마련하고 난 1912년 5월 20일(* 7월 4일), 상해와 중국 각처의 망명 지사들은 비밀 결사체인 동제사(同濟社)를 조직하였다. 주된 기능은 한인 유학생을 돌보고 유학을 알선하는 일이었다. 당시의 출범 날짜에 맞추어 예관 선생은 그 벅찬 감격을 장단구체(長短句體)로 된 〈同濟社創立趣旨(동제사 창립 취지)〉 시에 담기도 하였는데, 청사(晴蓑) 등의 구속사건 등으로 당시에 발표하지 못하고 '동제(同濟) 3년 6월 기념일'에야 이를 붓글씨 휘호로 남겼다. 이 날은 곧 1914년 음력 5월 20일(* 6월 13일)이다.

예관 선생은 이 작품에서 '한 마음으로'라는 '同'字를 9회 연속 반복하며 소박하고 강렬한 표현방식으로 '만 천하 동지의 결속(結束)'을 호소하였다. 예관 선생은 1920년 10월 저술을 완료하고《震壇(진단)》잡지에 실은『韓國魂(한국혼)』서문에서, "1912년 '某社'의 창립 때 한국혼의 내용을 강연한 적이 있다(壬子, 曾將斯意演講於某社創立時)"라고 회고한 것으로 보아, 동제사(同濟社) 창립에 맞춰 애국혼을 불러 일으키고자 열강(熱講)하였음을 알 수 있다.

"한 마음 한 뜻으로 한 배를 타고 피안에 도달하자(同舟共濟)"라는 동제사의 창립 취지가 간절하고 아름답게 표현된 위 작품은, 1912년 음력 8월 예관 선생이 南京(남경)에 집결해 있는 중국 지도자들과 공동 결사체인 新亞同濟社(신아동제사)를 꾸리고자 보낸 작품으로 보인다.

신아동제사는 이듬해(1913) 초 무렵 조직된 것으로 알려져 있으나, 단체의 대표격이었던 陳其美(진기미)의 조카 陳果夫(진과부, 1892~1951)조차도 단체의 존재를 1915년에서야 알게 되었을 정도로 비밀스러운 조직이었기 때문에, 그 정확한 결성 날짜는 알 수 없다. 다만 예관 선생이 진기미의 사후에 아름다운 우정을 회고한 글, 〈碧浪湖畔恨人談(벽랑호반에서 한인이 하는 이야기)〉의 일단에, 예관 선생이 마련한 자리에서 진기미가 연설하기를 "이곳에는 시국을 만들어가는 그대들이 있지 않은가. 그대들은 힘쓸지어다. 나 역시 그대들의 뒤를 따라 만의 하나라도 도울 것이다. 귀국의 인사들 중에 내가 깊이 사귀고 있는 사람으로 아무개(부족한 나를 가리킨 것이다) 같은 분이 없고, 또 귀국의 많은 동지들과도 한데 모여 환담을 나누고 나서 오늘의 이 자리가 만들어지게 된 것이다. 누가 秦(진)나라에 사람이 없다 말하는가. 대한의 광복은 오늘 이 자리에 모인 여러 동지들이 짊어져야 하며, 그 일부를 내게 맡겨 주시면 사양치 않을 것이다"라며 기꺼이 협조할 뜻을 밝힌 대목이 그 결성 과정을 짐작케 한다.

이당께 부침 또

寄彛堂 又(其2)

4월 꾀꼬리 울 제도 못 만났는데 / 四月鶯兒仍不見
9월 노란 국화는 누구와 볼까요. / 九秋黃菊有誰同
농사일이 거칠고 험하다지만 / 縱云田事多荒險[1]
이웃 밭 보리농사 또 풍년이라네요. / 聞道隣阡麥又豊

주석

1 縱종 : 설령 ~라 하여도

해설

■ **1912년 9월 즈음**

앞의 첫 작품과는 달리, 막역한 벗과의 만남이 성사되지 않았음을 안타까워하는 시이다. 서로 간에 분주하다 보니 음력 4월 만남을 놓치고, 황국(黃菊)이 제철인 음력 9월 9일(* 10월 8일) 중양절에도 만날 기약이 없어 아쉽기만 하다.

1907년에서 1913년 사이 이당(彛堂)의 만주·시베리아·상해 행적과 시의 내용을 종합해 볼 때, 중국의 2차 혁명(癸丑之役)이 국민당 측의 패배로 귀결되어 망명지사들 또한 크나큰 좌절을 겪었던 1913년 음력 8월(* 9월) 무렵의 〈贈少衡(소형께 드림)〉 시와 같은 부류로 보기에는 이 작품의 詩情(시정)이 너무 맑고 평온하여, 이당이 아직 귀국하지 않은 1912년 황국화 필 무렵인 음력 8월 즈음하여 부친 시로 보는 것이 온당하겠다. 〈寄彛堂(이당께 부침)〉 其1(필자 주) 시 참조.

야공께 드림

贈冶公[1]

쇠 갑옷은 요새의 달빛에 빛나고	鐵衣關塞月[2]
매서운 칼로 말릉의 가을 맞았었네.	霜釰秣陵秋[3]
세운 공은 북녘을 향한 것이 많더니	將功多北向[4]
품은 뜻은 또다시 동쪽으로 가려하네.	賷志更東遊[5·6]
세상을 구하는 길은 오로지 공리 뿐인데	救世惟公理
하늘에 가득한 나의 근심이여.	瀰天之我憂[7]
찬바람 만 리에 불어치는데	長風吹萬里[8]
석별의 정 서로가 끝이 없어라.	別意共悠悠

주석

1 冶公야공 : 陶延林(도연림, 1886~1962). 신해혁명 전후로 활약한 중국의 지사. 1906년 일본으로 가서 의학공부를 하던 중 손문을 만나 광복회와 동맹회에 가입하였다. 1911년 10월 10일 무창기의 후, 진기미 예하에서 滬軍(호군) 선봉대가 되어 남경을 점령하는데 기여하였다. 1912년 1월 民國(민국) 성립 후에는 일본 장기의학전문학교 약학과에 유학하였고, 귀국하여서는 二次革命(이차혁명 : 1913년 7~9월)에 가담하였다. 뒤에는 《滬辦報(호반보 : 상해에서 발행하는 신문이란 뜻)》에 있다가 개혁적 문필가 단체인 南社(남사)의 사원이 되었다.

2 關塞관새 : 산 정상 등 주요 길목에 설치해 놓은 군사 기지

3 秣陵말릉 : 중국 江蘇省(강소성) 남경의 옛 이름. 말여물을 먹이는 곳이라는 뜻. 이 두 구절에 묘사된 것은 도야공이 참여했던 1911년 11월 8일의 秣陵關起義(남경 말릉관 기의)로, 비록 혁명군이 清軍(청군)에 패배하였지만, 1911년 12월 2일 남경을 광복(光復)하는

단초가 되었다.

霜釖**상도** : 추상 같이 매서운 칼.

4 北向**북향** : 淸軍(청군)을 토벌하는 것을 말한다.

5 賫志**재지** : 뜻을 가져오다.

6 東遊**동유** : 일본으로 유학 가려는 것을 말한다.

7 瀰天**미천** : 하늘에 가득하다. 『통용본』에는 '彌(두루)'로 되어 있으나, 형용어 '너르다'라는 어감으로 쓰이는 『필사본』의 '瀰'를 택하였다.

8 長風吹萬里**장풍취만리** : "長風幾萬里(긴 바람 만 리에 불어가네)." 唐(당) 李白(이백) 〈關山月(관산월)〉

해설

■ **1912년 10월 10일**

1912년 양력 10월 10일, 선생은 1911년 10월 10일 武昌起義(무창기의) 후 호군(滬軍) 선봉대가 되어 남경(南京)을 점령하는 데 기여하고, 民國(민국) 성립 후에는 일본 長崎醫學專門學校(장기의학전문학교) 藥學科(약학과)에 유학하러 떠나는 도연림(陶延林)에게 〈送冶公先生同志重遊日本(야공 선생 동지가 다시 일본으로 떠남을 배웅함)〉이라는 글을 준 일이 있다. 여기서 "去年今日, 卽武漢義擧之秋(작년의 오늘은, 바로 무한의거의 가을)", "今日何日, 革命一週矣(오늘이 무슨 날인가, 혁명 일주기이지)"라고 일시를 밝히며, 혁명에 공(功)을 세우고도 정치적 보상을 바라지 않고 다시 유학을 떠나는 도연림의 갸륵한 뜻을 기렸는데, 위 시는 이 글과 완전히 호응하고 있으므로, 같은 날 지은 것이 분명하다.

이충무공 한산도 기념 시 세 수

李忠武公閑山島紀念[1]三首

시월 십팔 일·十月十八日[2]

첫 번째	其一
앞에 번득이고 뒤로 빛나는 은공 세웠으니	光前耀后立恩功
천 년이 가도 충무공을 잊지 못하네.	百世難忘忠武公
산과 바다에 굳은 맹세로 거북선을 만들었으니	誓海盟山成鐵甲[3]
십만 왜병은 모래와 벌레 되어버렸네.	倭兵十萬化沙蟲[4]

주석

1 이충무공李忠武公 : 이순신(李舜臣, 1545~1598). 조선(朝鮮)의 명장(名將). 임진왜란에서 수군을 이끌고 옥포해전, 당포해전, 한산도대첩, 부산포해전 등에서 승리를 거두어 왜군을 물리치는 데 큰 공을 세웠다. 한 때 원균의 모함으로 파직과 투옥, 백의종군까지 감내하게 되었으나, 삼도수군통제사(三道水軍 統制使)에 복직하여 명량해전과 노량해전에서 큰 승리를 거두고 노량해전에서 전사하였다.

2 시의 제목은 『통용본』과 『필사본』이 다르고, 『필사본』에는 서로 다른 제목으로 중복되어 실렸다. 여기서는 『필사본』 ②를 중심으로 한다. 해설 참조.

3 우리나라의 개화 운동가 유길준(兪吉濬, 1856~1914)은 『서유견문(西遊見聞)』에서 "이충무공의 거북선은 철갑병선(鐵甲兵船)으로 세계에서 최초로 만들어진 것"이라고 하였고, 이후에도 많은 사람들이 거북선을 '세계 최초의 철갑선'으로 정의하였다. 이는 완전한 철갑을 두른 배라기보다, 거북선 등에 날카로운 못이나 칼 송곳 같은 것을 꽂아 적의 접근을 근본적으로 차단하였음을 가리킨다.

4 沙蟲사충 : 전란의 희생자. 주(周) 목왕(穆王)이 남정(南征) 때 장교들은 원숭이와 학이 되고, 병사들은 모래와 벌레로 변하였다고 한다.

두 번째

누선에서 노호하며 위풍을 떨쳤으니
온 세상이 이제까지 으뜸 공신으로 손꼽네.
태평세월 300년을 우리에게 주셨으니
왜구들은 동방을 더는 침노하지 못했네.

其二

樓船叱咤仰雄風
萬國至今推首功
賜我升平三百載
蝦夷不敢更漁東[1·2]

주석

1 蝦夷하이 : 현 북해도(北海島)를 비롯한 일본 동북 지방. 일본의 세력이 이곳으로 진출하게 된 것은 5·6·7세기다. 계속 '하이'라 불려지다가 明治(명치) 2년(1869년)에 북해도라 개칭(改稱)했다.

2 漁어 : 침략하다

세 번째

노량은 적막하고 구룡 싸늘한데
남긴 그림 짚어보니 마음 더욱 비통하네.
산 좋고 물 맑은 겨레의 땅 한반도
이 분 우러러 출중한 이를 키워내리라.

其三

露梁寂寞龜龍冷[1·2]
手按遺圖倍愴神[3]
山明水麗韓半島
秀靈再毓仰斯人[4]

주석

1 露梁노량 : 임진왜란 때 거제도(巨濟島)의 견내량(見乃梁)과 한산섬 앞바다에 이어 삼 대첩지(三 大捷地)의 하나로 알려진 곳이며, 충무공(忠武公) 이순신이 전사한 최후의 싸움터로 유명하다. 충무공을 모신 충렬사(忠烈祠)가 있다.

2 龜龍구룡 : 거북선. 정유재란 때 종군한 이분(李芬)의 『忠武公行錄(충무공행록)』에는 거북선을 "크기는 판옥선(板屋船)과 같고, 위에는 판자로 덮었다. 판상에는 좁은 십자로(十字路)를 만들어 사람이 다닐 수 있도록 하고, 그 외에는 모두 도추(刀錐 : 칼과 송곳)를 꽂아서 사방에 발을 붙일 수 없도록 하였다. 앞에는 용머리를 만들어 그 입이 총구멍(銃穴)이 되게 하고, 뒤에는 거북의 꼬리(龜尾)를 만들어 붙이고 그 꼬리 아래 총구멍을 내었다. 좌우에 각각 6문의 총구멍을 내었는데, 그 전체의 모습이 대략 거북과 같으므로 그 이름을 거북선이라 하였다."라고 묘사하였다.

3 神신 : 깊은 마음. 영혼. 東晉(동진) 陶淵明(도연명) 〈形·影·神(형·영·신)〉

4 毓육 : 기르다

해설

■ 1912년 11월 26일

같은 대상에게 증여한 작품이 여러 수인 경우 두 번째 이하는 '又'로 표현한 것들과는 달리, 이 작품들은 유독 其1, 其2, 其3으로 표기된 것으로 보아, 이들은 3절까지 이어진 연작(連作)으로 추정된다.

〖필사본〗과 〖통용본〗은 작품 제목에 기록된 날짜와 작품 수에서, 그리고 몇 구절에서 다소간의 차이를 보인다.

〖통용본〗: 建國紀元節後十五日(十月十八)李忠武公閑山島紀念(第三百十四回) 3수

〖필사본〗: ① 建國紀元節后十六號閑山島紀念第三百十四回 2수 (제2권)

② 李忠武公閑山島紀念三首十月十八日 3수 (제2권)

분명한 것은 이들 작품이 "한산도 기념일(閑山島 紀念日)"이라는 날을 기해 지어졌다는 사실이다. 이 기념일 날짜가 언제인지에 대해서는 뒷받침할 만한 자료가 있으니, 그것은 예관 선생이 1914년 저술을 마친 『韓國魂(한국혼)』의 〈서문〉끝에 탈고한 날짜를 "甲寅(1914, 필자 주)建國紀元節後十六日, 李公閑山島殉國日(건국기원절 후 십육일 되는 이공의 한산도 순국일)"이라고 기록한 것이다. 이충무공 순국일은 곧 건국기원절(음력 10월 3일) 후 16일, 곧 음력 10월 18일인 것이다. 이 점에서 〖필사본〗 ①의 날짜 "建國紀元節後十六號"와 ②의 "十月十八日"은 동일한 날짜이다. 이에 비해 〖통용본〗 제목의 "建國紀元節後十五日"은 바로 옆의 작은 글씨 "十月十八日"과 다른데, 이는 개천절인 음력 10월 3일을 계산하지 않은 것이다.

음력 10월 18일이 이충무공의 '한산도 순국일'이라는 『한국혼』 서문에 비추어볼 때, 이 시 제목의 '閑山島 紀念'이란 '1592년의 한산대첩(閑山大捷)'이 아니라, 이순신 장군이 순국한 마지막 대첩, 곧 '1598년 노량대전(露梁大戰)'을 기념한 것이 분명하다. 또한 〖필사본〗 ①의 '삼백십사회'라는 언급을 수용한다면, 이 작품은 예관 선생이 상해에서 맞은 첫 번째 한산도 기념일, 1912년 음력 10월 18일(* 11월 26일) 이충무공의 노량대전(露梁大戰) 314주년을 기념하여 지은 것이 된다. ②에 수록된 세 편 중에 其一이 ①에 빠져 있는 것은, 다각도에서 수집되던 중 누락되었기 때문으로 여겨진다.

이들 작품은 〖필사본〗 제2권에서 '집'관 관련된 시 모음 〖愛吾汕廬草(고국의 집을 사랑하여)초안〗 중 【廬中叢感(여중총감)-思本室】 시리즈 안에 수록되어, 고국을 향한 사랑을 담고 있다.

선생은 저서 『한국혼』에서도 "忠孝文武, 鞠躬盡瘁, 四千載惟公一人也(충성, 효도, 학문,

무예를 겸하여 죽을 때까지 다 바친 인물은 사천 년 역사에 오직 충무공 한 분 뿐) "이라고 존숭하며 망명 한국 청년들에게 고국에 대한 자긍심을 고취시키고자 노력하였다. 민석린(閔石麟)의 『전기』에 따르자면, 선생은 거처에 단군 초상화, 한국 지도와 함께 이 충무공의 시 구절을 걸어놓고 조국의 독립 쟁취를 맹세하는 일을 하루도 빼놓지 않았다고 한다.

미국으로 떠나는 혜원 아우를 배웅하며(신덕 군)

送惠園弟赴美洲(申德 君)

그대는 동경에서 오고, 나는 경성에서 와	君從江戶我京城[1]
대륙의 풍운에 생사를 걸었지.	大陸風雲與死生[2]
사업의 성공은 사나이 뜻에 달렸거니	經營必遂男兒志
어이 아녀자마냥 이별을 슬퍼하리.	惜別何爲女子情[3]
천만년 치솟은 섬 우뚝하게 서 있는데	屹屹千秋天保立[4]
일망무제 펼쳐진 태평양을 건너리.	洋洋萬里太平行
그곳 산천이 그렇게 화려하다지	知否河山華且美[5]
무사히 귀향한 날 모두 기쁘게 맞으리.	好還鄕日共歡迎

주석

1 江戶강호 : 에도. 일본 東京(동경) 동부의 옛 이름. 1457년 에도 성이 축조되고 1603년 막부가 들어서며 일본 정치의 중심지가 됐음. 1868년 동경으로 개칭.

2 風雲풍운 : 격변하는 천하의 기운

3 女子情여자정 : "無為在岐路, 兒女共沾巾(갈림 길에서 아녀자처럼 손수건 적시지 말게나)." 唐(당) 王勃(왕발) 〈杜少府之任蜀州(촉주로 부임하는 두소룡께)〉

4 天保천보 : 높이 솟은 섬들을 가리킨 듯하다. 안창호(安昌浩) 선생은 1902년 몽골리아호를 타고 태평양을 건너 미국으로 가는 지루한 바닷길에서 하와이의 산봉우리를 만나, 이처럼 민족들에게 기쁜 희망을 주는 사람이 되자는 뜻에서 호(號)를 도산(島山)이라고 지었다고 한다.

5 知否지부 : 일반적으로 '아는가, 모르는가'라는 반문적 용도로 쓰이는데, 이 시의 문맥상 '잘은 모르지만'의 뜻으로 쓰인 듯하다.

해설

■ 1912년 11월~12월경

혜원(惠園) 신덕(申德)이라는 인물에 대해서는 그간 알려진 바 없었으나, 그가 도산 안창호 선생께 보낸 편지에 미국으로 간 행적이 서술되어 있어, 위 시의 제작 배경을 미루어 알 수 있다. 연도(年度)를 알 수 없는 3월 14일자 편지에서, 그는 도산 선생께 "申檉 형과(상해에서, 필자 주) 1년간 생활하다가… 러시아 西佰里 海蔘(블라디보스토크)으로 가서 병으로 고생하고 계시는 추정(秋丁)(李甲, 필자 주) 선생을 뵙고, … 지난 겨울 3월 14일 (미국에) 도착하였다"는 경과를 보고하고 있다. 발신지가 뉴욕인 것으로 보아, 위 시와 함께 예관 선생의 배웅을 받으며 상해를 떠나 러시아 블라디보스토크에서 추정 선생 등을 뵙고 뉴욕으로 간 것으로 보인다.

병이 깊으신 추정 선생이 러시아를 떠나 미국으로 갔지만, 쇠약하여 결국 입국하지 못하고 다시 러시아로 돌아와 西佰里 海蔘(블라디보스토크)에 계시던 시기는 1912년 12월로 짧기에, '작동(昨冬 : 지난 겨울)에 블라디보스토크에서 추정(秋丁) 선생을 뵈었다'는 신덕 군의 행적은 1912년 겨울이 될 것이다.

덧붙여 1916년 6월 22일과 1917년 3월 15일자 미국《新韓民報(신한민보)》 기사를 통해 알 수 있는 사실은, 신덕 군이 1913년 3월 14일 뉴욕에 도착하여 헤이스팅스 사립대학 특별생과 네브라스카 링컨 주립대학에 다니기까지 총 4년간 미국에서 공부하였는데, 미국 생활 중에 두 번이나 개복수술을 하여 체력이 약해져서 결국 1917년 고국으로 돌아오게 되었다는 사실이다.

그가 1917년 3월 15일자로 보도되기까지 4년 전이라면, 그가 뉴욕에 도착하여 도산 선생께 편지를 보낸 3월 14일의 연도(年度)는 1913년이고, '그 전 해 겨울' 블라디보스토크에서 추정 선생을 뵈었던 것은 1912년 12월경이 되므로, 예관 선생이 상해에서 위 시와 함께 신덕 군을 전송한 것은 1912년 11월~12월경이라고 할 수 있다. 정원택 선생이 쓴 일기『지산외유일지』에 상해에서 함께 생활했던 여러 인사 중에 신덕 군의 이름이 등장하지 않은 것은, 그가 상해를 떠난 후인 1913년 3월 7일에 북간도를 떠난 정원택 선생이 상해에 도착하였기 때문이겠다.

생일날 감회를 적다

生日書感

시간이 물처럼 수이 흘러	光陰容易逝如斯[1]
삼십 년 전에는 네 살 박이 아이였는데.	三十年前四歲兒[2]
자문하노니, 뜻도 공도 못 이뤘건만	自問志功俱未立
어이하여 세상일은 또 마음 같지 않은지.	如何心事又多違
평생 동안 태산 같은 죄과를 갚아야 하고	平生欲贖瀰天罪[3]
백 번 죽어도 보은할 마음 잊지 않으리.	百死難忘報本思[4]
하늘에서 환하게 나를 살피고 계시리니	在上昭昭聽視我
은혜와 위엄, 화와 복에는 사사로움 없으리.	恩威禍福竟無私

주석

1 逝者如斯서자여사 : "逝者如斯夫,不舍晝夜(흘러가는 것이 이와 같구나, 밤낮을 가리지 않도다)." 『論語(논어)』〈子罕(자한)〉. 세월의 속절없음이 새삼스러운 孔子(공자)님의 한탄이다.

2 【필사본】에는 '五'를 '四'로 고친 흔적이 있다. 해설 참조.

3 瀰天미천 : 하늘에 가득하다. 대단히 크다

4 기존의 판본들에서 모두 은(恩)으로 표기하였으나, 본 작품의 운(韻)에 맞추어 쓴 것(步前作)이라는 다음 작품의 서문(序文)에 비추어보면 '恩'이 아니라, '思'가 온당할 것이다. 【필사본】에도 '思'로 표기되어 있으니, 이것이 옳다.

해설

■ 1913년 2월 18일

예관 선생은 "삼십년 전 네 살 박이" 와 같은 햇수 계산 방식을 종종 사용하였다. 〈舊正十三曉起〉로 시작하며 1921년(辛酉) 지었음을 분명히 밝힌 생일 시 본문에서, "四十年前二歲兒(사십 년 전 두 살 아기)"로 자신이 우리 나이로 42세가 되었음을 분명히 하고 있는 것이 그 예이다.

1913년 정월 34세 생일을 맞아 세상 일이 뜻대로 되지 않는다는 토로로 시작되는 이 작품 전반의 기조는 침울하다. 『필사본』에는 '五'歲兒로 쓰였던 것을 고친 흔적이 있는데, 필사 중 고친 것이 아니라 완료된 후, 굵은 글자체로 '四'를 덮씌운 것이다. 침울의 기조로 보면, 34세였던 1913년 초보다는 1914년 35세 상반기가 더욱 심하였을 터이지만, 필사의 주체와 수정의 근거를 알 수 없으므로 『필사본』 『통용본』 모두 '四'로 표기된 1913년에 계년하였다.

이즈음 청나라 황실의 빈자리를 대신해 새로운 독재자가 된 원세개는 자신의 군사력을 이용해 철권 통치를 행사했고, 신념을 꺾지 않는 기존의 혁명파는 불순분자로 취급되어 北洋軍(북양군)에 쫓기게 되었기 때문이다. 그래도 하늘은 고향에 계신 부모님과 조국이 광복의 그날을 마련하시리라는 믿음을 되새겨보는 오늘이다.

정월 보름 밤 모임에서

上元夜席上

두서없이 떠오른 복잡한 생각을 멈출 수가 없었다. 숙소에 돌아와서는 잠을 청하지 못하였기에 앞 시의 다짐, 운과 제목에 준하여 거듭 시를 지어 동지들에게 드리노라.

悠然雜感, 瀉泄無方, 歸寓失眠, 仍步前作自誓韻題, 贈同志諸君.

더도 덜도 않고 이만큼 자랐으니	不後不先生長斯
강산은 어엿한 남아를 기다리리라.	江山如待好男兒
오늘 모두의 아픔에 어이 상심하리오	是日曷喪俱有痛[1]
천금 같은 다짐을 지켜 나가자.	千金一諾莫相違[2]
푸른 파도 솟구치니 서로 돕자 노래하며	滄海橫流同濟唱[3·4]
큰 바람 일어나니 공 세워 귀향하련다.	大風將起故鄉思[5]
잔 들어 제군의 건안을 세 번 축원하나니	擧杯三祝諸君壽
작고 붉은 마음에 구구하게 어이 사심 있으랴.	寸赤區區豈可私[6]

주석

1 曷갈 : 어찌

2 千金一諾천금일락 : "共矜然諾心, 各負縱橫志(모두들 응락하는 마음 당당하고, 저마다 거침없는 웅지를 품노라)" 唐(당) 虞世南(우세남) 〈結客少年場行(젊은이들 모여서)〉

3 滄海橫流창해횡류 : 해일이 일다. 흔히 시국(時局)이 요동치는 것을 묘사

4 1912년 예관 선생은 청년들을 규합하여 '한마음 한 뜻으로 피안으로 올라가자'는 뜻의 동제사(同濟社)를 결성하였다.

5 大風將起대풍장기 : "大風起兮雲飛揚. 威加海內兮歸故鄕. 安得猛士兮守四方(큰 바람 일어나니 구름 흩날리노라. 위풍이 사해에 떨치면 고향으로 돌아가리라. 어이하면 용맹한 병사 얻어 사방을 지킬건가)." 漢(한) 高祖(고조) 〈大風歌(대풍가)〉

6 區區구구 : 떳떳지 못함.

해설

■ 1913년 2월 20일

이 작품의 제작 시기는 서문에서 '앞 작품의 뜻과 운을 따라서 지었다'는 대목에 의해, 바로 이틀 전에 지은 〈生日書感(생일날 감회를 적다)〉 시와의 연관성이 뚜렷하다. 서문을 통해 예관 선생 나이 34세 1913년 정월 보름(* 2월 20일) 작품임이 분명해진 이 시의 韻(운)은 兒, 違, 思, 私로 바로 앞의 '생일시'와 같지만, 침통한 시의 마지막 구절에 담긴 꿋꿋함을 이으며 씩씩하게 나아가보자는 다짐과 격려로 바꾸고 있다.

작품에 동제사의 설립 취지가 다시 언급되고, 시기상으로 이날 新亞同濟社(신아동제사) 결성이 이루어진 것으로 추정된다.

단재께 드림

贈丹齋[1]

채호군은 정하동(鄭河東)의 비굴함을 일러 '후골(朽骨)'이라 매도한 일이 있고, 송교인 유록에는 금나라가 우리나라에 조공할 때 스스로를 '노재(奴才)'로 부르며 대했다고 기록되어 있다. '노재'란 섬길 나라에 대해 (자신을 낮추어) 일컫는 말이다.

采浩君曾有罵鄭河東之朽骨, 宋教仁遺錄有金國朝貢我國, 自稱奴才對, 奴才上國言.

그대는 하동을 송장이라 질타했으니	君曾罵到河東尸[2]
나 또다시 느꺼워 어부를 추모하노라.	我更感招漁父魂[3]
그 때 처음 알았지, 만주가 조공 바친 날	始識滿洲貢獻日
표문에 '노재' 두 글자 적어 넣었음을.	奴才二字表文存[4]

주석

1 丹齋단재 : 신채호(申采浩, 1880~1936). 예관 선생과 같은 고장에서 자란 동년배 지기. 계몽운동가, 사학자, 독립지사.

충청남도 대덕군 출생. 7살에 아버지를 잃고 조부 성우(星雨)가 운영하던 사숙에서 6세 때부터 한학을 교육받아 10세 때 행시(行時)를 지었으며, 12~13세 때 사서삼경을 독파하여 신동이란 소리를 듣기도 하였다. 19세 때 전 중추원 부의장 신기선(申箕善)의 추천으로 성균관에 입학하고 독립협회(獨立協會)에 가입하여 활동하였으며, 학업을 마친 1901년경에는 예관 선생의 향리인 계산리(현 인차리)에 민립학원인 문동학원(文東學院)에서 신백우(申伯雨)와 함께 강사로 활동하고, 1905년에는 향리 묵정(墨井)에 산동학당(山東學堂)에서 신학문을 가르치며 애국의식을 고취하였다. 1905년《황성신문》논설위원으로 초빙 받아 집필한 것을 시작으로, 1907년 중국 양계초(梁啓超)가 일본서적을 번역한『意大利建國三傑傳(의대리 건국 삼걸전)』을 다시 국한문 혼용의『이태리 건국 삼걸전』으로 번역하여 출판하였고, 1908년 5월에는 관련 자료들을 수집·정리하여 『을지문덕』을 저술하였다. 1907년 말부터는 《대한매일신보(大韓每日申報)》에 논설을 기고하면서 5월부터 8월까지는 3부작 『동국삼걸전』중 하나인 「수군 제일위인 이순신」을 금협산인(錦峽山人)이란 필명으로 연재하였다. 8월부터 12월까지는 옛 역사서를 참고하고 동 시대 국사서도 집약하여 근대민족주의 사학을 확립시킨 『讀史新論(독사신론)』을, 그리고 1909년 12월 5일부터 1910년 5월 27일까지는 『崔都統傳(최도통전)』(미완)을, 그 밖에 시론으로 『天喜堂詩話(천희당 시화)』를 연재하였다. 이러한 활동의 이면에는 시대의 앞길을 열어간 영웅의 도래를 고대하며, 나아가 모든 국민들이 영웅이 되는 신국민의 시대를 염원하는 뜻이 담겨 있다. 선생은 이 시기 활발한 저술활동을 통하여 1907년 가입한 비밀결사체 신민회(新民會)의 애국 계몽적 이념을 널리 알렸다.

1910년 한일합방으로 나라가 식민지화되려 하자 6월 안창호·이갑·이종호 선생 등과 중국으로 망명하여 靑島(청도)를 거쳐 러시아 海參崴(해삼위 : 블라디보스토크)으로 가서, 《大洋報(대양보)》와 《勸業新聞(권업신문)》의 주필 등으로 활동하면서 항일민족운동에 매진하였다. 이즈음 단재 선생이 가난과 신병으로 쇠약해졌다는 소식을 들은 예관 선생은 여비를 보내 상해로 불러들였다.

1914년 초 대종교 계통의 독립운동가 윤세복(尹世復) 형제의 초청을 받아 서간도 동창학교(東昌學校)의 교사가 되기 위해 상해를 떠나고, 이 시기 북경으로 가서 북경대 도서관을 이용하며 광개토왕비 등의 자료를 토대로 『조선사』 집필도 구상하면서 역사 연구에 전념하였다. 또한 1916년 4월경에는 환상과 허구를 통해 독자들의 재미를 도모하면서 민중의 결집된 힘을 강조하는 내용의 소설 『夢天(꿈하늘)』을 발표하여, 보다 너른 독자층을 향한 계몽을 도모하였다.

혼란과 막막함 가운데 맞은 1917년 음력 1월 13일(* 2월 4일) 예관 선생의 생일에는 주변 인사들이 정성껏 생일상을 차리고, 먼 곳에 있던 단재와 남파 박찬익 선생 등 여러 동지들도 한데 모여 축하하였다. 이 자리에서 단재는 고국에서부터 연주하였던 금(琴) 솜씨로 비장강개(悲壯慷慨)한 옛 금곡(琴曲)인 백설곡(白雪曲)을 연주하였고, 모두들 밤늦게까지 애국가를 부르며 독립을 소망하였다.

1918년도에 단재, 조소앙 선생 등 주요 인사들은 한인 교포사회의 거물들이 제각기 영웅으로 자처하며 할거하여 단결의 기미를 찾아보기 어렵자 상해를 떠났고, 단재는 북경에서 《中華報(중화보)》, 《北京日報(북경일보)》에 논설을 기고하고, 普陀菴(보타암)에 머무르며 『조선사초』를 편집하였다.

3·1운동은 북경에서 맞았으며 어떠한 독립운동도 해 내지 못한 일을 민중이 자발적으로 봉기하여 훌륭히 수행해 내는 것을 보고 민중의 위대한 힘을 절실히 깨달았다. 그는 3·1운동에 큰 영향을 받고 사상과 운동에 변화를 일으키기 시작하였다.

3·1운동 후 1919년 4월 11일 상해에서 임시정부가 출범하였는데, 이승만의 취임을 두고 상해 인사들이 여러 갈래로 의견이 대립되면서, 선생은 예관 선생과도 갈등하게 되었다. 4월 11일 1차 임시의정원 회의에서 단재 선생은 이승만을 국무총리로 임명하는 것에 반대하였고, 5차 임시의정원 시기(7.7~7.19)에 단재 선생이 의정원 전원위원회 위원장으로 피선되었지만, 그해 8월 18일부터 9월 17일 사이에 개최된 6차 의정원에서 이승만이 대통령으로 선임되자 단새 선생은 격렬히 반대하다가 위원장직을 사임하였다. 이어 1919년 10월 28일 《신대한(新大韓)》을 창간하여 임시정부의 노선을 비판하며 상해 《독립신문》과 대립하였다. 그는 창간사에서 '파괴를 통한 건설'과 '일본과의 혈전'을 선언했는데, 얼마 후 《독립신문》 측의 압력으로 인쇄가 불가능하게 되자 휴간하고 북경으로 갔다.

1921년 1월부터 3월까지 북경에서 순한문 월간잡지 《천고(天鼓)》를 발간하였는데, '일제의 국권탈취와 만행을 밝히고, 위기에 처한 동포들을 구한다. 일본의 만행을 국제사회에 알린다. 잘못된 역사를 바로잡는다. 국내의 무력한 언론에 대안 역할을 한다. 국민들의 사기를 끌어올리고 산하를 되찾는다'는 지향을 밝혔다. 1920년 이후에는 외교론과 준비론을 주장한 임시정부의 독립운동론을 비판했을 뿐 아니라, 문화운동론 등을 주장한 국내의 실력 양성론 또한 거부하고, 무장투쟁에 기반을 둔 직접 행동론을 민족해방의 주요 전략으로 제시하였다. 그리고는 北京(북경)을 중심으로 역사가로서 투사로서 독립운동을 펼쳐 나아가며, 민족주의 역사학을 확립한 「조선상고문화사」, 「조선상고사」 등을 집필하고, 1923년에는 의열단 선언문으로 알려진 〈조선혁명선언〉을 작성했다.

그 후 일본 제국주의를 타파하기 위해서는 민중 직접혁명을 통해 민중의 자유가 보장되고, 민중이 주인인 사회를 건설해야 한다고 여기며, 무정부주의 사상을 갖게 되었다. 이에 1928년 잡지 발행 및 무장투쟁 자금 조달을 도모하고자 臺灣(대만) 基隆(기륭)에 상륙하여 우편국에서 자금 인출을 시도하다가 일본 경찰에 의해 체포되었다. 선생은 10년 형을 언도받아 旅順(여순) 형무소에서 복역하다가 1936년 2월 18일 광복을 보지 못한 채 감옥에서 57세를 일기(一期)로 순국하였다. 정부는 1962년 건국훈장 대통령장을 추서하였다.

〖통용본〗에는 '申采浩' 세 글자가 있으나, 〖필사본〗에 따른다.

2 河東尸하동시 : 하동(河東)은 『고려사』를 쓴 조선 초기의 문신(文臣) 정인지(鄭麟趾, 1396~1478)의 본관(本貫)이다. 그의 사대모화(事大慕華) 사상에 대하여 단재(丹齋) 선생은 저서 『大東歷史(대동역사)』에서 "이들 역사는 역사가 아니라 국민을 노예로 몰아가는 방망이니, 정하동의 썩은 뼈를 향해 침을 뱉고자 한다"라고 매도하였다.

현재 발견된 필사본 『大東歷史』의 집필시점은 1907년, 필사시점은 1914년으로 추정되고 있다. 이에 대해 예관 선생은 1914년 12월 6일 탈고한 『韓國魂(한국혼)』에서 "단재 선생(錦頰山人)은 하동(河東)의 썩은 뼈를 꾸짖으면서 『大東史(대동사)』를 썼다"고 기술하고 있다.

3 漁父어부 : 중국 지사 송교인(宋教仁, 1882~1913) 선생의 필명. 예관 선생의 『한국혼』에는 다음과 같은 기록이 있다. "만주에서 조공을 가져올 때 임금께 바치던 글은 湖南(호남)의 『宋氏遺錄(송씨유록)』에 나타나는데, 송교인 선생이 기록한 것을 보면 그가 東三省(동삼성) 등 여러 곳에 있을 때 만주족 청나라가 아직 왕조로 성립하기 전의 세상에 드러나지 않은 역사를 많이 얻어 보았는데, 지금은 모두 東京(동경)에 보존되어 있다. 그 중에 만주가 고려에 바치는 글에 스스로 '後金國奴才(후금국 노재)'라고 하였다. '노재'라는 두 글자의 내력은 실로 만주가 섬기는 존귀한 나라에 대하여 스스로를 낮추는 말로서, 뒷날에까지 내려와 습관이 된 것이다'라고 하였다. 안타까운 것은 송군에게 자초지종을 좀 더 자세히 들어보지 못한 점이다."

宋教仁(송교인) 선생은 동맹회와 소수당을 병합하여 國民黨(국민당)을 조직하고 대리 이사장(代理 理事長)이 되었다. 1913년 3월, 국민당이 국회의원 선거에서 다수 의석을 차지하자 그는 이를 발판으로 책임내각제(責任內閣制)를 관철시키려다가, 그달 20일 상해 北驛(북역)에서 반대파의 총격으로 살해되었다. 망명 초기부터 그와 깊은 우정을 나눠오던 예관 선생의 충격과 비통함은 형언할 수 없었으며, 사흘 동안 음식을 끊고 애도하고, 지사들과 함께 추도하였다.

4 表文표문 : 임금께 올리는 글

해설

■ 1913년 8월경

송교인 선생의 죽음은 중국 二次革命(癸丑之役 : 1913.7~9)의 도화선이 되어, 정국(政局)은 더욱 혼란에 빠져들게 되었다. 상해를 중심으로 활동하였던 정원택 선생의 『지산외유일지』에는 고국과 중국 각지에서 몰려들던 망명인사들이 1913년 7월부터 9월 사이에 남경에서 상해로 속속 거처를 옮기거나 외국으로 떠난 기록이 잇따르고 있어, 어수선한 시국을 반영하고 있다. 예관 선생도 남경에 비해 정세가 비교적 안온한 上海(상해)로 이동하고서, 수많은 망명인사들의 집결 중심지 역할을 하며 새로 온 인사들에 대한 망명동지 환영회, 동제사 기념회 및 총회, 홍범식(洪範植) 선생 추도회 등을 개최하였다.

정원택 선생의 1913년 기록만 보아도, 조소앙, 김규식, 신상무 선생 등 주요인물들이 모여드는 중에, 특히 블라디보스토크에서 광복회를 조직하다 위장병과 가난으로 고생하던 단재 선생에게 여비를 보내어, 7월 18일(* 8월 19일)에 상해로 오게 하였다.

단재 선생은 예관 선생과 동갑내기로 같은 문중(門中)에 한 고향 출신이며, 함께 고향에 문동학교(文東學校)를 세워 강사로 활동하며 젊은 청년들을 교육하고, 서울의 산동 신씨 문중의 친목 및 장학 모임인 영천학계(靈川學契)를 조직하여 총무(總務)와 부원(部員)으로 참여하였으며, 대한자강회(大韓自强會)와 대한협회 등 애국계몽 단체의 일원으로서 뜻을 함께 했던 자별한 사이였다. 예관 선생은 단재 등 여러 인사들이 상해로 오자, 7월 25일(* 8월 26일) 여태루(旅泰樓)에 초청하여 환영식을 열었다.

이 시가 '贈詩'인 것으로 보아, 예관 선생은 이즈음 그에게 이 시를 지어 주며, 단군(檀君) 중심의 고대사 인식을 갖고 민족사를 체계화한 역사가로서의 안목을 높이 평가하며 우의를 다진 것으로 보인다. 단재 선생은 1914년 초 서간도 환인현(桓仁縣)에 개교하는 동창학교(東昌學校)의 교사로 초빙을 받고 상해를 떠나, 단오 무렵에는 그곳 인사들과 시회를 열며 풍류를 즐겼다는 기록이 있고, 위 작품에는 1913년 3월에 타계한 송교인 선생을 새삼 추모한 내용도 있어, 이 시는 단재 선생이 상해에 온 1913년도 음력 7월 무렵에 지은 작품으로 추정해볼 수 있다.

금산군수 만사

輓錦山郡守[1]

오백 년간 선비를 길러낸 이 나라 조정에	五百年來養士朝
어이하여 문무백관 모두들 도망갔는가.	如何文武盡皆逃
삼강오륜이 금산에 남아있나니	綱常留在錦山上[2]
신료들 한 목숨 부지함이 부끄럽도다.	衛率羞存命一條[3]

주석

1 錦山郡守**금산군수** : 홍범식(洪範植, 1871~1910). 조선 말기의 문신. 본관은 풍산(豐山). 자는 성방(聖訪), 호는 일완(一阮). 충청북도 괴산 출생. 참판(參判) 홍승목(洪承穆)의 아들이다. 1888년(고종 25) 진사가 되었으며 1902년 내부주사(內部主事)·혜민서참서(惠民署參書)를 역임하였고 1907년 전라북도 태인군수에 부임하였다. 당시 일제침략에 항거하는 의병이 전국에서 봉기하여 치열한 항일전투를 전개하고 있던 때로서 적극적으로 의병 보호에 힘써 일본군의 체포망을 피하게 하였다. 1909년 금산군수(錦山郡守)로 부임하여 선정을 베풀어 주민들의 칭송이 자자하였다.

1910년 일제에 의하여 주권이 강탈된 음력 7월 28일(8월 29일), 통분함을 이기지 못하고 목매어 자결하였다. 홍범식 선생이 장남 등 가족에게 남긴 유서 10여 통이 전해지고 있는데, 그 요지는 "조선 사람으로 의무와 도리를 다하여 빼앗긴 나라를 되찾아야 한다. 죽을지언정 친일을 하지 말고 먼 훗날에라도 나를 욕되게 하지 말라"는 내용이었다. 예관 선생의 절친 가인(可人) 홍명희(洪命熹, 1888~1968) 선생은 그의 장남으로, 부친의 유지를 굳게 간직하고 독립운동에 매진하였다.

2 綱常강상 : 삼강(三綱)과 오상(五常). 지켜야 할 도리.

3 衛率위솔 : 지키는 무리들

해설

■ 1913년 8월 29일

만사(輓詞, 挽詞)는 본래 장사(葬事) 지낼 때 쓰는 글이지만, 예관 선생의 경우는 홍암께서 타계한 1916년 음력 8월 15일에 〈奉悼羅公弘巖神兄五章(나공 홍암 신형을 받들어 애도함 다섯 수)〉을 짓고서, 이듬해 御天節(어천절) 한배검이 인간세계에 내려와 따라 조화(造化)·교화(敎化)·치화(治化)의 은덕을 217년 동안 베푼 다음, 다시 하늘로 올라가신 음력 3월 15일에 맞추어 〈弘巖先生追悼文(홍암 선생 추도문)〉과 〈輓章(만장)〉, 〈維(제문)〉을 썼으며, 〈往黃花岡七十二烈士紀念會送一輓(황화강 72열사 기념회에 가면서 만사 한 장을 보내다)〉, 〈輓吳綬卿(오수경 만사)〉, 〈輓安義士重根(안중근 의사 만사)〉 등과 같이 고인이 타계한 해를 넘겨서 추모나 기념을 위해 만사를 쓰기도 하였으므로, 해당 인물의 사망연도와 만사 제작 시기가 반드시 일치하지는 않는다.

1913년 홍명희 선생이 상해에 오자 그의 부친 홍범식 선생에 대한 관심이 증폭되었다. 정원택 선생은 『지산외유일지』에서 1913년 "4월 29일(* 6월 3일) 碧初(洪命憙, 필자 주)와 爲堂(鄭寅普, 필자 주), 天峯(金國珣, 필자 주) 세 분이 南通州(남통주)에 우거하는 김택영(金澤榮, 호는 滄江) 씨를 방문코자 상해로 출발하였다"고 기록하고 있는데, 당시 64세 원로였던 창강(滄江) 선생은 홍명희 선생을 만나본 후 벽초의 부친 홍범식(洪範植) 선생의 생애를 소상히 기록한 〈洪範植傳(홍범식 전기)〉를 쓰면서, 그 아들 홍명희 선생에 대해서도 "글 솜씨가 빛나며 외모는 온공하나 심중은 측량할 수 없으리만큼 강개하다. 대개 길에서 굶어죽을지언정 결코 원수 놈의 나라에서 구차히 먹고살지는 않을 것이다"라고 덧붙였다. 이날 함께 갔던 위당(爲當) 정인보 선생도 이를 토대로 홍범식 선생의 최후에 대해 퇴고에 퇴고를 거듭한 흔적이 역력한 보고서, 〈錦山郡守洪公事狀(금산군수 홍공사장)〉을 지어 그의 문집 『薝園文錄(담원문록)』의 첫 번째 작품으로 싣고 있다. 뿐만 아니라, 상해에서 이 시 기 함께 생활하였던 조소앙(趙素昂) 선생도 열사들의 행적을 기록한 『遺芳集(유방집)』에 〈洪範植傳(홍범식 전기)〉를 넣어 뜻을 기리고 있으며, 宋相燾(송상도, 1871~1946) 선생 역시 대한제국 말기부터 광복까지 애국지사들의 사적을 기록한 『騎驢隨筆(기려수필)』의 '合倂後殉死(합병된 후 순국하다)'라는 부제(副題)를 단 글에 홍범식 선생의 최후를 소상히 기록하고, 장남 홍명희 선생에 대해서도 기록하고 있다.

정원택 선생에 따르자면, 상해에 있던 조선인 동지들은 1913년 음력 7월 28일(* 8월 29일) 경술국치 3주년을 맞아 동제사(同濟社) 총회를 열고, 오후에 홍범식 선생의 추도식을 개최하였다. 유독 많은 인사들이 모이고 흩어지던 그 해, 상해로 온 가인(可人) 선생을 보자

고인이 더욱 그리워진 예관 선생은 후진들에게 용기를 불어넣고자 만장을 짓고 기념식을 거행한 것으로 보인다.

愛 吾 汕 廬
IV. 애오산려

1913.9~1918.12

杜鵑鳥(두견새)

"遺民孤子良足哀, 山河破碎鵑啼血.
(나라를 떠난 외로운 이 참으로 애달파, 산하 무너지고 두견새 피 토하며 우네)"
- 黃介民(황개민) 〈題申睨觀汕廬圖(신예관의 산려도를 읊다)〉 시 중에서. 1928 -

중국 고대 蜀(촉)나라 왕 杜宇(두우)는 고국의 멸망을 통탄하다 죽어 두견새가 되어서, 두견화(진달래)가 필 때 피를 토하며 처절하게 운다는 전설이 있다.

중국 혁명세력이 袁世凱(원세개)의 전제정치(專制政治)에 반대하여 벌인 무장투쟁(2차혁명 : 癸丑之役)이 실패하자, 혁명파 지도자들 대부분은 외국으로 피신하였고, 1914년 7월에는 제1차 세계대전마저 시작되어 정국은 더욱 혼란스러워졌다. 어제 옳던 혁명이 하루아침에 매도당하고, 혁명인사들은 외국으로 도피하거나 암살당하거나 통분에 못 이겨 세상을 떠났다.

역사적으로 보면 이 시기는 중국이 국내외적으로 큰 혼란기에 해당되고, 당초의 기대와 달리 절망스럽게 펼쳐지는 혼란 속에서 망명지사들도 곤경에 빠졌지만, 세찬 바람 속에서도 필사적으로 암중모색(暗中摸索)을 이어갔다.

예관 선생은 이 시기에 지은 시에서, "'춘추(春秋)'란 이름을 붙여 멋대로 쓴 역사서들은 많지만, '하동(夏冬)'을 쓴 것은 없구나."라며 망명 후에 이어진 고난의 시간을 침통하게 술회하였다. 여기에 쓰인 '夏冬(하동 : 여름과 겨울)'이라는 어휘는 동서고금 어디서고 찾아보기 어려운, 예관 선생만의 시어이다. 더위와 추위로 상징되는 이 단어에는 '지금의 고된 실천이 내일의 역사가 된다'는 꿋꿋한 신념이 담겨 있다.

선생의 상해 독립운동 중에 침체기에 해당하는 이 기간 동안에는 망명 지사들과 독립을 위한 다양한 방안을 모색하는 한편, 자신의 거처에 '고국 산하를 사랑한다'는 뜻의 '애오산려(愛吾汕廬)'란 이름을 붙이고, 이곳을 중심으로 창작활동을 펼쳐 평소의 역사관을 정리하고, 시대의 갈등을 토로하고, 문학적 기량을 확장시키며 진보적인 인물들을 폭넓게 사귀었다. 杭州(항주) 高麗寺(고려사)의 사라져가는 자취를 찾아내어, 그 유래와 이름을 되찾아 망명 한국인들의 자긍심을 되살린 일도 이 시기에 이루어진 뜻깊은 활동이다.

(1) 암흑 속으로(1913.9~1916.4)

1913년 하반기에 중국 내외의 정세는 혼란스러웠지만, 이에 아랑곳하지 않고 블라디보스토크에서 활동하던 단재 선생을 비롯하여 고국에 있던 안재홍 선생 등 많은 젊은이들이 상해로 몰려들었다. 11월 8일 예관 선생이 明德里(명덕리, 혹은 銘德里)로 근거지를 옮기고 나서는, 이곳이 아예 상해 독립운동의 본거지가 되었다.

망명 독립지사들의 지지 세력이었던 중국 혁명파 인사들이 대거 국외로 피신하였기에 자구적인 노력이 더욱 필요하여, 선생과 선배 지사들은 망명오거나 현지에서 명절을 맞이한 애국청년들을 위해 작은 자리라도 마련하여 시를 지으며 격려하면서 어려운 시기를 버텨나갔다.

1914년 중국은 국내적으로 袁世凱(원세개)의 전횡이 날로 심해져, 상반기에는 각 省(성)의 의회를 해산시키고, 〈治安警察條例(치안경찰 조례)〉를 제정하여 정치결사와 동맹파업을 막았으며, 〈報紙條例(신문 조례)〉를 만들어 언론의 자유를 억압하였다. 또한 임시정부 출범 시 약조했던 〈臨時約法(임시약법)〉을 폐지하고 〈中華民國約法(중화민국 약법)〉을 반포하면서, 총통의 권한을 확대하여 책임내각제를 총통제(總統制)로 바꾸었다. 설상가상으로 서양에서는 7월 28일 영국·프랑스·러시아 등의 연합국과 독일·오스트리아 등의 동맹국이 대치하는 제1차 세계대전(1914~1918)이 일어났고, 그 규모가 날로 확대되며 수년간 치열한 전쟁이 이어졌다.

1914년 1월 12일 예관 선생은 명덕리에 박달학원(博達學院)을 개원하는 것으로 시작하여, 이곳을 중심으로 안중근(安重根) 의사(義士) 추도회, 어천절 경하식, 동제사 개원 2주년 기념식과 박달학원 수업식 등을 펼치며 내실을 다졌다. 중국의 주요 혁명원로들이 외국으로 모두 피신하자, 선생은 혁명을 지향하는 중국 내 문인단체 南社(남사)에 가입하여 많은 진보적 문인들과 사귀며, 일제의 지배로 고통 받는 한국의 실정을 알리고 일본에 대한 경각심을 촉구하였다. 본래 시나 서화에 조예가 깊었던 선생은 가능한 그 모임인 雅集(아집)에 자주 참석하여 많은 중국 시인들과 사귀면서, 그들의 문학활동과 발맞추어 명덕리 집에 '고국의 집을 그리워하다'라는 뜻의 '愛吾汕廬(애오산려)'라는 이름을 붙였으며, 관련된 시들을 쓰기 시작하였다. 12월 이순신 장군 서거일에는 강연 원고를 정리하여 웅혼한 사상서

(思想書), 『韓國魂(한국혼)』을 탈고하였다.

1915년에 들어서자, 일본은 山東半島(산동반도)에서 독일(獨逸)이 갖고 있던 권한 이양 등 '21조(條)'를 요구하는 등 중국을 압박하였고, 袁世凱(원세개)는 폭정을 더욱 강화하며 籌安會(주안회)를 조직하여, 공개적으로 제제(帝制) 회귀와 君主立憲制(군주입헌제) 도입을 노골화하였다.

이해 3월에는 북경에 있던 성락형(成樂馨)·유동열(柳東說) 선생 등 독립운동가들은 上海(상해)로 가서 박은식 선생과 예관 선생 등 동제사 간부와 이상설(李相卨)·이춘일(李春日)·유홍렬(劉鴻烈) 선생 등을 만나, 해외 여러 지역의 독립운동 조직과 무력을 아우르는 독립운동을 벌이기 위해 신한혁명당(新韓革命黨)을 조직하였다. 이들은 제1차 세계대전 직후의 정세를 분석하며 중국을 지원하기 위해 安奉線(안봉선 : 丹東과 奉天간) 철도를 파괴하고, 한국의 고종(高宗) 임금으로부터 위임을 받아 중국 정부와 일종의 한중우호조약인 '중한의방조약(中韓誼邦條約)'이라는 밀약을 맺으려 하였다. 당시 신한혁명당 간부들은 제1차 세계대전에서 독일이 승리한 뒤 연합국 일원인 일본 공격에 나서고 여기에 중국이 동조할 것으로 정세를 전망하였으나, 중국이 일본에 쉽게 굴복하였고, 성낙형 선생이 1915년 7월 서울에 들어와 변석붕(邊錫鵬) 선생 등과 함께 고종의 밀명을 받기 위해 활동하던 중, 일본 경찰에 붙잡힘으로써 실패로 돌아갔다. 예관 선생은 다시 박은식 선생과 대동보국단(大同輔國團)을 조직해 滿洲(만주)와 沿海州(연해주) 지방의 독립운동가들을 연결하였다.

이 해 8월 3일 袁世凱(원세개)의 제위(帝位) 계승을 위해 籌安會(주안회)가 발기되고, 23일 정식 출범하였다. 이 단체는 楊度(양도, 1875~1931)가 주도하여 북경에서 만들었으며, 각 省(성)의 장군과 상회(商會) 대표를 불러들여 국가 체제 문제를 논의하도록 압박하는 등 공개적으로 제정(帝政 : 황제에 의한 정치) 회복 운동을 하여, 혁명파(革命派)의 의분(義憤)을 불러일으켰다. 하반기에 중국으로 다시 돌아온 孫文(손문)과 陳其美(진기미)는 반원운동(反袁運動 : 원세개 반대 운동)을 펼치며 대치하여, 양측의 갈등은 최고조에 달하였다. 급기야 1915년 9월에는 예관 선생 일행이 망명하여 상해에 도착하였을 때 선생의 진면모를 첫 눈에 알아보고 백방으로 혁명 인사들을 소개하며 힘을 실어주었던 徐血兒(서혈아)가 원세개의 폭정에 대한 분노로 병을 얻어 세상을 떠났다. 민국 초기 혁명 세력이던 南社(남사)의 구성원들조차 태반이 원세개 지지로 돌아서서 정신적으로 힘겨웠던 1915~16년 상반기 중에, 예관 선생은 특히 멀리 있는 대한의 동지, 홍명희·정인보·신채호 선생에게 懷人體(회인체) 시 등 많은 작품들을 보내면서 연대의 정으로 어려운 시기를 버텨나갔다.

소형께 드림

贈少衡[1]

세상 일 답답하여 아형께 묻자하니　　佐時無術問阿衡[2·3]
홀로 민권 위해 피 흘려 싸울 뿐이라네.　　獨抱民權血以爭[4]
산하를 바라보니 여전히 요동치고　　極目山河猶震盪
슬프나니 호걸들 모두 다 흩날려 갔네.　　傷心偉傑盡飄零
모진 바람에 동반자 더욱 간절하니　　臨風倍切同舟感[5]
어이 서로 강 건너 불 보듯 하리.　　觀火那堪對岸情[6]
세상 좋은 기회가 허사될 줄 그 누가 알았으리　　誰料世機成幻夢
청의 군사들, 오늘 남경서 소란 피우네.　　辮軍今日鬧南京[7]

주석

1 少衡소형 : 周浩(주호, 1881~1939). 字(자) 少衡(소형). 일찍이 일본에 유학하여 1905년 孫文(손문)이 결성한 同盟會(동맹회)에 가입하였다. 1907년 손문의 명을 받아 국내로 돌아와 《東陲報(동수보)》를 창립하고, 《天鐸報(천탁보)》, 《民立報(민립보)》에서는 찬고(撰稿 : 기사를 쓰고 편집하는 일)를 맡으며 혁명을 고무 격려하였다. 중화민국자유당(中華民國自由黨)이 성립하자 갓 망명한 예관 선생과 함께 가입하였고, 이들은 《民權報(민권보)》社에서 함께 근무하였다.

2 佐時좌시 : 세상을 돕다. "오래도록 도읍에 방황하나, 때를 보필할 좋은 계책 없도다(遊都邑以永久, 無明略以佐時)." 漢(한) 張衡(장형) 〈歸田賦(귀전부)〉

3 阿衡아형 : 고대에 교양을 관장하는 관직을 일컬었으나, 후에는 임금을 보좌하는 관직의 의미로 사용하였다. 이러한 뜻의 阿衡(아형)이란 어휘를 통해 周浩(주호) 선생이 일본에서부터 孫文(손문)의 측근으로 활약한 일을 높이 사는 동시에, 중국어에서 존경하

거나 친한 사람 호칭 앞에 '阿(아)'자를 붙이는 습관을 빌어 친근감을 담아 표한 것이다. 예관 선생은 또한 〈寄夢巖(몽암께 부침)〉 시에서도 그러하였듯이 상대의 호(號)나 이름을 종종 시에 넣었는데, 字(자)가 少衡(소형)인 주호에게 주는 이 시에서도 호칭에 '衡'자가 공통으로 들어가는 〈歸田賦(귀전부)〉의 작가 張衡(장형)을 소환하고 그의 문장을 이끌어 쓰셨다.

4 民權민권 : 少衡(주호) 선생은 《民權報(민권보)》(1912.3.28~1914.1.21)의 발행인이다.

5 倍切배절 : 한층 절실함

6 對대 : 〖필사본〗에는 対로 되어 있다. 〖필사본〗에 간혹 약자(略字)가 보인다.

7 辮軍변군 : 淸(청) 정부에 효충(孝忠)을 맹세하며 변발 자르는 것을 금하여 변군이라고 불렀다.

辮변 : 머리를 땋다.

해설

■ 1913년 9월 1일

예관 선생은《민권보》사 창립자 周浩(주호) 선생의 지향과 활동을 '抱民權血以爭(홀로 민권 위해 피 흘려 싸운다)'고 묘사하면서, 오래 전 '나라를 보좌할 계책이 없다'고 개탄했던 漢(한)나라 말기 문인 張衡(장형)(78~139)의 글에 빗대어 시절을 한탄하고 있다.

1913년 9월 1일, 파란 옷을 입고 변발을 늘어뜨린 張勛部(장훈부)의 "변발 군사(辮子軍)"들은 남경에서 극악무도한 노략과 파괴를 서슴지 않았고, 孫文(손문) 선생 등은 8월에, 혁명 실패 후 지명수배를 당한 黃興(황흥), 陳其美(진기미) 선생 등도 속속 일본으로 망명하였다. '傷心偉傑盡飄零(호걸들은 다 흩날려 가고)' '誰料世機成幻夢(절호의 기회는 허망한 꿈이 되어 버린 채)', '辮軍今日鬧南京(변발한 군인들이 남경에서 난동을 부리는)' 이 시기, 2차 혁명의 파국에 예관 선생의 상심은 형언하기 어려웠다.

백강(김경렬, 계축년) 아우 만사

輓白岡(金慶烈 癸丑年)仁棣[1]

이날은 바람이 쌀쌀하고 비도 내려 어둑하였다. 오후 2시에 백강 군의 추도회를 개최하였다.

是日也, 風凄雨晦. 下午二時, 開白岡君追悼會.

꿈이런가, 작년의 이별이	夢耶去年別
천고의 영결인 줄 생각이나 했으랴.	誰意作千古永訣
나에게 이토록 피눈물만 더해주누나.	忍使恨人滋血淚[2]
혼령이여 어느 곳으로 돌아가시는가	魂號何處歸[3]
한 조각 정갈한 곳도 없다 상심치 말고	莫傷無一片乾淨[4]
길이 천조에 의지하여 애달픈 정 호소할지니.	長依天祖訴哀情[5]

주석

1 1913년이다.

2 恨人한인 : 예관의 자호, 靑丘恨人.

3 魂號혼호 : 한자로 된 영혼의 이름.

4 無一片乾淨무일편간정 : 예관 선생은 1914년 가을에 탈고한 『韓國魂(한국혼)』에서 당시 제1차 세계대전이 한창이었음을 묘사하고 나서, "首山東海, 已無一片乾淨之土足容我人之身者矣(수산과 동해에 우리 몸을 허용할 한 조각 깨끗한 땅도 남아 있지 않다)"고 개탄하였고, 같은 표현 "首山東海無乾淨(수산이고 동해고 멀쩡한 곳 없도다)"이 〈題水邨第五圖贈芝珪('수촌 제5도'에 시를 써서 지규께 드림)〉 시에도 등장한다. 1913년 하반기에 쓴 위 작품에 이와 유사한 표현이 등장하는 것을 볼 때, 이러한 상태는 일

년 전인 1913년 하반기부터 시작된 것임을 알 수 있다.

5 天祖천조 : 하늘에 계신 조상. 환웅

또

又(其2)

처량하게 말없이 앉아있자니　　蒼凉無語坐
비보 홀연 전해왔도다.　　惡耗忽來時[1]
달이 진 강에 기러기 우는데　　月落江鴻叫
바람 싸늘하고 고운 나무 슬프도다.　　風凄玉樹悲[2]
훌륭한 인재를 북쪽 하늘이 앗아가다니　　奇器胡天奪
노고가 쌓여 이런 병에 걸려 버렸도다.　　積勞斯疾罹[3]
혹 오늘밤 그대 꿈을 꾸어보아도　　倘爲今夜夢
새벽에 일어나 사실 아닌 줄 깨닫게 되리.　　曉起覺還非

주석

1 惡耗악모 : 나쁜 소식. 부음

2 玉樹옥수 : 몸가짐이 아름답거나 재능이 뛰어난 사람. 〈威海舟中紀夢示蘇子二友(위해의 선실에서 꿈자리를 적어 소, 자 두 벗에게 보이다)〉 시 참조.
"宗之蕭灑美少年, 擧觴白眼望青天, 皎如玉樹臨風前(최종지는 근사한 미소년, 잔 들고 당당하게 하늘을 쳐다보네. 말쑥한 그 모습 옥 나무가 바람 앞에 선 듯하네)." 唐(당) 杜甫(두보) 〈飮中八仙歌(음중팔선가)〉

3 罹리 : 병에 (걸리다)

해설

■ **1913년 10월 초**

백강 김경렬(白岡 金慶烈)의 갑작스런 죽음을 애도하는 작품으로, 첫 번째 작품은 두 수의 운문(韻文)이 쌍을 이룬 만련(輓聯)이고, 두 번째 작품은 시 형식을 빈 만시(輓詩)이다. 한 사람의 죽음에 애닯은 정을 다 표현하지 못하여 두 수 이상의 만련(輓聯)을 짓는 경우도 있고, 만시(輓詩)만을 쓰거나 휘호를 써서 액자에 넣은 만액(輓額)을 보내기도 하는데, 고국 젊은 이의 비보를 받고 '피눈물(血淚)'이라는 시어를 사용하며 만련에 만시까지 지었을 때 그 비통함이 어느 정도였을지 짐작해볼 수 있다.

김경렬(金慶烈)이란 인물에 대해서는 상세한 기록이 없으나 시의 내용을 미루어볼 때 중국 북쪽에서 활약하며 장래가 촉망되던 인물로서, 1912년의 만남 이후 선생은 그를 다시 못보고 부음을 듣게 된 듯하다. 슬픔을 이기지 못하여 하늘에 계신 천조(天祖)께 아우의 영혼을 맡긴다는 대목에서, 예관 선생과 고인은 대종교(大倧教)로 깊이 맺어진 사이였던 것으로 보인다.

1912년 4월부터 약 6개월 간 북간도(北間島) 청호(青湖) 시교당(施教堂)에서 대종교 포교활동을 도왔던 조창용(趙昌容, 1875~1948)의 『白農實記(백농실기)』 1912년 6월 14일자(* 7월 27일) 일기에는 "백강 아우가 와서 위로하므로 강으로 나가서 시를 읊조리고 율시 한 수를 지었다(白崗來慰臨流出詠作一律)"는 내용이 있는데, 호(號)로 보이는 '백강' 글자가 위 시와 다소 다르다.

이 시들의 제작 연도는 서문에 밝혀진 계축년 1913년인데, 날짜는 분명치 않다. 그런데 1913년 양력 3월 7일 상해에 도착한 이후 예관 선생이 중심이 된 기념식과 추도회와 같은 행사들을 꼼꼼하게 기록한 『지산외유일지』에 이 추도회 일정이 빠져 있는 것으로 볼 때, 저자인 정원택(鄭元澤)이 무상중학(務商中學)에 입학하여 기숙생활로 외출이 자유롭지 않던 8월 26일(* 9월 26일) 이후의 작품으로 추정해볼 수 있겠다. 양력 9월 12일은 국민당이 원세개와 벌인 2차 혁명(癸丑之役)의 패전이 확실해진 날이다. 위 작품에서 특히 제2수의 첫 부분에 김경렬이 타계하였다는 비보를 듣기 전, 예관 선생이 "처량하게 말없이 앉아(蒼凉無語坐)" 계셨다는 대목에서, 패전 직후의 작품임을 짐작해볼 수 있다. 더구나 제2수의 첫 구절에 등장하는 '바람이 쌀쌀하고 비도 와서 어두운 날씨'나 '기러기 울음소리'가 중양절 즈음임을 알려주고 있다. '잠자리에 들고— 새벽에 꿈에서 깨어나는 것'보다 달이 먼저 지는 저녁 무렵임을 미루어볼 때, 음력으로 초순쯤인 듯하다.

강서선을 타고 청도로 향하며

乘江西船[1]發向青島

철아, 소창, 벽아, 예봉이 배웅하다·鐵兒[2], 少滄, 霹兒, 銳峰送之

가을 빛 맑은 강에서 홀로 배에 올라	水色秋光獨上船
소슬한 서풍 속에 처연히 섰도다.	金風颯颯立淒然[3]
오늘에 어울리는 황국은 가뭇없고	黃花無處酬今日
푸른 바다에 그대의 추억만 어리노라.	青海懷君感昔年[4]
변덕스런 세태가 이상할 것도 없다만	毋恠常情隨冷暖[5]
어이 견디랴, 지나온 자취가 티끌 먼지에 묻힘을.	那堪往蹟付塵烟[6·7]
다정할 손 오로지 서강의 달빛	慇懃惟有西江月[8]
수심 찬 침상 가를 고요히 비추네.	來照愁人臥榻邊[9]

주석

1 江西船강서선 : 長江(장강) 중류에서 출발하는 선박. 당시 江西省(강서성) 九江港(구강항)이 가장 크고 이곳과 姑塘(고당)에 세관(稅關)이 있었다.

2 〈旅泰樓(여태루)〉, 〈以永樂亭詩贈鐵兒(영락정 시로 철아 아우에게 줌)〉, 〈輓鐵兒盟弟(철아 형제 만사)〉 시 참조.

3 金風금풍 : 가을바람

4 예관의 초기 시 〈到青島(청도에 도착하여)〉를 감안해 볼 때, 청사(晴蓑) 조성환(曺成煥)과 청도를 거쳐 상해로 왔던 1911년 12월의 일을 그리는 것으로 보인다.

5 冷暖냉난 : 처지의 변화

6 那堪나감 : 어이 견디랴. "那堪獨立思前事, 回首殘陽雉堞紅(어이 견디랴, 홀로 서서 옛일 생각하니, 석양에 돌아보면 성가퀴만 붉구나)." 唐(당) 和尙(화상) 栖白(서백) 〈經廢宮

(폐허가 된 궁을 지나며)〉

雉堞치첩 : 성 위에 쌓은 낮은 담.

7 塵烟진연 : 속세의 일

8 西江서강 : 長江(장강). 왕조의 영고성쇠(榮枯盛衰)를 비감해 한 이백(李白)의 〈蘇臺覽古(고소대에서 옛날을 회고하다)〉에 등장하는 '西江月(서강월)'은 송대(宋代) 사패(詞牌)로 노래되기도 하였다.

특히 음력 9월 9일 중양절 귀양지에서 달빛을 읊조린 宋代(송대) 문인 蘇軾(소식, 1036~1101)의 〈西江月(서강월)〉, "中秋誰與共孤光, 把盞淒然北望(중추절에 누구와 외로운 달빛을 볼까, 잔을 들어 처연하게 북쪽을 바라보네)" 같은 대목과 정경(情景) 묘사가 매우 흡사하다.

9 榻탑 : 좁고 길며 비교적 낮은 침대. 평상

해설

■ 1913년 10월 8일

공화(共和)와 민권(民權)을 기치로 내세운 국민당의 승리를 통해 한국의 광복에 도움을 받을 수 있으리라 여기고 성원하였던 한국 망명지사들은 혁명 세력이 일으킨 2차 혁명의 실패에 크게 낙담하였다.

작품에서 '찼다 더웠다(冷暖)' 변덕스런 세태에 순응할 수밖에 없는 약자의 처지를 안타까워하고, 공화(共和)에의 열정으로 청사(晴蓑)와 함께 青島(청도)를 거쳐 남경으로 가서 펼쳤던 망명 초기의 궤적들을 떠올리면서, 모든 것이 허사가 되었음을 한탄한 대목은, 격변하는 시국(時局)을 짐작케 한다. 더구나 왕조(王朝)의 영고성쇠(榮枯盛衰)를 비감(悲感)해 한 李白(이백)의 시, 〈蘇臺覽古(고소성에서 옛날을 생각하며)〉에 등장한 이후 宋代(송대)에는 곡조의 제목(詞牌, 사패)가 되어 노래로도 불리던 '西江月'은, 뒤바뀐 세상에 대한 깊은 비탄을 함축하고 있다.

위 시에 등장하는 江西船(강서선)은 江西省(강서성) 九江關(구강관)에서 長江(장강)을 오르내리던 선박으로, 이날 예관 선생은 상해에서 승선하였음을 알 수 있다. 작품에서 가을바람을 뜻하는 '金風'이나 '오늘에 걸맞는 黃菊' 같은 어휘가 사용되고 있지만 그것만으로는 제작시기를 확정짓기엔 다소 미흡하고, 작품 부제(副題)인 '鐵兒, 少滄, 霹兒, 鋭峰送之'의 구절과 정원택의 일지를 대조해보면, 이 시의 제작 일자를 추정할 수 있다.

『지산외유일지』 1913년 음력 9월 9일자 기록에는 "이 날은 중양절이다… 신성모·최훈이 본국으로부터 와서 서로 인사하고, 예관 선생은 靑島(청도)로 출발하고 겸곡 박 선생과 홍건은 홍콩으로 출발하는지라, 전별한 다음 세 동지가(와?) 대관원에 가서 구경하니…"라는 대목이 있음을 미루어볼 때, 이날 예관 선생과 박 선생 일행을 전송하고 대관원을 구경한 '세 동지'와 위 시 부제(副題)에 등장하는 인물들은 실명(實名)이 아니라서, 신분을 밝히기 쉽지 않지만, 위 시에서 중첩되는 인물로 신성모(申性模, 1891~1960), 즉 소창(小滄, 즉 申澈) 선생이 있기에, 시의 배경이 음력 9월 9일임을 알 수 있다.

또한 예관 선생이 일 년 후에 지은 〈夜與諸棣小酌共題詩(밤에 여러 아우들과 작은 술자리를 갖고 함께 시를 짓다)〉 시에서 '去年今日坐西樓, 細雨疏風感九秋(작년 오늘 서루에 앉았을 때, 가랑비 선들바람에 가을이 깊었지)' 라는 구절은 위 작품의 제작 시기를 특정 짓는 데 또 하나의 근거를 제공해준다.

즉 정원택 선생의 1914년 9월 9일자 일기에는 "오늘은 중양절이다. 2~3명 동지와 술과 안주를 마련하여 회포를 풀었는데, 밤이 깊어진 뒤에 예관 선생이 영덕리에서 중양회를 열고, 사람을 보내 초청하므로, 벽초와 동반하여 참석하니, 여러분이 모여 시와 술을 서로 주고받았다"는 기록이 있으므로, 〈夜與諸棣小酌共題詩〉 시는 1914년 9월 9일 중양절(* 10월 27일) 작품임이 분명해지고, 이 작품에서 '去年今日(작년의 오늘)'이라 칭해진 위 시의 1913년 중양절(* 10월 8일) 전송 자리는 상해 西樓(서루)에서 가졌음도 알 수 있다.

공륙께 드림

贈公六[1]

남촌의 한 소년 기특도 하네.	可愛南村一少年[2·3]
무명옷, 미투리로 혼자 날아다니지.	布衣草履獨翩翩[4·5]
재주와 덕 쓰이는 날 응당 오리니	如君才德應時出
천 년의 문화, 그대 힘으로 전승되리라.	千載斯文賴有傳[6]

주석

1 公六**공륙** : 육당(六堂) 최남선(崔南善, 1890~1957) 선생이 소년 시절에 쓰던 자(字). 육(六)은 이름의 '남(南)'자와 연관 있는 남두성(南斗星)이 여섯 개의 별로 이루어졌다고 붙인 것이다.

그는 일본에서 早稻田(조도전 : 와세다) 대학을 중퇴하고 고국에 돌아온 1907년 이후 약 20년간 청년들의 계몽과 국민정신의 진작을 위해 열정적인 활동을 전개하였고, 3·1운동 선언문을 작성하였으나, 장기화된 일제의 압력에 절개를 굽히고 협조하여, 거의 같은 기간 동안 독립운동에 매진하다가 일제에 협력한 이광수(李光秀, 1892~1950)와 함께 해방 후 변절자로 지탄받았다.

장준하(張俊河, 1915~1975) 선생은 이들의 업적을 소중히 여기지 않고 비난만 하는 세태를 무지하다고 비판하였는데, 어려운 시기일수록 지식인의 책무가 더욱 무거운 것이 분명하기에, 일제하에서 오랜 동안 민족정신을 드높이고자 기울였던 이들의 열정과 선구적 활동이 안타깝다.

2 南村**남촌** : 육당 선생은 서울 남부(南部) 사정동(絲井洞) 59통 5호에서 태어났다. 조선시대에는 청계천 북쪽 일대를 북촌, 그 남쪽 일대를 남촌으로 불렀다. 사정(실 우물)동은 지금의 을지로 2가 큰길 건너편 경사진 곳 인근으로, 동현 혹은 구리개라고 부르기도 하는 지역이어서, 그는 '동현 사는 최남선'으로 불렸다. 체구가 좀 크고 다부지며 얼굴

은 검은 편에 두툼한 입술과 짙은 눈썹, 힘찬 목소리의 소년 최남선을 열 살 위 예관 선생은 무척 기특하게 여겨 아꼈던 듯하다. 육당 선생은 예관 선생이 타계하시자, 선생의 소상한 활동상을 담은 일대기를 《東明(동명)》 잡지에 실었다.

3 少年**소년** : 육당 선생은 1907년 일본 유학에서 돌아와 이광수와 소년회(少年會)를 조직하였다. 이듬해인 1908년 6월 18일 청년자제의 계몽과 국민정신의 진작을 위해 출판사업을 벌일 결심을 품고 일본 수영사(秀英社)의 인쇄기 및 조판·식자·인쇄공 5명을 데려다 인쇄소 겸 출판사 신문관(新文館)을 설립하고 1910년대 열정적으로 출판활동을 펼쳤다. 그해 11월에는 《少年(소년)》 잡지를 발간하였다. 당시 그의 나이 열아홉인데다가, 1911년 5월 종간호에 본인이 '소년인'이라는 이름으로 글을 발표하여, '少年名士'라는 명성을 얻었다.

4 布衣草履**포의초리** : 무명옷과 미투리. 일본에서 머리를 깎고 양복을 입었던 육당 선생은 귀국한 후로 줄곧 무명 바지저고리에 두루마기, 머리에는 모자를 얹어 썼고 버선에 미투리 차림을 고집하였다. 미투리는 삼·모시·노끈 등으로 삼은 신으로, 짚신보다는 다소 윗길이었으나 일반 서민층 남녀가 신었다.

5 翩翩**시시** : 훨훨 나는 모습. 날렵하다. 청년 학도들에게 실천궁행과 민중 계몽을 연설하며 전국을 정력적으로 활보하던 육당 선생의 두루마기 자락 사이로는 바람 소리가 그칠 새 없었고, 자전거를 타고 다니기도 하였다. 1927년 두루마기를 입고 어디론가 씩씩하게 걸어가고 있는 육당 선생의 모습을 그린 안석영 선생의 캐리커쳐가 현재 남아 있다. 이 시의 첫 두 구절은 고국에서 보아왔던 그의 모습을 회고한 대목이다.

6 예관 선생은 그의 저서 『韓國魂(한국혼)』에서, "曲橋少年, 嘆西山之落潮, 創光文之會(곡교소년 : 최남선, 필자 주)은 서산에 지는 해를 탄식하면서 光文會(광문회)를 만들었다"며 조선 문화 창달에 매진하는 최남선 선생의 선구적 태도를 높이 평가하였다.

곡교(曲橋)는 서울 중구 삼각동 22의 1번지, 청계천 '굽은 다리'를 가리키며, 육당은 그 옆 '파랑 2층집' 2층에 1910년 朝鮮光文會(조선광문회)를 열었다. 이곳에 집결하여 고전 간행과 사전편찬을 주도했던 인사들 대부분이 대종교 신자들이었고, 최남선 역시 대종교를 믿었음을 감안해 볼 때, 대종교가 새롭게 다시 출발(重光)한 1909년에 입교하여 신자가 되었던 예관 선생은 육당에게 각별한 애정을 쏟았을 것이다. 해설 참조.

해설

■ 1913년 10월경

일본 유학에서 돌아온 육당은 부친의 도움으로 생가에 당대 최고의 편집 역량과 인쇄 기술력을 갖춘 신문관(新文館)을 설립하고, 《少年(소년)》《青春(청춘)》 등 계몽잡지를 비롯하여 어린이 잡지《붉은 저고리》(월 2회, 1913.1~ 1913.6, 12호 발행),《아이들 보이》(1913.9~1914.9, 13호 발행),《새별》(1913.4~1915.1, 16호 발행)을 잇달아 간행하였다. 뿐만 아니라 계몽서·실용서·어학서·소설류 등 각 분야의 도서를 출간하였고, 조선광문회가 기획·편집한 도서들을 간행하였다.

또 한편으로는 구한말 한국의 지식층은 자기 역사와 문화에 대해 깊은 관심을 보였다. 일부 선각자들이 민족전통의 계승에 필수적인 고전간행과 사전편찬을 위해 설립한 단체가 바로 조선광문회(朝鮮光文會)이다. 최남선 선생은 1910년 10월 삼각동 곡교로 살림집을 옮기고 부친의 사랑채 2층에 조선광문회를 창립하고 고전 및 사전을 편찬하였다. 광문회는 1911년부터 1918년경까지 약 20여 종의 고전을 발간했고, 한국 최초로 국어사전과 현대적인 한자자전을 편찬했다. 이로써 광문회는 식민통치에 필요한 정보를 얻고자 고전간행에 착수했던 일제의 기만적 문화정책에 대항함과 동시에 사전편찬과 문법연구를 주도한 한글운동의 발상지 구실을 하였다.

광문회는 또한 최남선 선생을 비롯한 많은 지식인들이 조국의 앞날을 모색하던 회합 장소, 안식처·피신처도 되었으며 민족운동의 연원지가 되었다.

위 작품이 『아목루』 시집 중에 제작 시기가 분명한 1913년 10월 작 〈乘江西船發向青島(강서선을 타고 청도로 향하며)〉 시와 12월 작 〈和孟碩獄中原韻(맹석이 옥중에서 지은 시운에 화답함)〉 시의 중간에 수록된 것으로 보아, 1913년 10월 최남선의《青春(청춘)》잡지 간행 즈음에 지어준 시로 보인다. 최남선은 1916년 엮은 『時文讀本(시문독본)』에 1913년 11월 이광수가 쓴 "上海서"를 뽑아 실은 것으로 보건대, 국내의 일로 분주하여 1913년 당시에 상해에 가서 예관 선생을 만나볼 겨를이 없었을 것으로 판단된다.

따라서 증시(贈詩) 형태인 이 작품은 중원 땅이 초토화되어 비감하기 이를 데 없던 1913년 10월 즈음, 선생이 고국에서 만나 본 육당의 대견했던 모습을 그리면서,《青春(청춘)》 잡지의 발간을 격려하고자 고국으로 가는 인편에 보낸 시로 추정해 볼 수 있다. 당시 상해에 머물던 위당(爲堂) 정인보(鄭寅普, 1893~1950)와 김정기(金正琪) 선생이 이 해 10월 29일 고국으로 돌아간 일과 연관이 있을 듯하다.

맹석이 옥중에서 지은 시운에 화답함

和孟碩[1]獄中原韻

중화민보 총주필·中華民報總主筆

기나긴 밤에 비바람 세차고	風雨漫漫長夜中
가물대는 등잔불만 붉게 비치네.	孤燈炯炯放光紅[2]
누가 있어 그 고통 함께 나누리	同病何人懷有痛
저 강권정치는 공리도 모르는데.	强權如彼理無公[3]
상록수 굳은 절개 가슴에 품었으나	立節曾聞寒後草
못난 이 몸은 여름 벌레에도 부끄럽네.	不才惟愧夏時蟲
그대 아는가, 철창 밖 세상에도	知否一片囹圄外[4]
만수천산 머나먼 길 첩첩인 것을.	萬水千山路幾重

주석

1 孟碩맹석 : 鄧家彦(등가언, 1883~1966)의 字(자). 중국 민주 혁명가, 중화민국 정치인물, 서예가. 1911년 무창기의에 참가하였고, 남경 임시참의원, 북경 임시참의원, 상해 《中華民報(중화민보)》 주필을 역임하였다. 이 때 원세개에 반대하는 글을 실어 체포되었다. 1914년 도미(渡美)하였다가 귀국하여 여러 직책을 거쳐 制憲國民大會代表(제헌국민대회대표)를 역임하고, 1947년에는 미국 링컨대학에서 철학박사 학위를 받았다.

2 炯炯경경 : 빛나는 모습.

3 公理공리 : 〈有感(느낀 바 있어)〉 시 참조.

4 囹圄영어 : 감옥

또

又(其2)

비좁은 옥에서도 세상 걱정이러니	乾坤窄窄苦相思[1·2]
끝없는 수심으로 미간 찌푸리시네.	萬種愁愁攢兩眉[3]
십년 세월 칼과 붓을 다 외면하고	十年書劍皆無賴[4]
춘추 책 한 권만을 홀로 지녔네.	一部春秋獨有持[5]
애꿎게 지옥에 갇힘은 그의 죄가 아니어늘	生罹地獄非其罪[6]
하늘문을 두드려도 알지를 못하네.	欲叩天閽亦莫知[7]
안타깝도다. 바람에 별들이 흩어지던 날	可惜風飛星散日[8]
그대만이 짐짓 뒤처지며 머뭇대었지.	惟公不忍故遲遲[9]

주석

1 窄窄착착 : 좁디 좁은 모습

2 苦相思고상사 : 그리움이 사무쳐 괴롭다. "淸風明月苦相思(맑은 바람과 밝은 달에 그리움 사무치네)" 唐(당) 王維(왕유) 〈伊州歌(이주의 노래)〉, "情來一倍苦想思(정이 사무쳐 그리움으로 더욱 괴롭구나)" 唐(당) 白居易(백거이) 〈寄柳蘇州(유소주에게 부침)〉

3 攢찬 : 모이다

4 四川高等學堂(사천고등학당)을 졸업하고 1900년 즈음부터 일본. 미국 유학을 거쳐 본국에 돌아와 무창기의에 참여하기까지 10여 년간 학업에 매진하였음을 가리킨 듯하다.

5 春秋춘추 : 본래는 先秦時代(선진시대) 각국의 편년체(編年體) 역사서인데, 지금 전하는 것은 魯(노)나라 사관(史官)이 정리한 역사를 바탕으로 하여, 孔子(공자, B.C.551~B.C.479)가 포폄(褒貶 : 잘한 일을 기리고, 잘못을 깎아내림)의 준엄한 필치로 새로이 엮은 노나라 역사서이다.

6 罹리 : 걸리다

7 叩天閽고천혼 : 하늘 문을 두드리다. 閽은 문지기, 혹은 궁문(宮門). 상부(上部)에 호소하는 것을 뜻함. "閶闔九門不可通, 以額叩關閽者怒(겹겹이 닫힌 궁문 들어갈 수 없어서, 이마로 문 두드리니 문지기는 노발대발)." 唐(당) 李白(이백) 〈梁甫吟(양보의 노래)〉

8 뿔뿔이 도망간 일을 묘사한 것

9 홀로 앞장서다 고초를 당함을 의미함

또

又(其3)

강산은 화려한데 주인은 누구련가	山河華麗主人誰
동녘 땅 돌아보니 풍경 더욱 아니로세.	回首東方景更非[1]
뽕 밭이 바다 되도록 지루한 시간이 흘러	世變滄桑經浩刼[2·3]
영웅은 안타까이 때만 기다리네.	英雄痛楚待時機[4]
죽어서야 끝날 평생의 직무	死而後已平生職
아무렴, 여의치 않다고 상심할 건 무언가.	快矣何傷心事違
게다가 내년 봄엔 좋은 기별 올 터	況復明春消息好
몸조심하여 어깨 겯고 함께 나아가세.	願君珍重惠同歸[5]

주석

1 景更非경경비 : 나라의 모습이 날로 피폐해짐을 가리킨다.

2 世變滄桑세변창상 : 세상이 상전벽해(桑田碧海)됨을 가리킨다. 〈寄南京同志 (남경의 동지께 부침)〉 시 참조.

3 經浩刼경호겁 : 암담하고 지루하게 긴 세월을 지나다. 예관 시집에서는 '刼'을 '劫'의 의미로 사용한 듯하다. 〈送唐少川書(당소천께 보내는 편지)〉, 〈京津同志被捕(북경과 천진의 동지들이 체포되다)〉, 〈舊正十三曉起(음력 정월 열 사흗날 새벽에 일어나)〉 시 참조.

4 痛楚통초 : 고초를 겪다. 〈寄南京同志(남경의 동지께 부침)〉 시 참조.

5 惠同歸혜동귀 : 정답게 함께 돌아가다. 의좋게 뜻을 같이하다. "惠而好我, 携手同歸(나를 좋아하는 이와 정답게 손잡고 함께 가리라)." 『詩經(시경)』《國風(국풍)》〈北風(북풍)〉. 여기서는 孟碩(맹석)이 중국인이어서, 함께 고국으로 돌아갈 수는 없을 것이므로, 뜻을 같이 하겠다는 의미로 해석하는 편이 온당할 것이다. 〈贈劉佐成君(유좌성군께 드

림)〉, 〈贈島山(도산께 드림)〉又(其2, 필자 주), 〈送楊春時赴湖北(호북으로 가는 양춘시를 배웅하며)〉 시 참조.

해설

■ **1913년 가을~겨울 무렵**

《中華民報(중화민보)》 주필로 있던 鄧家彦(등가언)은 원세개에 반대하며 혁명을 부추기는 글을 실었다는 이유로 1913년 8월 23일 체포되어 이듬해 1914년 2월 22일까지 6개월간 옥중에 갇혀 있었는데, 지필묵이 없어 '口占三律(즉석에서 세 수의 율시)를 지었다'. 이 시들은 예관 선생에게 보낸 것은 아닌데, 예관 선생은 운(韻)이 각각 다른 그의 시 세 수에 화운(和韻)하여 지었다. 선생의 시 제3수에 '况復明春消息好, 願君珍重惠同歸(게다가 돌아오는 봄엔 좋은 기별 올 터, 몸조심하여 의좋게 함께 나아가세)'와 같이 희망을 피력한 구절로 미루어, 이 세 수의 시는 1913년 하반기에 지은 것임을 알 수 있다. 그리고 등가언이 감옥에서 지은 시 3수 중 첫 작품에 '四圍秋色夕陽紅(사방에는 가을 색, 석양이 붉도다)'와 같은 구절이 있어, 이에 화운(和韻)한 예관 선생의 작품도 가을~겨울 무렵에 지었을 것으로 추정된다.

예관 선생은 四川高等學堂(사천고등학당)을 졸업하고 1900년 즈음부터 일본. 미국 유학을 거쳐 본국에 돌아와 무창기의에 참여하기까지 10여 년간 역사에 보답할 일만을 생각하였던 그를, '十年書劍皆無賴, 一部春秋獨有持(십년 세월 칼과 붓을 다 외면하고, 춘추 한 질만을 홀로 지녔네)'라며 존경의 뜻을 표하였다. '可惜風飛星散日, 惟公不忍故遲遲(홀로 앞장서고 남들보다 뒤쳐져)' 억울하게 갇힌 감옥 안이 '지옥'이라는 그의 표현은 〈移寓金陵聞晴蓑及諸學生均解往漢城監獄(금릉으로 거처를 옮기고서, 청사와 여러 학생들이 모두 풀려나서 서울 감옥으로 압송된다는 소식을 듣다)〉 시에서와 같이 이 작품에도 등장하고 있으며(生罹地獄非其罪), '閶闔九門不可通, 以額叩關閽者怒(겹겹이 닫힌 궁문 들어갈 수 없어서, 이마로 문 두드리니 문지기는 노발대발)'과 같은 옛 시구를 인용하며, 옥에 갇혀 하소연 할 길 없는 그의 절망감에 공감하고 있다. 예관 선생은 감옥 밖의 본인을 여름 벌레에 비유하면서, '知否一片囹圄外, 萬水千山路幾重(그대 아는가, 철창 밖 세상도, 만수천산 머나먼 길 첩첩인 것을)'이라며 위로하였다. 이국에서 온갖 어려움을 헤치고 독립운동을 펼치던 예관 선생의 앞길은 늘 "千波萬壑是前途(거센 파도 깊은 골짜기 천 만 길)"〈贈天仇(천구께 드림)〉이었기 때문이다.

포방각 주인께 화답함

和抱芳閣[1]主人

진병화 호 월장·陳炳華 號月莊

떠다닌 고생을 어이 말로 다할거나	風塵僕僕那堪說[2]
때로 깊은 밤에 앉아 거문고 퉁기나니	旹撫枯琴坐夜深[3]
고울 손, 포방공관에 비추는 달빛이	可愛抱芳公館月[4]
시름겨운 이의 마음에 은은히 스며드네.	慇懃來照恨人心[5·6]

주석

1 抱芳閣포방각 : 淸末(청말) 蘇州(소주) 출신 상인(商人), 장서가(藏書家)이자 서각가(書刻家) 鮑廷爵(포정작, 字 叔衡)이 세운 출판사. 장서가이자 금석가인 아버지의 뒤를 이어, 희귀본 등을 모아 목록을 내는 등 전환기에 고전 서적의 보존에 큰 기여를 하였다. 처음에는 蘇州(소주)에 있었으나 규모가 커져 상해 棋盤街(기반가)에 자리를 잡고, 南京(남경), 漢口(한구) 등지에도 분점을 냈다. 1903년에는 인근의 큰 화재로 희귀본 등 수많은 장서가 불타기도 하였다.

2 僕僕風塵복복풍진 : 【중국어】 púpú fēngchén, 바삐 돌아다니며 온갖 고생을 겪음

3 旹시 : 時의 古字

4 公館공관 : 집. 혹은 공공건물

5 恨人한인 : 한스러운 사람. 예관 선생의 별호이다. 선생은 자호(自號)를 靑邱子, 혹은 恨人이라고 떼어 쓰기도 하고, 때로는 붙여 쓰기도 하였다. 〈贈宋漁父(송어부께 드림)〉, 〈寄徐血兒(서혈아께 부침)〉, 〈贈天仇(천구께 드림)〉 시 참조.

6 포방각(抱芳閣) 주인의 호(號), 월장(月莊)의 다정함을 묘사한 것이다.

또

又(其2)

공공의 적을 어서 함께 없애야지	公仇指日共殲除[1·2]
통한이 하늘에 닿아 재앙이 올 듯하오.	痛恨窮天若禍初
세상에 뜻 맞는 이, 얼마나 되겠소	此世知音能幾許
그대만은 초면에 오랜 벗 같구려.	惟君一面舊交如

(포방각주의 시를 왼편에 적는다)	(記抱芳閣主人詩如左)[3]
만날 적마다 그대의 고상함이 부러웠으니	相逢屢羡俗氣除
어이 오늘 아침에사 첫 인사했다 하리오.	豈是今朝識面初
부끄러울 손, 나 진심을 전할 줄 몰라	愧我未能通款曲[4]
글을 보내어 미인과 상여를 불러보나이다.	傳箋還倩女相如[5·6·7]

주석

1 指日지일 : 머지 않은 날

2 殲除섬제 : 죽여 없애다

3 세로로 된 원고지를 오른쪽에서 왼편으로 써 나갔기 때문이다.

4 款曲관곡 : 간곡한 마음

5 箋전 : 글 쓴 종이

6 倩女천녀 : 아름다운 여인

7 相如상여 : 漢(한)나라 때 문장가 司馬相如(사마상여)는 과부가 되어 친정으로 돌아온 부호 卓王孫(탁왕손)의 딸 卓文君(탁문군)의 마음을 얻고자, 밤에 금(琴)을 연주하여 외로

운 그녀의 마음을 사로잡았다. 이들은 결국 成都(성도)로 야반도주하여 금대(琴臺)를 짓고 이곳에서 함께 연주하며 지냈다고 한다. 이들의 만남과 결혼생활은 이후 많은 시의 소재가 되었다.

해설

▲ 1913년 가을 무렵

예관 선생이 머문 서점 포방각의 주인이 선생의 풍도에 감동되어 사귀고자 하는 시를 보내와 이에 답한 작품들로, 첫 번째 시는 화답시(和答詩)이며, 두 번째 시는 상대방의 시운(詩韻)에 맞춘 화운시(和韻詩)이다. 『아목루』 시집에 화운한 작품들이 여럿 있지만, 원본과 함께 수록된 작품은 유일한 것으로 보아, 예관 선생은 이 뜻밖의 만남과 우정을 각별히 여겼던 듯하다.

〖통용본〗과 〖필사본〗에는 제 4구의 끝 글자가 '相如'로 되어 있는데, 일부 번역본에는 '相知'로 되어 있다. 두 번째 시 제2구의 운(韻)과 상대방 시의 제2구 운(韻)이 '初'로 동일하여 화운(和韻)한 것이 분명하고, 금(琴) 연주와 아름다운 달빛이 묘사된 예관 선생의 화답시의 내용이 상통하므로, 포방각주인 시의 표기는 '相如'가 옳다.

예관 선생은 사마상여와 탁문군의 사랑처럼 깊은 사귐을 제안한 포방각 주인에 대해, 이 연인들을 맺어주었던 금(琴)의 선율과 함께, 상대방의 號(호) 月莊(월장)에 걸맞는 '달빛'을 뿌린 아름다운 시로 화답하였다.

포방각은 蘇州(소주), 上海(상해), 南京(남경), 漢口(한구) 등에 점포가 있었기에 정확히 상대방이 어느 곳의 주인이었는지 불분명하다. 진병화라는 인물에 대한 자료 역시 찾아보기 어려운데, 1916년 陳其美(진기미)의 타계에 즈음하여, 陳炳華(진병화)란 인물이 지은 만련(輓聯)이 『陳英士先生紀念全集(진영사 선생기념전집)』에 수록되어 있는데, 만일 동일 인물이라면 1916년 진기미 추도식과 1917년 안장 운구 기념식이 거행되었던 上海(상해)시의 포방각 주인이었을 가능성이 있다.

제2수의 '공공의 적을 물리쳐야 할 때', 또는 '통한이 하늘에 닿아 재앙이 시작될 것 같은 시기'라는 시국에 대한 표현을 미루어볼 때, 원세개의 전권(專權)정치가 바야흐로 표면화되던 시기에 지은 것으로 짐작해 볼 수 있다. 비록 『아목루』의 수록 차서가 흐트러진 것은 분명하지만, 제작 연도가 분명한 전후(前後) 작품을 기점으로 추정해 볼 여지는 있다. 이 작품의 뒤에는 1913년 초기의 작품 〈生日書感(생일날 감회를 적음)〉 시 등이 햇수 추산 착오로 1913년 후반부에 수록되어 있으나, 그 외 1913년 하반기 제작한 것이 분명한 여러 작품들과 그 해 10월부터 겨울 사이에 지은 〈和孟碩獄中原韻(맹석이 옥중에서 지은 시운에 화답함)〉3수가 이 시의 바로 앞에 위치하고 있어, 이 시는 1913년 달이 밝은 가을날 지은 것으로 추정해볼 수 있다.

무제
無題

나라도 없고 집도 없는 나그네가　　無國無家客
새 날도 살고 낡은 세월도 살았어라.　　經新經舊年
역사가 있다면 의당 나라가 있거니와　　有年宜有國
나라가 없으면 역사도 없어라.　　無國亦無年[1]

나의 행동, 나의 일상은 나에게서 나오나니　　吾行吾素自由吾
나의 산 나의 강은 나를 버리지 않으리라.　　吾山吾水不棄吾
인간은 본래 평등하단 학설이 있다지만　　縱有人間平等說[2·3]
본래 그대가 없으면 나도 없는 것이라.　　本來無爾亦無吾

주석

1 예관 선생은 저작 『韓國魂(한국혼)』에서, "훌륭하다고 인정받는 중국의 章炳麟(장병린)이나 梁啓超(양계초) 같은 학자조차도 한국의 역사에 대해서는 무지한데, 이는 그들의 탓이라기보다 『漢書(한서)』 같은 중국 역사의 짧은 대목이나 일본인들의 미친 기록 외에 제대로 된 우리의 역사 없기 때문"이라며 부끄러워하였다. 또한 〈海上懷人(상해에서 벗을 그리며)〉其1(필자 주) 시에서 "宗國無正史, 世人皆我嘲(우리 조국에는 정사가 없다고, 세상 사람들 나를 비웃누나)"라며, 나라와 역사를 잃은 수치심을 묘사하기도 하였다.

2 縱종 : 설령

3 平等說평등설 : 영국의 존 로크(John Locke, 1632~1704)는 모든 사람은 태어나면서부터 하늘이 준(선천적인) 자연의 권리, 즉 자유롭고 평등하며 행복을 추구할 수 있는 권리를 가진다는 천부인권설(天賦人權說)을 주장하였고, 이것에 기초한 국민주권설(國民主權說)

을 내세웠는데, 孫文(손문)의 삼민주의(三民主義)는 이 이론을 수용한 것이다.

해설

▲ 1914년 12월 이전

이 시는 『통용본』에서 〈高麗寺楹聯(고려사 기둥에 쓴 시구 한 쌍)〉又(其2, 필자 주)의 끝부분과 연이어져 있지만, 이보다 먼저 나온 『필사본』에는 〈無題(무제)〉란 제목 하에 이 시의 앞부분만 기록되어 있고, 뒷부분은 그 뒷장에 제목 없이 수록되어 있다. 그리고는 다음 장을 찢어 낸 흔적이 있고, 그 뒤에 『愛吾沺廬草(고국의 집을 사랑하여)초안』 중 〈自題吾廬(나의 집을 읊다)〉 시가 이어진다.

'無' 나 '吾'가 반복적으로 사용되는 방식이나, '吾行吾素自由吾(나의 행동, 나의 일상은 나에게서 나온다)' '吾山吾水不棄吾(나의 산 나의 강이 나를 버리지 않으리라)'와 같은 구절들이 〈나의 집을 읊다〉 시의 '一日吾生一日吾(매일 마다 나는 그날의 나를 낳노라.)' '吾山吾水可容吾(나의 산 나의 강도 나를 품어 주리라)'는 구절과 비슷하나 전체적인 통일성은 이보다 못하여, 먼저 지어본 습작으로 보인다. 〈自題吾廬(나의 집을 읊다)〉 시 참조.

〚 고국의 집을 사랑하여 초안 · 愛吾汕廬[1] 草 〛

나의 집을 읊다

自題吾廬[2]

나는 내 집을 사랑하고 집도 나를 사랑하노니 吾愛吾廬廬愛吾[3]
나의 산과 나의 강도 나를 품어 주리라. 吾山吾水可容吾
거칠 것 없이 드넓은 나의 이 마음 恢恢無恙吾方寸[4]
매일 마다 나는 그날의 나를 낳노라. 一日吾生一日吾

주석

1 汕廬산려 : 그의 자(字)이기도 한 산려(汕廬)의 유래를 짐작케 하는 작품이다. '汕'자는 '조선(朝鮮)'이란 이름이 유래한 강 이름이라는 『史記(사기)』등의 기록도 있지만, 예관 선생의 시에서는 물(水)과 산(山)을 반복적으로 언급하고 있어, '汕'은 이들이 결합된 '고국의 강산'을, '汕廬'는 '고국의 집'이란 의미로 이해해볼 수 있다. '愛吾汕廬(애오산려)'의 일차적 의미는 '고국에 있는 나의 집을 사랑함'이며, 한 때 선생이 사시던 상해의 집에 붙였던 이름이기도 하다. 해설 참조.

2 題제 : 동사로서 '짓다'라는 의미로 사용한다. 사물이나 그림에 대한 느낌을 시로 짓는 것이다.

3 愛吾廬애오려 : 東晋(동진) 陶淵明(도연명, 365~427)의 시에 "衆鳥欣有托, 吾亦愛吾廬(새들도 깃들 곳 있어 즐거워하듯, 나도 내 집을 사랑한다네)"라는 표현이 있다. 『陶淵明集(도연명집)』 4 〈讀山海經(산해경을 읽고서)〉. 이 구절에 공감하는 많은 시인들이 '吾亦愛吾廬'를 반복하면서, '누추하여도 나의 집을 사랑한다'는 뜻을 담은 시를 지었다. 해설 참조.

4 恢恢회회 : 넓고 큰 모양. 크게 포용(包容)하는 모양.
恙양 : 근심

해설

▲ 1913년 말~1914년 상반기

이 시는 매 구절마다 '吾'를 반복하면서, '나의 집–나의 조국(山河)–오늘의 나–내일의 나'가 고리처럼 연결되어 있음을 강조한 작품이다. 제2구의 '나의 산과 나의 강'은 선생의 입장에서 고국 산하(山河)가 분명하므로, 이 시는 '타국 먼 이곳의 집에 살게 된 나의 처지를 고국의 산하는 이해해줄 것이니, 나는 여기서 거칠 것 없는 마음으로 매일 매일을 새롭게 시작하리라'는 취지로 요약해볼 수 있다.

『아목루』 〖통용본〗에서는 위의 시 하나만의 제목을 〈愛吾汕廬(고국의 집을 사랑하여)〉로 간주하고 '自題吾廬'를 부제처럼 달고 있으나, 〖필사본〗에서는 이 〈自題吾廬〉 시를 비롯하여 〈題汕廬圖(산려도를 읊다)〉, 〈廬中卽景(집안의 정경)〉, 그리고 그 외에 〈丁巳年自壽詩(정사년 생일 기념 시)〉와 기존에 실었던 일부 시(개천절 추모시, 대종교 관련 시, 이충무공 추모시)들을 한데 묶은 [廬中叢感(집에서의 감상 모음)–思本室(고국의 집을 생각함)]까지를 뭉뚱그려 〖愛吾汕廬草〗라는 대 범주 안에 귀속시키고 있다. (세로 원고지에 한 칸을 비우고 쓴 시 제목들과는 달리, '愛吾汕廬'는 칸 비움 없이 적혀 있는 것을 보아도, 〖愛吾汕廬草〗는 '집(廬)'에 관련된 '작품 모음집'이며, '草'가 붙은 미완성 형태임을 알 수 있다.)

선생은 1914년 10월 18일(* 12월 5일) 『韓國魂(한국혼)』을 탈고하고, 서문 끝에 "단군 후예의 한 백성이 '애오산려'에서 짓다(檀君後裔之一民, 撰于愛吾汕廬)"라고 적었다. 문맥상 이 글에서의 '愛吾汕廬(애오산려)'는 선생이 상해에서 한동안 사시던 특정한 '집'의 별칭이 분명하다.

그러나 당시 상해에서 살던 '집'의 별칭으로서의 '애오산려'가 1914년 겨울 즈음에 처음 거명되었다고 하여 위 시를 지은 시기가 반드시 이 시점과 일치하지 않을 수 있다. 집에 이름을 붙이는 행위는 새 집으로 옮긴 후에 이루어질 가능성이 크기 때문이다. 이렇게 볼 때, 1914년 하반기에 사시던 집에 '애오산려'란 이름을 붙이게 된 계기는 1913년 11월 8일 상해 명덕리로 이사한 후, 이곳이 상해 독립운동의 교두보가 된 때로 조금 거슬러 올라가봄 직하다.

상해로 망명하여 생활한 정원택의 『지산외유일지』 1913년 10월 11일(* 11월 8일)자 일기에는 "예관 선생이 明德里(銘德里, 명덕리, 漁陽里, 필자 주)로 이사하였다"는 기록이 있다. 이 명덕리 집은 상해 망명 후 처음으로 정착한 큰 규모의 건물이다. 그 얼마 뒤인 11월 2일(* 11월 29일) 상해로 건너간 이광수는 〈상해, 이일 저일〉이라는 글에서 "예관 선생은… 좀 큰 집을 얻어 가지고 7, 8인 학생을 유숙시켰고, 또 영어강습소도 경영하였으며, 신채호와 김규식도 거기에 우거하였다. 이를테면 이때, 1913년경 예관 댁은 상해뿐만 아니라 강남 일대 조선인 망명객의 본거(本據)였다"고 서술한 바 있다. 민석린(閔石麟) 선생도 예관 선생이 漁陽里(어양리, 즉 明德里)에 "복거(卜居 : 살 만한 곳을 찾아 정착하다)"하신 적이 있었다고 『전기』에서 술회하고 있어, 이 작품은 이사한 후인 1913년 말~1914년 상반기 사이에 지었을 가능성이 크다. 〈題水邨第五圖贈芝珪('수촌 제5도'에 시를 써서 지규께 드림)〉 3수, 〈旅泰樓(여태루)〉 시 해설 참조.

예관 선생 생가 앞의 계산(桂山), 한국(韓國) 피반령(皮盤嶺) 2025

박백암 선생님께 답하며 시를 첨부합니다

答朴白菴[1]書附詩

이날 홀로 신강 가 누각에 섰자 하니	是日申江獨倚樓[2]
강물도 구름도 아득히 흘러갑니다.	江雲江水摠悠悠
겨레를 떠나 같은 마음으로 3년을 보냈건만	逋宗同感經三禩[3·4]
말 못할 고통과 치욕에 또 한 해가 저무네요.	痛恥忍言加一籌[5]
말 탄 이의 굳센 마음 갈수록 장하니	馬上雄心當益壯
거울 속 백발이 무슨 대수겠습니까.	鏡中衰發更何愁
새해 온갖 수많은 소원들	新年萬事無窮願
저마다 굳게 다진 맹세에 달렸겠지요.	只在人人誓不休

주석

1 朴白菴박백암 : 박은식(朴殷植, 1859~1925) 선생의 호. 백암(白巖) 겸곡(謙谷). 한말의 유학자·독립운동가·역사가. 《황성신문》의 주필로 활동했으며 독립협회에도 가입하여 활동하였으며, 독보적인 역사관과 계몽사상으로 청년들에게 존경을 받았다. 1911년 4월 중국으로 망명하여, 독실한 대종교(大倧敎) 신도인 윤세복의 영향으로 대종교 신도가 되었다. 1912년 상해로 가서 예관 선생 등과 함께 동제사(同濟社)를 조직하고, 동포들의 자녀 교육을 위해 박달학원(博達學院)을 설립하였다. 1915년에는 『韓國痛史(한국통사)』를 출간하여 중국인들에게 일제에 주권을 빼앗긴 한국의 참상을 널리 알렸다. 1925년 상해임시정부 제2대 대통령을 지냈다. 정부는 1962년 건국훈장 대통령장을 추서하였다. 〈旅泰樓(여태루)〉 시 참조.

2 申江신강 : 황포강. 申(신)은 戰國時代(전국시대 : B.C.476~B.C.221) 春申君(춘신군)의 봉지(封地 : 하사받은 영토)였기에 붙여진, 상해의 별칭이다.

3 逋宗同感**포종동감** : 종묘(宗廟)를 떠나 달아난(逋) 같은 마음. 예관과 백암 선생 모두 1911년 중국으로 망명하였다.

4 禩**사** : 해마다 지내는 제사. 위의 '宗'과 호응하는 어휘이다. 해설 참조.

5 籌**주** : 수효를 셈할 때 쓰던 산가지. 해설 참조.

해설

■ **1913년 12월 즈음**

1917년 예관 선생이 중국 천진 일대를 여행하며 지은 〈丁巳秋旅雜感(정사년 가을 여행 단상)〉 시들 중 〈到良王莊(양왕장에 도착하여)〉에는 '三鐘八祀較何如(지루한 세 시간의 기다림이 8년에 비할 바나 되리오)'라고 표현한 시구가 있다. 여기서 '祀'는 위 시에서의 '禩'와 동일하게 '매년 지내는 제사'를 뜻한다. 시를 쓴 연도가 분명한 이 시에서 '기다린 기간이 8년'이라 함은, 나라 잃은 1910년부터 시작 연도를 포함하여 계산하지 않고는 달리 설명할 방법이 없다. 이를 통해 볼 때, 예관 선생은 시작 연도를 포함하여 햇수를 계산하는 방식으로 '禩' 혹은 '祀'를 사용하였음을 알 수 있다.

따라서 나라를 떠나 3년이 되면서 한 해가 지났다는 이 시의 첫 대목을 통해, 이 시는 나라를 떠난 1911년 개천절(음력 10월 3일)로부터 1913년 개천절(음력 10월 3일)까지 햇수로 3년, 한 해가 저물어가는 그 해 말경에 지은 것임을 알 수 있다. 〈拜退天宮(천궁에 절하고 물리나며)〉 시 참조.

이즈음 백암 선생은 홍콩에 거주하고 계셨다. 당시 1914년 초엽은 원세개의 전횡으로 공화체제의 존립이 위협받고 있던 시기였다. 위 시는 멀리 떨어져 있는 외로움을 바탕으로 하고 있어, 백암 선생이 1913년 10월 《향강잡지(香江雜志)》 간행을 위해 중국인들의 초청을 받아 홍콩으로 가서 예관 선생에게 보낸 편지에 대해 답신으로 보낸 작품으로 보인다. 〈祝香港雜志(홍콩잡지를 축하함)〉 시 참조.

2차 혁명(癸丑之役 : 1913.7.12~1913.9월 초)에서 중국 혁명 세력이 패배하여 세상이 뒤바뀐 1914년 초엽은 한국 망명지사들에게도 더할 수 없는 고통의 시기였다. 백암 선생은 『향강잡지』 논설에서 이 시기를 다음과 같이 묘사하였다. "최근 2년간(1912~1913년, 필자 주)은 갑자기 유쾌시대가 되었다가 갑자기 공포시대가 되고, 갑자기 (우호적인) 환영시대였다가 갑자기 잔인한 살육(殺戮)시대가 되었으며 … 갑자기 共和(공화)시대이더니 갑자기 專制(전제)시대가 되었다. … 임시 대총통 추대 때에는 袁世凱(원세개)가 아니면 안 된다고 하더니,

갑자기 변해 이제는 袁世凱(원세개)를 쫓아내지 않으면 안 된다고 하며, 한때의 건국위인(建國偉人)이 갑자기 반란죄인(叛逆罪人)이 되었다. … 최근의 2년은 프랑스혁명 50년에 맞먹는 (대혼란의) 시대이다."

예관 선생은 이처럼 가치관이 혼란스럽고 암담한 시기에 '말 못 할 고통과 치욕 속에 또 한 해가 저물었다'라며 선배께 솔직하게 아픔을 토로하면서도, '거울 속 백발은 일소에 부치고(鏡中衰發更何愁)' 저마다의 맹세를 굳게 다져야할 터라고 마음을 다잡아보고 있다.

홍콩잡지를 축하함

祝香港雜誌[1]

한인이 경영하는 잡지·韓人經營之雜誌[2]

동쪽에서 나와	自東方出[3]
세상에 우뚝 서 울리도다.	立大塊鳴[4]
조국에 보답하며 복을 구하나니	報本求福[5]
그대 영원하리라.	爾其永生

주석

1 백암 박은식 선생이 1913년 10월 홍콩으로 가서 그곳의 한국인 김범재(金凡齋, 일명 金圭興)와 그 해 12월 20일 간행한 월간잡지이다. 당시 홍콩은 향항(香港)으로 불렸지만, 잡지 명칭은 《香江雜志(향강잡지)》였다. 香江(향강)은 이곳에서 바다로 흐르는 강물이 뱃사람들에게 좋은 음용수가 되었다고 붙여진 香港(향항, 홍콩)의 옛 이름이다. 발행 장소는 香港 中環 皇后大道中88號로, 현재 보전되어 있다. 『필사본』에는 '香港雜志'로 되어 있으므로 이를 따른다.

2 한인(韓人) 김범재(金凡齋) 선생이 경영에 참여하고, 백암 박은식(朴殷植) 선생 등이 편집에 참여한 것을 가리키는데, 실질적으로는 중국 혁명파 인사들과 합작으로 운영되었다. 『필사본』에는 이 부제(副題)가 없다.

3 東方동방 : 김범재와 박은식 선생 등, 한국인이 참여한 것을 가리킨다.

4 大塊鳴대괴명 : 大塊(대괴)는 대지. 세상을 울리는 소리

5 報本보본 : 부모의 나라에 보답하다.

해설

■ **1913년 12월 즈음**

위 작품은 『통용본』이나 『필사본』 모두에서 바로 앞의 '박백암 선생께 보낸 답장' 시와 한참 떨어져 있지만, 시기상으로 보아 실제로는 '시를 첨부합니다(附詩)'라는 언급과 함께 답장에 첨부한,《香江雜志(홍콩잡지)》 창간 축하 시로 판단된다.

이 시는 제목 없이 친필로 보내신 예관 선생의 휘호로도 남아 있다. 중국으로 망명하여 상해에서 예관 선생님 지근거리에서 생활하던 정원택 선생이 지은 『지산외유일지』에는 1913년 양력 10월 8일 "겸곡(백암 박은식, 필자 주) 선생과 홍건이 홍콩으로 떠났다"는 기록이 있고, 그 해 말 12월 28일자에는 "겸곡 선생이 편저한 향항잡지(香港雜志)가 (상해로, 필자 주) 왔다", 그리고 이듬해 1914년 양력 7월 11일 "겸곡 선생이 상해로 왔다"는 기록이 있다.

겸곡 박은식 선생은 만주 망명 전 국내에서도《皇城新聞(황성신문)》 주필로서 국권침탈 전에 이미 일제의 침략정책을 비판하고, 국민들에게 자주독립정신과 애국사상을 고취하였다. 1904년에는《大韓每日申報(대한매일신보)》 주필로 대한제국의 취약성과 일제의 잔혹함을 신랄하게 비판했으며, 을사늑약(乙巳勒約)이 강제 체결되자 조약의 진상을 폭로하고 규탄했다. 을사조약 이후 대한자강회(大韓自强會), 신민회(新民會) 등 애국계몽 단체에 가입하여 활발한 활동을 벌임과 동시에 교육 개혁과 유교 개혁을 통해 민력 개발과 국력 강화를 강조하였다.

망명 이후에도 상해에서 대종교의 포교와 동제사(同濟社) 결성을 주도하고, 신문이나 잡지를 통한 언론활동에 관심을 기울였는데, 국민당의 2차 혁명의 실패 이후 홍콩으로 가서《香江雜志(홍콩잡지)》 발간에 참여한 것이다. 잡지의 발행 날짜는 1913년 12월 1일, 간행은 12월 20일이다.

조소앙께 드림

贈嘯卬[1]

조군에게는 종교상의 새로운 이론이 있어, 이에 시를 주노라·嘯君有宗教上新論, 故詩以贈之[2]

한 조각 맑은 영혼에	一片靈臺上[3]
죄과일랑 나와는 상관없도다.	罪知非我關
하늘 우러러 길게 읊조리며 서 있자니	仰天長嘯立
밝은 달빛이 빈 산에 가득하고나.	明月滿空山

주석

1 嘯卬소앙 : 조소앙(趙素昂, 1887~1958). 『통용본』에는 '素昂'이라고 되어 있지만, 『필사본』에는 '嘯卬'이라고 되어 있고, 부제(副題)에도 역시 '嘯君'이라고 되어 있으며, 시 안에도 '嘯 : 읊조리다'라는 시어를 사용한 것으로 보아, 예관 선생께서 의도적으로 사용한 아호(雅號)로 생각되므로 이를 택하고자 한다.

그는 자칭 蘇卬(소앙)이라고도 하였는데, 이는 '예수(蘇 : 耶蘇)가 나(卬)'라는 뜻이다. 그는 일본 明治大(명치대) 재학시절부터 특히 대동사상(大同思想)에 깊게 접근하여 국가, 민족, 계급 사이의 불평등을 배격한 평등주의를 받아들였다. 1912년에 내한했던 중국의 혁명지사 黃覺(황각 : 黃介民)을 만나 중국 망명을 계획하고, 아시아 약소민족의 『反日大同團(반일대동단)』을 창설하고자 약속했다. 이듬해인 1913년 상해로 망명하여 『亞細亞民族反日大同黨(아세아민족 반일대동당)』을 조직하기도 했으며, 1917년 국내의 동포에게 『대동단결선언』을 인쇄하여 배포하기도 했다. 1919년 3월에는 吉林(길림)의 「대한독립의군부」 주도로 발표한 『대한독립선언서』를 작성하였다.

3월 국내 독립 만세 후 6월에는 파리에 도착하여 김규식(金奎植)과 함께 외교 방면에서 활동하였다. 만국 평화 회의 대표단 지원을 비롯하여 만국 사회당 대회와 국제사회당 집행 위원회의 활동을 위하여 프랑스에서 스위스로, 또 네덜란드로 다니면서 한국의 자주 독립과 그 당위성을 역설하였고, 노동당 지도층 인사들과의 폭넓은 교유로 영국

하원에도 한국 문제를 정식 제기하도록 활약하였다.

상해로 돌아와서 「대한민국임시정부헌법」과 「임시의정원법」의 기초위원과 심사위원을 거쳐 초대 국무원 비서장을 지낸 뒤 국무위원에 선임되었다.

1922년 이후 시사책진회(時事策進會) 결성, 한국독립당 창당 등 중요한 역할을 하다가, 1945년 8·15광복이 되어 귀국하였다. 이어 국민의회를 조직하고, 1946년 한국독립당 부위원장이 되었다. 1948년 단독정부 수립에 반대하고 김구 등과 남북협상에 참가하였다. 정부 수립에 불참하였다가 1950년 제2대 국회의원에 출마하여 전국 최고득점으로 당선되었으나, 6·25전쟁 때 납북되었다. 정부는 1989년 건국훈장 대한민국장을 추서하였다.

2 조소앙 선생은 일본 유학 때부터 여러 세계 종교를 통합하고자 구상하였고 그 노력이 결실을 맺었다. 본인의 회고에 따르자면 "1914년 정월 15일을 가려 육성일체(六聖一體) 사해동포(四海同胞)의 영각성(靈覺性)을 크게 부르고 조국동포의 심리개혁과 각계의 단결을 강조하였다". 그 후 1915년 2월 「학지광에 기(寄)함」이라는 제목으로 재일본조선유학생학우회 기관지 『學之光(학지광)』에 「일신교령」을 발표하였다. '일신교'에서는 단군·예수·석가·마호메트·공자·소크라테스 6명의 성현을 모두 일신(一神)의 아들로 보았고, 육성(六聖)의 가르침을 월요일부터 토요일까지 나누어 매일 한 명의 가르침을 배우고 실천하게 되면, 세계의 평화 통일이 가능하다고 하였다. 사해동포주의(四海同胞主義)를 내세우는 일신교는 세계의 종교 통일을 통해 국제사회의 폭력적 대립과 갈등을 치유하려는 노력의 산물이었다.

3 靈臺영대 : 마음. 영혼

해설

■ **1914년 2월 9일 전후**

정원택 선생의 『지산외유일지』에 따르자면, 조소앙 선생은 1913년 8월 11일 상해에서 지내고 있었다. 그는 1914년 정월에 여섯 성인들의 사상을 하나로 통합하였다고 선언하였다. 그리고 이것을 1915년 2월 「학지광에 기(寄)함」이라는 제목으로 재일본조선유학생학우회 기관지 『學之光』에 발표하였다.

그 내용을 요약하자면, 하나님은 영부(靈父)로서 "일절생령(一切生靈)에게 평등적, 독립적, 전일적(全一的), 자강적(自強的), 자신적(自信的)인 특성과 본능을 부여하신 하나(一)이며, 여섯 성인은 하나님에게서 나와 일절생령(一切生靈)을 위해 모든 것을 희생시킨 천륜(天倫)의 형제"이므로, "스스로의 '천성(天性)'에 귀순하는 것이 곧 하늘의 뜻에 부합하는 것이 된다."

예관 선생은 해가 바뀌거나 생일을 맞이할 때마다 고국의 부모나 가족들에게 도리를 다하지 못하고 있다는 죄스러움을 1913년 〈生日書感(생일날 감회를 적다)〉, 1917년 〈丁巳元月一日(정사년 정월 초하루)〉, 〈丁巳年自壽詩(정사년 생일 기념 시)〉, 〈正月十三日(정월 열 사흗날)〉 같은 작품에 담았다. 타국에서 해가 거듭될수록 더욱 깊어지는 죄스러움은 '青年罪惡, 君或代贖(청년들의 죄악을 그대가 대속하려는가)' 〈弔閔泳華君(민영화 군을 조문함)〉 구절처럼, 은연중 기독교의 원죄 개념으로 내면화된 것으로 보인다. 이런 예관에게 하늘의 본뜻은 원죄에 있는 것이 아니라, 하늘이 부여해 준 천성에 귀의하는 것이라는 조소앙의 새로운 이론은 그에게 적지 않은 위안이 되었을 것이다.

문일평이 '상해 '法租界(법조계) 어느 농당(白爾部路) No.22 건물 이층에서 살 적'에 "침대에 가만히 앉아서 코오란을 읽거나, 혼자 눈을 반 쯤 감고 몸을 좌우로 흔들던" 조소앙 선생이었기에, 예관 선생은 시 안에 '嘯(읊조리다)'자와 '卬(나)'자를 넣어 친근함을 표하고, 모든 위대한 사상(思想)들의 정수(精髓)를 아울러 하나로 귀결시킨 그의 맑은 사유 세계를 고요한 산에 가득한 달빛에 빗대었다.

조소앙이 새로운 이론을 정립하여 어느 정도 윤곽이 잡혔을 1914년 초 무렵에는 함께 지내던 예관 선생도 내용을 알게 되었을 것이다. 산에 밝은 달빛이 가득하다는 대목과 그의 일신교령 발표날짜 1914년 정월 1월 15일 대보름(* 2월 9일)을 미루어볼 때, 이 작품을 지은 시기는 그보다 좀 이를 것으로 추정된다.

안중근 의사 만사

輓安義士重根[1]

눈물 뿌리며 어머니를 하직하고	揮淚辭母也
손가락 끊어 민중에게 맹세했네.	斷指誓衆也
평소의 뜻 이루지 못함을 통탄하더니	痛恨未酬素志[2]
몸 바쳐 적 죽이길 사양치 않았도다.	不辭殺敵捐軀
온 세상 사람들 일시에 다 놀랐으니	寰宇一時盡震驚[3]
선생 같은 분, 열사 되기에 부끄럽지 않도다.	如先生不愧爲烈士[4]
평화를 보존하라	維持平和乎
독립을 회복하라.	恢復獨立乎[5]
그 유언 외로이 지고 가셨건만	未免孤負遺言
끝내 큰 도둑이 나라를 앗아가버렸네.	竟容大盜移國
강산엔 뼈 묻을 곳 어디에도 없어	江山無地瘞骸骨[6]
묻노니, 후손들은 어떻게 위령하려나.	問後死何以慰英靈[7·8]

주석

1 安義士重根안의사중근 : 安重根(안중근, 1879~1910), 1909년 10월 26일 중국 哈爾濱(하얼빈)에서 '고종 황제를 핍박하여 선위(禪位)케 하고, 7조 협약을 강제로 체결한' 伊藤博文(이등박문)을 저격하여 처단한 구한말의 독립지사. 이를 이유로 1910년 3월 26일 여순 감옥에서 사형 당했으며, 그 해 8월 29일 한국은 경술국치(庚戌國恥)를 당하고야 말았다. 〈旅順就義(여순의 의로운 희생)〉, 〈哈爾濱卽事(하얼빈 즉흥)〉 시와 해설 참조.

2 酬수 : 갚다.

3 寰宇환우 : 온 세상

4 〖통용본〗에는 "先生不愧眞烈士", 혹은 "驚先生眞烈士" 등으로 일정치 않으나, 뒷 단락 마지막 구절과 자수(字數)가 호응하고 있고, 제작 시기가 이른 1914년 창해노방실(滄海老紡室, 곧 朴殷植) 著『安重根傳(안중근전)』附錄(부록)에 수록된 구절이 온당하여 이를 반영하였고, '眞'은 '爲'로 교정하였다. 해설 참조.

5 안중근 의사의 최후 유언은 "우리 대한민국이 독립하여야 동양의 평화를 보존할 수 있고, 그래야만 일본제국도 위기를 면하게 될 것이다"였다. 해설 참조.

6 薶매 : 묻어 제사지내다

7 〖통용본〗에는 "江山無地埋骨問, 後死何以慰英靈", "江山無地埋骨, 問後死何以慰英靈" 등으로 일정치 않으나, 앞 연(聯) 마지막 두 구절과 자수(字數)가 호응하고 있는,『안중근전』附錄(부록)의 작품을 택하였다.

8 後死후사 : 후손
안중근 의사는 '해방이 되면 자신의 유해를 고국에 묻어달라'고 당부하였으나, 여순 감옥에서 순국한 안중근 의사의 유해는커녕 매장된 위치조차 아직까지 찾아내지 못하고 있다.

해설

■ 1914년 3월 25일

거사를 위해 어머니를 떠나 온 안중근 의사의 마음을 누구보다도 깊이 헤아리는 선생이시기에, 작품 첫머리에 어머니를 언급하며 숭고한 희생정신을 기렸다. 유묵마다 찍힌 한 마디가 없는 안 의사의 손도장은, 나라를 되찾겠다는 굳은 맹세를 담아 단지(斷指)한 결과이다. 예관은 애국심의 뿌리와 기개를 첫 두 줄에 함축하였다.

안 의사는 거사 후 1910년 3월 옥중에서 〈東洋平和論(동양평화론)〉을 집필하였다. 그의 사형집행으로 인해 미완성으로 남은 이 이론의 요지는, 러일전쟁에서 일본이 승리하게 된 데는 한국과 청나라의 지원이 중요하였음에도, 일본은 '동양평화유지'와 '한국독립'이라는 당초 약속을 저버리고, 수만의 의병과 수백의 의병장을 학살하였다. 그러므로 일본은 우선 한국의 국권을 되돌려 주어, 독립한 한국·청국·일본 동양 3국이 일심협력하여 동양평화와 세계평화를 위해 진력하자는 것이다.

그는 이 같은 뜻을 담아 "우리 대한민국이 독립하여야 동양의 평화를 보존할 수 있다"는 최후의 일성(一聲)을 남겼기에, 예관 선생은 '평화를 유지하라! 독립을 회복하라!(維持平和乎, 恢復獨立乎)'는 그 외침을 시에 담았다. 이어 해방되면 자신의 유해를 고국에 보내어 묻어달라는 안 의사의 유언에도 불구하고, 유해는 물론 그것을 묻은 위치조차 찾아내지 못하고 있는 현실을 안타까워하며, '江山無地瘞骸骨, 問後死何以慰英靈(강산엔 뼈 묻을 곳 어디고 없어, 묻노니 후손들은 어떻게 위령하려나)'라고 통탄하였다.

『아목루』에는 안중근(安重根) 의사 관련 작품이 3首 실려 있다. 그 중에 〈哈爾濱卽事(하얼빈 즉흥시)〉라는 제목에서 알 수 있듯이, 하얼빈을 방문하였을 때 쓴 즉흥시로 보이는 이 작품은 정확한 창작 시기를 가늠하기 어렵지만, 박은식의 『안중근전』에 실렸으므로 1914년 발행 이전의 작품임을 짐작해볼 수 있다. 나머지 두 작품 중에 만사(輓詞)인 위의 〈輓安義士重根(안중근 의사 만사)〉는 다음과 같은 근거로서 제작 시기를 특정할 수 있다.

1914년 창해노방실(滄海老紡室)(즉 朴殷植(필자 주))이 짓고 상해의 大同編輯局(대동편집국)에서 간행한 저서 『안중근전』에는 박은식 선생의 글 외에도 여러 사람들이 여러 시기에 걸쳐 쓴 제사(題詞), 도화(圖畵), 서문(序文), 안중근전(安重根傳), 선록(選錄), 부록(附錄)이 실려 있는데, 「追悼會 附錄(추도회 부록)」 부분에 실린 "某年 안중근 殉國日에 연 追悼大會에서 지었다"는 한시(漢詩)들 중에 작자가 '靑丘恨人(즉 예관 선생, 필자 주)'이고 제목이 '聯'으로 표기된 작품이 위 〈輓安義士重根(안중근 의사 만사)〉와 일치한다.

또한 여기에 함께 수록된 '志山'의 漢詩는 정원택이 1914년 2월 29일자(* 3월 25일) 『지산외유일지』에 '안중근 의사 추도회에 참석하였다'고 기록하며 첨부한 본인 작품과 거의 일치하므로, "某年"은 1914년이며, 부록에 실린 '聯', 곧 『아목루』의 〈輓安義士重根(안중근 의사 만사)〉는 당시 기념식을 위해 예관 선생이 지은 작품이 분명하다.

다만 『지산외유일지』에서 개최하였다는 추도회는 25일자(음력 2월 29일)인데 비해, 「추도회 부록」 서문에는 "3월 26일 추도대회를 거행하였다"고 되어 있다. 『지산외유일지』에 25일 추도회 날 저녁에 지었다고 기록된 지산(志山)의 작품도 26일자 「추도회 부록」에는 첫 구절이 다르게 수록되어 있어서, 25일 상해 몇몇 내부인사들 중심으로 간소한 추도회를 가진 후에, 26일에는 부록의 서문처럼 "儀容莊嚴, 血淚淋漓(격식이 장엄하고 피눈물 넘쳤던)" 대규모 추도대회를 열었을 가능성도 생각해볼 수 있다.

몽암께 부침

寄夢巖[1]

서간을 대신하여·代柬

이제껏 간직한 나의 거문고, 소리 녹슬진 않아	尙有枯琴響不沈
못처럼 깊다 산처럼 치솟는 이유를 알아주었지.	淵渟嶽峙感知音[2]
풍우 속에 그대 그리워 삼년을 꿈꾸며	思君風雨三年夢[3]
나의 산하 되찾을 오직 한 마음.	還我河山一片心
탁한 세상 정처 없어도 나무를 고르나니	濁世無歸猶擇木[4]
좋은 동산 어디 있어 깃들 숲을 얻을까.	名園何處可求林
까마득한 인생길에 모를 손 하늘의 뜻	此生百劫天胡意[5]
거친 파도 속에 노 두드리며 멋대로 읊조리네.	擊楫橫流獨放吟

주석

1 夢巖몽암 : 당시 상해와 廣州(광주)에서 활약하던 중국인 중에 夢巖(몽암)이 字(자)인 인물로 徐傅霖(서부림, 1879~1958)이 있다. 그는 1912년 중화민국이 성립한 후 4월 29일 北京臨時參議院(북경 임시참의원) 議員(의원)이 되었으며, 13년 제1회 國會衆議院(국회중의원) 의원이 되었다. 그해 국회가 해산된 후, 일본으로 가서 〈中華革命黨(중화혁명당)〉에 가입하였다.

1915년 4월 상해로 돌아와 《正誼(정의)》, 《新中華(신중화)》 잡지를 편집하였다. 1915년 8월 籌安會(주안회)가 성립되자 谷鍾秀(곡종수), 楊永泰(양영태), 歐陽振聲(구양진성)과 함께 〈共和維持會(공화유지회)〉를 결성하고 '維持共和國體宣言(공화국 체제 유지 선언)'을 발표하며 원세개의 帝制(제제)에 반대하였다. 1915년 상해에서 《中華新報(중화신보)》 주필을 맡았을 당시에 공화제를 옹호하는 유일한 신문으로 불렸다. 1916년 원세개 타계 후 국회가 회복되자 계속 衆議院(중의원) 의원이 되었고, 1922년까지 세 차례 국회 중의원으로 활동하였다.

2 淵渟嶽峙연정악치 : 연못이 고이고 큰 산이 치솟다. 예관 선생이 연주했던 금(琴)의 극적인 고저장단(高低長短)을 묘사한 것이다. 예관 선생의 〈和抱芳閣主人(포방각 주인께 화답함)〉其1(필자 주) 시에도 고금(枯琴)을 연주하는 대목이 등장한다.

이 어휘는 기존의 판본에 '停'으로 되어 있으나 『필사본』에는 '渟'으로 되어 있다. 연못물에 연관된 어휘라면, 가다 멈춘다는 '停'보다는 고인다는 뜻의 '渟'이 한층 적합해 보인다.

3 1912년 4월 말 북경임시참의원으로 갔다가 일본으로 건너가 생활하고 있던 1914년 초까지 못 만난 약 3년의 시간을 가리킨 듯하다.

4 擇木택목 : 좋은 새가 나무를 고른다, 곧 사람을 잘 가려서 사귄다는 말이다.

5 天胡천호 : 천화(天和). 마작(麻雀)에서 승률이 30만 분의 1 정도 되는, 전문가들도 하기 힘든 이기는 방식이다.

해설

■ 1914년 1~4월

손문의 국민당이 일으킨 2차 혁명이 패배하자, 혼란기에 기댈 곳 없는 마음을 멀리 있는 중국인 친구에게 토로한, 편지 형식(代柬)의 작품이다.

이 시는 그 첫 작품으로, 예관 선생이 이 시를 부치며 3년 전 금(琴) 연주를 계기로 사귀게 된 일을 회고하는 것과, 徐傅霖(서부림)이 1912년 4월 29일 북경으로 가서 참의원과 중의원직을 맡은 후 3년간이란 대목을 연결해 볼 때, 시를 쓴 시기는 몽암이 일본에 체류하고 있는 1914년 상반기 정도로 추산해 볼 수 있고, 이렇게 되면 이들이 처음 만난 자리는 예관 선생이 상해 생활을 시작할 무렵인 1912년 상반기가 된다. 예관 선생은 시에서 첫 만남 후 3년간 구국(救國)의 일념으로 지내며 그를 그리워하였음을 묘사하면서, 그의 자(字)를 의식한 '夢'이나 이름의 '霖'을 연상시키는 동음이자(同音異字) '林'을 넣어 친근함을 표현하고 있다.

서부림은 일본으로 건너간 시기에 생활수단이 없어, '莊周(장주)', '夢蝶(몽접)'과 같은 필명으로 외국의 저작을 번역하여 《商務印書館(상무인서관)》과 《中華書局(중화서국)》에 보내 생활하였는데, 예관의 작품 마지막에 표현한 '此生百劫天胡意, 擊楫橫流獨放吟(하늘의 조화 속을 알 수가 없어, 거친 파도 속에서 노 두드리며 멋대로 읊조린다)'라는 방달(放達)한 심경 묘사 역시, 절망과 궁핍으로 고생하는 벗에게 동병상련(同病相憐)의 정을 표한 것으로 보인다.

산려도를 읊다

題汕廬圖[1]

백두산 아래 신성한 단문	梅門白山下[2,3]
푸른 물결 속엔 굳건한 쇠기둥.	鐵柱碧波中[4,5]
영험한 인삼은 봄 되어도 아니 늙고	靈參春不老[6]
귀한 무궁화 영원토록 수놓으리.	寶槿繡無窮
희생을 도맡아 천지를 감응시키고	涖牲格天地[7,8]
노를 두드려 어룡들을 일깨우네.	擊楫動魚龍[9]
많고 많은 벗들은	濟濟諸同好
나의 집 주인이라네.	吾廬之主翁

주석

1 汕廬산려 : 『아목루』에서 이 어휘가 가장 먼저 등장하는 것은 1914년 가을에 지은 〈題水邨第五圖贈芝珪('수촌 제5도'에 시를 써서 지규께 드림)〉又(其3, 필자 주) 시 중의 "首山東海無乾淨, 忍見汕廬壁上圖(수산이고 동해고 멀쩡한 곳 없는지라, 산려의 벽 위에 그림을 차마 볼 수 없어라)" 구절이다. 이 때의 '산려'는 1914년 하반기 선생이 살고 계시던 상해의 집, "愛吾汕廬(애오산려)"의 줄임말이다. 다만 이 시에서는 벗의 그림을 감상하던 중에 '그림(圖)'이라는 어휘와 함께 언급되었으므로, '애오산려 집 벽에 붙인 그림'은 고국의 산천을 그린 '汕廬圖(산려도)'이고, 이에 부친 시가 '題汕廬圖(제산려도)'였다고 봄이 온당하겠다.

丙辰年(병진년, 1916년) 3월 중국인 拙巢子(졸소자 : 曹家達 : 1867~1937, 字 尹孚, 又字 穎甫)는 선생이 엮으신 『韓國魂(한국혼)』 서문에서, "산려주인이 저술한 『한국혼』을 친구가 보여주었다"라고 하였다. 이를 통해 1916년 3월경에 이미 중국 여러 문인들이 예관 선생을 '산려주인'이라 호칭하였음을 알 수 있고, 이러한 별호는 선생의 1914년 8월 南社

(남사 : 진보적 문인들의 모임) 참여로 인해 더욱 널리 알려졌으리라 짐작해볼 수 있다. 훗날 1919년 9월 중국인 頃波(경파)는 요양 차 항주에 가 계신 예관 선생을 만난 후, 문예 잡지《蠡言(여언)》에 '산려주인' 이라는 예관 선생의 별호(別號)를 소개한 일이 있고, 선생 당신도 1920년 10월 10일을 기해 발간한《震壇(진단)》잡지 창간호부터『韓國魂(한국혼)』을 연재하며 자신을 "汕廬", "汕廬一民氏" 혹은 "汕廬主人"이라 하였으므로, '汕廬(산려)'는 예관 선생의 문예활동 중에 사용된 필명(筆名)임을 알 수 있다.

이 작품은 선생이 타계하자 1922년 10월 1일자 국내 잡지《東明(동명)》5호에 '예관 선생이 벼루 뚜껑에 친필로 새겨 가인(可人) 홍군(홍명희, 필자 주)에게 보낸 것'이라고 국내에 소개되기도 하였는데, 벼루집에는 위 작품과는 달리 3, 4구와 5, 6구의 위치가 뒤바뀌어 있으며, "春不老"는 "歌不老"로, "諸同好"는 "吾同好"로, "吾廬之主翁"은 "是廬之主翁"으로, "繡無窮"은 "壽無窮"으로 새겨져 있다. 〖통용본〗에도 "繡無窮"은 "壽無窮"으로 적고 있다. 〖필사본〗에서 첫 구절의 글자는 '栴'으로 되어 있는데, 벼루집에는 '檀'으로 되어 있어, 수정을 거치며 공들인 작품임을 짐작해볼 수 있다. 여기서는 〖필사본〗에 따르기로 한다.

2 栴門전문 : 〖필사본〗에는 '栴'으로 되어 있고, 〖통용본〗에는 '檀'으로 되어 있다.『大倧教重光六十年史(대종교 중광 육십 년사)』에는 '檀門'이란 단어는 없고, 단군이 백두산으로 강림하신 '檀樹' 혹은 '檀木'이 있고, '檀은 속칭 박달나무라고 하는데 이는 잘못이며, 가장 영험한 나무라는 뜻에서 붙인 이름이다.'라고 하였다. 단군(檀帝)이 백두산의 단목(檀木) 아래로 강림하였기에 이곳은 '靈蹟(영적 : 영험한 자취)'로 불린다.

3 白山백산 : 대종교(大倧教)에서 특히 성스러운 백두산을 뜻한다. 묘향산이라고 보는 견해도 있는데, 단재 선생은 이를 부정하였다.

4 鐵柱철주 : 쇠로 된 기둥, 굳셈을 상징한다.
중국 황하(黃河) 거센 물살 가운데 우뚝 서 있는 바위산, 砥柱(지주)는 혼탁한 세속에 휩쓸리지 않고 꿋꿋하게 절조를 지키는 군자에 비유되는데, 철주는 그보다 더 굳센 쇠기둥이다.

5 碧波벽파 : 깨끗하고 푸른 물결.

6 春不老춘불로 : 일반삼은 봄 되면 뇌두(腦頭)가 하나씩 늘어 나이를 먹는데, 영험한 산삼

은 천천히 자라며 휴지기를 갖기도 한다.

7 涖리 : 어떤 자리를 맡다.

8 格격 : 부딪히다. 가 닿다. 格天(하늘과 감통하다)

9 魚龍어룡 : 평범한 백성들. "큰 자라 베지 않아 바닷물이 진동하여, 고기와 용이 달아나니 어이 편안하리오(巨鼇未斬海水動, 魚龍奔走安得寧)" 唐(당) 李白(이백) 〈猛虎行(사나운 범)〉
이 두 구절은 자신의 소임이 세상을 바로잡고 민중을 일깨우는 데 있음을 밝힌 것이다. 또한 선생이 벽에 걸어놓은 이순신 장군의 〈陣中吟(진중음)〉 시 구절, "誓海魚龍動, 盟山草木知(바다에 서약하니 물고기와 용이 우줄대고, 산에 맹세하니 초목이 아는도다)"를 염두에 둔 것이기도 하다. 〈廬中卽景(나의 집 풍경)〉 시 참조.

해설

▲ 1914년 가을 이전

위 시는 아목루 『필사본』 제2권에 '집'과 관련된 시 모음, 『愛吾汕廬草(애오산려 초안)』에 실린 제화시(題畫詩 : 그림에 함축된 뜻을 언어로 풀어 그림 안이나 밖에 쓴 시)이다. 선생이 1914년 가을 지으신 시에 "汕廬(산려)"라는 어휘가 처음으로 등장하여, 위 작품의 제작 연도를 1914년 가을 즈음으로 추론할 수 있으나 정확한 시기를 규명하기 어려워, '汕廬'의 '汕'이 의미하는 '河山'이 처음 등장하는 〈몽암께 부침〉 시 뒤에 계년하였다.

'汕廬圖(산려도)'는 일생 동안 모두 다섯 차례의 변모를 거치면서 등장하였으므로, 그 변화과정을 살펴볼 필요가 있다.

① 선생의 시 중에 "汕廬"라는 어휘가 '그림(圖)'과 함께 가장 먼저 등장한 것은 〈題水邨第五圖贈芝珪('수촌 제5도'에 시를 써서 지규께 드림)〉3首의 "汕廬壁上圖(산려의 벽에 붙인 그림)"이라는 구절에서이다. 시의 내용을 미루어 제작 연도가 분명해진 1914년 늦가을경, 상해 예관 선생 댁 벽에 붙어 있던 "汕廬圖(산려도)"는 같은 시 其2의 "他時願究丹青妙, 來繪君家第五圖(훗날 채색화의 묘리 터득하고 나면, 와서 제5도로 그대 집을 그려보리라)" 구절에 비추어볼 때, 채색화 기법을 익히기 전에 그린 흑백 형태였음을 짐작해볼 수 있다.

② '고국의 집 그림'이 두 번째로 등장하는 것은 1918년 1월에 "舊曆元旦訪新民宅…"으로 시작하는 〈음력 정월 초하룻날 신민리 댁을 방문하여〉 시 서문(序文)에 언급된 '望汕圖(망산도)'이다. 이 서문으로 "고국의 집을 바라보며 그리워하는 그림", '望汕圖(망산도)'와 그

에 부친 '題望汕圖(제망산도) 시'의 존재를 짐작해 볼 수 있지만, 현재 『아목루』 시집에 이 시는 실려 있지 않고, 그림도 남아 있지 않다.

③ 세 번째로는 1918년 3월 벗 芝珪(지규)(周斌)가 《民國日報(민국일보)》에 실었던 〈題朝鮮申檉睆觀愛吾汕廬圖(조선 신정 예관의 애오산려도를 읊다)〉라는 제화시(題畫詩)에서이다. 작품은 다음과 같다.

白頭天池天下奇, 桂山山脈其旁支.
問誰築茅與焉處, 吸翠飲淥恬以嬉.
汕廬主人隱而俠, 心愛家兮兼愛國.
大厦一木難扶持, 東方鬼乃瞰其室.
驪山烽火燭層雲, 咸陽鐵騎才紛紛.
可憐慄裏琴書聚, 都付昆同玉石焚.
包胥空向秦廷哭, 杜鵑啼血猶思蜀.
故國河山黯夕陽, 海波隔斷東洋綠.
樓臺怳幻意模糊, 尺幅丹青手自摹.
捕客思歸歸未得, 殘山賸水尙成國.
吁嗟乎,
魯衛兄弟差無多, 我見斯國憂若何.
他年水村蔓荒草, 山丘華屋誰悲歌.
백두산 천지 못은 천하에 기이한데, 고향집 계산리 산맥은 그 갈래이지.
묻노니 그 누가 초가 얹어 거기에 살면서 녹음을 호흡하고 맑은 물 마시며 즐거워하였던가.
산려의 주인은 조용하나 용감하여 맘 속 깊이 집과 나라를 사랑했네.
큰 건물은 나무 하나로 지탱하기 어려운데, 동방의 일본 귀신이 그 집을 넘보았네.
여산에 봉화가 층층 구름을 비추고, 함양에 기마들이 그제사 분분했으나.
가엾게도 전율 속에 금과 책을 모아서, 한데 섞어 옥과 돌이 불탔네.
신포서는 부질없이 진나라 조정 향해 통곡하고
두견새는 피울음을 울면서 고향 촉을 생각했네.
고국의 산하는 어둠 속에 저물어가고, 물결은 끊어져 동쪽 바다 시퍼렇네.
누대는 가물대고 생각도 희미해져, 한 척 종이에 단청 입혀 손으로 그려 보네.
발 묶인 나그네 돌아가고 싶으나 가볼 수 없어, 남아 있는 산과 냇물로 겨우 나라를 만들었네.

아아. 이웃나라 형제들도 많지 못하니, 나 이 나라를 보고서 근심을 어이 하리오.

이 다음 강 마을엔 풀이 수북하고, 산언덕에 고대광실 지어지면 그 누가 비가를 불러주리오.

제목을 통해 알 수 있듯이, 이 때 예관 선생이 그린 그림의 명칭은 〈애오산려도〉로, 내용에 비추어볼 때 4년 전 "채색화의 묘미를 익히기 전에 그린, 汕廬壁上璧圖(산려 벽에 붙인 그림)"과는 달리 '채색화'임이 분명하다. 이 시의 "남아 있는 산과 냇물로 나라를 만들었네" 구절은 물과 산이 합쳐진 '汕'字의 의미와 그림의 내용을 동시에 밝혀주고 있다.

특히 백두대간(白頭大幹) 한남금북정맥(漢南錦北正脈) 중에서도 팔봉지맥(八峰枝脈)에 속하는 고국 예관 선생 댁 앞산을 언급하며, "백두산 천지 못은 천하에 기이한데, 고향집 계산리 산맥은 그 갈래이지"라고 묘사한 첫 줄로 볼 때, 그 그림은 우리나라 옛 지도에 나타난 산맥들을 산줄기와 하천 줄기 중심으로 파악하고, 백두대간과 여기에 연결된 14개의 정간·정맥으로 산맥체계를 표시한 《山經表(산경표)》를 참조하여, 폭이 한 자(尺 : 약 30cm) 되는 종이에 채색 섞은 그림을 그리면서 그 안에 청주 무심천(無心川)이 흐르고 있는 예관 선생의 '강 마을(水村)' 고향집을 그려 넣은 것으로 짐작된다.

芝珪(지규 : 周斌)가 1918년 3월에 신문에 기고한 이 시에서, 고국(汕)을 바라보며(望) 채색 그림을 그렸다는 내용이 등장하는 것으로 미루어볼 때, 이 채색화 "애오산려도"는 예관 선생이 1918년 음력설 전에 그린 '望汕圖(망산도)'였을 가능성을 상정해볼 수 있다. 〈舊曆元旦訪新民宅(음력 정월 초하룻날 신민리 댁을 방문하여)〉 시 참조.

또한 망명하여 조국의 광복을 위해 애를 쓰며 고국을 그리워하게 된 과정을 세밀하고 풍부하게 묘사한 것으로 보아, 이 시는 예관 선생의 다른 시들과 한데 묶여 큰 범주에서의 "애오산려도(愛吾汕廬圖)"로 불린 듯하다.

'애오산려'라는 이름은 어디에서 나온 것일까? 그것은 중국 문인들이 이어 온 은거(隱居) 문화의 한 갈래, 水村圖(수촌도) 및 그 題畫詩(제화시)에 영향을 받았기 때문으로 보인다. 선생의 〈自題吾廬(나의 집을 읊다)〉 시의 첫 구절 '吾愛吾廬(나는 나의 집을 사랑하네)' 구절의 원류는 陶淵明(도연명)이지만, 그 의경(意境)을 동경한 수많은 시인들도 이 구절을 되풀이하여 사용하였다. 그 중에서도 특히 눈길을 끄는 것은 元(원)나라 때 시인 陸祖允(육조윤 : 일명 陸祖先, 생졸불명)이 '題錢德鈞水村圖(전덕균의 '수촌도'를 읊다)'라는 부제를 단 사(詞) 작품 〈菩薩蠻(보살만)〉에서 '吾亦愛吾廬'라는 구절로서, '강마을(水村)'에 은거하는 정취를 읊은 일과 흡사하다.

이러한 풍조는 1913년 6월 南社(남사)의 창시자 柳亞子(유아자)가 경극(京劇) 연기자인 陸子美(육자미)에게 의뢰하여 〈分湖舊隱圖(분호에 은거했던 그림)〉을 그리게 하고, 남사 구성원들에게 題詠(제영 : 시로 읊조림)과 글을 청하여, 21幅(폭)의 그림과 38幅(폭)의 글씨, 그리고 234首(수)(편)에 달하는 詩詞(시와 사), 序跋(서발 : 앞이나 뒤에 쓴 글) 등을 모아 책으로 엮어 유행을 불러일으킨 것과 밀접한 관계가 있어 보인다.

④ 예관 선생의 "汕廬圖"는 1921년 6월 5일자 《震壇(진단)》 잡지 23期에 진보적 문인 단체 南社(남사)의 柳亞子(유아자)가 〈海上題睨觀即題其汕廬圖(상해에서 예관 선생의 '산려도 즉흥시'에 화답하다)〉 시를 기고한 데서 네 번째로 발견된다.

東鄰肝膽士, 十載見茲人. 家國愁難療, 雲天誼轉親. 一成終祀夏, 三戶定亡秦. 莫漫悲離黍, 飛藤會有辰. 子切悲巢痛, 吾懷寒齒憂. 何當時日喪, 與汝賦同仇. 碧血淸流史, 黃金國士頭. 相期無限意, 珍重看吳鈎.

동쪽 이웃 나라 호걸지사, 십년 동안 이 사람을 보아왔다네.
집과 나라는 회복되지 못하여 수심이요, 구름 낀 하늘가에 가족을 그려보네.
작은 땅과 적은 힘으로 하(夏)나라를 끝내버렸고
몇 안 되는 초(楚)나라 집들로도 큰 진(秦)나라를 평정한다 했었지.
나라 망했다고 낙심하며 슬퍼 마시게, 동아줄 잡을 날도 때가 있으리.
그대는 나라를 슬퍼하는 마음 간절하고 나는 도울 일을 생각하나니.
어느 때에나 이런 날 사라지고, 그대와 어깨 겯고 시를 지으려는지.
충신의 피로 쓰는 귀한 역사요, 황금보다 소중한 국사(國士)의 머리.
크나큰 뜻을 가슴에 품고 설욕의 그날을 진중하게 기다려보세.

이 작품은 "汕廬圖(산려도) 즉흥시"를 지으며 수심에 잠겨 있는 예관 선생을 격려하는 내용이다. 유아자가 화답한, 예관 선생의 '即題其汕廬圖' 시가 위의 〈題汕廬圖(산려도를 읊다)〉 시와 일치하는지 여부는 분명치 않으나, 두 시의 분위기는 확연히 다르다.

⑤ 다섯 번째로는 예관 선생이 타계한 지 여러 해가 지난 1928년, 중국 지사(志士) 黃介民(황개민, 1883~1956)이 지은 〈題申睨觀汕廬圖(신예관의 산려도를 읊다)〉 서문과 시가 있다.

申字睨觀, 名奎植, 韓中患難友也. 自日並韓後, 便出亡中土, 流離顚沛, 以恢複爲職志, 善漢文, 並華語. 曩歲與予遇於燕市, 慨然訂交, 大有同病相憐之威, 而後相與吐肝膈, 策危疑者累矣. 迨新韓成立民國, 設臨時政府於上海, 睨觀迄任國務總理, 差足爲故人一雪幽憤. 頃出汕廬圖示見, 內設數十首, 曆詠邦家變故, 並師友死亡, 與夫父子骨肉之生離死別, 生生血淚, 有類謝皋羽黃梨洲之風概. 爰展其意而重賦數言, 以志慨云.

신예관은 이름이 규식이며, 한국과 중국의 환난 중에 만난 벗이다. 일본이 한국을 삼켜버린 후 중국 땅으로 탈출하여, 이리저리 떠돌며 쓰러지고 넘어지면서도 나라의 광복을 소명으로 삼았는데, 한문도 잘했고 중국어에 능통하였다. 여러 해 전 나와 북경에서 만나 함께 시대를 개탄하며 교제를 맺고, 크나큰 동병상련의 정을 갖게 되었다. 그 후 서로 깊은 마음을 토로하고, 위급하고 우려되는 일에 대하여 대책을 자주 의논하였다. 새 한국이 민국(民國)을 일으켜 상해에 임시정부를 세웠을 때 예관은 국무총리를 맡았으니, 고인의 깊은 울분이 다소나마 씻겼을 것이다. 문득 산려도를 꺼내와 보여주었는데, 그 안에 수십 수의 시가 있었다. 고국의 집이 당한 변고며 스승과 벗들의 사망, 그리고 부자와 혈육의 생사 이별 등 피눈물이 뚝뚝 떨어지는 역정의 시들이었으니, 우리나라의 謝翺(사고, 1249~1295)나 黃宗羲(황종희, 1610~1695) 같이 비통한 시풍(詩風)이었다. 기꺼이 그의 뜻을 알리고 몇 마디 말을 덧붙여 슬픔을 표하노라.

人世由來重風節, 讀罷汕廬心掩咽. 遺民孤子良足哀, 山河破碎鵑啼血. 等是天涯踏冰雪, 檀黃互助連環結. 相從患難冬復冬, 梅花落罷橫雲裂. 天明斗轉幽鄉絶, 長虹貫日丹霄烈. 尤期四海歌昇平, 水雲魚鳥咸相悅.

세상에는 본래 풍도와 절개가 중하나니, 산려도 화첩 읽고서 목이 메어왔네. 나라를 떠난 외로운 이 참으로 애달파, 산하 무너지고 두견이 피 토하며 우네. 이역만리 갖은 고생 중에 단군 후예와 황제 자손이 손잡았네. 환난을 같이하며 겨울에 또 겨울 가고, 매화꽃 다 지고 비낀 구름 찢어졌네. 북두 돌아 날 밝으면 어두운 세상 끝나고, 해를 뚫는 무지개에 붉은 노을 불타리. 더더욱 기다리네, 천하에 태평가 울리고 구름 비낀 물 위에 물고기 노닐며 새들 노래하는 그날을.

위 서문(序文)에, 선생이 "국무총리의 일을 맡을 즈음" 어느 날 그에게 "문득 꺼내어(頃出)" 〈汕廬圖(산려도)〉를 꺼내어 보여주었다는 대목을 통해, 이는 1921년 5월 이후의 일임을 알 수 있다.

또한 "고국의 집이 당한 변고며 스승과 벗들의 사망, 그리고 부자와 혈육의 생사 이별 등 피눈물이 뚝뚝 떨어지는 수 십 수의 시들이, 중국 謝翺(사고, 1249~1295)나 黃宗羲(황종희, 1610~1695) 같이 비통한 시풍(詩風)"이라고 한 것으로 보아, 황개민 선생이 본 〈汕廬圖(산려도)〉는 수십 수의 題畫詩(제화시)들이 그림과 함께 두루마리나 화첩 형태로 엮인 형태였을 것으로 짐작된다. 특히 '讀罷汕廬(독파산려)'라는 구절은 선생이 1922년에 지으신 〈贈景炎(경염께 드림)〉 시의 "'청창독화도'를 한가하게 펼친다(閑展晴窓讀畵圖)" 구절과 같은 맥락으로, '그림을 읽는다(讀畵)'란 시어와 '펼친다(展)'는 어휘가 호응하는 대목을 통해서 벗들의 시와 그림을 한데 묶어 화첩을 나누어 보는 일이 중국 문인들 사이에 유행하던 낭만 풍조였음을 알 수 있다.

黃介民(황개민)이 〈題申睨觀汕廬圖(신예관의 산려도를 읊다)〉 서문에서 汕廬圖(산려도) 화첩을 언급한 시기가 1921년 5월 전후였음을 감안해 볼 때, 柳亞子(유아자)가 화답시를 쓴 1921년 6월 경에 이 화첩을 보았을 것이다.

그들과 우의를 나누면서도 낭만을 누릴 겨를이 없던 예관 선생은 고향 산수를 그린 시와 그림으로 대신하여 함께하게 되었고, 이것이 도리어 중국 시인들에게 큰 울림을 주게 되었던 것이다.

여태루

旅泰樓[1]

겸곡, 가인, 일주, 철아와 함께 읊다·謙谷[2] 可人[3] 一舟[4] 鐵兒[5] 共吟

이 날 낮엔 시루처럼 찌는 긴 더위가 괴로웠는데	是日如爐苦焰長
춥지 않아도 떨리는 것은 경계심으로 두려워서라.	不寒生栗戒心凉
가는 길에 이따금 까마득한 벼랑이 수심겨웠고	行路有時愁蜀棧[6]
그대 그리며 여러 날 어양 꿈을 꾸었다.	懷君幾夜夢漁陽[7]
원수를 없애지 못함이 나의 한일 뿐	劇虜未除惟我恨
교만한 자들 싸우는 미친 짓은 상관 않노라.	驕兒相鬩任他狂[8]
작은 누대는 아늑하고 산들바람 이는데	小樓幽靜微風動
한가하게 글재주나 다투자니 부끄럽구나.	自愧偷閑白戰場[9]

주석

1 旅泰樓여태루 : 上海(상해)에 있는 식당 겸 여관. 1913년 단재 등이 8인이 상해에 오자, 7월 25일(* 8월 26일) 여태루로 초청하여 환영회를 개최하였다는 『지산외유일지』의 기록이 있다. 해설 참조.

2 謙谷겸곡 : 박은식(朴殷植) 선생. 한말의 유학자·독립운동가·역사가. 국내에서는《황성신문》의 주필로 활동했으며 독립협회에도 가입하였다. 대종교(大倧教) 시교사(施教師)인 윤세복(尹世復) 선생의 영향으로 대종교 신도가 되었다. 1912년 上海(상해)로 가서 예관 선생 등과 함께 동제사(同濟社)를 조직하고, 동포들의 자녀 교육을 위해 박달학원(博達學院)을 설립하였다. 1915년에는 일제 침략사를 중심으로 한 『韓國痛史(한국통사)』를 출간하고, 신한혁명당(新韓革命黨)을 조직하여 항일활동을 전개하였다. 1925년에는 상해임시정부 대통령을 지냈다. 〈答朴白菴書附詩(박백암 선생님께 답하며 시를 첨부합니다)〉 시 참조.

3 可人가인 : 홍명희(洪命憙, 1888~1968). 호(號) 벽초(碧初). 일제하 민족운동 지도자. 충청북도 괴산 출생. 어린 시절에 한학을 수학하다가 일본에 유학하였다. 경술국치 후 한일합방을 거부한 부친 홍범식의 자결로 귀국하여 오산학교(五山學校)·휘문학교(徽文學校) 등에서 교편을 잡았고, 1913년 봄 상해로 가서 1918년까지 신채호, 정인보, 박은식, 신규식 선생 등과 독립운동 방안을 모색하였다. 귀국 후 충청도 최초의 3·1운동을 펼쳐 1년 반 동안 투옥되었으며, 시대일보사(時代日報社) 사장으로 재직 중인 1927년에 민족 단일 조직인 신간회(新幹會)의 창립에 관여하여 그 부회장으로 선임되면서 사회운동에 적극 투신하였다.

1930년 신간회 주최 제1차 민중대회사건의 주모자로 잡혀 옥고를 치렀다. 1945년 광복 직후에는 좌익운동에 가담하고, 월북하여 요직을 거친 것으로 알려져 있다.

그는 일제강점기 최대의 장편소설의 하나로 손꼽히는 『임꺽정(林巨正)』을 발표함으로써 문학사의 주목을 받고 있다. 이 작품은 1928년 『조선일보』에 첫 연재를 시작한 뒤 세 차례에 걸쳐 중단되었다가, 광복 직후 미완의 상태로 전 10권이 간행되었다. 조선 중기에 지방의 도둑으로 실록에 그 행적이 단편적으로 기술되기도 한 임꺽정의 이야기를 방대하게 그려내었다. *《한국민족문화대백과사전》에서 발췌.

예관 선생은 그의 기개와 문학적 재능을 높이 평가하고, 연배가 한참 아래였음에도 그를 벗으로 부르며 아꼈다. 선생의 타계 소식을 들은 벽초 선생은 애도사를 쓸 수 없을 만큼 가까운 분으로 비감해 하며, 회고의 글을 남겼다.

4 一舟일주 : 1916년 5월 중국 혁명인사 진기미(陳其美) 선생이 서거하자, 예관과 함께 추도 만련(輓聯)에 이름을 올린 한국 측 인사 명단 중에 韓一舟(한일주)라는 이름이 보인다. 1912년 즈음 상해에서 예관 선생과 긴밀하게 독립운동의 방략을 논하고 同濟社(동제사) 조직에도 함께 하여 단체의 출범 때 이름을 올린 독립 인사 중에 한씨 성을 가진 분으로 한홍교(韓興敎, 1885~1967) 선생이 선생이 있어, 동일 인물로 추정된다. 1910년부터 20년대까지의 그의 독립운동에 대해 연구한 孫艷紅(손염홍)에 따르면, 동제사(同濟社) 출범 직후 北京(북경)으로 가서 북경의학전문학교 교수로 재직하기도 하였으나, 袁世凱(원세개)에 반대하던 중 체포령이 떨어져 1914년 상해로 돌아와 예관 선생과 함께 하숙하며 활동하였다.

1914년 滄海老紡室(창해노방실, 박은식) 著 『安重根傳(안중근전)』 選錄(선록)에 〈追悼安

先生(안선생을 추도함)〉이란 輓詩(만시)를 남기기도 하였다.

5 鐵兒철아 : 〈乘江西船發向青島(강서에서 배를 타고 청도로 향하며)〉, 〈輓鐵兒盟弟(철아 맹제 만사)〉 시 참조.

6 蜀棧촉잔 : 험한 촉 지역에 놓인 사다리. 〈憶晴簑(청사를 그리며)〉, 〈京津同志被捕(북경과 천진의 동지들이 체포되다)〉 시 참조.

7 漁陽어양 : 예관이 상해에서 몇몇 제자들과 거처하던 지역. 진독수, 진기미 등의 중국 인사들과 이웃으로 우의를 다지던 곳이기도 하다. 〈威海舟中紀夢示蘇子二友(위해의 선실에서 꿈자리를 적어 소, 자 두 벗에게 보이다)〉 시와 해설 참조.

8 鬩혁 : 다투다. 『통용본』에는 '鬮'으로 되어 있으나 문맥이 어색하여, 『필사본』에 따른다.

1914년 6월 28일 촉발되어 수년에 걸쳐 벌어진 강대국들 간의 전쟁, 제1차 세계대전을 일컫는 듯하다.

9 白戰場백전장 : 백일장(白日場). 시회(詩會)

해설

■ **1914년 7월 11일 즈음**

여러 인물이 몇 구씩 지은 공동 작품이어서 내용상의 끊김이 다소 있으므로, 배경을 좀 더 자세히 살펴볼 필요가 있다.

누군가가 꿈속에서도 그리워했다는 '어양(漁陽)은 어디일까.

어양리는 1906년 이후 상해 寶昌路(보창로, Route Paul Brunat : 1915년 이후 霞飛路, Avenue Joffre)와 白爾部路(백이부로) 교차점 서쪽에 위치하고 있다. 漁陽(어양)은 상해에서 이 지역을 첫 투자지역으로 삼은 의품방관은행(義品放款銀行)의 중국 첫 창립지 天津(천진)의 옛 이름 '어양(漁陽)'을 딴 것이다.

이 지역은 좁은 길을 사이에 두고 양 옆으로 건물이 연이어져 이리 저리 뻗은 19세기말 20세기 초 상해 특유의 건축 양식, 농당(弄堂) 지구로, 중국측에서는 어양리를 일명 銘德里(명덕리)로 부른다. 명덕리는 이 긴 농당의 다른 쪽 명칭이어서 어양리의 별칭으로 불렸던 듯하다.

예관 선생의 전기(傳記)를 쓴 민석린(閔石麟, 1898~1963) 선생은 예관 선생이 법조계 어양리에서 자리 잡고 사시던 적이 있었는데, 본인과 이범석(李範奭, 1900~1972) 선생이 한 때 그곳에서 예관 선생님을 모시고 함께 지냈다고 회고하였다. 그 기간이 얼마나 되는지는 알 수 없지만, 민석린 선생이 상해로 간 1911년 겨울 이후, 이범석 선생이 1915년 11월 상해로 건너가 예관 선생 댁에서 기거한 1915년 말 사이의 일임을 알 수 있다. 이러한 자료들과 선생이 1913년 10월 11일(* 11월 8일) 명덕리(明德里 : 당시 明德里라는 이름이 존재는 하지만, 상해 북부에 위치하므로 銘德里가 온당한 듯하다)로 이사하였다는 『지산외유일지』의 기록, '일주'라고만 기록되었으나, 한흥교(韓興敎)로 추정되는 일주(一舟) 역시 1914년 상해에 와서 예관 선생과 한 집에 기숙하기도 하였다.

이러한 요소들과 '어양리는 일명 銘德里(명덕리)'라는 중국 측의 기록과 종합해 미루어 볼 때, 이곳은 예관 선생이 상해에서 기거하셨던 장소로 현재 널리 알려져 있는 老漁陽里(노어양리), 현재 南昌路(남창로) 100弄(농)일 것으로 추정된다.

위 시에서 '어양리'의 '君'을 꿈속에서 그리워했던 인물(人物)은 누구일까.
작품을 여럿이 함께 지었다는 부제를 고려해 볼 때, '꿈속에서 漁陽(어양)에 있는 상대방을 몇 번이나 그리워하였다'는 구절은 상해를 한동안 떠나 있었던 인물이 지은 시구로 볼 수 있다. 작품 부제(副題)에 거론된 참석자들의 이합집산은 오랜 기간 동안 교차되었다.

겸곡 박은식 선생은 1911년 만주로 망명한 이듬해 상해로 가서 예관 선생과 활약하였고, 1913년 10월 8일(* 11월 5일) 홍콩으로 가서 1914년 윤 5월 18일(* 7월 11일) 귀국하였다. 1913년 봄에 상해로 온 가인 홍명희 선생은 1914년 10월 6일(* 11월 23일)에 남양군도로 떠나 1917년 겨울에 상해로 돌아왔다. 가인이 南洋群島(남양군도)에서 상해로 돌아오고 얼마 후 다시 북간도로 떠나 1918년 5월 16일(* 6월 24일) 북경에서 지산 정원택 선생 등과 만나 北京(북경), 奉天(봉천)을 오가다가 그 해 6월 12일(* 7월 19일) 귀국하였음을 감안해 볼 때, 위 시에서처럼 1917년이나 1918년 여름을 가인과 겸곡 선생이 함께 보낸다는 것은 불가능하므로, 이 시의 제작 시기는 겸곡 선생이 홍콩에서 돌아온 1914년 양력 7월 11일부터, 가인 일행이 남양군도로 떠난 11월 23일 사이로 좁혀질 수 있다.

1910년대 '君'은 손아래 연배를 호칭할 때 쓰였으므로, '어양리를 꿈꾸던 인물'은 홍콩에서 1913년 연말을 보내고 이듬해 여름에 상해로 돌아온 겸곡 박은식 선생(1859~1925)이며, '군(君)'은 명덕(어양)리로 이사한 예관 선생(1880~1922)임을 알 수 있다. 날짜로 볼 때,

겸곡 선생의 홍콩 출발은 예관 선생의 명덕리 이사보다 사흘가량 앞선다.

제목으로 등장한 旅泰樓(여태루)는 어떠한 장소(場所)일까.
『지산외유일지』에 上海(상해) 여태루는 숙소, 회합 등 여러 용도와 연결되어 등장하는데, 여러 문건에서 음식이 여러 차례로 서빙되는 외족(外族)의 요리 番菜(번채)가 제공되는 음식점으로 '旅泰'가 거론되는 것으로 보아, 층별로 식당과 숙소를 갖춘 건물임을 알 수 있다. 여태루는 한 고향 벗인 단재(丹齋) 등 8인이 상해로 온 1913년 7월 25일(* 8월 26일) 환영식을 연 곳이기도 하여, 기쁜 날 상해 동지들이 모이는 특별한 장소였음을 짐작해볼 수 있다.

이와 같은 자료들을 종합해 볼 때, 참석자들이 시구(詩句)를 모아 한 편의 시를 지은 이 자리는 1914년 7월 11일자로 귀국하신 겸곡 선생을 환영하고자 여태루에 마련된 것으로 보인다.

밤에 여러 아우들과 작은 술자리를 갖고 함께 시를 짓다

夜與諸棣小酌共題詩

지난 해 오늘 서루에 앉았을 때	去年今日坐西樓[1]
가랑비 선들바람에 가을이 깊었지.	細雨疎風感九秋
만년의 굳은 절개는 추위에도 변함없고	晚節經寒尙無恙
청춘의 사랑은 수심을 녹여주노라.	青春鐘愛可消愁[2]
죽은 말을 구태여 사려든다 조롱만 받고	死馬苦求人易笑[3]
생홀아비는 억지 술을 마시며 주체를 못하누나.	生鰥强飮酒難謀
강물에 부평초 신세라 한탄치 말라	休恨浮萍隨處泊
애당초 우주가 한 척의 빈 배인 것을.	元來宇宙一虛舟

주석

1 〈乘江西船發向青島(강서에서 배를 타고 청도로 향하며)〉 시 해설 참조.

2 작자 자신의 구국(救國) 의지와 아우들의 연애 이야기가 스스럼없이 오고가는 흐뭇한 자리였다는 의미.

鐘愛종애 : 【중국어】 zhōng'ài, 사랑

3 死馬苦求사마고구 : 무익한 일을 도모한다고 비난하는 사람들이 있다는 뜻이다.

戰國(전국)시대 燕(연)나라 昭王(소왕)은 齊(제)나라에 원수를 갚기 위해 스승 郭隈(곽외)를 찾아서 인재를 얻기 위한 방법을 물었는데, 그는 "죽은 천리마의 머리를 오백금을 주고 사오자 이 소문을 들은 이가 산 천리마를 데리고 왔다"는 이야기를 해 주었다. 하찮은 것을 귀하게 대접하면 귀한 인재는 절로 오게 된다는 뜻이다.

또

又(其2)

낙엽 지고 기러기 우는데, 사람은 누대에 있고	木落鴻鳴人在樓
이역 먼 곳 뜨내기는 가을이 못내 서글퍼라.	天涯遊子易傷秋
간밤엔 부모님 꿈으로 놀란 눈물 훔쳤거니	前宵驚洒思親淚
이국 땅에서 망명의 설움 묻어버리기 어렵도다.	異域難埋去國愁
삽시간에 풍운이 일어 세상이 변하건만	傾刻風雲觀世變
천지를 되돌릴 방도를 누구와 의논하리.	轉旋穹壤仗誰謀[1·2]
이 늙은이 정정하고 뭇 아우들 빼어나니	斯翁矍礫群賢秀[3]
저 거친 물결에 배 띄워 나와 함께 타 보세나.	泛彼橫流同我舟

주석

1 穹壤궁양 : 천지(天地)

2 仗장 : 의지하다.

3 矍礫확력 : 정정하다. 『통용본』에는 '钁礫'으로 되어 있다. '钁'은 '괭이'란 뜻만 있어서, '자갈밭을 괭이질할 만큼 건강하다'는 의미로 풀이될 수도 있지만, '용감하고 건장하다'는 뜻의 『필사본』 '矍礫'을 택하였다.

해설

■ 1914년 10월 27일

1914년 9월 9일(* 10월 27일)자 『지산외유일지』에 따르자면, 중양절 밤이 깊어진 뒤에 예관 선생이 영덕리(永德里)에서 중양회(重陽會, 필자 주)를 열어 정원택은 선생은 벽초(홍명희, 필자 주) 선생과 동반하여 참석하고 시와 술을 주고받았다. 위 시제(詩題)에 '공제시(共題詩)'라고 하였으므로, 앞서 본 〈旅泰樓(여태루)〉 시 처럼 참석자의 시구(詩句)들을 모아 지은 것임을 알 수 있다.

젊은 친구들의 사랑 이야기에 웃음꽃이 피고, 생홀아비(生鰥) 예관 선생은 마시지도 못하는 술기운을 빌어 고달픈 마음을 위로하는 자리에서도 '頃刻風雲觀世變, 轉旋穹壤仗誰謀(삽시간에 풍운이 일어 세상이 바뀜을 바라보나니, 천지를 되돌릴 방도를 누구와 의논하리)'라며 제1차 세계대전까지 벌어진 혼란스러운 국면에 불안을 감추지 못하고 있다. 『지산외유일지』에는 이날 정원택이 지은 중양절 시도 기록되어 있는데, 여기서도 "한 잔 술로 근심을 씻어보려"하고, "뭇 나라 사람들이 멋대로 설치는 이 땅에서, 마음만 괴롭히고 있는 선배들을 바라만 볼 뿐"이라며 깊은 고심을 드러내고 있다. 그래도 마무리만큼은 호걸지사들답게 "거친 파도 헤치며 큰 파도를 저어가리라"는 의연한 기상으로 맺고 있다.

이로부터 약 한달 후 10월 6일(* 11월 23일) 정원택과 벽초 선생 등은 광복운동 자금을 마련하러 동남아로 떠났다.

'수촌 제 5도'에 시를 써서 지규께 드림

題水邨[1]第五圖贈芝珪[2]

문장과 기개로 강호에 으뜸	文章俠骨傲江湖
당대 천자의 부름도 우습게 여겼다네.	笑殺當年天子呼[3·4]
밝은 달 갈대밭 가을이 한창인	明月蘆花秋正好
한 폭의 강마을 그림으로 돌아왔다네.	歸來一幅水邨圖

주석

1 邨촌 : 村. 마을

2 芝珪지규 : 중국 근대의 개혁적 문인집단 南社(남사)의 구성원 周斌(주빈, 1878~1933, 字 志頤)의 호(號). 浙江省(절강성) 嘉善(가선) 출신. 최근 중국학자 劉霞(유하)는 고증을 통해 '芷畦'가 본래의 호임을 밝혔는데, 『통용본』과 『필사본』 모두 '芝珪'로 되어 있다. 예관 선생이 상대방의 호를 잘못 알아 실례를 범하였을 것 같지는 않고, 〈贈少衡(소형께 드림)〉, 〈寄夢巖(몽암께 부침)〉, 〈贈界民(계민께 드림)〉 시에서와 같이 친근감을 담은 동음(同音)의 호칭을 사용한 듯하다.
周斌(주빈) 선생은 젊었을 때 民國(민국) 초기에는 다소 개혁적인 일에도 참여하였으나, 뒤에는 별호(別號)를 분남어협(汾南漁俠)이라고 자칭하며, 고향에 은거하여 시와 술로 세월을 보냈다고 한다. 해설 참조.

3 笑殺소살 : 우스워 죽는다는 뜻의 구어(口語)

4 當年天子呼당년천자호 : 芝珪(지규) 선생이 천자가 부른 일을 거절했던 모종의 사연이 있겠으나, 상세한 내용은 알 수 없다. 다만 唐代(당대) 시인 杜甫(두보, 712~770)가 〈飮中八仙歌(술 취한 여덟 신선의 노래)〉에서 지기(知己) 李白(이백)의 방달불기(放達不羈 : 호방하여 사소한 일에 얽매이지 않는)한 성품을 "天子呼來不上船, 自稱臣是酒中仙(천자가 불

러도 배에 오르지 않고, 자칭 '신은 술 취한 신선이노이다' 하였다네)"라고 묘사한 구절, 그리고 李白(이백)이 절친 孟浩然(맹호연, 689~740)의 탈속(脫俗)한 면모를 "迷花不事君(꽃에 홀려 임금을 섬기지 않는다네)" 〈贈孟浩然(맹호연께 드림)〉이라고 묘사했던 의경(意境)을 이끌어 쓴 것으로 보인다.

또

又(其2)

나는 그 사람만 보고 호수는 못 봤지만	我見其人不見湖
분남 풍경이 부르는 듯하네.	汾南風景若相呼[1]
훗날 채색화의 묘리 터득하고서	他時願究丹青妙[2]
와서 제5도로 그대 집을 그려보려네.	來繪君家第五圖

주석

1 汾南분남 : 江蘇省(강소성) 吳江(오강)과 浙江省(절강성) 嘉善(가선)의 경계에 있는 호수, 汾湖(분호 : 일명 分湖)의 남쪽. 志頤(지규 : 芷畦, 周斌)가 대대로 살아온 고향이다. 그가 타계한 2년 뒤에 아우 志成은, 宋(송)부터 清代(청대)까지 고향 嘉善(가선) 柳溪地區(유계지구)에서 나온 시를 모은 芷畦(지규)의 원고를 토대로 『柳溪詩徵(유계시징)』을 간행하였는데, 지역 문화 유산을 보존한 서적으로 높이 평가받고 있다.
이 구절은 芝珪(지규)의 汾湖(분호) 그림이 생생하여 실감난다는 표현이다.

2 丹靑단청 : 오색으로 그린 그림.

또

又(其3)

칼의 기운 가을에 비껴있고, 눈물은 호수에 가득	劍氣橫秋泪滿湖[1]
그대 은둔하려는데 나는 미친 듯 부르짖네.	君將肥遯我狂呼[2]
수산이고 동해고 멀쩡한 곳 없는지라	首山東海無乾凈[3·4·5]
산려 벽에 걸린 그림 차마 바라볼 수 없네.	忍見汕廬壁上圖[6]

주석

1 劍氣검기 : 가을은 오행에서 금(金)에 해당하는 계절이며, 만물을 시들게 하는 살기(殺氣)의 계절이다. 제1차 세계대전까지 일어난 당시의 혼란스러운 세태를 중의적으로 표현한 것이기도 하다.

2 肥遯비둔 : 은거하다. "肥"는 '마음이 넉넉하다'는 뜻이다. 【필사본】에서는 '遯'의 月과 辶이 뒤바뀌어 있다. 【통용본】에는 '隱遁'으로 되어 있다. 여기서는 【필사본】을 기준으로 하였다.

3 首山東海수산동해 : 遼寧省(요녕성) 首山(수산)과 연접한 渤海灣(발해만) 일대를 가리킨다.

4 乾凈건정 : 【중국어】 gānjìng, 깨끗하다. 【통용본】에는 간정(干淨)으로 되어 있다.

5 首山東海無乾凈수산동해무건정 : 남만주 일대도 일본의 손아귀에 들어갔다는 의미이다. 이러한 변화는 일본의 사주로 인해 간도에서 한민족을 결집하며 세를 넓혀가던 간민회(墾民會)와 망명 의병, 농민 단체들이 1914년 3월 해산되어, 독립운동의 주요한 근거지들이 모두 사라지게 되어 생겨난 것이다.
예관 선생은 1914년 가을에 탈고한 『韓國魂(한국혼)』에서 당시 제1차 세계대전이 한창이었음을 묘사하고 나서, "首山東海, 已無一片乾淨之土足容我人之身者矣(수산과 동해에 우리 몸을 허용할 한 조각 깨끗한 땅도 남아 있지 않다)"고 개탄하였다. 결국 박은식 선생도 1915년 발간한 『韓國痛史(한국통사)』에서 일본의 마수가 남만(南滿 : 遼東半島 일대, 遼寧省 남부)로 확장되어 중국에까지 미칠 것을 경계하고 있어, 이 시기 한반도 주변의 악화된 상황을 알 수 있다. 해설 참조.

6 예관 선생이 고향집을 그려 벽에 붙인 초기 汕廬(산려) 그림은 먹으로만 그린 그림이었다. 〈題汕廬圖(산려도를 읊다)〉 시 해설 참조.

7 汕廬산려 : 汕의 사전적 의미는 물고기를 잡는 도구를 뜻하는데, 그의 〈自題吾廬(나의 집을 읊다)〉 시 "吾山吾水可容吾" 구절에서 보이듯, 예관 선생은 "조국 산하(山河)"를 아우르는 어휘로서 독자적인 용어 '汕'을 사용한 것으로 보인다. 〈寄藕泉仁棣老同志(오랜 동지이자 아우 우천께 부침)〉 시에도 "吾山吾水有吾廬(나의 산 나의 강에 나의 집 있네)"란 구절이 있어, '汕廬(산려)'의 의미를 유추해볼 수 있다.

해설

■ 1914년 늦가을

근래 중국의 劉霞(유하)군은 『申圭植的中國體驗與文學創作研究』에서, 중국자료들을 바탕으로 예관 선생의 활동과 저작에 대해 그간 밝혀지지 못했던 사실을 다수 밝혀내었다. 그의 연구 결과에 따르자면, 〈水村圖(수촌도)〉는 元(원)나라 때부터 明(명), 淸(청)을 거치면서 역대 화가들이 第一圖(제1도)부터 第五圖(제5도)까지 그려온 화제(畫題)였는데, 그 중에 제5도는 잘 알려지지 않아 周斌(주빈) 선생이 제5도를 그리게 되었다. 柳亞子(유아자), 葉楚滄(엽초창), 許半農(허반농) 선생 등과 같은 南社(남사)의 여러 문인들이 이에 대한 제화시(題畫詩 : 그림을 보고 그 내용을 읊은 시)를 지었고, 예관 선생도 같은 운(韻)을 쓴 세 수의 제화시를 지은 것이다.

예관 선생은 1909년 11월 13일 창립한 중국의 진보적 문인 단체, 南社(남사)에 1914년 8월 24일에 가입하여 임시 雅集(아집 : 회합, 모임)에 참가하고, 뜻을 같이하는 문인들과 교류를 이어갔다. 그 중 芝珪(지규 : 周斌) 선생은 1915년 10월 17일 제13차 雅集(아집 : 남사의 모임), 1916년 6월 4일 제14차 아집에 예관 선생과 함께 참석하였으며, 1918년 3월에는 〈題朝鮮申檉睨觀愛吾汕廬圖(조선 신정 예관의 '애오산려도'를 읊음)〉이란 제화시를 지어 《民國日報(민국일보)》에 게재한 일이 있어, 오랜 동안 돈독한 관계가 이어졌음을 알 수 있다. 〈題汕廬

圖(산려도를 읊다)〉 시 참조.

은거할 고향이라도 있는 중국인 친구에 비해, 예관 선생은 미친 듯 소리치는 절망적인 지경이다. 이는 간도에서 결집하며 세를 넓혀가던 한민족 간민회(墾民會), 망명 의병, 농민 단체들이 일본의 사주(使嗾)로 인해 1914년 3월 해산되어, 독립운동의 주요한 근거지들이 다 사라져 버렸기 때문이다. 〈送晴醒書(청사와 성운에게 보내는 편지)〉 시 참조.

위 세 작품의 운(韻)이 모두 같고, 배경이 모두 가을이며, 망국을 한탄하며 1914년 12월에 탈고한 『한국혼』의 시국(時局) 묘사가 그대로 쓰인 점을 종합해 볼 때, 이 해 가을에 지은 연작시임을 알 수 있다.

예관 선생 생가 인근에 흐르는 무심천(無心川) 상류 2025

가인께 드림

贈可人[1]

재주 뛰어나단 그 이름 일본에 떨쳤거니	聞名江戶才華富[2·3]
중원에서 악수하고 깊은 마음 보였어라.	握手中原肝膽披[4]
천궁에 또렷이 고하였네, 황조가 계심을	昭告天宮皇祖在[5·6]
상해에서 맹서하니 큰 인물이 알아보네.	宣盟海上偉人知[7·8]
한 세상 함께 함이 어이 뜻이 없으리	偂在一世寧無意[9·10]
청춘 시절 벗하며 지낼 만한데	好伴靑春可有期
산 첩첩 물 겹겹 이번 길 떠나니	此去萬山千水路
그대 부디 몸조심에 힘쓰시기를.	願君珍重勉旃之[11]

주석

1 可人가인 : 洪命憙(홍명희, 1888~1968)의 호. 벽초(碧初). 예관 선생의 친한 벗. 〈旅泰樓(여태루)〉, 〈可人我弟大吟壇郢政又乞和之(훌륭한 시인 가인 아우에게 가필과 함께 화답시도 바라노라)〉, 〈贈友人(벗에게 드림)〉又(其2 필자 주), 〈海上懷人(상해에서 벗을 그리며)〉又(其3 필자 주) 시 참조.

副題(부제) '洪命憙'가 붙어 있지 않은 『필사본』에 따랐다.

2 江戶강호 : 일본의 에도, 일본 유학을 일컫는다.

3 才華재화 : 빛나는 재주

4 肝膽披간담피 : 간담을 헤치다. 속마음을 숨김없이 다 말하다.

5 昭告소고 : 명백히 알리다

6 皇祖황조 : 시조(始祖)

7 宣盟선맹 : 맹세를 외치다. 홍명희가 대종교에 귀의하면서 천조께 아뢰는 誓辭(서사)를 낭독한 것을 가리킨다. 서사의 내용은 다음과 같다.

維開極立道四千幾百幾年(干支), 某月某日, (不肖子孫)某 (若多數聯名時, 則添等字), 謹誓告于大皇祖聖神. 伏惟, 聖靈在上, 善惡禍福, 儆示天解, 終身服膺, 罔敢改易, 有渝此心, 甘受罪罰.

오늘 개극입도 4○백○년 ○○(간지) ○월 ○일 (불초자손) ○○○(만약 다수인이 함께 할 때는 '등'자를 덧붙임)는 삼가 대황조성신 앞에 맹세를 고합니다. "삼가 엎드려 생각하옵건대 성령께서 위에 계시어 선악과 화복을 주재하시니, 보는 것을 경계하고 하늘 이치를 깨달아 종신토록 가슴에 품고 말되, 감히 그 마음을 바꿔 변함이 있으면 죄와 벌을 달게 받겠나이다!"

8 偉人知위인지 : 훌륭한 분이 알아주다. "呵水浮雲尤物視, 傳衣半夜偉人知((진기한 벼루에) 물결 모양 구름 모양 온갖 것이 다 있는데, 밤중에 옷을 전하며 위인이 알아주네)." 宋 許月卿(송·허월경) 〈賈似道眉子硯(가사도의 미자 벼루)〉

1913년 4월 29일(* 6월 3일) 예관 선생이 벽초(碧初), 위당(爲堂) 정인보(鄭寅普), 천봉(天峯) 김국순(金國珣) 선생과 상해 근처 남통주(南通州)에 기거하던 원로(元老) 창강(滄江) 김택영(金澤榮) 선생을 방문하고 나서, 그는 벽초의 부친 홍범식 선생의 장렬한 죽음을 서술한 『洪範植傳(홍범식전)』에서 그의 아들 벽초에 대해서도 "글 솜씨가 빛나며 외모는 온공하나 심중은 측량할 수 없으리만치 강개하다. 대개 길에서 굶어죽을지언정 결코 원수의 나라에서 구차히 먹고 살지는 않을 것이다."라고 높이 평가하였다.

9 倂병 : 아우르다. 나란히 하다.

10 寧녕 : 어찌

11 勉旃면전 : 【중국어】 miǎnzhān, 노력하다.

해설

■ 1914년 11월 20일

1914년 음력 10월 3일(* 11월 20일) 가인(可人) 홍명희(洪命憙) 선생은 상해서 함께 생활하던 정원택(鄭元澤) 선생 등에게 제안하여 동남아(南洋群島)로 떠나자고 결의하였다. 이 여정의 목적에 대해 정원택 선생은 "중국 광복 전후에 운동자금이 남양의 화교에서 많이 출연되었으므로 우리도 재원이 풍부한 남양에 광복운동의 자금 기반을 마련할 수 있을지

답사코자 함이었다"고 밝혔다. 이들은 10월 6일(* 11월 23일) 상해를 떠나 홍콩을 경유하여 남양 말레이지아 산다칸(山打根)으로 향하는 윤선(輪船)을 탔다.

당시 예관 선생은 동경 유학시절부터 이름 높던 그의 재주와 부친으로부터 물려받은 굳센 의지를 기리며, 걱정과 아쉬움으로 기념품과 함께 이 시를 주며 재회를 기약하였다. 홍명희 선생 일행은 험지에서 많은 고생 끝에 귀한 독립자금을 만들어 1917년 음력 11월 3일(* 12월 16일) 상해로 돌아왔다.

망년회에 부침

寄忘年會

갑인년 섣달 그믐밤·甲寅除夕

나라도 집도 없어 아직도 목이 메건만	無國無家尙忍言[1]
송구영신으로 떠들썩하리라.	經新經舊任他喧
오늘 밤엔 응당 한 해의 후회를 모두 잊고	今宵宜作忘年悔[2]
내일은 새 시대를 모셔와야하거늘.	明日購來新紀元[3]

주석

1 尙忍言상인언 : 여전히 (목이 메어) 말을 못하다. 그의 산문 〈與同社諸子書 (남사 여러분께 드리는 글)〉에도 등장하며, 〈碧浪湖畔恨人談(벽랑호반에서 한인이 하는 이야기)〉에는 "尙忍言哉(어이 말로 다 할 수 있으리오)"라는 강한 표현도 보인다.

2 〖필사본〗에는 '會'로 썼다가 '悔'로 고친 흔적이 있다.

3 購구 : 사들이다. 〖통용본〗에는 '講'으로 되어 있고, 〖필사본〗에는 '購'로 되어 있다. 〖필사본〗에 따랐다.

해설

■ 1915년 2월 13일

이 시는 부친 시(寄詩)이므로 부제에 적힌 날짜, 1914년 음력 12월 30일(* 1915년 2월 13일)에는 상해를 떠나 계셨던 듯하다. 거듭되는 중국 내외의 혼란으로 암담한 시기. 선생은 동지들이 초심을 잃어가는 것은 아닐지 걱정스럽기만 하다.

남사에 부침

寄南社[1]

봄바람 건듯 불고 파란이 일었는데	東風獵獵浪相驚[2]
칠흑같이 깊은 밤에 깨어나질 못하누나.	中夜沉沉苦未醒[3]
예로부터 연남에 강개한 이 많았으나	從古燕南多慷慨[4]
지금은 상해가 제일 먼저 앞섰도다.	祗今滬上最文明[5·6]
비밀리에 주권 잃고 후진들이 가련하여	秘密喪權哀後輸[7]
무력함을 격려하니, 명성이 아깝구나.	鼓吹無力惜時名[8]
통곡해도 오 년 눈물 마르지 않는 이 사람	痛哭不乾五年淚
아득하다 어디에다 도움을 청해야 하나.	茫茫何處覓秦庭[9]

주석

1 南社남사 : 辛亥革命(신해혁명) 전후로 활동한 진보적인 문학 단체 이름. 柳亞子(유아자, 1887~1958), 陳去病(진거병, 1874~1933), 高旭(고욱, 1877~1925) 등이 주도하여 1909년에 창립하였다.

2 獵獵엽렵 : 바람이 살랑 부는 모양.

3 苦未醒고미성 : 깨우치지 못하여 괴롭다. "人生如夢枉勞形, 業海浮沉苦未醒(부질없는 인생길에 육신만 괴롭히고, 업보의 바다에서 시달리며 깨우치지 못하네)." 〈和吳蘭雪記夢詩(오난설의 꿈을 쓴 시에 화답함)〉 朝鮮(조선) 申緯(신위)

4 燕南연남 : 자고로 북경 인근의 燕(연) 지방에서는 의로운 인물들 많이 나왔다. 대표적인 인물로 戰國時代(전국시대 : B.C.403~B.C.221)에 비장한 노래를 부르며 역수(易水)를 건너 秦王(진왕)을 죽이러 떠난 燕(연)나라 俠客(협객) 荊軻(형가)가 있다.

5 滬호 : 吳松江(오송강) 하류 黃浦江(황포강). 상해

6 最최 : 최고라는 뜻이다

7 秘密喪權비밀상권 : 비밀리에 국권을 잃다. 이 해 2월 2일 일본은 구미 각국이 세계대전에 참가하여 여념이 없을 때를 틈타, 비밀리에 袁世凱(원세개)에 21개에 달하는 조건을 요구하였다. 그는 결국 5월에 다소의 수정을 거쳐 굴욕적인 中日 民四條約(중일 민사조약)을 체결하였다.

8 훌륭한 인사들이 명성을 아랑곳하지 않고 무력한 대중들을 일깨우는 데 힘을 기울일 수밖에 없는 현실이 안타깝다는 의미인 듯하다.

9 庭정 : 〚통용본〛에는 '廷'으로 되어 있다. 『한국혼』 序言(서언)에서도 '秦庭'으로 표기하였으므로, 〚필사본〛에 따른다.
춘추시대 吳(오)나라가 楚(초)나라를 침공하자, 楚(초)의 신하 申包胥(신포서)가 명을 받들어 진나라에 가서 7일간 밤낮으로 통곡하여 구원병을 얻었다는 고사가 있는데, 의분을 호소할 곳이 마땅치 않음을 묘사한 것이다. 예관 선생은 『한국혼』 서언에서도 '包胥秦庭哭(포서는 진나라 조정에서 통곡하였다)'라고 표현하며, 중국으로 망명하여 한국 독립을 위한 지원을 간곡히 호소하는 일을 자신의 임무로 여겼다.

해설

■ **1915년 2월 18일, 수정은 그 후**

일찍이 『한국혼』 서언에서 밝혔듯이, 예관 선생은 '경술국치 이후 중국에 망명 와서 굴원 이소의 눈물과 신포서의 눈물을 흘렸다'. 이 눈물이 시작된 1911년 예관의 중국망명을 기점으로 볼 때, '5년간의 눈물'은 1915년까지 흘린 눈물이다.

당시 일본으로부터 21개조 등의 늑약을 요구당하는 등, 이와 유사한 상황에 놓인 중국의 처지에 대하여 예관 선생이 1915년 2월 18일 柳亞子(유아자) 등 南社(남사) 동인들에게 경각심을 촉구하며 보낸 서신, 〈與同社諸子書(남사 여러분께 드리는 글)〉 뒤에 '青丘恨人未定草(청구한인이 아직 다듬지 못한 원고), 舊曆 元月 5號(음력 1월 5일 : * 2월 18일)'이라는 설명과 함께 위 작품과 유사한 〈元旦題感示南社諸公(음력 정월 초 남사 여러분께 드림)〉 시가 첨부되어 있다.

『南社叢刻(남사총각)』 13집이 발간된 후에 서신과 시가 전달되는 바람에, 부득불 뒤에 나오게 된 13집 부록에는 이 작품의 첫 구절이 '東風獵獵客先驚'으로 기록되어 있다. 『아목루』 〚필사본〛에는 '客先'을 빗금 그어 지우고 '浪相'으로 고친 흔적이 있어, 2월 18일 보낸 후에 다듬은 것임을 알 수 있다. 〖통용본〗에는 수정을 거친 '浪相'으로 되어 있다.

이 구절의 속뜻을 짐작하기는 어려우나, 제1차 세계대전 중이던 독일이 2월부터 영국의 해상봉쇄를 뚫고자 무제한 잠수함 작전을 실행하여, 협상국(연합국)의 상선을 무차별적으로 격침시킨 일을 빗댄 것일 가능성이 있다. 1915년경 한인 독립운동가들은 세계대전에서 독일, 오스만 제국 등 동맹국 측이 승리하여 영국, 프랑스, 일본 등이 연합한 협상국의 패전을 고대하였다.

두 번째 구절에도 수정이 이루어졌다. 〖필사본〗에는 '尙'에 빗금을 긋고 '苦'로 표기하였고, 다듬어지지 않은 채로 실린 『남사총각』 13집의 같은 시에는 당초의 '尙'으로 되어 있어, 〖필사본〗이 퇴고(推敲)의 과정을 여실히 반영하고 있음을 알 수 있다. 이에 비해 〖통용본〗에는 '夢'으로 되어 있는데, '苦'와 글자 모양은 비슷하지만, 같은 구절의 '醒(꿈을 깨다)'와 의미가 중복되어 온당치 않아, 모두 〖필사본〗에 따랐다. 이 구절은 중국에 혁명의 봄이 오기는 하였으나, 袁世凱(원세개)의 전제정치(專制政治)로 인한 암흑기에 대다수 국민들이 깨치지 못했음을 빗대어 표현한 것이다.

1913년 하반기 2차 혁명이 실패로 돌아가고, 혁명의 주역이었던 孫文(손문), 黃興(황흥), 陳其美(진기미) 등 절친들이 해외로 피신하자, 선생은 기개 있는 대륙의 문인들과 사귀며 울분을 토로하고 서로 격려하였다. 1909년 11월 13일 창립한 중국의 혁명 문인 단체, 南社(남사)에 선생이 가입한 것은 1914년 8월 24일 임시 雅集(아집)(회합, 모임) 때였다. 당시 가입 요건 중에 사원 두 사람의 추천이 필요하였는데, 친한 벗 서혈아. 진기미 등도 이미 회원이었지만, 朱少屛(주소병), 陳世誼(진세의), 胡朴安(호박안) 등이 소개인이 되었다.

선생은 그 해 양력 10월 10일 제11차 아집에 처음으로 참석한 후, 1915년 9월 9일(* 10월 17일) 제13차 아집, 1916년 양력 6월 4일 14차 아집, 그리고 그해 양력 8월 20일과 9월 24일 열린 임시 아집에 참석하였다. 예관 선생은 1,000여 명의 남사 회원 중에 유일한 외국인이었다.

『아목루』에는 위 작품 외에 〈南社十三次雅集示亞子(남사 제13차 모임에 아자께 보임)〉 시가 수록되어 있다.

일기 중 · 日記中

청사와 성운에게 보내는 편지

送晴醒書[1]

회포를 풀다·敍阻[2]

연 땅에는 의로운 선비들 많으니	燕多豪俠士[3]
단번에 공격함이 무엇 어려우리오.	一擊亦何難[4]
덧붙여 동지들에게 말하노니	更告同仇子
어이 수수방관할 수 있으리오.	那堪壁上觀[5]

주석

1 晴醒청성 : 〚필사본〛에는 제목 위에 '日記中'이라는 작은 글자가 덧붙여져 있다. 의암(毅庵) 유인석(柳麟錫, 1842~1915)을 스승으로 섬기던 조선 유림(儒林) 의병(義兵), 청사(晴史 : 李馨久)와 성운(醒雲 : (洪選(琁)杓 1872~?)을 아울러 일컬은 것 같다. 해설 참조.

2 敍阻서조 : 격조(隔阻 : 오랜 동안의 막힘)를 풀다. 〚통용본〛에서는 '曹成煥'이 덧붙여져 있으나, 〚필사본〛에는 없다. 〚필사본〛에 따른다.

3 燕연 : 戰國時代(전국시대 : B.C.5세기~B.C.221)까지 七雄(칠웅) 중 하나인 燕(연)나라가 위치했던 지역. 현 河北省(하북성) 북부, 遼寧省(요녕성) 서부 일대. 인근의 通化縣(통화현 : 현 吉林省) 五道溝(오도구), 奉天省(봉천성 : 현 沈阳市) 西豊縣(서풍현) 일대에는 망명한 조선 사람들과 의병들이 많이 살고 있었다.

4 亦역 : 〚필사본〛에는 초서(草書)로 쓰여있다.

5 壁上觀벽상관 : 성벽 위에 앉아 수수방관 함

해설

■ **1915년 2~10월 사이**

종전의 판본들에서 이 시의 제목은 '送晴蓑書'로 되어 있고 부제(副題) 아래에 '曹成煥'

이란 글자도 첨가되어서 '晴蓑(청사) 조성환에게 보내는 작품'으로 번역되어 왔으나, 『필사본』에는 '晴醒'으로 되어 있으니, 종래 판본의 잘못이 오래도록 이어져왔음을 알 수 있다. 당시 국내외 인물 중에 이런 자(字)나 호(號)를 가진 사람은 찾기 어려운데, 의병활동을 일으켰던 의암 이조승(李肇承, 1873~1900) 선생이 1896년부터 1897년 사이에 서북(西北 : 평안도) 지방을 거쳐 중국 심양(瀋陽)까지 다녀온 과정을 기록한 『西行日記(서행일기)』 중에 晴史(청사)와 醒雲(성운)이란 의병이 함께 등장하는 것으로 보아, 이들 호의 첫 글자를 붙여 쓴 것으로 판단된다.

晴史(청사)란 인물에 대해서 소상한 기록은 없지만, 부친이 적에게 해를 당하여 원수를 갚고자 한 이형구(李馨久)라는 인물이고, 호(號)가 醒雲(성운)인 인물의 이름은 홍선표(洪選杓, 1872~?)로서, 자(字)는 원옥(元玉)이다. 남양(南陽)인으로 충청북도 괴산군(槐山郡) 연풍면(延豊面)에 살았으며, 제천(堤川) 의병으로 종군한 사실 정도는 밝혀볼 수 있다. 1898년(고종 35) 유인석을 좇아 출국하여 해외 근거지 마련에 전력을 기울였다는 기록이 있으며, 용문사(龍門山) 화서연원(華西淵源) 독립운동 기념비(獨立運動紀念碑)에 등재되어 있다. 『서행일기』에 묘사된 晴史(청사)는 그림을 잘 그려 때로 즉석에서 그림을 그려 팔아 일행이 끼니를 해결할 정도였으며, 醒雲(성운)은 상당히 실력 있는 유생으로서, 시를 잘 지어 여러 수의 시를 남기고 있다.

국내 의병활동과 예관 선생 간의 연관성에 대해서는 아직까지 소상한 연구가 없으나, 청소년기부터 상무정신을 가졌고 육군무관학교를 졸업하고 젊은 장교로서 구국의 길을 걸었던 선생이었다. 송상도(宋相燾, 1871~1946)의 『騎驢隨筆(기려수필)』에 따르자면, 예관 선생은 16세인 1895년 명성황후 시해사건이 일어나고 뒤이어 의병이 봉기하자, 고향에서 소년대를 조직하여 의병에 참석하고자 하였다. 『전기』에서는, 흘겨보는 눈으로 변하여 예관이란 호를 갖게 된 연유에 대해, "을사늑약이 조인되자, 고향에 계시던 선생이 놀라고 비분함을 누를 수 없어 즉시 각 지방의 군대에 연락하시고, 동지들을 규합하여 왜구들과 대결하려 하였지만, 일본의 진압으로 인하여 계획이 실패로 돌아가, 음독하여 오른쪽 시신경이 마비되었다"고 하였다. 이러한 과정은 그가 타계하였던 1922년 9월 30일자 상해《獨立新聞(독립신문)》에도 실려 있다. 흘겨보는 눈이 된 과정과 시기에 대해서는 이설(異說)이 있지만, 의병들과의 긴밀한 연대관계는 사실로 보인다.

예관 선생은 저작 『韓國魂(한국혼)』에서, 1904년부터 1908년까지 원로 군인과 서울과 지방의 뜻있는 선비들이 "앞에서 엎어지면 뒤에서 계속하여 아홉 번 죽어도 후회하지 않으며 서로 이끌고 몸을 던져 의병으로 봉기하였다"고 하며, 의병의 충절을 높이 평가하였다.

제목에 등장하는 '晴醒'이란 호칭과, 오랜만에 쌓인 회포를 푼다는 뜻의 '敍阻'라는 부제를 미루어볼 때, 우정이 돈독한 관계임을 알 수 있다.

『아목루』에는 먼 곳에 있는 대상에게 보낸 '寄-'詩와는 달리 '送○○○書' 형태의 제목이 붙은 시가 이 작품 외에 〈送唐少川書(당소천께 보내는 편지)〉, 〈答朴白菴書附詩(박백암 선생님께 답하며 시를 첨부합니다)〉 시가 있다. 특히 앞 두 작품은 〖필사본〗 제목 위에 작은 글씨로 '日記'라고 쓰여 있어서, 일기에 실려 있던 시 형식의 편지임을 짐작케 한다.

이처럼 이 시는 '일기에서 발췌하였다'는 〖필사본〗의 언급이 있고, 〖필사본〗〖통용본〗 모두, 지은 날짜가 분명한 두 작품 〈寄南社(남사에 부침) : 1915년 2월 18일〉, 〈南社十三次雅集示亞子(남사 제13차 모임에 아자께 보임) : 1915년 10월17일〉 사이에 배치하였으므로, 시기상으로 의병계의 태두 의암(毅庵) 柳麟錫(유인석) 선생이 奉天(봉천)에서 타계한 후인 1915년 2~10월 사이에 지은 작품으로 추정된다.

1910년 한일 합병 이후 연길(延吉)을 중심으로 한 북간도(北間島) 방면의 독립운동은 반일적인 국내 기독교 계통인 서북학회(西北學會) 망명인사들 중심으로 이루어졌으며, 대종교(大倧教) 인사들도 함께 하였다. 西間島(서간도) 柳河縣(유하현) 三源堡(삼원보)로 망명한 이회영(李會榮) 일가는 국내에서 각별한 관계를 맺었던 중국 대총통 袁世凱(원세개)에게 간도 지역의 한민족을 보호해 줄 것을 요구하여 수용되었으며, 이들의 중국 국적 취득도 추진하고 있었다.

이런 중에 결성된 간민교육회(墾民教育會 : 이후 墾民會)가 세를 넓혀가고 있을 즈음 이들의 중국 국적 취득과 중국복식 착용에 반대하는 유림(儒林)들의 결사인 士友契(사우계)가 조직되어, 조국 광복이라는 공동의 목표가 분명하였음에도 간민회를 오해하여 많은 공격을 하였고 康有爲(강유위)의 孔教會(공교회 : 공자를 숭앙하고 유가 경전을 신봉하며 淸(청) 왕조의 회복을 주창한 결사체)의 활동이 활발해지자, 사우계 한인 유학자들은 공교회 지회를 조직하기도 하였다. 여기에 농민들의 결성단체인 농무회(農務會)까지 가담한 한민족간의 내분이 적지 않아, 일본의 사주를 받은 중국 당국은 1914년 3월 간민회와 농무회를 모두 해산시키고 말았다.

국내외 정국이 경색되어 답답하던 예관 선생은 유인석 선생이 타계하시자, 두 분 의병동지께 편지를 보내어 중국 서북방에 이주한 의병 동지들과 독립지사들 간의 상호협력과 분발을 당부하며 이 시를 첨부한 것으로 보인다.

부잠이 준 시 두 수를 읽고 차운하여 화답함

讀芙岑[1]見贈二首卽次原韻和之[2]

중원 땅 인사들이 모이고 따르니	中州諸子往從之
영웅의 기운이 열리는 시기로다.	正是風雲闢幕時
민권으로 루소의 학설을 주창하는데	民權主唱盧梭說[3]
(군은 모 신문의 주필로 있었는데,	(君曾主某報筆政,
당시 나도 군과 함께 복무하면서	時余亦同榻, 乃與交好,
많은 것을 얻었다)	受益良多)
나라를 잃으니 그 누가 박랑 철퇴를 품었던가.	國恥誰懷博浪椎[4]
피로서 호소할 나라 사라져 슬프거늘	空庭碎首哀無告[5]
난세에도 글을 쓰고, 한탄하며 남은 것을 모으누나.	亂世染翰嗟拾遺[6]
(군은 고대의 귀한 작품들을 보존하기 위해 문헌사를 창립하여	君爲保存古粹, 創立文獻社,
흩어지고 사라진 것을 수집하고, 외진 곳에 있는 것까지도	搜掇散亡, 旁採僻壤,[7]
다 모았다. 어느 날 수집한 전체 목록을 내게 보여주어	一日示余叢徵啓,[8]
이를 보고 감동하였다.)	令人起感)
동맹을 맺어 원흉을 없애는 일 기쁘긴 하나	可喜同盟除醜物
외로운 이 몸은 고사리 뜯는 백이나 될 지도.	孤魂忍作採薇夷[9]

주석

1 芙岑부잠 : 기존의 거의 모든 『아목루』 〖통용본〗과 번역에서 이 시의 제목을 '美岑'에게 준 시로 옮기고 번역하였으나, 〖필사본〗에는 '芙岑(부잠)'의 시 2수에 화답한 것으로 되어 있고, 이것이 옳다. 해설 참조.

2 次韻차운 : 상대방 시의 원래 운(韻)에 따라 쓰는 한시(漢詩) 짓는 방식

3 盧梭노사 : 루소. 【중국어】 Lúsuō, Jean-Jacques Rousseau(1712~1778) 프랑스의 사회계약론자이자 직접민주주의자, 공화주의자, 계몽주의 철학자. 그는 사상 최초로 인간평등문제를 실천적으로 파고든 철저한 평등주의자이다. 그의 일관된 주장은 '인간 회복'으로, 인간의 본성을 자연 상태에서 파악하고자 하였다.

4 博浪椎박랑추 : 韓(한)나라에서 相臣(상신)을 지낸 가문의 후예 張良(장량)과 창해 역사가 한나라의 원수를 갚기 위해 博浪沙(박랑사)에서 秦始皇(진시황)에게 던졌다는 철퇴. 〈贈靜廬(정려께 드림)〉 시에도 같은 구절이 있다. "碎首無庭鳴楚急, 椎爭有日擊秦仇." 참조.

5 이 대목은 일제 치하에서 조국을 구할 방도를 모색할 수 있는 지도자를 못 만난 통분을 묘사한 것이다.

6 染翰염한 : 글을 짓는 것. "이에 붓에 먹을 묻혀 종이 위에 울적한 마음으로 부를 짓노라(於是染翰操紙, 慨然而賦)" 西晉(서진) 潘岳(반악, 247~300) 〈秋興賦(추흥부)〉

7 僻壤벽양 : 산간벽지

8 叢徵啓총징계 : 모은 자료 목록

9 採薇夷채미이 : 周(주) 武王(무왕)의 殷(은)나라 정벌에 대하여, 신하로서 임금의 나라를 정벌하는 것과 아버지 문왕에 대한 상례(喪禮)가 끝나지 않았음에도 아들 무왕이 전쟁을 벌이는 것에 반대하며 首陽山(수양산)에 들어가 고사리를 캐먹다 아사(餓死)한 伯夷叔齊(백이숙제)의 외로운 충절을 기림. 예관 선생이 비록 동맹을 맺고 중국 혁명을 지지하지만, 자신은 고국 회복을 위해 목숨을 바치겠다는 의미.

또

又(其2)

통한의 지난날을 어이 말로 다하리	痛恨那堪說往年
목숨을 부지하는 몸이언만, 굴함 없다네.	餘生殘喘尙頑然[1·2]
글쓰기로 오늘날 전통을 이은	文章操紙今宗傳[3·4]
그대가 누대에 오르니 중선인 듯하네.	客子登樓幾仲宣[5·6·7]
세상에 부처가 오신다는 건 망녕된 일	下界現身同是妄[8]
중원을 돌아보니 서로 더 가련만 하네.	中原回首更相憐
그대 고맙게도 부족한 나의 말 택하시니	感君能擇狂夫語
실패의 교훈이 앞길을 환히 비춰줄걸세.	覆轍昭昭鑑在前[9]

주석

1 餘生여생 : 겨우 부지하는 목숨. 예관 선생 자신을 가리키는 자호(自號)로 보인다. 이 작품을 비롯하여, 〈聞燕市條約勒成羊城軍府道撤題感(연시조약은 강제로 체결되고, 양성군부는 중도에 철폐되었다는 소식을 듣고 소감을 적다)〉, 〈太一遺書感賦(《태일유서》에 느꺼워 짓다)〉, 〈寄鐵生(철생에게 부침)〉, 〈維(제문)〉 등에서 '餘生'이 자주 등장하고, 특히 위 작품에서 '죽게 된 목숨'이라는 뜻의 '殘喘'과 연결되어 있거나, 〈제문〉에서 '낯선 곳에 망명한'이란 '異域亡命'과도 연결된 것이 신빙성을 더해준다.

2 殘喘잔천 : 단말마의 숨
頑然완연 : 흔들림이 없다.

3 操紙조지 : 글을 짓는 것. 染翰操紙

4 宗傳종전 : 정통의 맥, 적통(嫡統)

5 客子객자 : 찾아 온 사람

6 仲宣중선 : 중국 後漢(후한) 말기 魏(위)의 시인 王粲(왕찬, 177~217)의 字(자). 세상에서는 그의 문장을 칭송하여 '仲宣獨步(중선독보 : 중선은 남이 따를 수 없게 뛰어나다)', '漳(장 : 산서성 부근) 滏(부 : 하북성 부근) 지역에서 독보적이다'라고 하였다.

7 登樓등루 : 王粲(왕찬)이 고향을 그리워하여 岳陽樓(악양루)에 자주 올라 〈登樓賦(등루부)〉를 지어, 악양루를 '중선루'라고도 일컬음.

8 下界現身하계현신 : 인간 세상에 몸을 드러냄. 부처가 모습을 드러냄. 〈寄彛堂(이당께 부침)〉 시 참조.

9 백이숙제(伯夷叔齊), 여생(餘生), 회의, 실패, 중원의 어지러움 등의 시어로 미루어, 중국의 정치 환경과 좌절 등 어려운 시기임을 짐작해볼 수 있다.

해설

■ **1915년 4월경**

1915년 중국에서 간행된 잡지《小說新報(소설신보)》2에는 '芙岑'이란 인물이 쓴 〈贈申檉(신정께 드림)〉이란 시가 실려 있다. 이 작품과 예관의 위 첫 번째 시는 격구(隔句) 압운(押韻) 방식과 사용한 운(韻)이 같고 내용까지 유사하여, 芙岑(부잠)의 시에 화답(和答)한 것이 분명하다. 부잠의 시는 다음과 같다.

側身天地欲何之	천지에 오두마니 어디로 가려는지
獨立蒼茫日暮時	저물녘에 막막하게 홀로 서 있네
笑我會無夸父杖*	나는 과보의 지팡이 없어 우습지만
輸君猶有子房椎**	그대에겐 아직 자방의 몽치 있지 않은가
誓祛蟫蠹留文獻	좀벌레를 털어가며 문헌을 남기고
賸付漁樵話孑遺	어부와 나무꾼 남긴 말들 덧붙여보네
海內寥寥數知己	나라 안에 적적하게 벗들도 몇 안 되는데
更從箕子倣明夷.***	箕子를 좇아 明夷 괘를 따라나 볼까

*夸父杖 : 아미산(峨嵋山) 위에 사는 과보족(夸父族)의 수령 과보(夸父) 장사(壯士)는 복숭아나무 지팡이를 들고 해의 그림자를 따라서 사계(四季)를 정하고, 황하(黃河)와 위수(渭水)에 가서 최고 수위의 흔적을 표시하여 사람들의 농사에 도움을 주었다. 『列子(열자)』

〈湯問(탕문)〉

**輸 : 【중국어】 토로하다. 표시하다.

子房 : 張良(장량)의 字.

***箕子 : 중국 殷(은)나라가 망하자 귀한 신분을 감추고 조선(朝鮮)으로 가서 나라를 세우고 예의 문물(禮儀 文物)을 전수하였다는 현인(賢人). 이름 胥余(서여). 『周易(주역)』〈明夷(명이)〉 괘(卦)에서 기자(箕子)는 어려움을 극복하기 위해 자신의 밝은 덕을 감추고 백성과 나라를 위해 기여할 수 있는 때를 기다렸던 어진 인물로 표현되었는데, 여기서는 한국에서 온 예관을 빗댄 것이다. 『南社(남사)』의 사장(社長)이었던 柳亞子(유아자)는 1915년 『南社叢刻(남사총각)』 부록에 예관의 〈與同諸子書(남사 여러분께 드리는 글)〉과 그의 〈元旦題感示南社諸公(정월 초하루 남사 여러분께 보임, 일명 남사에 부침 寄南社)〉 시를 수록하면서, 그를 '箕壤遺民(기땅의 유민)'이라고 소개한 일도 있다. 예관의 제사 민석린은 예관 선생의 『전기』에서, 예관의 자호(自號) 중에 '余胥(여서)'를 申包胥(신포서)에 빗댄 것으로 유추하였는데, 箕子(기자)의 이름 胥余(서여, 餘)의 자순(字順)을 바꾼 것으로 보인다.

明夷 : 어려워도 마음을 바르게 가져야 이롭다는 『易經(역경)』의 卦, "明夷, 利艱貞"

芙岑(부잠)은 이 시에서 피눈물 흘리며 광복을 위해 노력하는 예관을, 은(殷 : B.C.1027~B.C.1024)나라 말기 紂王(주왕)의 친척으로, 그의 폭정을 보다 못해 고귀한 신분을 버리고 동쪽으로 가서 새 나라를 세운 箕子(기자)에 빗대며 그 뜻을 기렸다. 이어서 본인은 먼지투성이 옛 문헌이나 챙기고 세간의 잡설들을 모으는 신세라며 겸손해 하였다. 이 부분은 예관 선생의 첫 수에 작은 글씨로 첨가된 설명과 상통한다.

여러 서적에서는 芙岑(부잠)이라는 작가가 1914년 4월 25일부터 7월 15일까지 월간지 《民權素(민권소)》에 여섯 장(六章) 분량의 〈茉莉花(모리화)(자스민, 필자 주)〉라는 소설을 썼다고 되어 있다. 그런데 이 소설 〈모리화〉가 최근 발간된 顧明道(고명도, 1897~1944) 全集(전집) 중에 수록되어 있어 주목된다. 이 두 가지 사실을 연결해보면, 芙岑(부잠)이 곧 顧明道(고명도)라는 추정이 가능하다.

고명도는 蘇州(소주) 사람으로, 본명은 景程(경정)이며, 정직하고 의협심이 많은 인물이다. 그는 뒤에 〈荒江女俠(황강여협)〉 등을 쓴 무협소설가(武俠小說家)로 알려졌지만, 초창기에는 유약한 내용이 주를 이루는 '鴛鴦胡蝶派(원앙호접파)' 소설가 중에 하나였다. 이 계열의 작가들은 소설이 하잘 것 없는 장르라는 전통적 관념을 의식하여 본명이 아닌 필명(筆

名)을 많이 사용하고, 심할 때는 소설 1, 2편마다 필명을 바꾸었는데, 芙岑(부잠)도 그의 여러 필명 중에 초기(初期) 필명인 듯하다.

그는 어릴 적부터 다리에 병이 있어 蘇州(소주)를 크게 벗어나지 않고 교편(敎鞭)을 잡아 근근이 생활을 꾸려나갔기에, 작품에도 우수(憂愁)가 담겨 있다. 당시 鴛鴦胡蝶派(원앙호접파)에 속한 소설가들은 음탕한 내용의 글들도 많이 썼으나, 유독 고명도 만큼은 맑은 기상을 간직하여 흔들림이 없었다. 19세 되던 1915년 3월에 《小說新報(소설신보)》사에서 그와 특별 계약을 맺을 정도로 재사(才士)로서 필명을 떨쳤다는데, 예관이 두 번째 시에서 '나그네가 누대에 오르니, 왕찬(王粲)과 같도다(客子登樓幾仲宣)'라 하며, 일찌감치 출세가도에 올라선 부잠을 30세도 되기 전에 〈登樓賦(등루부)〉를 써서 이름을 날린 東漢(동한) 말 王粲(왕찬, 177~217, 字 仲宣)에 빗대어 격려한 것으로 보인다.

《小說新報(소설신보)》가 1915년 3월 창간되어 1923년 9월까지 월간(月刊)으로 발행되었으므로, 부잠이 지은 〈贈申檉(신정께 드림)〉 시가 제2호에 실렸다면, 잡지는 4월에 발간되었을 것이므로, 이 두 수에 화답한 예관의 시는 4월 직후에 제작되었을 것으로 추정된다. 『아목루』에는 부잠의 시 2首에 화답하여 지은 예관의 작품 2首가 실려 있으나, 부잠이 지은 原詩(원시) 1首는 현재 찾지 못하였다.

호북으로 가는 양춘시를 배웅하며

送楊春時赴湖北[1]

하늘가에 떨어져 함께 하지 못하더니	天涯淪落未同歸
온갖 일 처량한데 난리까지 났네.	萬事蒼凉又亂離
이후로는 시를 읊어도 알아줄 이 적을 테지	從此行吟知者少
그대 같은 식견은 찾아보기 힘들거늘.	當時道德似君稀
꽃다운 나이에 도리 없이 은거의 뜻 밝히고	青春忍賦江湖夢[2]
오만한 눈으로 탁한 세상 바라보네.	白眼看來天地非[3]
간밤 봄바람에 험한 소식 전해오니	昨夜東風消息惡[4]
어이 차마 고개 돌려 날리는 꽃들을 바라보리.	那堪回首百花飛

주석

1 楊春時양춘시 : 1912년 말 결성된 한중 호조 단체인 新亞同濟社(신아동제사)의 일원이었던 중국인사. '陽春時'로 적힌 판본도 있으며, '梁春時'로 기록된 곳도 있다. 梁春時가 본명이며, 이름인 '봄'과 연관 지어 선생이 만드신 아호(雅號)였을 가능성이 있다.

2 江湖夢강호몽 : 속세를 떠나 자연과 벗하고자 하는 포부. 부(賦)라는 어휘로 보아, 속세와 절연하고자 하는 내용의 글을 지어 예관 선생께 드린 듯하다.

3 白眼백안 : 오만한 눈길, 魏晉(위진)시대 竹林七賢(죽림칠현) 중에 阮籍(완적, 210~263)은 속세에 초연하다 못해 오만한 백안시(白眼視)의 태도로 이름났었는데, 근대 宋教仁(송교인, 1882~1913)이 남긴 휘호 중에 "白眼觀天下, 丹心報國家(흰 눈자위로 천하를 바라보며, 붉은 마음으로 나라에 보답하노라)"라는 행서(行書) 오언련(五言聯)이 있어, 당시 지성인들 사이에 백안시(白眼視)는 무욕(無欲)과 초탈(超脫)의 비유로서 회자되었던 듯하다.

4 '동풍에 꽃이 흩날린다'는 표현으로 계절을 짐작해볼 수 있다.

해설

■ **1915년 5월 중순경**

1912년 상해에서 조직된 한국인의 독립운동 단체 동제사(同濟社)에 힘을 실어주던 중국의 혁명 지도자라는 것 외에 양춘시에 대한 상세한 내용은 알 수 없다.

일본은 1915년 1월 초부터 北洋(북양) 정부에 지속적으로 압력을 가하며 '21개에 달하는 협약(21個條)' 체결을 촉구하여 이에 반대하는 전국적인 항의가 이어지던 중, 1915년 5월 13일경 湖北省(호북성) 漢口(한구)에서 일본 교민들이 제등행렬(提燈行列)을 계획하자 이에 반대하는 학생들이 이를 저지하였고, 시내 모든 상점들이 문을 닫고 불을 끄며 야시장도 중단하면서 '21개조 반대운동'을 펼쳤다. 시민과 일본인들 사이에 충돌이 있었고, 일본 상점을 파괴하였다. 18일에는 湖南省(호남성) 長沙(장사)의 한 청년이 목숨을 끊었으며, 유사한 사건이 전국적으로 이어졌다.

예관 선생의 시심(詩心)을 누구보다 잘 이해하여 주었던 양춘시가, 혼란한 시국에 폭동 소식까지 전해진 날 은거의 뜻을 밝히며 湖北(호북)으로 길을 떠나게 되자, 선생은 착잡한 마음으로 시를 지어 전송한 듯하다. 원세개는 빗발치는 국민적 저항에도 불구하고 1915년 5월 25일, '21조 협약' 내용을 조정하여 일본의 산동성, 남만주, 동부 내몽고에서의 특권을 인정하는 〈中日民四條約(중일민사조약)〉에 서명하였다.

'호북(湖北)-난리(亂離)-동풍(東風)-나쁜 소식-날리는 꽃'으로 이어지는 시어들, 그리고 『아목루』에서의 편차(編次) 등을 감안해 볼 때, 이 시는 1915년 5월 중순 경 21개조 반대운동이 일어나던 시기에 지은 작품으로 보인다.

미주로 가는 최동 군을 배웅하며

送崔棟君赴美洲[1]

높다란 큰 건물들 버티고서	嵬乎支大厦[2·3]
강물 가운데 우뚝 서있다 하지.	屹爾立中流[4]
악수하며 당부의 말 하나니	握手申勤語[5]
명예를 지키고 많은 경험 쌓으시길.	顧名實事求[6·7]

주석

1 최동崔棟 : 1896~1973. 의학자. 역사학자. 일본에서 공부하고, 중학교 졸업 후 도미, 캘리포니아 주립대학(University of California, Berkeley)에서 약 1년간 수학 후 귀국하여 세브란스 의학전문학교에 입학했고 1921년에 졸업하였다. 졸업 후 북경협화(北京協和) 의과대학. 캐나다 토론토대학(University of Toronto) 병리학교실 등에서 연구하고 1929년부터 1955년까지 세브란스전문대학교에 재직하였다. 해설 참조.
〖필사본〗에서는 수정 전에 '贈'으로 되었던 것을 '送'으로 고쳤다.

2 嵬외 : 높다. 〖필사본〗에서 수정하기 전과 〖통용본〗에는 鬼로 되어 있으나, 〖필사본〗 수정 후인 嵬가 온당하므로 이에 따른다.

3 大厦대하 : 【중국어】 dàshà, 빌딩, 큰 건물

4 中流중류 : 강물 가운데. Berkeley 대학은 태평양 샌프란시스코 만에 위치하고 있으며, 캘리포니아 주의 40%에 달하는 강물이 이 만으로 흘러들어간다.

5 勤語근어 : 격려의 말

6 顧名고명 : 명예를 지키려고 노력함

7 實事求실사구 : 폭넓은 경험을 쌓아 유용한 지식과 바른 판단력을 얻는 실사구시(實事求是).

해설

■ 1915년 7월경

崔棟(1896~1973)은 의학자이자 역사학자이다. 10세 전후에 아버지와 가까이 지내던 박영효(朴泳孝)·서재필(徐載弼)·안창호(安昌浩) 등에게 사숙했고, 자라서는 최남선(崔南善)·정인보(鄭寅普)·이광수(李光洙) 선생 등으로부터 지도와 조언을 받았다. 일본에서 공부하고, 중학교 졸업 후 1915년 도미(渡美), 캘리포니아 주립대학에서 약 1년간 수학 후 귀국하여 1917년 세브란스 의학전문학교에 입학했고 1921년에 졸업하였다. 졸업 후 북경(北京) 협화(協和)의과대학, 캐나다 토론토대학 병리학교실 등에서 연구하고 1929년부터 1955년까지 세브란스전문대학교에 재직하였다. 그는 신채호(申采浩) 선생과 만난 일은 없지만, 그의 『조선사론』, 『조선사연구초』에 자극받아 평생 동안 의학연구와 아울러 민족사연구에 전념하여, 집필 30여 년 만에 1966년 『조선상고민족사』를 출간하였다.

당시 상해는 세계 해상교통의 요충지로서, 고국에서 북미나 하와이로 밀항하려는 우리 동포들의 왕래들도 자못 활발하였기에, 최동(崔棟) 선생도 예관 선생이 활동하던 상해를 거쳐 미주로 간 것으로 보인다. 당시 미국에서 발행된《新韓民報(신한민보)》1915년 9월 2일자 2면에는 "가쥬대학에 한인학생"이라는 제하 기사에 "빽클리에 있는 칼리포니아 대학교는 지금 미국에 둘째로 큰 대학교로 8월 16일에 개학하였는데 한인학생은 박일구 임정구 최동 三씨라 하더라"는 소식이 실려 있다. 예관은 출중한 그에게 큰 기대를 걸고 시로서 격려하며 전송한 것이다.

1920년 이승만이 배편으로 하와이에서 홍콩을 거쳐 상해까지 20일 걸려 항해해왔다는 당시 기록으로 미루어볼 때, 상해에서 캘리포니아까지도 그 비슷하게 걸렸을 것이므로, 이 작품은 1915년 7월 중순 무렵의 작품으로 볼 수 있다.

조카 신형호 선생 등 미국으로 간 초창기 이주자들의 서신과 언론 보도를 통해 그곳의 소식을 전해 듣고 있던 예관 선생은, 제자들을 떠나보내면서 〈送惠園弟赴美洲(미국으로 떠나는 혜원 아우를 배웅하며)〉 시에서처럼, '屹屹千秋天保立, 洋洋萬里太平行. 知否河山華且美(천만년 치솟은 섬 우뚝하게 서 있는데, 일망무제 펼쳐진 태평양을 건너리. 그곳 산천이 그렇게 화려하지)'라 표현하기도 하고, 이 작품에서처럼 '嵬乎支大厦, 屹爾立中流(높다란 건물이 바닷가에 우뚝 서 있는)' 경이로운 신대륙의 모습을 상상하고 있다. 새로운 세상에서 학업에 전념할 수 있는 이들에 대한 부러움과 기대, 그리고 남아서 감당해야 할 현실의 무게가 겹치는 송별의 정경이다.

상사지회(相思之懷)
(韓) 전기(田琦 1825~1854) 국립중앙박물관 소장

상해에서 벗을 그리며

海上懷人[1]

세월은 유수 같이 흐르고 세상일은 어렵기만 한데, 가인은 볼 수가 없고 무애를 생각하네. 어수선한 소감을 적어(을묘년에 태어난 반 살 짜리 어린애를 찍은 사진처럼 솜씨가 너무 서툴지만, 꾸밈은 전혀 없다네) 편지를 대신하네만, 어찌 감히 시라고 할 수 있겠는가. 웃으며 읽어 보고 가르쳐주기를 청하네.

光陰容易, 世事多難. 不見可人, 我思無涯.[2] 拉雜題感(是撮乙卯半歲兒[3]之小影, 其工太醜. 但毫無假粧.) 以爲代簡,[4] 豈敢[5]詩云乎哉. 請哂閱而敎之.

우리 조국에는 정통 역사가 없다고	宗國無正史[6]
세상사람 모두들 나를 비웃네.	世人皆我嘲
밤길 다닐 때 귀한 횃불이 아쉽고	昏行思寶炬
낮에 나가면 요망한 무리로 괴롭네.	晝出痛群妖[7]
말을 달려 천 리 먼 길	馬道過千里[8·9]
기러기 소식은 하늘 멀리 막혔네.	雁聲隔九霄
오늘밤 만약 달을 보거든	今宵如見月
초췌한 이 얼굴 생각이나 해 주게.	想得此顔憔

주석

1 海上해상 : 상해를 가리킨다. 벗들과 멀리 떨어져 상해에 홀로 남아 있다는 의미가 담겼다.

2 無涯무애 : 끝이 없다. 단재 선생의 필명이다.

3 乙卯半歲兒을묘반세아 : 1915년 음력 7월 중순(* 8월 25일) 경의 자신을 겸손하게 표현

한 것이다. 1880년 음력 정월 13일에 태어나신 선생은 당신의 나이를 이런 방식으로 즐겨 표현하셨다. "光陰容易逝如斯, 三十年前四歲兒(시간이 물처럼 수이 흘러 삼십 년 전에는 네 살배기 아이였네)." 〈生日書感(생일날 감회를 적다)〉, "三十八祀前, 庚辰是月也, 降于鐘山顚(지금으로부터 서른여덟 해 전 경진년 이 달에 종산 봉우리에서 내려왔네)." 〈丁巳年自壽詩(정사년 생일 기념 시)〉 참조. 이런 표현에는 '눈물 없던 어린 시절'에 대한 그리움이 담겨 있는 듯하다.

4 『통용본』에는 "拉雜題感, 是撮乙卯半歲兒之小影, 其工太醜. 但毫無假粧以爲代簡,"으로, 『필사본』과 달리 괄호가 없다.

5 일반 판본에는 '感'으로 되어 있으나, 『필사본』에는 '敢'으로 되어 있으며, 문맥상 이것이 옳다.

6 예관 선생은 저작 『한국혼』에서, 중국에서 훌륭하다고 인정받는 章炳麟(장병린)이나 梁啓超(양계초) 같은 학자조차도 한국의 역사에 대해서는 무지한데, 이는 그들의 탓이라기보다 『漢書(한서)』같은 중국 역사의 짧은 대목이나 일본인들의 미친 기록 외에 제대로 된 우리의 역사 없기 때문이라며 부끄러워하였다. 이어 우리의 자랑스러운 역사적 사실들을 열거하고, 『大東歷史(대동역사)』를 쓴 금협산인(錦頰山人 : 신채호) 등을 높이 평가하는 등, 주체적 관점에서 역사를 바로 쓰고 알아야 할 필요를 역설하는 데 많은 부분을 할애하였다.

7 群妖군요 : 정탐꾼과 밀정들이 혈안이 되어 잡으려 드는 것을 말한다.

8 馬道마도 : 『통용본』에는 '馬道'로 되어 있으나, 『필사본』에는 '馬首'로 되어 있다. 한시의 용례로 보아 馬道가 온당하다고 판단되어 『통용본』에 따른다.

9 千里천리 : 선생은 중국에서 먼 고국 땅을 천리로 표현하였다. 〈柬某友(모 친구에게 보내는 편지)〉 시 등 참조. 따라서 위 시의 증여 대상은 고국에 있는 벗으로 한정된다.

또

又(其2)

23일을 잊지 않고서	不忘念三日[1]
경시의 글을 다시 읽어보네.	更讀景施文[2]
어느덧 새 힘 뭉게뭉게 솟아나니	使我油然起[3]
하늘가에는 흰 구름 이네.	天邊有白雲

주석

1 念三日**염삼일** : 념(念)은 이십일. 곧 이십삼일. 이 작품은 위당(爲堂) 정인보 선생에게 보낸 작품이므로, 상해에서 함께 생활하였던 기간(1913.3월경~1913.10.29.) 중에 1913년 음력 7월 23일에 얽힌 일을 말하고 있는 것으로 보인다. 주석과 해설 참조.

2 景施**경시** : 정인보(鄭寅普)(1893~?) 선생의 幼名(유명 : 어릴 적 부르는 이름)이다.

3 油然**유연** : 구름이 뭉게뭉게 피어오르는 모양. 뒤 구절의 '하늘가에 흰 구름'과 호응하며 '분발하는 상태'를 연상시킨다.

해설

■ **1915년 9월 2일(음력 7월 23일) 전후**

예관 선생은 1915년 말 즈음까지 세 편의 〈海上懷人(상해에서 벗을 그리며)〉 시를 지어 보냈다.

제목에 '懷人'이 들어간 것은 단순히 특정 대상을 그린다는 의미를 넘어, 지식인들 사이에 유행했던 '회인체(懷人體) 시' 양식의 작품임을 밝힌 것이다. 사람에 대한 그리움은 한시(漢詩)의 보편적인 주제이며, 그 연원 또한 유구한데, 시 양식으로서의 '회인체(懷人體) 시'는 제목에 '懷人'이란 글자가 들어 있고, 복수(複數)의 인물들을 대상으로 하여, 7언 절구 또는 5언 6구 고시의 '연작(聯作)' 형식으로, 각기 한 수(首)에 한 명에 대한 그리움의 정서를 담아내는 양식을 뜻한다.

이와 같은 형식적 특징과 내용을 감안할 때, 예관 선생의 〈海上懷人(상해에서 벗을 그리며)〉 시 3수는 벗들을 향한 그리움을 담아 보낸 시들임을 알 수 있다. 첫 수는 예관 본인의 시작(詩作) 솜씨가 보잘것없어 '乙卯半歲兒 을묘년의 반 살짜리 아기' 같다는 겸사(謙辭)를 미루어, 1915년 음력 7월 중순(* 8월 25일)경에 쓴 대간(代簡 : 편지를 대신하는 글)임을 알 수 있다. 두 번째 작품은 별다른 서문도 없이 첫머리에 돌연 景施(경시)라는 상대방의 㓜名(유명)이 언급되어 있고, 지은 날짜가 첫 작품과 비슷한 시기인 1915년 음력 7월 23일(* 9월 2일)로 분명하여, 첫 수와의 밀접한 관계를 짐작케 한다.

역사를 잃은 망명객으로서의 부끄러움, 쫓기는 처지의 불안감, 깊어지는 그리움 등 복잡한 심경을 꾸밈없이 토로하고, 벗이 남긴 글을 다시금 읽어보며 어려운 시기에 다시금 마음을 곧추세워보는 선생이다. 내용과 제작 시기를 종합해 볼 때, 위 두 수는 국제 정세를 유추하여 세운《신한혁명당》구상이 난망이 되어버린 어려운 시기에, 고국에 가 있는 위당(爲堂) 정인보 선생께 보낸 작품들로 추정된다. 이 시기 선생이 중국의 쟁쟁한 문인들이 모인 단체 南社(남사)의 일원이 되자, 더욱 높아진 시 창작 의욕도 '회인체 시' 제작에 작용한 것으로 보인다.

세 번째 작품은 제작시기와 대상이 달라, 별도로 다루기로 한다.

오랜 벗 혈아 군을 애도하다

悼故友血兒君[1]

서혈아·徐血兒[2]

어허라. 혈아는 내가 지난 신해년 고국의 수도로부터 몸을 숨기고 상해로 건너온 다음날 사귄 첫 번째 사람이다. 혈아 군은 매번 나를 진심으로 이해하여 아껴주었으며, 양국 간의 뗄 수 없는 관계를 간절하게 이야기하고, 앞으로 함께 노력할 것을 서로 약조하였다. 혈아 군은 한창 나이에 뛰어난 인물로 문장력도 탁월하였다. 《민립보》의 편집사무를 주관하다가 근심과 통분이 병이 되었더니, 갑자기 시국이 크게 변하였다는 소식을 듣고 별안간 병세가 심해져서 일어나지 못했으니, 나이가 스물네 살이다. 아, 그저 절친한 벗 한 사람을 잃고 통곡할 뿐이로다.

嗚呼, 血兒者, 余往在辛亥之年, 由故都遁身渡海上, 翌日訂交之第一人也.[3] 對余每以腹心推愛, 切論痛癢關系, 相期勉勵前途. 君英年奇士, 而肆立文章者也.[4] 曩主民立報筆政, 憂憤成祟, 忽聞時局變幻,[5] 頓劇不起, 年二十四. 嗚呼, 徒爲失一知友而哭哉.

그대, 순망치한의 아픔을 말했는데	君言脣齒痛[6]
나는 난분혜위에 곡하노라.	我哭蕙蘭焚[7]
삼모각에 달이 지는데	落月三茅閣[8]
사람과 거문고 둘 다 사라졌구나.	人琴俱不存[9]

주석

1 血兒혈아 : 徐血儿(서혈아, 1891~1915), 字(자) 天復(천복). 예관은 이 작품 서문에서도 밝혔듯이, 중국으로 망명한 이튿날 상해에서 서천복을 만났으며, 그의 소개로 宋教仁(송

교인), 黃興(황흥), 陳其美(진기미), 譚人鳳(담인봉)과 같은 혁명파(革命派) 인사들을 만나 우의를 쌓게 되었다. 〈寄徐血兒(서혈아께 부침)〉 시 참조.

특히 1910년 10월 11일, 중국의 자본가계급 혁명가 于佑任(우우임)이 상해에서 창간하여 발행된 신문 《民立報(민립보)》는 혁명파(革命派) 인사들이 결성한 同盟會(동맹회)의 기관지로서, 辛亥革命(신해혁명)에 적지 않은 영향을 주었다. 당대 영향력 있던 宋教仁(송교인), 範光啓(범광계), 景耀月(경요월) 등이 번갈아가며 주편(主編)을 맡았으며, 서혈아는 당시 민립보의 편찬에 참여했던 이름난 기자였다. 1913년 송교인이 세상을 떠났을 때, 원세개의 사주(使嗾)를 공포하면서 진상을 밝힐 것을 선포하여, 9월 4일 원세개의 조사를 받고 이 신문은 정간(停刊)되었다.

2 輓詞 부분은 『필사본』에 실리지 않아, 부제(副題)를 단 『통용본』에 따랐다.

3 訂정 : 부과하다. 訂交(정교)는 벗으로 교제를 맺는다는 뜻으로, 서혈아는 손아래임에도 의기투합하여 망년지우(忘年之友)로 사귀었음을 밝힌 것이다. 〈輓黃克强(황극강 만사)〉 又(其2, 필자 주) 참조.

4 肆立사립 : 곧게 서다

5 1915년 8월 3일 원세개의 제위(帝位) 계승을 위해 어용 집단 籌安會(주안회)가 발기되고, 23일 정식 출범하였다. 이 단체는 楊度(양도)가 주도하여 북경에서 만들었으며, 각 省(성)의 장군과 상회(商會) 대표를 불러들여 국가 체제 문제를 논의하도록 압박하는 등 공개적으로 제정(帝政) 회복 운동을 하여, 혁명파(革命派)의 의분(義憤)을 불러일으켰다. 〈海上懷人(상해에서 벗을 그리며)〉 又(其3, 필자 주) 시 참조.

서혈아 선생은 원세개의 횡포에 대항하여 세 차례나 암살 위험에 처하였으나, 비밀리에 폭정을 고발하는 일들을 해오다가, 과로로 얻은 폐결핵이 심하여져 1915년 9월 22일 24살의 젊은 나이로 타계하였다.

6 脣亡齒寒순망치한 : 입술이 없어지면 치아가 시림. 곧 관계가 아주 밀접하여 서로 의지하는 사물에 비유한다. 『春秋左氏傳(춘추좌씨전)』

당시 한국 독립지사들에게 호의적이었던 중국 지식인들은 이 어휘를 자주 사용하며 협조와 우애를 표현하였다.

7 蘭焚蕙委난분혜위 : 향초(香草)인 난초가 불에 타고 혜초가 버려졌다는 뜻으로, 학덕 있

는 선인(善人)이 죽거나 버림받은 것을 말한다.

8 三茅閣삼모각 : 상해 北門(북문) 밖에 있는 道館(도관). 明(명) 영락(永樂) 6년(1408)에 창건되어 三矛眞君(삼모진군, 신선이 되어 날아간 矛氏모씨 삼형제)을 받들어 생긴 이름이다. 淸(청) 咸豐(함풍) 3年(1853)에 병화(兵火)로 훼손되기도 하였다.

于右任(우우임)은 신해혁명 전에 상해 法租界(법조계) 三茅閣橋(삼모각교) 54號(호)에서 《민립보》를 창간하였다. 예관 선생은 서혈아가 이곳에서 기자로서 활약할 당시 그와 깊은 마음을 주고받으며 사귄 일을 회고한 것이다.

9 人琴인금 : "伯牙(백아)는 금(琴)을 잘 탔고, 鐘子期(종자기)는 소리를 잘 들었다. 백아가 금을 타면서 뜻이 높은 산에 있으면 종자기가 말하기를, '좋구나, 峨峨(아아 : 드높다)하기 태산(泰山)과 같구나.' 하고, 뜻이 흐르는 물에 있으면 종자기가 말하기를, '좋구나, 洋洋(양양 : 드넓다)하기 강하(江河)와 같구나.' 하였다. 그 뒤에 종자기가 죽자 백아는 다시는 금을 타지 않았다." 『列子(열자)』 〈湯問(탕문)〉편에 실린 '지음(知音 : 깊은 마음을 아는 벗)'에 관한 고사(故事)이다.

예관 선생을 비롯하여 당시 지성인들 중에는 금(琴)을 타는 이가 적지 않았으므로, 서혈아가 실제로 금을 탔을 가능성을 생각해볼 수 있다.

해설

■ 1915년 9월 22일 즈음

예관 선생은 서혈아가 이곳에서 기자로서 활약할 당시, 그와 깊은 우정을 나눈 일을 회고한 것이다. 그가 타계한 1915년 9월 22일은 음력 8월 14일로, 달을 언급한 이 작품은 한가위 즈음의 환한 달을 보고 지은 시 임을 알 수 있는데, 달이 진다는 구절이 그의 타계를 빗댄 표현일 수도 있지만, 밤새도록 하늘에 떠 있다가 오전 여섯 시경에 지는 보름달의 특성을 감안해볼 때, 선생이 슬픔으로 밤을 지새웠음을 반영한 것일 수도 있다.

남사 제13차 모임에 아자께 보임

南社十三次雅集[1]示亞子[2]

때는 중양절 이 좋은 철에	滿城風雨此良辰[3]
강호의 절경을 뉘와 함께 누릴 건가.	絶景江湖誰與親
남사에서 이름 난 이들 만나보는데	南社相逢名下士[4]
아려는 보고픈 이를 만날 수 없네.	亞盧不見意中人[5]
전생의 치욕을 가슴 깊이 새기고	冥心堪信前生僇[6]
엄정한 눈 크게 떠 혼탁한 세상을 보리라.	白眼放觀大塊塵[7·8]
멀리 봉래를 가리키며 오늘 만나서	遙指蓬萊今日會[9]
수북한 새 귤 약간을 공신께 드리노라.	幾多新橘謝恩臣[10·11·12]

주석

1 雅集아집 : 진보적 문인들의 단체 南社(남사)의 모임을 우아하게 일컫는 고유명사이다.

2 柳亞子유아자 : 南社(남사)의 발기인(發起人). 원명 慰高(위고, 1887~1958). 號(호) 安如(안여), 뒤에 개명하여 人權(인권), 字(자)를 亞盧(아려)라 하였다가, 다시 棄疾(기질)로 개명하고, 호(號)를 亞子(아자)로 하였다. 남사의 중심이 된 최고의 시인. 1912년 상해서 열린 7차 남사 雅集(아집 : 남사의 집회)에서 3인의 편집위원을 1인으로 줄이고, 실질적으로 일을 맡아 온 자신을 천거하였으나 부결되었고, 이에 격분하여 탈퇴하였다가 1914년 3월 29일 열린 제 10차 아집 회의에서 주임제(主任制) 건의를 수용하자, 그해 5월의 임시 아집을 기하여 다시 가입하였다. 능력이 뛰어난 만큼 자부심도 강하여 회원들과 충돌하기도 하였다.

이 시 앞 두 편의 형식은 5言 4句나 혹은 8句 형식으로 되어 있고, 뒤의 것은 거의 8句마다 환운(換韻)이 이루어진 7언 장편(長篇) 고체(古體) 형식이다. 『통용본』에 있는 부제

(副題), '柳亞子' 세 글자는 『필사본』에는 없다. 『필사본』에 따른다.

3 滿城風雨**만성풍우** : 바람 불고 비 내리는 자연의 현상, 늦봄이나 중양절(重陽節) 즈음을 많이 가리키는데, 위 작품에서는 雅集(아집)이 열린 음력 9월 9일 (* 10월 17일) 중양절을 가리키는 풍류 넘치는 표현이다.

4 名下士**명하사** : 명망이 높은 사람

5 亞盧**아려** : 유아자의 字(자). 그는 술병이 났다고 하면서 이날 집회에 참석하지 못하였다.

6 僇**륙** : 욕보이다

7 白眼**백안** : 경멸하는 눈빛, 흘겨보는 눈

放觀방관 : 눈을 크게 뜨다.

8 塵**진** : 속세

9 蓬萊**봉래** : 한국을 가리킨다.

10 幾多**기다** : 제법 많다.

11 新橘**신귤** : 신 맛이 있는 햇귤. 간(肝)과 담(膽)이 약한 사람들은 신 맛을 좋아한다.

12 恩臣**은신** : 은총을 받는 신하. 원세개에게 아첨한 소수의 지식인들. 예관 선생이 기록한 〈乙卯九月九日紀事(을묘년 구월구일 기사)〉에 당일 귤을 나누며 즐거운 시간을 보냈다는 대목이 있는데, 이 귤을 '원세개의 공신에게 바친다'고 표현하여 당시 참가한 남사(南社) 사원들 중에 본래 혁명파이다가 변절한 이들을 담(膽)이 약한 자들이라고 풍자한 구절로 보인다. 〈海上懷人〉 又(其3, 필자 주) 해설 참조.

해설

■ **1915년 10월 17일**

기존의 『통용본』과 『필사본』 모두 제목에 '十一次'로 되어 있으나, 오기(誤記)이다. 예관 선생이 위 시 앞에 붙인 글, 〈乙卯九月九日紀事(을묘년 구월구일의 일을 기록하다)〉에는 술병이 나서(사실은 足疾이라고 함) 참석하지 못한 유아자를 못 만난 아집(雅集)을 '十三次'로 분명하게 밝혔기 때문이다.

1915년 음력 9월 9일(* 10월 17일) 열린 13차 아집의 풍류 넘치는 정경은 망명지 '奉天(봉천)'의 '申檉(신정) 睨觀(예관)' 명의의 〈乙卯九月九日紀事(을묘년 구월구일의 일을 기록하다)〉 글에 다음과 같이 묘사되어 있다.

> "……지난 번 亞子(아자) 주임의 편지를 받았는데, 음력 9월 9일 南社(남사)의 제13차 정식 집회를 愚園(우원 : 부속건물이 딸린 공원)을 빌려 거행하기로 정했다고 하였다… 구름처럼 몰려든 새 벗과 옛 친구들이 누각에 가득했다. 시권(詩卷)들이 쌓여 있고, 술잔과 접시들이 낭자하게 흩어져 있었다. …친구인 한 회원이 나를 오찬으로 이끌어 가보니, 쟁쟁한 이들이 모여 술잔을 기울이고 있었다. 朱少屛(주소병) 주석이 남사의 현황을 보고하고, 새 벗들도 서로 만나도록 소개하고 다 함께 기념사진을 찍었다. 다시 누각에 올라 계속해서 마시며, 어떤 이는 벌주놀이인 武戰(무전)을 하고 어떤 이는 시를 읊고, 때로는 떠들썩한 웃음소리와 거친 대화가 뒤섞이기도 했다. 오른손에 술잔을 들고 왼손으로는 귤을 쪼개며 제멋대로 쓰러지면서 어느새 날이 저문 것도 몰랐으니, 아아 좋은 날과 아름다운 광경을 저버릴 수 없다는 말이 틀리지 않도다. 나는 이 좋은 정경을 보고도 슬픔이 이는 한인(恨人)…"

王羲之(왕희지, 303~361)의 蘭亭集序(난정집서)를 떠올리게 하는 대목이다. 위의 시는 "寫意紀事而已(뜻을 적고 일을 기록하는 정도에 불과하다)"라는 겸사와 함께 『南社叢刻(남사총각)』 부록에 수록되어 있다.

《태일유서》에 느꺼워 짓다

太一遺書[1]感賦

찬바람 대지에 휘몰아쳐	寒風吹大野
떨어진 이파리 장강에 가득하도다.	落葉滿長江[2]
선열들은 꽃다운 역사 남기고	先烈遺芳史
남은 이 목숨도 국상을 애통해 하노라.	餘生痛國殤[3·4]

주석

1 太一遺書**태일유서** : 중국 寧調元(영조원)의 사후(死後)에, 남사에 함께 하던 함께 柳亞子(유아자), 傅熊湘(부웅상) 등이 엮은 유고집. 1915년 인쇄되었다.

2 落野**낙야** : 野는 葉과 중국어 음이 같아, 落葉(낙엽)이 옳다. 뒤의 국상(國殤)과 호응하는 중의적(重意的)인 표현. '葉'으로 된 『필사본』에 따른다.

3 國殤**국상** : 나라의 귀한 인재가 일찍 죽음

4 寧調元**영조원** : 1883~1913. 字(자) 仙霞(선하), 號(호) 太一(태일). 중국 혁명가. 南社(남사)의 시인. 저서로 『太一遺書(태일유서)』, 『寧調元集(영조원집)』 등이 있다. 해설 참조.

해설

■ **1915년 10월 17일**

예관 선생은 〈南社十三次雅集示亞子(남사 제13차 모임에 아자께 보임)〉 시를 짓던 1915년 음력 9월 9일(* 10월 17일) 같은 날, 위 작품도 지었다. 太一(태일)은 중국 혁명가 寧調元(영조원)의 호이다. 그는 일본 유학 중에 黃興(황흥), 陳天華(진천화) 등과 교유하였으며, 1905년 陳天華(진천화), 姚宏業(요굉업)이 清朝(청조)에 반대하며 바다에 투신하자, 이들의 죽음을 공장(公葬)으로 치렀다.

1906년 12월, 농민에 의한 일차 혁명인 萍瀏醴(평유례) 起義(기의)가 일어나자, 이를 계기로

淸朝(청조) 귀족의 부패와 매국을 고발하는 반청혁명(反淸革命)에 적극 가담하다가 투옥되었다. 1908년 高旭(고욱), 陳去病(진거병), 柳亞子(유아자) 등이 상해에서 南社(남사)를 결성하자, 옥중에서 가입한 후에 〈南社序(남사서)〉를 썼으며, 2년 투옥 기간 중에 2,000여 종의 책을 읽고, 600여 수의 시(詩)와 사(詞)를 지었다. 1913년 孫文(손문)이 袁世凱(원세개)에 반대하여 漢口(한구)에서 國民黨(국민당) 交通部(교통부)를 설치하자 寧調元(영조원), 熊越山(웅월산) 등은 武漢(무한)에서 이에 동조하는 二次革命(이차혁명)을 도모하였으나, 실패하고 체포되어 내란죄로 30세에 처형되었다.

『太一遺書(태일유서)』는 그의 사후, 함께 〈남사〉활동을 하던 柳亞子(유아자), 傅熊湘(부웅상) 등이 엮은 유고집(遺稿集)으로, 1915년 인쇄되었다. 그의 작품은 격앙(激昂)되고 비장(悲壯)하며, 풍격은 침울(沈鬱)하였다. 예관은 1915년 음력 9월 9일 13차 雅集(아집) 참가 후 일담을 쓴 〈乙卯九月九日紀事(을묘년 9월 9일 기사)〉에서, "평소 영조원을 만나보고 싶었지만 그의 갑작스러운 죽음으로 불가능해졌는데, 柳亞子(유아자)가 보내준 『태일유서』 2권을 받아 읽고는 마치 그가 살아있는 듯한 감명을 받아, 칠언율시(七言律詩) 한 수와 오언절구(五言絶句) 두 수를 짓게 되었다"고 했는데, 칠언율시는 바로 앞의 〈南社十三次雅集示亞子(남사 제13차 모임에 아자께 보임)〉 시이며, 오언절구는 위의 시 한 수만 실려 있다. '寒風吹大野, 落葉滿長江(찬바람 대지에 휘몰아쳐, 떨어진 이파리 장강에 가득하도다)'와 같은 이 시의 첫 구절은 비장하고 침울한 영조원의 시풍(詩風)과 흡사하다.

훌륭한 시인 가인 아우에게 가필과 함께 화답시도 바라노라

可人[1]我弟大吟壇[2]郢政[3]又乞和之

전번 편지에서 앞으로 또 어떻게 될지 모르겠다고 하였는데, 불행하게도 그것이 맞아 떨어졌소. 즉시 황급하게 탈출하여 시골에 은신하였으며, 그 후 전전하다가 또다시 상해로 돌아와 불가의 가르침에 젖어 세상 사람들과의 왕래를 끊은 지도 여러 날 지났구려. 나의 건강이 아직 괜찮고 나의 처소도 이전과 다름 없길래, 어느 날 낡은 상자를 점검하다 예전에 (신해년) 색안경을 끼고 찍은 작은 사진과, 지난겨울(갑인년)에 둘이 찍은 사진을 발견하고는 가슴이 미어졌다오. 그 소감을 보잘 것 없는 오언율시 세 수로 지어보았소.

前書中不知明日更何尋, 不幸又中矣, 倉皇出走, 息影田間,[4] 輾轉更回海上, 深入佛界, 不許世人相通, 亦多日矣, 我軀尙好, 吾廬猶昔, 點檢舊篋, 得昔年(辛亥)[5]黑鏡小影[6], 及去冬(甲寅)[7]兩人合相, 不禁悵觸, 感搆[8]五律三首兼塵.[9]

거리 아이들이 사팔뜨기라 부르면	街兒呼四八
나는 짐짓 웃다가 화를 냈었지.	我輒而笑嗔[10]
대범하게 넘겨야 했건만	悔認尋常事
서른두 살 그 시절이 부끄럽구나.	愧當三二春[11]
사팔눈이 본래 생김새이니	睨觀惟本相
색안경은 진상을 가릴 뿐인 걸.	色鏡眩其眞
처지를 돌아보며 우두커니 서있자니	顧影蒼茫立[12·13]
어느 곳 사람인지 알 수가 없네.	不知何許人[14]

주석

1 可人가인 : 碧初 洪命憙(홍명희, 1888~1968)의 호(號). 소설 임꺽정의 저자. 〈旅泰樓(여태루)〉, 〈贈可人(가인께 드림)〉 시 참조.

2 大吟壇대음단 : 시인에 대한 존칭. 可人을 가리킴.

3 郢政영정 : 郢正. 『莊子(장자)』〈徐無鬼(서무귀)〉에 나오는 이야기로, 장자가 주검을 안장하러 가는 길에 벗 惠子(혜자)의 묘 곁을 지나가게 되자, 뒤따르는 사람에게 "郢(영)지방 사람이 자기 코끝에 파리날개 두 개만한 회칠을 하고 석공을 불러 깎아내도록 하였다. 석공이 바람소리를 내며 도끼를 휘둘러 틀림없이 회칠을 다 벗겨내었으되 코는 상하지 않았는데, 영 사람은 선 채로 낯빛 하나 변하지 않았다. 宋元君(송원군)이 이를 듣고 석공을 불러, '과인을 위해서도 그렇게 해보라'고 하였더니 석공이 말하기를 '제가 그렇게 깎아본 일이 있지만, 회칠한 코를 도끼에 내맡기고도 태연히 서 있던 제 짝이 죽은 지 오랩니다' 했다네"라고 하였다. 믿음직한 벗에게 수정을 의뢰한다는 의미이다.

4 息影식영 : 정신을(影)을 편히 하여 쉬다(息).

5 睨觀 32세, 1911년

6 影영 : 【중국어】 yǐng, 사진

7 睨觀예관 : 35세, 1914년

8 搆구 : 얽어 만들다

9 서문으로 인해, 이 세 작품은 한 시기에 지어진 것임을 알 수 있다.

10 嗔진 : 성내다

11 三二春삼이춘 : 32세의 청춘. 1880년 출생으로 고국을 떠나기 전 1911(辛亥)년까지 우리 나이로 계산한 것을 알 수 있다.

12 顧影고영 : 처지를 돌아보다. 〈丁巳年自壽詩(정사년 생일 기념시)〉 註19 참조.

13 蒼茫창망 : 시름에 겨워 멍한 모습

14 何許하허 : 어느 곳. "先生不知何許人(선생은 어느 곳 사람인지 알 수 없도다)." 晋(진) 陶淵明(도연명, 365~427) 〈五柳先生傳(오류선생전)〉.
여기서는 정체성이 혼란스러운 상황을 묘사한 것이다.

또

又(其2)

사팔눈에 인물도 대단찮은데	白眼無人物
노랑수염으로 장부라 으스대네.	黃鬚飾丈夫[1]
문 밖을 나서면 더없이 천한 모습이거니	出門爲至賤
어리석음을 못 잇도록 대를 끊었네.	絶代不移愚[2]
부끄럽게도 호랑이라는 이름을 가졌으나	愧負名予虎
(부모님은 이 아들에게 석호라는 이름을 지어주셨다)	(父母賜兒, 名以石虎)
원숭이라 비웃어도 달갑기만 하네.	甘承嘲我猴
(우리 풍속에는 '내 성이 원숭이다'라는 우스개가 있다.)	(吾俗有戱, 吾姓謂猴)[3]
어리석게도 나무에 오르고만 있나	姸姸何上樹[4]
차가운 빛, 가을도 다 가려는데.	寒色幾經秋

주석

1 飾희 : 꾸미다.

2 絶代절대 : 슬하에 외동딸 명호(明浩)와 유복자 상호를 두었으나,당시 아들의 존재를 몰랐던지 대를 끊었다는 표현을 사용하였다. 상호는 예관 선생이 돌아가시게 되자 어머니와 상해에 가서 처음으로 대면하였다고 하며, 일찍 세상을 떠났다.
1933년 조선총독부(朝鮮總督府) 관보(官報) 《매일신보(每日申報)》는 "민족운동가의 아들 영호(英浩)가 통역으로 일본에 종군하다가 1936년 武無(무한)에서 전사하였다"는 기사를 냈으나, 그는 예관 선생 사후(死後)에 부인 조정완 여사가 들인 양자들 중 하나였을 따름이다.

3 본인 아명 석호의 호(虎) 중국어 발음이 hǔ여서 원숭이 후(猴)와 발음이 비슷하다고 자조(自嘲)한 것이다.

4 姸姸연연 : '姸'에는 예쁘다는 뜻 외에 어리석다는 뜻이 있다.

또

又(其3)

저 두 사람은 누구인가	彼何二人者
서로 마주보고 사진을 찍었네.	相對寫其眞
찌푸린 이마주름은 인재라 하고	額谿云英器[1]
눈동자 비뚤어진 이는 병신이라 불리지.	月斜稱病身[2]
세간에서는 용모를 중시하지만	世情多取貌
우리는 마음의 사귐을 중히 여기지.	吾道在交神
모두들 와서 가리켜 말하지	諸子來相指
'가인과 한인'이라고.	可人與恨人[3·4]

주석

1 額谿액계 : 이마 주름. 홍명희 선생은 미간의 주름이 깊었다.

2 月斜월사 : 눈동자가 삐뚤어진 것. '睨觀'을 뜻한다.

3 可人가인 : 마음이 가는 사람을 뜻한다.

4 恨人한인 : 한을 품은 사람. 예관 선생의 자호(自號). 선생은 자호(自號)를 靑邱子, 혹은 恨人이라고 떼어 쓰기도 하였다. 〈贈宋漁父(송어부께 드림)〉, 〈寄徐血兒(서혈아께 부침)〉, 〈贈天仇(천구께 드림)〉 시 참조.

해설

■ 1915년 초겨울

서문(序文)을 통해서 대략 다음 두 가지 사실을 알 수 있다. 우선, "화급하게 탈출하여 시골에 은신하고, 전전하다 다시 상해로 돌아와 불가의 가르침에 젖어 세상 사람들과의 왕래를 끊은 지도 오래되었다"는 당시 근황이다. 또한 가인(可人)과 함께 사진을 찍은 '지난겨울'이 甲寅年, 즉 1914년이기에, 이 세 작품을 쓴 해는 1915년이라는 점이다.

첫 번째 시에서는 색안경으로 시각 장애를 감춰보려던 지난 세월을 부끄러워하며, 그 사진을 손에 든 채 망명객으로서 정체성마저 흔들리는 모습을 그리고 있다. 또한 '寒色幾經秋(차가운 빛, 가을도 다 가려는데)', '姸姸何上樹(어리석게도 나무에 오르려고만 하는)' 못난 처지를 한탄하는 두 번째 작품을 통해, 이들이 1915년 가을이 저물 무렵 지어졌음을 짐작해볼 수 있다. '額豁云英器, 月斜稱病身(찌푸린 이마 주름은 인재라 하고, 눈동자 비뚤어진 이는 병신이라 부르지)'라며 가인(可人)과 자신의 모습을 여과 없이 대비시킨 세 번째 작품에는 외양을 뛰어넘는 "마음의 사귐(交神)"에 감사하는 마음이 담겨있다. 본인의 장애마저 드러낸 '四八, 病身'같은 어휘를 거리낌 없이 구사하고, 석호(石虎)라는 아명(兒名)까지 거론하며 가필과 화답을 청한 이 작품을 통해, 훌륭한 벗을 두어 더없이 자랑스러운 예관 선생의 진심을 짐작해 볼 수 있다.

상해에서 벗을 그리며 또

海上懷人[1] 又(其3)

하나는 남명으로 가고 하나는 동방에	一去南溟一在東[1·2]
상해의 초하룻날 저녁구름 낀 하늘이라.	春申月旦暮雲空[3]
모든 물줄기 굽이굽이 황해로 흘러가듯	諸流曲曲歸黃海
너르게 펼쳐진 바른 길은 대동(大同)에 있으리라.	斯道平平在大同
흘겨보는 눈이라 잘못 봄을 자인한다만	自認睨盲迷本相
외로운 분개심 메이는 이 가슴을 어이 견디랴.	那堪孤憤塞孤胷
춘추란 이름 멋대로 빌려 쓴 건 많다만	幾多妄托春秋筆[4]
고된 세상사 적은 역사는 볼 수가 없어라.	不見人間著夏冬[5]
	(東韻, 뒷 두 개 冬韻)

배달 서당이 거듭 폐쇄당하고	培達書堂再封閉[6]
서쪽으로 건너온 학생들 줄줄이 나포되었지.	渡西學子迭拿幽
패잔병들 서로 비난하는 것이 보기 싫었으니	敗類相煎殊可惡
교활한 녀석 멋대로임을 허물할 수나 있었나.	狡童無禮更何尤[7]
눈을 들면 세상 걱정에 눈물은 마르지 않고	擧目不乾傷世泪
수염을 자른들 도망자의 근심을 풀 수 있으랴.	割鬚能解遁身憂
네 해 동안 떠돌며 세 번째의 경절(慶節)을 지내고	飄搖四載三回節[8]
비바람 치는 상해에 한 척의 쪽배로다.	風雨申江一葉舟(尤韻)

웅크리고 다니다가 침상 아래로 불려가	跼跼自趨徵牀下[9·10]
더듬더듬 주머니 속을 더듬어보노라.	瞧瞧如探置囊中[11·12]

항성도 제등 축제를 물리쳤지만 項城亦斥提燈祝[13]
절름발이 내각은 매국노라 공격당했네. 跛閣還遭賣國攻[14]
고관대작들 다급하여 별들이 북두성을 향하듯 五爵皇皇星拱北[15]
삼권은 조각나서 동으로 흘러갔도다. 三權片片水流東[16]
민심은 외려 순박함을 간직하여 民心猶見天良在
실낱같은 금을 모아 멈춰볼까 하였네. 一縷儲金倘克終[17](東韻)

봄 햇살 비친 연못에 자유로운 자라요 日暖池塘自由鼈[18]
바람 드센 주렴 장막엔 정든 제비더니 風高簾幕舊棲燕[19]
국화꽃 시들어 양성은 통곡하고 黃花已盡羊城哭[20·21]
제왕의 기운 스러진 채 사자는 잠들었네. 紫氣全消獅子眠[22]
한 방에서 창 휘두르며 범이 날뛰고 一室揮戈紋虎躍[23·24]
온 집에서 젓대를 불고 까마귀 떼 뒤덮었네. 萬家橫笛黑鴉遍[25·26]
늙은 원숭이 나무에 오르고, 용이 으스대며 호위하는 老猿升木龍驤衛[27]
짐승들의 기이한 이야기, 그림으로 전하네. 動物奇談畫可傳[28](先韻)

마작은 부귀한 공신들 사이에 유행하는데 麻雀風行勳貴富
벼논엔 잦은 비로 백성들 굶주리네. 嘉禾雨下小民饑(微韻)
공신들이 발기하여 주안회를 조직하고 功臣發起籌安會[29]
박사들은 군주제가 합당하다 설명하네. 博士說明君主宜(支韻)
번드르한 그 모습, 본 적도 있건만 十色五光曾所見
꾸어다 논 보리자루마냥 암말도 없네. 竹頭木屑欲無辭[30](支韻)
요 땅 벌판을 돌아보기 제일 괴롭나니 最難回首遼之野[31]
기모노에 게다 끄는 녀석들 으스대네. 廣袖翩翩木屐兒(支韻)

창생은 무슨 죄로 하늘이 이리 노했는가 蒼生何罪天斯怒

오랫동안 음침하여 햇빛 보지 못하네.	百日沈陰不見暉 (微韻)
황헐포에 전날 밤 폭풍이 일더니	黃歇前宵颶風起[32]
오뉴월 흑룡강에 된서리 내렸네.	黑龍六月酷霜飛[33](微韻)
침몰한 배 부서진 집에 사충이 울부짖고	浸船折屋沙蟲泣[34]
농사와 목화밭 망쳐 울부짖는 백성들 비참하네.	傷稻催棉野鵠悲[35](支韻)
고국이 물 천지 된 참상은 이루 다 말할 수 없으니	忍說靑邱成澤國[36]
애달픈 민초들 지난날 잘못을 후회하리라.	哀鴻庶幾悔前非[37](微韻)
소리쳐 부르나니, 우리의 참된 구세주여	高喊吾眞救世主
천문만호에 붉은 꽃을 피워주기를.	千門萬戶紅花開
피바다 해골산은 딴판 세상이요	血海骨山新世界
화약 안개에 포탄 비 내리는 별난 누대로다.	硝烟彈雨別樓臺
공론과 도리를 어찌 말하랴	何謂公論與人道
도척과 여래를 분간할 수 없는 것을.	不知盜跖和如來[38]
땅을 두드리며 하늘에 물어봐도 모두 맹랑한 일	叩地問天皆孟浪
부질없이 방황하며 홀로 배회할 뿐이라.	憑空繞壁獨排徊(灰韻)
인간들이 처음으로 공중에서 싸우고	人間始有空中戰[39]
세상에는 일찍이 백 리나 가는 우레가 없었네.	世上曾無百里雷[40]
카이저식 수염을 한번 쓰다듬으니	龍髥一拂威廉式[41]
영국 프랑스 이태리 러시아가 무대에서 내려가고	英法意俄齊下台[42]
벨기에는 우리에게 엎드려 절하였으나	比利時乎吾膜拜[43·44]
시절이 수상하여, 영광은 다시 오지 않는구나.	時乎不再榮光哉
좁은 침대에서 잠 못 드는 나그네 신세이나	榻側未聞客睡漢[45·46]
우물가에 아이가 빠지는 걸 차마 볼 수 없어라.	井邊忍見陷嬰孩
우리 교민들이나 신문을 읽을 수 있으니	惟我僑民能善閱

서쪽에서 온 소식에 가슴이 미어지네. 西來消息痛難裁[47](灰韻)

(단락 나누기, 운 표기, 필자)

주석

1 南溟남명 : 남쪽 바다라는 뜻인데, 제1차 세계대전 종전 이후부터 태평양 전쟁 때가지 일본의 위임통치령이 된 남양군도(南洋群島) 일원을 가리킨다. 당시 남양일대는 배일정신이 활발한 화교(華僑)들이 모여들고 있어, 홍명희(洪命憙) 선생은 정원택, 김진용, 김덕진과 함께 홍콩, 싼타칸, 라부안을 거쳐 본거지인 싱가포르로 가서 실태를 둘러보고 그곳에 독립운동을 위한 재정적 기반을 구축해보려는 구상을 갖고 남양으로 떠났다.

2 在東재동 : 위당 정인보(鄭寅普) 선생이 고국에 돌아간 것을 말한다. 따라서 이 두 구절로 본 작품의 제작 년대는 우선, 위당이 고국으로 간 1913년 음력 10월 이후, 가인이 남명으로 간 1914년 음력 10월 이후, 가인이 남명에서 돌아온 1917년 음력 11월 이전으로 좁혀진다. 〈贈友人(벗에게 드림)〉(其1, 필자 주) 시 참조.

3 月旦월단 : 매월 초하루. 空(공)은 天空, 【중국어】 tiānkōng, 하늘

4 春秋筆춘추필 : 공자(孔子) 가 역사책인 『춘추』를 기록한 필법(筆法). 역대 군주와 신하들의 잘잘못에 대해 공정하고 엄중하게 포폄(褒貶)을 가함으로써 당시의 난신적자(亂臣賊子)들을 징계하는 것이다. 그 후 역사를 서술하는 본래의 엄정한 시각을 갖추지 못한 채 '○○춘추'라는 이름이 붙은 역사서들이 대거 생겨난 것을 가리킨다.

5 夏冬하동 : 『春秋』와 대비시킨 '夏冬'이란 독특한 어휘이다. 추위와 더위로 상징하는 '혹독한 직접 경험'을 빗대며, 피와 땀으로 쓴 진정한 역사를 가리킨 것으로 보인다.

6 培達書堂배달서당 : 일제치하를 피하여 간도(間島)에 세웠던 민족학교 등을 가리키는 듯하다. 국내에서는 사립학교 설립을 허가제로 하는 등 탄압이 심해지자, 법의 제한을 받지 않는 구식 교육기관인 서당 형태가 많이 생겨나게 되었고, 기존 민족학교들도 서당의 형태로 재개원하였다. 많은 독립운동가들이 일제에 맞서 서당에서 아이들을 가르쳤으나, 일제는 서당을 급습하여 갖은 이유를 대며 폐교시키며 단속하였다.

7 이 대목은 북경의 벗들이 급습당하여 호송된 비통함을 못 이겨 선생이 수염을 잘라버렸다는 표현이 나오는 1912년作 〈移寓金陵聞晴蓑及諸學生均解往漢城監獄(금릉으로 거

처를 옮기고서, 청사와 여러 학생들이 모두 풀려나 서울 감옥으로 압송된다는 소식을 듣다)〉 내용과 호응한다. 특히 '교동(狡童)'은 『詩經(시경)』〈狡童(음흉한 녀석)〉 시 이래로 미움의 대상을 가리키는 시어(詩語)로서, 이 시에서의 '可笑無中事, 云云桂太郎… 一網打盡計, 可惡彼暴厎(터무니없는 사실을 날조하여 떠들어대는 가츠라여 가소롭도다… 일망타진의 간계를 꾸몄으니 포악한 자, 가증스럽기만 하오)' 구절에 담은 경멸과 증오의 감정이 담겼다.

8 1911년 11월에 망명한 후 4년, 세 번의 개천절을 맞았다는 것과 작품에 담긴 역사적 사실들을 종합해 보면, 1915년 하반기 작품이다. 그리고 뒤에 6월에 흑룡강 쪽에 서리가 내렸다는 구절로 보아, 6월 이후임을 알 수 있다. 이 작품의 제작시기를 추정할 수 있는 대목은 그 외에도 적지 않다.

9 跼跼국국 : 지친 모습을 형용한 것으로 보인다.

10 침상 아래로 불려 간다는 것은 지쳤다는 1차적 의미 외에 뜻은 높으나 지위가 없는 불우한 처지가 되었다는 뜻을 함축한 것으로 보인다. "上九, 巽在牀下, 喪其資斧. 正乎, 凶也." 『易經』〈重風巽〉

宋代(송대) 문인 歐陽修(구양수, 1007~1072)는 '세 곳 위'에서 문장을 많이 지었다고 하는데, 그 중에 베개가 있다. "余平生所作文章, 多在三上, 乃馬上、枕上、厠上也(나는 평생 문장을 지을 때 세 곳 위에서 많이 지었으니, 말 위, 베개 위, 그리고 측간에서다)" 『歸田錄(귀전록)』 2

11 瞧瞧초초 : 살펴보다.

12 자투리 자료들을 모아 글을 짓는 것을 가리킨다. 晩唐(만당) 시인 李賀(이하, 790~816)는 시상이 떠오르면 써서 주머니에 넣고 돌아와 이를 시로 완성하였다고 한다. 『新唐書(신당서)』《文藝傳(문원전)》 李賀(이하)

이 작품에서는 예관 선생이 발로 뛰어다니며 당신의 관점에서 본 격변기 역사 자료들을 토대로 이 시를 지었다는 의미로 쓰였다.

13 項城항성 : 袁世凱(원세개, 1859~1916)는 河南省(하남성) 陳州府(진주부) 項城縣(항성현)이 고향이어서 袁項城(원항성)으로도 불렸는데, 그는 1912년 3월 10일 中華民國臨時大總

統(중화민국임시대총통)에 취임하였다.

작품 안에서 원세개를 원숭이로 지칭하는 매도의 기조로 볼 때, 이 구절에서는 호칭이 아니라 고향을 가리키는 어휘로 봄이 온당하다.

14 1912년 6월 唐绍儀(당소의) 내각은 원세개 파가 아닌 王芝祥(왕지상)을 직계총독으로 삼았으나, 원세개는 내각부서를 경유하지도 않고 그를 남방선위사로 파견하며 내각제를 파괴하여, 당소의 등은 6월 16일 사직하고 북경을 떠났다. 원세개는 6월 29일 다시 무당파(無黨派) 陸徵祥(육징상)을 국무총리로 임명하여 내각(內閣)을 조직하게 하였으나, 參議院(참의원 : 국회)은 발언을 문제 삼아 새 각료(新閣員) 전원을 부결시키고, 원세개가 제시한 각료들을 통과시켰다.

15 1912년 3월 6일 임시 참의원(參議院 : 國會)은 원세개의 北京(북경) 취임을 허락하는 결의를 하여 北洋政府(북양정부)를 수립하였으며, 1913년 10월 6일 원세개가 정식 大總統(대총통)이 된 후 북양정부는 정식으로 성립되었다.

16 민족(民族), 민권(民權), 민생(民生)이라는 삼민주의(三民主義)를 표방했던 孫文(손문)은 1912년 2월 13일 임시대총통의 지위를 사직하였다.

17 黃興(황흥)이 南京留守(남경유수)를 맡고 있던 1912년 4월 29일, 열악한 국가 재정문제를 해결하고 제국 열강을 향한 정부의 무차별적인 외자 유치를 방지하고자, 〈國民捐籌總會(국민연주총회)〉 설립을 건의하고 손문이 총리(總理), 황흥이 협리(協理)를 맡아 6월까지 전국 각지에 국민모금(國民捐)을 추진하였다. 그러나 당시 손문이나 황흥의 지위가 낮아진 시기인데다, 원세개의 방해로 높은 효과를 거두기는 어려웠다.

18 『莊子(장자)』 〈秋水(추수)〉편 이래로, 자라(거북)는 진흙탕 속에서 꼬리를 끌며 자유롭게 사는 미물로 간주되어 왔다. 해설 참조.

19 바람 몰아치는 주렴 장막은 위기를 맞은 여성의 처소를 암시한다. 해설 참조.

20 黃花落盡**황화락진** : 1913년 7월 원세개를 토벌한다는 기치를 내세워 시작했던 國民黨(국민당) 討袁軍(토원군)의 2차혁명(癸丑之役)은 9월 12일 패배하였다. 노란 국화의 계절 음력 9월 9일 重陽節(중양절)(* 10월 8일) 이후에는 완전히 패배하였음을 뜻한다. 실제로 袁世凱(원세개)는 10월 10일 초대 정식 대총통에 등극했고, 국민당은 난당(亂黨)으로 몰려

해산당하였다.

21 羊城양성 : 廣東省(광동성) 성도(省都)인 廣州市(광주시)의 별칭으로, 손문의 출생지이기도 하다. 양성이 통곡했다는 표현은, 손문이 2차 혁명에서 패배한 것을 뜻한다.

22 獅子사자 : 광동성 台山市(태산시)와 新會市(신회시) 경계에 남쪽 바다를 내려다보는 獅子峰(사자봉). 해발 982m. 손문은 광동 출신이어서 '사자'로 지칭된 듯하다. 그는 2차 혁명이 실패로 돌아가자, 8월 7일 일본으로 망명하였다.

23 一室揮戈일실휘과 : 한 방에서 창을 휘두르다. 내분이 일어나다. 孫文(손문)의 南京臨時政府(남경 임시정부)가 출범한 이후, 湖北(호북) 혁명당에서도 내분이 생기고, 黎元洪(여원홍)의 세력이 커지는 것에 불만을 가진 혁명당 인사들에 의해 타도운동까지 일어나게 된 것을 가리킨다.

24 얼룩 호랑이가 날뛰다. 1912년 南京(남경)에서 孫文(손문)이 임시대총통이 되었을 때 임시 副總統(부총통)이었던 黎元洪(여원홍)은 1913년 袁世凱(원세개) 치하에서 2차 혁명을 진압한 공으로 一等文虎勳章(일등문호훈장)을 받고, 부총통으로 임명받았다.

25 정식 대총통에 즉위한 원세개는 1913년 10월, 손문과 약정하였던 〈中華民國臨 時約法(중화민국 임시약법)〉과 그 수정헌법안인 〈天壇憲草(천단헌법)〉에 반대 의사를 표하며 총통의 직권을 강화하려 하였다. 이에 국민당원이 다수였던 국회의 반발에 부딪히자, 국회를 압박하고 전국 각 省(성)의 都督(도독)과 民政長官(민정장관)들에게 전보를 띄워 호소하였고, 이들은 모두 원세개의 의견에 동조하였는데, 이를 빗댄 것으로 짐작된다.

26 중국에서 의회민주주의를 실현시키려던 희망은 물거품이 되고, 전국이 암흑시대가 되었음을 묘사한 것으로 보인다.

27 老猿노원 : 음(音)이 유사한 원(袁)세개를 원숭이에 빗대어 풍자한 것이다.

28 중국 전도(全圖) 위에 여러 가지 사물(곰, 개, 까마귀, 개구리, 태양)을 그린 時局圖(시국도)는 1840년 아편전쟁 이후 열강이 중국을 침략하던 상황을 묘사한 일종의 만화로, 초판은 1898년 謝纘泰(사찬태)가 그렸고, 뒤에 蔡元培(채원배)가 다시 그려 지금까지 전한다.

29 籌安會주안회 : 1915년 8월 중국에서 원세개의 제위 계승을 위해 조직된 단체. 楊度(양도), 孫毓筠(손육균), 嚴復(엄복), 劉師培(유사배), 李燮和(이섭화), 胡瑛(호영) 등 여섯 명이

다. 楊度(양도, 1875~1931)가 주도하여 북경에서 만들었으며, 각 성의 장군과 상회(商會) 대표를 불러들여 국가 체제 문제를 논의하도록 압박하는 등 공개적으로 제정(帝政) 회복 운동을 하였다. 그 중에 孫毓筠(손육균) 등 4人은 孫文(손문)을 중심으로 제제(帝制)에 반대하며 국민의 평등권을 주장했던 同盟會의 구성원이었다. '본 적이 있다'는 표현은 현재 변절하였음을 비판한 것이다.

30 竹頭木屑**죽두목설** : 댓조각과 대팻밥이란 뜻으로 곧 쓸데없는 물건을 비유한다.

31 遼**요** : 1915년 5월 8일 체결된 〈中日民四條約, 21條 협약〉으로 일본 치하에 들어간 南滿洲(남만주) 일대를 말한 듯하다.

32 黃歇**황헐** : 黃歇浦. 상해 경내에 흐르는 黃浦江(황포강)의 별칭.
颶風**구풍** : 맹렬한 폭풍

33 六月**유월** : 중국은 1915년 5월 8일 일본과 굴욕적인 21조 협약을 체결한 후, 협상을 전개하여, 5월 25일 남만주와 동부 내몽고의 일본 통치를 확약한 〈關於南滿洲及東部內蒙古之條約(관어남만주급동부내몽고지조약)〉 등 13건의 〈中日民四條約(중일민사조약)〉을 체결하였다. 이 구절은 그 결과로 6월부터 만주가 완전한 일본의 지배하에 들어가게 된 것과, 한 여름에 된서리가 내린 이상기후 현상을 중첩시켜 표현한 것으로 보인다.

34 沙蟲**사충** : 전란(戰亂)의 희생자를 가리키는 말이다.
周 穆王(주 목왕, ?~B.C.922)이 남정(南征)할 때 군사들의 몸이 모두 바뀌어 장교는 원숭이와 학이 되고 사병은 벌레와 모래(沙蟲)가 되었다는 전설에서 비롯된 것이다. 『抱朴子(포박자)』 〈釋滯(석체)〉

35 野鵠**야곡** : 벌판의 고니. 전(轉)하여 백성들의 울음소리

36 靑邱**청구** : 우리나라의 이칭. 우리나라가 중국의 동쪽에 있고 동방은 오행(五行)에 있어 청색이기 때문에 이렇게 칭한 것이다. 1915년 10월 15일 경기도·경상도·평안도·강원도·함경지방 홍수로 1,092명 행방불명, 가옥 유실과 침수가 2만여 호에 달하는 등, 전국적으로 큰 피해가 났다. 이 구절로 작품 제작 시기는 1915년 10월 15일 이후임을 알 수 있다.

37 哀鴻**애홍** : 오갈 데 없는 민초들의 울음소리. 〈早發津門(진문을 떠나며)〉 시 참조.

38 盜跖**도척** : 춘추시대의 큰 도적. 척(跖)은 척(蹠)으로도 쓴다. 『莊子(장자)』〈盜蹠(도척)〉 편에 "도척을 따르는 사졸 9천 명이 천하를 횡행하며 제후(諸侯)를 침해하고 폭행을 가하였다."라고 하였음.

如來**여래** : 석가모니.

39 1914년 7월부터 1918년 11월까지 이어졌던 제1차 세계대전에서는 정찰용과 전투용 비행선과 비행기가 처음 사용되었다.

40 제1차 세계대전에서는 원거리 대포가 처음 사용되었다.

41 龍鬚**용수** : 제1차 세계대전 독일의 황제 빌헬름 2세(Wilhelm II, 1859~1941) 특유의 카이서 수염을 가리킨다. 〖통용본〗의 廉威는 威廉(Weilian, Wilhelm의 중국어 音義)의 오기(誤記)이며, 〖필사본〗에는 바르게 표기되어 있다.

42 1914년 말경의 제1차 세계대전은 영국, 프랑스. 벨기에, 이탈리아, 러시아, 일본 등 연합군의 공격이 대부분 실패로 끝났으며, 독일. 오스트리아-헝가리. 불가리아의 동맹국이 승리하였으나, 1915년 들어 장기전으로 돌입하였다.

43 比利時 : 【중국어】 Bǐlìshí, 벨기에(Belgium). 벨기에 안트베르펜 지역은 1914년 10월 9일 독일군에게 점령당하였다. 일본이 연합군에 가담하였기에, 예관은 동맹국 편이 승리하기를 고대하였다.

44 膜拜**막배** : 손을 이마에 대고 엎드려 절하다.

45 榻**탑** : 【중국어】 tà, 좁은 침상. 옹색한 처지를 비유한 것이다.

46 客睡**객수** : "客睡何曾著, 秋天不肯明(나그네 졸음이 어찌 제대로 오리오. 가을 밤하늘은 밝으려 들지 않네.)" 唐(당) 杜甫(두보) 〈客夜(나그네의 밤)〉. 나그네는 수심으로 잠들기 어렵다는 뜻이다.

47 동맹국에 불리한 세계대전의 전세가 고국에 미칠 악영향을 염려한 것이다.

해설

■ 1915년 11월 7일

환운(換韻)이 8회나 이루어지며 66句로 된 〈海上懷人(상해에서 벗을 그리며)〉세 번째 작품이다. 타국에 있는 벗들에게 1915년 말 중국 내외의 참상을 전하면서 많은 사건들을 다루고 있다.

첫 단락에서 언급한 두 사람은 앞서 두 작품에서 등장한, 남명으로 간 가인 홍명희 선생과 동쪽 고국에 있는 위당 정인보 선생이다. '春申月旦'이란 표현에서, 이 시를 지은 장소와 시간을 알 수 있으니, 곧 楚(초)나라 春申君(춘신군)이 치수(治水)를 잘하여 별칭이 붙었다는 춘신강변 상해 시, 어느 달 초순이다. 또한 『春秋(춘추)』처럼 엄정한 시각에서 쓴 것이라 자부하는 역사서들은 세간에 많지만, 추위와 더위 속에서 몸소 겪어 온 역사를 기술한 예는 아직 못 보았기에, 스스로 『夏冬(하동)』이라 이름붙인 이 시사(詩史)를 쓰게 된 동기를 밝히고 있다.

두 번째 단락은 1912년도 8월에 북경과 천진의 동지들이 체포되어 넋을 잃고 혼비백산하던 〈京津同志被捕(북경과 천진의 동지들이 체포되다)〉, 〈移寓金陵聞晴蓑及諸學生均解往漢城監獄(금릉으로 거처를 옮기고서, 청사와 여러 학생들이 모두 풀려나서 서울 감옥으로 압송된다는 소식을 듣다)〉 두 작품의 내용을 언급한 것이다. 한국 지사들의 체포도 안타까웠지만, 뒤에서 사주한 일본 측보다도 패인(敗因)을 서로에게 전가하는 동족들이 더 보기 싫었던 기억마저 떠올리면서, 어느덧 망명한 지 네 해에 고국을 떠나 온 개천절을 세 번 보낸 1915년이 되어, 시상(詩想)이 떠오르면 이를 적어 자루에 넣고 다녔다는 晩唐(만당) 시인 李賀(이하)를 연상하며, 이러저러한 역사의 조각들을 모아 정리해보는 모습을 그리고 있다.

세 번째 단락 첫 두 구절의 의미는 모호한데, 項城(항성)이 원세개의 고향임을 감안하면, 이 작품의 제작시기를 추정할 수 있다. 뒤의 '亦'과 연결시켜볼 때, 고향에서조차 제등 축제를 거부하였다'로 번역되므로, 그의 등극이 고향에서도 지지받지 못했음을 뜻한다. 원세개는 清朝(청조)의 총리까지 지낸 인물이었으나, 결국 황제를 퇴위시켜 清朝(청조)를 멸망시키고 中華民國(중화민국)의 臨時大總統(임시대총통)이 되었기 때문이다.

또한 절름발이 내각이란, 임시정부가 들어서고 원세개가 집권한 후, 우여곡절 끝에 6월 말 총리가 된 陸徵祥(육징상)과 내각 관료들에 대해 參議院(참의원 : 국회)은 발언을 문제 삼아 전원을 부결시켜 무력해진 상태를 묘사한 것이다.

이어지는 부분은 黃興(황흥)이 南京留守(남경유수)를 맡고 있던 1912년 4월 29일부터 열악한 국가 재정문제를 해결하고, 제국 열강을 향한 정부의 무차별적인 외자 유치를 방지하고자 〈國民捐籌總會(국민연주총회)〉설립을 건의하고 孫文(손문)이 총리, 黃興(황흥)이 협리(協理)를 맡아 6월까지 전국 각지에 국민모금을 추진하여, 우리나라 윤영준(尹永俊), 백영엽(白永燁)과 같은 학생들도 기부하고 조성환(曺成煥)도 동참하려던 일을 적은 것이다.

네 번째 단락에서는 동물들을 앞세워 여러 비유를 구사하면서 갖가지 인물들을 형상화시킨 대목이 돋보인다. 『莊子(장자)』이래로, '자라(거북)'는 진흙탕 속에서 꼬리를 끌며 자유롭게 사는 미물로 간주되어 왔는데, 신해혁명 후 손문은 1912년 1월 1일부터 2월 13일까지 40일간 중화민국 임시대총통을 맡고는, 청조 퇴진과 민주공화정제(民主共和政制)라는 합의를 얻어냈다고 원세개에게 신정부 수반을 위임하였다. 이에 자유로운 신분이 된 1912년 2월 이후의 손문을 '자라(鼈)'에 빗댄 것이다.

또한 '바람 몰아치는 주렴 장막'은 위기를 맞은 여성의 처소를 암시하면서, 신해혁명 이후 원세개에게 퇴위 압박을 받았던 淸(청) 宣統(선통)년간의 최고통치자 隆裕太后(융유태후)를 빗대었다. 여기에 깃든 '옛 제비'는, 청조의 直隸總督(직예총독)과 北洋大臣(북양대신) 등을 지냈던 원세개가 그녀를 위협하여 1912년 2월 12일 〈淸室退位詔書(청실퇴위조서)〉를 반포케 하여 淸(청) 왕조를 종식시키고, 北京 兵變(북경 병변 : 1912년 2월 29일 일부 군대가 반란을 일으킨 사건)을 이유로 남경이 아닌 北京(북경)에서 임시대총통으로 들어앉은 것을 빗댄 것이다. '燕'은 또한 北京(북경)의 옛 이름 燕京(연경)을 연상시킨다.

1913년 3월 宋敎仁(송교인)의 피살을 이유로 국민당이 7월 12일 토원(討袁 : 원세개를 토벌함)을 기치로 내걸고 각 省(성)의 독립을 선포했던 2차 혁명은 결국 두 달도 못되어 국민당의 패배로 끝나, 손문의 근거지인 廣東(광동), 곧 '羊城(양성)조차 통곡'하고, 8월 7일 일본으로 망명한 孫文(손문)으로 인해 제왕(帝王)의 기운이 감돌던 廣東省(광동성) 獅子峰(사자봉)의 '사자(獅子)도 잠들어버렸다'고 묘사하였다.

이 단락의 5, 6구는 그 의미를 파악하기 어려우므로, 내용 파악이 비교적 수월한 7, 8구를 먼저 보면 다음과 같다. 동물들을 등장시켜 1915년 즈음의 정국을 묘사한 이 시는 시국도와 유사한 우의성을 지니고 있으니, "動物奇談畵家傳(짐승들의 기담은 화가가 전한다)"는 시구가 그것이다. 1912년 3월 28일 革命黨(혁명당) 구성원들이 창간하여 원세개의 전제정치에 극력 반대하여왔던 신문, 《民權報(민권보)》는 당시 당국의 압박으로 1914년 1월 21일 정간(停刊)되었고, 부간(副刊 : 부록)으로 발행되던 《民權畫報(민권화보)》에 시사(時事) 소식이나 시대의 풍속도를 게재해 왔는데, 1913년 8월 즈음에 주필 錢病鶴(전병학, 1879~1944)이 그간에 수록된 200여 폭의 만화(漫畫)를 모아 『袁政府畫史(원정부 화사)』를 발간하였는데, 그 중에 102편이 원세개의 배반과 전제정치로의 회귀욕구를 원숭이로 그려 풍자한 것이었다. 권력을 휘두르던 원세개의 姓氏 '袁'과 늙은 원숭이 '猿'은 음이 같아서이다. 이렇게 보면, 제5, 6구는 2차 혁명의 패망을 묘사한 3, 4구와 원세개의 전횡을 묘사한 7, 8구 사이에 일어난 모종의 대항(對抗) 사건과 그로 인해 초래된 전국적인 암울한 상황을 묘사한 것으로 추론해볼 수 있다.

이어지는 다섯 번째 단락이 1915년 8월, 동맹회 구성원이었던 네 명의 인물들이 원세개 호위세력인 籌安會(주안회)에 가입하여 거수기가 된 것을 묘사한 것이므로, 네 번째 단락의 5, 6구의 묘사 내용은 1913년 9월 이후부터 1915년 8월 이전에 일어난 모종의 사건들을 가리킨다고 할 수 있을 것이다.

5, 6구를 좀 더 면밀하게 살펴본 결과, 다음과 같이 해석된다. 우선 '한 방에서 창을 휘두르다, 내분이 일어나다'는 뜻의 '一室揮戈'는 손문의 남경 임시정부가 출범한 이후 黎元洪(여원홍, 1864~1928)의 세력이 커지는 것에 불만을 가진 호북(湖北) 혁명당 인사들에 의해 타도운동까지 일어나게 된 내분(內分)을 가리킨 것으로, 당시에 이 일을 유사한 '同室操戈(동실조과)'로 묘사한 경우가 많았다. 당시 여원홍은 원세개와 같은 정치 노선을 택한 후, 2차 혁명을 진압한 공으로 일등문호훈장(一等文虎勳章)을 받으며 날뛰어, 얼룩 호랑이가 날뛴다는 '紋虎躍'이라는 표현이 이어졌다.

뒤이어 정식 대총통에 즉위한 원세개가 1913년 10월, 손문과 약정하였던 〈中華民國臨時約法(중화민국임시약법)〉 수정안인 〈天壇憲草(천단헌법)〉에 대해 반대 의사를 표하며 총통의 직권을 강화하려 하였는데, 국민당원이 다수였던 국회의 반발에 부딪히자, 국회를 겁박하고 전국 각 省(성)의 都督(도독)과 민정장관(民政長官)들에게 전보를 띄워 호소하였고, 이들은 모두 원세개의 의견에 동조하였다. '萬家橫笛(모든 집에서 피리를 불었다)'은 전국이 결국 그 의견에 동조한 것을 빗댄 것으로 보이며, 또한 그 결과로서, 중국에서 의회민주주의를 실현시키려던 희망은 물거품이 되고, 암흑시대(暗黑時代)를 맞게 되었음을 '까마귀 떼가 뒤덮은' 비유로 묘사한 것이다.

다섯 번째 단락은 사치하고 부패한 권신들과, 전쟁에 시달리는 민초를 대비시켜, 1915년 8월 원세개의 제위(帝位) 계승을 위해 만들어진 주안회(籌安會) 구성원들의 무능과 비겁함을 비판하고 있다.

여섯째 단락부터는 중국내 정치 동향 외 여러 지역의 참상을 다루었다. 우선 遼(요)지방을 돌아보기 괴로운 이유는, 1915년 5월 25일 체결된 〈中日民四條約(중일민사조약)(21條에서 내용이 4條로 축소되어 '21條'라고도 하며, 일명 중일북경조약(中日北京條約))〉으로 南滿洲(남만주) 일대가 기모노 펄럭이며 게다 끌면서 으스대는 일본인 치하에 들어갔기 때문이다. 중원 땅 곳곳에서는 폭풍과 오뉴월 된서리까지 내리는 가운데 창생들은 배와 밭을 잃고 울부짖는데, 고국(靑邱)에서 들려온 소식 또한 10월 15일, 경기도. 경상도. 평안도. 강원도. 함경지방에서 대홍수가 일어나 1,000여 명이 행방불명되고, 가옥 유실과 침수가 2만여 호에 달하는 등, 전국적으로 큰 피해가 났다는 것이다. 이에 이러한 불행은 나라를 잃은 백성들의 잘못에 대한 대속(代贖)일 것이라는 예관 특유의 관점이 다시 등장하고 있다.

일곱째 단락에서는 세상의 고통들을 더 이상 감내하기 어려운 지경에서 구세주를 애타게 부르고 있다. 세계 전쟁으로 피바다에 해골산인 참상에다 가치가 전도된 세상, 전투용 비행선과 비행기, 그리고 원거리 대포가 처음 사용된 제1차 세계대전 등 고통의 연속이다. 연합국(聯合國)과 동맹국(同盟國)간의 싸움에서 독일을 비롯한 동맹국(同盟國) 편을 응원하며 일본이 소속된 연합국(聯合國) 측의 패망을 기원하였지만, 1914년 말에 좋았던 전세가 기울어져 회복의 기미가 보이지 않는다. 그나마 망명한 교포들은 국내의 소식이 실린 신문이라도 보니 다행이나, 눈과 귀가 막힌 고국의 민초들 생각을 하자니 말년에 長江(장강) 유역을 떠돌던 시인 杜甫(두보)처럼 수심에 잠들기 어렵기만 하다.

이와 같은 작품 내용을 종합해 보면, 위 시는 '네 해(四載)를 떠돌며, 망명길에 올랐던 개천절을 세 차례 보내고(三回節), 중국 내에서는 '籌安會(주안회)가 구성된 원세개의 전성기' 1915년, '고국의 큰 홍수 소식이 전해진' 그 해 양력 10월 15일 이후, '한 달의 첫 날'이라면, 1915년 음력 10월 1일(* 11월 7일) 가인(可人)과 위당(爲堂) 선생에게 보낸 작품임을 알 수 있다.

총 66구 462자로 된 7언 장편 고체시에서 예관 선생은 환운(換韻)과 통운(通韻) 등을 8회 이상 운용하면서, 4년차 망명생활 중에 겪은 우여곡절과 참상을 서술하고 있다. 유일한 외국인으로 혁명적 시인들의 모임 南社(남사)에 가입한 후, 1915년 본인을 소개한 "(외국인으로서) 비록 한시의 격률에는 서투르지만 상심인(傷心人)의 말은 새겨둘 만하다"라는 남사 社長(사장) 柳亞子(유아자)의 소개문에 분발한 듯, 현란한 압운 기법을 구사하면서 한국인의 정서에 부합하는 운의 뉘앙스를 살리고자 노력하고 있다. 즉 첫 여덟 구는 東과 冬이 通韻된 것으로서 그 ong의 여운은 '엉엉–' 하는 '통곡 소리'를 연상시킨다. 이어서 先(yan)에서 尤(yiu)로 이어지는 韻은 '아유–' 하는 한국인의 '탄식'과 이어지고, 작품 대부분에서 중국 내외 세계의 참상을 묘사하며 구사한 灰, 微의 通韻된 'ei'와 엇섞인 支의 'yi' 소리는 '에이'와 '히' 하는 '개탄과 한숨 소리'를 연상시킨다.

예관 선생이 말년에 병석에 누우셨다는 소식에, 고국에 있던 가인(可人)과 위당(爲堂)은 위 작품에 돌발적으로 등장하는 시구의 끝 글자, 筆(實韻), 閉(霽韻), 節(屑韻), 祝(屋韻), 鱉(屑韻), 哭(屋韻), 躍(藥韻), 泣(緝韻), 國(職韻), 式(職韻), 閱(月韻) 등과 같은 입성운자(入聲韻字)에 차운(次韻)한 회인체(懷人體) 시로서 '목이 메는' 비감한 심경을 담아 화답하였다.

작품 전체는 전문 주석(註釋)을 요하는 수많은 전고(典故)와 비유(比喩)로 점철되어 있으며, '平平과 曲曲', '踽踽과 瞧瞧' 같은 단순한 첩자(疊字) 대구(對句), '三과 一', '五와 三', '一과 萬'의 숫자(數字) 대구, '目과 鬚', '日과 風', '黃과 紫', '春秋와 夏冬', '人間과 世上', '沙蟲과 野鵠', '黃歇과 黑龍', '紋虎와 黑鴉', '功臣과 博士', '牀下와 囊中', '榻側과 井邊', '傷世淚와 遁身雨' 등의 명사어(名詞語) 대구, '風行과 雨下와 같은 서술형(敍述形) 대구, '十色五光', '千門萬戶', '血海骨山', '硝烟彈雨', '憑空繞壁'과 같은 다양한 대구가 구사되는 등, 필력이 종횡으로 발휘되어 있다.

벗에게 드림

贈友人[1]

예전 수양버들 10리 늘어선 저녁 강기슭에서 그대는 상처하여 곡을 하였고 나도 눈물을 줄줄 흘렸는데, 어느덧 3년이 지났습니다. 비바람 속에 닭 우는 중에도 나의 그리움은 내내 이어졌지요. 아우 무가 와서 그대가 다시 짝을 만나 잘 지내며 시를 읊조리고 스스로 유유자적한다는 것을 알게 되어, 다복하고 덕 있는 모습이라 여기며 몹시 부러웠다오. 나는 천애이역의 생홀아비로서 서방의 미인을 못 본 지 오래되었으니, 위당 군자가 짐작이나 하실지? 옛날 중국의 한창려는 이정자와 작별한 지 13년 뒤에 다시 만났다고 말하며 술잔을 들었다 하여 나는 그 글을 읽고 망연자실한 적이 있었는데, 아아 우리 두 사람은 10년 뒤에 황헐포에서 아니면 삼각산 아래에서 만나볼 날이 있을지요. 술잔 들고 이 생각에 이르니 나의 눈물이 벌써 말랐습니다 그려.

憶昔楊樹十里暮江頭, 君哭斷弦, 我淚如絲, 匆匆已三載矣. 風雨鷄鳴, 我思悠悠, 武弟來, 知伉儷重諧, 嘯咏自適, 無非多福有道者氣象, 深爲忺羡. 天涯生鰥, 不見西方美人久矣.[2] 爲堂君子一念及否.[3] 昔支那韓昌黎別李正字時, 語十三年復相見, 爲舉觴,[4] 讀之茫然如失. 嗟吾兩人, 自今十年後, 於黃歇浦 上[5], 抑三角山之下, 能有此一日乎. 操觚至此, 吾淚已枯.

3년이 총총히 흘러 한 순간인데	三載匆匆一刹那
나는 멀고 먼 풀밭에서 슬픈 노래나 부를 뿐.	天涯芳草動悲歌[6]
지금 대한에서 뛰어난 글재주는 오로지 그대	今韓絶唱君而已[7]
고향을 못 잊는 나는 어이하리오.	古越難忘我奈何[8]
사방 들녘 우레 소리에 벌레들 깨어나고	四野雷方群蟄振
금대에는 소낙비로 낙화가 수북한데	金臺雨忽落花多[9·10]

지난밤 어슴푸레한 서호의 달빛이	依稀昨夜西湖月[11·12]
상해 강 물결 위로 와서 비치었다오.	來照春申江上波[13]

주석

1 여기서 벗은 절친인 爲堂(위당) 정인보(鄭寅普, 1893~1950) 선생을 가리킨다. 그는 1910년 중국으로 망명하였다가 일시 귀국하고 다시 상해에 왔다가 1913년에 부인 성씨를 갑작스럽게 상처(喪妻)하여 음력 10월 1일(양력 10월 29)일 고국으로 돌아갔다. 따라서 그와 헤어진 지 3년(載)이 되었다고 한 이 작품은 1916년도 봄에 지어진 것으로 보인다. 열세 살이나 연하인 그를 벗이라고 부른 데서 깊은 존경심을 엿볼 수 있다.

2 西方美人서방미인 : "云誰之思, 西方美人. 彼美人兮, 西方之人兮. 누구를 생각하나? 서쪽의 미인이라네. 저 미인이여 서쪽의 사람이라네"『詩經(시경)』〈國風(국풍)〉〈簡兮(간혜)〉

3 爲堂君子위당군자 : 정인보(, 1893~?) 선생의 아호(雅號). 본관은 동래(東萊). 유명(幼名)은 경시(景施). 자는 경업(經業), 호는 담원(薝園)·미소산인(薇蘇山人). 서울 출신. 조선 명종대의 대제학 정유길(鄭惟吉)의 후손으로, 호조참판을 역임한 정은조(鄭誾朝)의 아들이다.
어려서 아버지로부터 한문을 배웠고, 13세 때부터 이건방(李建芳)을 사사하였다. 정인보 선생의 문명은 이미 10대 때부터 널리 알려졌다. 을사조약이 체결되어 국가의 주권이 손상받고 이에 대한 국권회복투쟁이 활발히 전개되며 세상이 시끄러워지던 한말, 관계의 뜻을 버리고 부모와 더불어 진천(鎭川)·목천(木川) 등지에 은거하며 학문에 전념하였다.
1910년 일제가 무력으로 한반도를 강점하여 조선조가 종언을 고하자 중국 上海(상해)로 망명, 국제 정세를 살폈다. 얼마 후 귀국하였다가 1912년 다시 상해로 건너가 신채호(申采浩)·박은식(朴殷植)·신규식(申圭植)·김규식(金奎植) 선생 등과 함께 동제사(同濟社)를 조직, 교포의 정치적·문화적 계몽활동을 주도하며 광복운동에 종사하였다.
그러나 부인 성씨(成氏)의 갑작스러운 죽음과 노모의 비애를 위로하고자 귀국하였다. 귀국 후 국내에서 비밀리에 독립운동을 펴다 여러 차례 일본 경찰에 붙잡혀 옥고를 치렀다. 서울로 이사한 뒤 연희전문학교·협성학교(協成學校)·불교중앙학림(佛教中央學林)

등에서 한학과 역사학을 강의하였다. 『동아일보』·『시대일보』 논설위원으로 민족정기를 고무하는 논설을 펴며 민족계몽운동을 주도하였다. 1926년 순종이 죽었을 때는 유릉지문(裕陵誌文) 찬술의 일을 맡아보았다. 다음 해 불교전문학교·이화여자전문학교에도 출강하였다.
1936년 연희전문학교 교수가 되어 한문학·국사학·국문학 등 국학 전반에 걸친 강좌를 담당하였다. 그러나 태평양전쟁이 일어난 뒤 국학에 대한 일제의 탄압이 거세지자 1943년 가솔을 이끌고 전라북도 익산군 황화면 중기리 산중에 은거하였다. 광복이 되자 곧 서울로 상경, 일제의 포악한 민족말살정책으로 가려졌던 국학을 일으켜 세우고 교육에 힘을 쏟아 민족사를 모르는 국민에게 바른 국사를 알리고자 1946년 9월 『조선사연구(朝鮮史硏究)』를 간행하였다.
1947년 국학의 최고학부를 표방하고 설립된 국학대학(國學大學) 학장에 취임, 일제의 광폭한 식민정책으로 일시 단절된 듯하던 국학을 일으켜 세우고 육영사업에 투신하였다. 1948년 대한민국이 수립되자 감찰위원장이 되었으나, 1년 후 사임하고 남산동에 은거하며 국학연구에 몰두하였다. 6·25가 일어났던 1950년 7월 31일 서울에서 공산군에 의해 납북되었다. 저서로는 『조선사연구』와 『양명학연론』이 있고, 시문과 국학 논고의 글은 『담원시조집(薝園時調集)』 『담원문록(薝園文錄)』 『담원국학산고(薝園國學散藁)』에 수록되어 있다. 1990년 건국훈장 독립장이 추서되었다. *《한국민족문화대백과사전》에서 발췌

4 韓昌黎**한창려** : 唐(당) 문인 韓愈(한유, 768~824). 그의 『韓昌黎集(한창려집)』 5에 실린 〈送湖南李正字歸(호남 막료 이정자가 돌아감을 배웅하며)〉 시 서문(序文)의 "離十三年, 幸而集處, 得燕而擧一觴相屬, 此天也, 非人力也(헤어진 지 13년 후 다행하게도 한 자리에 모여 연회를 갖고 술 한 잔을 권할 수 있으니, 이는 천운이요 사람의 힘으로 되는 일이 아니로다)" 구절을 가리킨 것이다.

5 黃歇浦**황헐포** : 기원전 262년 楚(초)나라 왕은 黃歇(황헐)을 재상으로 임명하고 상해 지역을 하사하였다. 당시 상해 지역은 아무것도 없는 폐허였고, 비만 내리면 주위에 사는 사람들이 홍수 피해를 입곤 하였다. 이에 황헐은 이 강을 다스려 동해로 흘러 들어가게끔 하여 주위의 백성들이 안정한 생활을 누릴 수 있게 하였다. 이후 사람들은 그것을 기념하기 위해 이 강을 黃歇浦(황헐포)라고 불렀으며 나중에는 黃浦江(황포강)으로 불렀다.

6 **動동** : (노래를) 부르다.

7 **絶唱절창** : 뛰어난 글재주. 이광수의 회고록 〈상해 이일 저일〉에서 그는 1912년 겨울에 한학자로서의 위당(爲堂)의 문명(文名)을 이미 들어 알고 있었다고 하였다.

8 **古越難忘고월난망** : 고향을 잊지 못하는 마음. "胡馬依北風, 越鳥巢南枝(오랑캐의 말은 북쪽 바람에 기대고, 월 땅의 새는 남쪽 가지에 둥지 트네)." 〈古詩十九首 중 行行重行行(고시 십구 수 중, 가네 가네 자꾸 가네)〉

9 **金臺금대** : 金臺(금대)는 전국시대 燕(연)나라 昭王(소왕, ?~B.C.279)이 천하의 현사(賢士)들을 맞이하기 위하여 易水(역수) 동남쪽에 건립했던 黃金臺(황금대)의 준말이지만, 여기서는 상해의 특정 지역을 가리키는 고유명사인 듯하다. 선생의 〈丁巳年自壽詩(정사년 생일 기념 시)〉에 '金坮'라는 어휘가 나오는데, 동일 장소인지는 불분명하다.

10 **落花낙화** : 상해에서 경칩 무렵에 지는 꽃은 매화일 것이다.

11 **依稀의희** : 희미하다

12 **西湖서호** : 浙江省(절강성) 杭州(항주)에 있는 큰 호수

13 **春申춘신** : 상해의 별칭

해설

■ **1916년 3월 6일 즈음**

이 작품의 제작 시기는 우선, 요란스러운 봄비에 사방에서 뭇 벌레들이 깨어나는 경칩(驚蟄)을 묘사한 제5, 6구를 통해 짐작된다. 그 서문(序文)의 '爲堂君子'가 정인보(鄭寅普) 선생을 가리키므로, 그와 떨어져 있었다는 삼 년(三載)의 의미를 살펴볼 필요가 있다. 정인보는 1912년 겨울에 중국으로 건너가서 그해 5월 상해(上海)로 와 생활하던 중, 1913년 음력 10월 1일(* 10월 29일) 고국에 있던 처(妻)의 부음을 듣고 급거 귀국하였다. 그리고 그 해 음력 12월 23일 재혼하였으며, 1920년부터 해방될 때까지 고국에서 교편을 잡고 생활하였다. 따라서 그의 재혼을 부러워하는 예관의 시점(時點)은 위당의 1913년 10월 귀국으로부터 햇수로 3년(載)이 되던 해 경칩, 곧 1916년 3월 6일경이 된다.

이 시의 마지막 두 구와, 훗날 예관이 타계하였을 때 위당(爲堂)이 그를 추억하며 소환한 舊作(구작) 〈懷人體(회인체)〉 시 "西子湖上月, 爲之變慘黑(서자호 : 西湖에 떴던 달이 슬픈 병환

소식으로 검게 변하였습니다)" 구절이 호응하는 것으로 보아, 예관과 위당은 杭州(항주) 西湖(서호)의 달빛에 어린 특별한 추억을 간직하고 있던 듯하다.

이렇게 볼 때, 눈물을 훔치면서 다시 만날 아득한 그날을 기약하며 써내려간 이 작품은 1916년 3월 6일 고국의 막역한 지기 정인보를 그리며 쓴 시로, 증시(贈詩)라고 한 것으로 보아 序文(서문)의 '武弟來(武 아우가 와서)' 소식을 전하는 것처럼, 이 작품 역시 고국을 오가는 인편에 보낸 것 같다.

무애께 부침

寄無涯[1]

드넓은 중국 산하가 독한 그물에 걸리어	浩浩河山劫網中[2]
황, 백, 흑, 종, 홍색 깃발이 펄럭이누나.	搖搖黃白黑棕紅[3]
외로운 주먹으로 분개하여 하늘기둥 되길 다짐하며	孤拳慷慨期天柱[4]
종횡무진 힘찬 붓으로 공정함을 지키도다.	雄筆縱橫秉大公
지금 대지는 단단한 껍데기일 뿐	大地如今只頑殼[5·6]
백성들은 도처에서 벌레처럼 우노라.	蒼生幾處泣沙虫[7]
인간 세상에 귀양 온 게 애당초 잘못이니	人間謫降元來妄[8]
구만리 앞길을 한탄해 무엇하리.	肯恨前途路萬重[9]

주석

1 無涯무애 : 1908~1911년 사이 국내에서 발간되었을 것으로 보이는 『無涯散稿(무애산고)』에서 이미 신채호 선생의 필명(筆名)으로 사용되었다. 무애(無涯)는 거칠 것이 없다는 의미이다. 丹齋(단재)는 신채호 선생의 호(號)인데, 〖필사본〗에 '丹齋 申采浩' 다섯 글자는 없다. 〖필사본〗에 따랐다.

2 劫網겁망 : 쳇바퀴에서 빠져나올 수 없이 기약 없고 막막하다는 의미인 듯하다.

3 黃白黑棕紅황백흑종홍 : 1912년 中華民國(중화민국) 南京(남경) 임시정부에서 황, 홍, 청, 백, 흑의 순서로 배치된 띠가 아래로 연이어진 오색기(五色旗)를 사용하였는데, 그 후 원세개의 中華帝國(중화제국)에서 국기의 색과 배치가 달라졌다. 해설 참조.

4 天柱천주 : 고대 신화에 나오는 하늘을 떠받치고 있는 기둥을 말한다.

5 如今여금 : 【중국어】 rújīn, 지금

6 玩殼완각 : 단단한 껍데기. 순리에 역행하는 시대를 의미한다.

7 沙虫사충 : 전란(戰亂)이나 재해에 희생된 백성을 이르는 말이다. 때로는 소인배를 가리키기도 한다. 〈李忠武公閑山島紀念三首(이충무공 한산도 기념 시 세 수)〉又(其1, 필자 주), 〈海上懷人(상해에서 벗을 그리며)〉又(其3, 필자 주) 참조.

8 謫降적강 : 신선이 땅으로 귀양 내려오다. 단재(丹齋)가 하늘이 낸 인재임을 강조하고자, 唐代(당대) 賀知章(하지장, 659~744)이 시인 李白(이백)의 진가를 인정하며 '지상에 귀양 온 신선, 적선인(謫仙人)'이라 일컬은 데 빗댄 것이다.

9 肯긍 : ~하려 들다. 여기서는 반문의 어감을 담은 것으로 보인다.

또

又(其2)

의로운 일이라면 주린 듯 거리낌 없으니	見義如飢不再思
대장부여, 참으로 풍채에 부끄럽지 않도다.	丈夫眞不愧鬚眉[1]
풍파 중에 맺은 동지 모두 다 잃었으나	中流救伴皆相失
탁한 세상에서 곧고 깨끗한 마음 홀로 지녔어라.	濁世堅貞獨自持[2]
곧은 붓은 동호의 뒤를 이을 만하니	直筆聊將董狐續[3]
그 마음, 어이 남이 알아주기를 따질까.	此心寧計子雲知[4]
어진 사람도 어깨 쉴 날 있을 터	仁人自有休肩日
푸른 하늘 취한 꿈이 더디다 말하지 마오.	莫謂蒼天醉夢遲[5]

주석

1 鬚眉수미 : 아름다운 수염과 눈썹을 자랑으로 여기는, 남성에 대한 존칭이다. 단재 초상은 대체로 콧수염을 기른 모습이다.

2 堅貞견정 : 굳세고 깨끗한 절조

3 董狐筆法동호필법 : 역사적인 사실을 있는 그대로 정직하게 기록하는 필법. 董狐(동호)는 춘추 시대 진(晉)나라의 사관(史官)이다. 공자가 평가하기를 "동호는 옛날의 훌륭한 사관이었다. 그의 필법은 드러내는 것이었다(董狐, 古之良史也. 書法不隱)"라고 하였다.

4 子雲知자운지 : 진가(眞價)를 알아주다. 자운은 한(漢)나라 성제(成帝) 때의 학자인 양웅(揚雄)의 자(字)이다. 양웅은 젊어서부터 문장을 잘하여 이름을 떨쳤으며, 학문을 좋아하여 『揚子法言(양자법언)』, 『太玄經(태현경)』 등 고매한 저서를 많이 남겼다. 양웅과

동시대의 학자인 유흠(劉歆)이 양웅의 《태현경》과 《법언》을 본 뒤에 "공연히 고생만 하였네. 학자들은 녹봉과 영리만 구할 줄 알지, 《주역》도 제대로 모르는데, 《태현경》을 어찌 알겠소. 후세 사람들이 항아리 덮개로나 쓸까 걱정스럽소."라고 하였다. 그러나 그의 사후에 사상가 환담(桓譚, B.C.23(?)~A.D.50)은 양웅의 저서가 후대에 반드시 전해질 것이라 단언하며, 그 진가를 알아주었다. 『漢書(한서)』 87 〈揚雄傳(양웅전)〉

5 蒼天醉夢**창천취몽** : 단재 선생은 1916년 음력 3월 18일(* 4월 20일), 소설 형식의 『夢天(몽천)』이라는 글을 썼다. '꿈하늘'로 더 많이 알려져 있는 이 글의 본뜻은 이상향(天)을 꿈꾼다(夢)는 뜻이다. 본래 '창천취몽'은 '한가하게 개인적인 즐거움을 누린다'는 의미이지만, 시 안에 곧잘 상대방의 호(號)나 취향을 담아 표현하였던 예관 선생의 특기로 미루어 볼 때, 단재 선생의 저작에 담긴 자유분방한 꿈과 민족독립사상을 묘사한 구절로 보인다.

또

又(其3)

오늘날 우뚝 선 이 또 누가 있는가 　　壁立當今更有誰[1]
문단에는 태반이 예전 사람 아니네. 　　文壇太半故人非[2]
썩은 것 도려내고 속된 것에서 떨쳐 일어나 　　誅盡腐頑起頹俗
이 시대에 죽비와 호령소리 울리노라. 　　時行棒喝用禪機[3]
하늘도 어지러운 세상을 답답히 여기리니 　　天於斯道應垂悶[4]
하는 일이 인심과 오래 어긋나기야 하리오. 　　事與人心豈久違
은은하게 울리는 외로운 종소리 시름겨워도 　　祇愁點點孤鐘響
남아의 장한 뜻 다 이루고 돌아가리라. 　　收盡男兒壯志歸

주석

1 壁立벽립 : 벽처럼 우뚝 서 있다.

2 故人非고인비 : 옛 사람이 아니다. 일부 시인들이 시대의 압력에 굴복하여 변절하였음을 가리킨다. 〈南社十三次雅集示亞子(남사 제13차 모임에 아자께 보임)〉 시 註 11, 《海上懷人》 又(其3, 필자 주) 참조.

3 棒喝禪機방할선기 : 방할(棒喝)은 덕산 선사(德山禪師)의 몽둥이와 임제 선사(臨濟禪師)의 고함소리라는 뜻으로, 깨닫지 못하는 이들에게 몽둥이로 때리거나 큰 소리로 꾸짖는 수행 방법을 이른 말이다. 선기(禪機)는 선종(禪宗)의 스승들이 후학의 속물근성을 뿌리째 뽑아 버리고 대번에 깨달음의 계기를 마련해 주기 위하여 취하는 돌발적인 언행 따위를 말한다.

4 斯道사도 : 유가(儒家)의 도, 바른 길

해설

■ 1916년 3월 초 즈음

단재(丹齋) 선생은 1915년에 이회영(李會榮, 1867~1932) 선생의 권유로 서간도에서 北京(북경)으로 가셨다. 그는 그곳에서 주로 도서관 생활을 하며 3 · 1운동 때까지 4년간 체류하면서 조선사의 집필도 구상하며 역사 연구에 전념하였다.

예관 선생은 上海(상해) 시기를 함께 보내어 더욱 깊어진 존경의 마음을 담아, '하늘을 떠받치는 기둥(天柱)'의 재목, '웅필(雄筆)' 등과 같은 시어로 무애(無涯)의 재주를 높이 사고, 시대를 잘못 만난 불행을 '하계에 귀양 내려온 신선(謫降)'에 빗대며 위로하고 있다.

첫 번째 작품에서 예관 선생은 쳇바퀴에서 빠져나올 수 없이 기약 없는 처지를 '劫網'이라고 표현하였으니, 그 이유는 이어지는 구절로 설명된다. 원세개가 中華民國(중화민국) 황제(皇帝)가 된 1915년 12월 12일부터 1916년 3월 22일까지 약 석 달간은 中華帝國(중화제국) 국기로서 오색기의 색깔이 X자형으로 배치된 깃발을 사용하였는데, 이 작품에서 예관이 묘사한 '黃白黑棕紅'의 순서는 홍색(紅色) X자형 분할선으로 구획된 상하좌우(上下左右)의 색깔로서, 중화제국(中華帝國) 깃발과 일치하고 있다. 다만 여기서 청색(靑色)을 종색(棕色 : 갈색)으로 대체함으로써, '더러운' 제정(帝政)에 대한 반감(反感)을 담은 것으로 보인다. '미물들이 대지의 단단한 껍데기에 갇혀 우는' 시기는 엄혹한 시대에 대한 중의적(重意的) 표현이다.

두 번째 작품에서는 콧수염을 기른 단재 선생의 특징적인 모습을 鬚眉(수미)로서 형용하고, 순수하고 굳은 마음으로(堅貞) 역사적인 사실을 정직하게 기록하며 묵묵히 제 길을 가는 사학자(史學者)로서의 면모를 칭송하였다. 그리고는 이런 역사의식을 바탕으로 1916년 4월 20일에 단재 선생이 탈고한 중편소설 『夢天(꿈하늘)』에 형용어를 덧붙인 '蒼天醉夢'이라는 어휘로서, 나라 사랑과 동포 사랑 가득한 사람만이 들어갈 수 있는 이상향(天)에 대한 그 꿈(夢)을 위로하였다.

세 번째 작품은 세속에 타협하지 않고 엄정한 비판을 가하는 단재 선생의 됨됨이를 거듭 칭송하며 격려한 시이다. '문단에 태반이 옛 사람이 아니니, 불굴의 인물로서 누가 있는가' 라고 반문하는 첫 구는, 혁명의 기치 아래 모였던 문인 동지들이 변절하여 원세개에 복속하고, '하늘조차 답답하게 여기실' 암담한 현실 속에서 더욱 빛나는 단재의 기상을 묘사한 것이다. 앞의 작품이 시대에 굴하지 않고 꿋꿋하게 절개를 지키는 사학자적인 면모를 기린 것인데 비해, 문단(文壇)을 언급한 이 작품은 역사의식과 글재주가 응집된 문인(文人)으로서의 면모를 높이 평가한 것이다.

이 세 작품의 운(韻)은 중국 지사 鄧家彦(등가언) 선생이 1913년 가을에 옥중에서 지필묵이 없어 '口占(구점 : 즉석에서 지어 읊다)'한 〈獄中感事(옥중에서의 느낌)〉3수, 그리고 그 운(原韻)에 화답하여 쓴 예관 선생의 〈和孟碩獄中原韻(맹석이 옥중에서 지은 시운에 화답함)〉3수와 모두 일치한다. 아마도 선생은 그 운(韻)이 쓰였던 시들의 비장함을 되살려, 원세개의 전횡이라는 큰 감옥에 갇혀버린 시대의 아픔을 벗과 나누고자 하였던 것 같다. 이 작품들도 역시 연작(連作)이었을 것으로 추정되며, 첫 수의 '봄이 되어도 땅 속에서 나오지 못하고 숨어 우는 미물들'과 같은 내용을 종합해 볼 때, 제작 시기는 1916년 驚蟄(경칩)(* 3월 6일) 즈음, 단재 선생이 『夢天(몽천)』을 세상에 발표하기 전인 듯하다.

자고새

"可憐鷓鴣飛，飛向樹南枝。南枝日照暖，北枝霜露滋"
가여운 자고새 나네, 날아서 남쪽 가지로 간다네.
남쪽 가지는 햇살 따뜻하고, 북쪽 가지는 서리 이슬 흥건하다네.
〈鷓鴣啼(자고새 우네)〉 唐(당)·韋應物(위응물), 혹은 李嶠(이교)의 〈鷓鴣啼(자고새 우네)〉 시 중에서

중국 남방에 살고 있는 자고(鷓鴣) 새는 그 울음소리가
"行不得也哥哥(xíng bù dé yě gēgē)로" 묘사되기도 하였다.
특히 그 소리는 이별의 슬픔이나 고향 그리움에 '목이 메는' 울음소리를 연상시킨다.

(2) 겹치는 시련(1916.5~1916.12)

1913년 9월 혁명세력을 패퇴시키고 帝政(제정)으로 회귀하려던 원세개의 계획은 1916년 6월 초 그의 사망으로 일단락되었다. 그러나 사망 한 달 전 토원(討袁 : 원세개를 무찌르다) 세력의 최선봉이었던 陳其美(진기미)를 암살하였다. 망명지에서 누구보다도 믿고 의지했던 벗을 졸지에 잃은 예관 선생의 침통함은 형언하기 어려웠으며, 존경과 애도를 담은 제문(誄)과 만련(輓聯)을 지어 추모하였고, 그의 지지와 조력을 받은 한국 망명지사들의 명의로도 만련을 지어 애도하였다.

원세개의 뒤를 이어 총통이 된 인물은 예관 선생과 마음으로 사귀던 黎元洪(여원홍)이었다. 당시 선생은 北京(북경)을 방문하여 만언(萬言)이나 되는 긴 제안서를 그에게 전달하며 희망을 품었는데, 이즈음 8월 31일과 9월 1일에는 같은 南社(남사)의 일원이자, 그 해 북경대학에 입학한 중국 학생 狄膺(적응)과 황해에서 배를 타고 잠시 한가한 시간을 보낸 일을 시로 남기기도 하였다.

당시 선생은 북경에 있던 조성환(曺成煥) 선생과 함께 당시 吉林省(길림성) 관할이던 黑龍江省(흑룡강성) 烏雲縣(오운현)에 5,000호가 거주할 농경지를 빌리고, 둔전제(屯田制)를 실시하려고 여덟 달 동안 물자와 인력의 일대 집중책을 밀약하였다.

한편 일제의 압박으로 많은 대종교인들이 살해되자 대종교(大倧教) 대종사(大宗師) 나철(羅喆) 선생은 애통함을 이기지 못하고 1916년 9월 12일 황해도 구월산 삼성사에서 자결하고 말았다. 뜻밖에 정신적 지주를 잃은 예관 선생의 놀라움과 비통함은 하늘에 닿았으며, 대종교의 재창립(重光) 때부터 펼쳐 온 나철 선생의 업적을 기린 추도시(追悼詩)를 바치며 멀리서 추모할 수밖에 없었다.

이 해 10월에는 예관 선생의 망명 직후 1912년 중화민국 임시정부 수립 시절부터 깊은 우의를 다져온 중국 혁명파 지도자 황흥(黃興) 선생도 과로로 세상을 떠났다. 그 용맹한 무인정신(武人精神)과 남을 앞세우는 겸손을 존경하여 천 년에 한 번 나올 위인이라고 찬탄했던 벗이었기에 선생의 충격은 말할 수 없었고, 만련과 만시를 지어 추모하였다.

존경하는 스승과 벗들의 죽음이 이어져 슬픔에 겨운 나날이었음에도, 1916년 하반기에 예관 선생은 많은 애도의 작품들을 남겼다.

진영사 선생 제문

陳先生英士[1]祭文[2]

영사 진기미 선생은 중국 국민당의 존귀한 분이다. 식견이 탁월하고 재주가 빛났으며 논리가 종횡무진하고 기상이 너르고 시원스러워, 그와 사귀었던 사람들은 그의 사람됨이 사랑스럽고 존경할 만하다는 것을 깨닫지 않은 이가 없었다. 선생의 재능은 타고난 것이어서 사람의 힘으로 노력하여 따라갈 수 있는 정도가 아니었다. 내가 선생과 친교를 맺은 것이 제1차 혁명 때였는데, 당시에 나는 국경을 넘어 멀리 고국을 떠나왔기에, 쌓인 울화를 좀처럼 풀 수가 없었었다. 그런데 선생은 한번 보고는 옛 친구처럼 성의껏 대해주었다. 교제가 차츰 오래되자 선생의 생각을 대략 엿볼 수 있었으니, 선생은 파괴하는 것만을 추구하지 않고 새로 세우는 일이 쉽지 않음을 늘 염려하였으며, 중국에만 주력하지 않고 동아시아 평화를 도모하는 것을 자신의 소임으로 삼았다.

민생을 걱정하는 뜻은 때때로 언론을 통해 드러나기도 하였지만, 그 밖에도 타지 생활을 하는 교민들을 보호하고 유학생들을 보조해주는 등 선생이 우리에게 후하게 베푼 것은 공공의 이익과 정의에 깊이 부합되었으며, 나 하나에 대한 사사로운 감정 때문은 결코 아니었다. 그러면서 나와의 우정은 매우 진실되어, 당시의 수많은 사실들을 내가 하나하나 적어 놓았는데, 아픈 마음을 어루만지고 과거를 돌이키며 이를 펼쳐보자니 망연자실할 따름이다.

제2차 혁명이 실패한 뒤 선생은 일본으로 건너가서 나와의 왕래가 드물어졌다. 겨울을 지나 선생이 상해로 돌아와서야 다시 만날 수 있었고, 마지막으로 나와 소식을 주고받은 것이 서거하기 겨우 하루 전날이었으니, 나의 답신을 선생이 받아보았는지 알 수가 없다. 슬프도다. 선생의 가심이여! 나는 사적인 교분만을 위해서 상심하는 것이 아니라 중국을 위해서 애도하기에, 거칠게나마 깊은 슬픔을 표하는 바이다. 이에 뇌문을 지어 이르나니

陳英士先生其美, 中國民黨鉅者[3]也. 識見精卓, 才華煥發, 議論縱橫, 氣象豪邁. 與之遊者, 無不覺其人之可愛可敬. 蓋先生之才, 出於天授, 非人力所可企而及也. 余與先生訂交, 在第一次革命時. 當日余間關遠道, 蘊鬱難宣, 而先生乃一見如故, 推誠相與. 過從稍久, 先生之懷抱, 因得窺見其概略, 蓋先生不徒從事於破壞, 而常慮建設事業之不易也. 不專注意於中國, 而以謀東亞和平爲己任也.

其軫念民生之意,[4] 時流露於言論間, 此外保護僑民, 資助遊學等. 先生所以厚受吾儕者, 深有合乎公理正義, 固非有私於余一人也, 而與余之交誼, 亦復甚摯. 當時事實尚多, 余曾一一著之筆記中, 撫今追昔, 開卷惘然.[5]

及二次革命失敗後, 先生東渡, 與余交涉較少. 客冬, 先生返滬, 乃復聚首, 其末次與余通訊. 詎就義時僅一日.[6] 至余之覆函, 未識先生能寓目否也. 哀哉. 先生之逝, 余不獨爲私交恫, 爲中國悲, 蓋所概有深焉者矣. 爰爲誄曰

공은 어려서부터 영특한데다가	維公岐嶷[7]
하늘은 뛰어난 자태를 내셨는데	天挺英姿[8]
그 한 몸에 달렸나니	一身所系
나라의 안위.	大局安危
사귄지 오래되자	過從既久
영원하기를 소망하며	希望無涯
한 마음 되어 힘을 모아주어	同心協力
곤궁한 이 살리고 쇠한 나라 부축했네.	濟困扶衰
어이하여 하늘은	何圖蒼昊
거만한 자를 제멋대로 놓아두는지	驕子是恣
공은 국난에 처하여	公嬰國難[9]
개혁의 때를 잡았네.	改革乘時
물 깊고 불길 거센데	水深火熱
저 기장이 무성하게 났으니	彼黍離離[10]
능력이 모자라	能力所限

다른 분 도움을 받고자 하였네.	將伯方資[11]
변고 많은 중국에	中邦多故
뒤늦게 날아들었는데	翩其來遲
깊고 깊은 후의를	拳拳厚意
서슴없이 쾌척하였네.	寧棄如遺[12]
사태가 절박하여	事勢所迫
흐르는 눈물에 잠겼을 제	潛焉淚滋
바야흐로 훗날을 기약하며	方期來許
나의 주린 마음을 달래주었네.	慰我渴飢
그러다 질투의 독기를 만나	乃遭妬毒
귀신과 물여우가 몰래 도모하여	鬼蜮潛施[13]
백성의 선함을 해쳤으니	賊民之善
막막하여 탄식하네.	薄海嗟咨[14]
서예가 떠나갔으니	鉏麑往矣[15]
충성과 신의를 누가 분별하리.	忠信疇知[16]
현명한 이 돌아가심이여	哲人旣萎[17]
까마귀 앉아 있다 슬픔이 북받치네.	烏屋興悲[18]
저마다 사욕만 채우나니	各圖私利[19]
큰 집은 그 누가 지탱하리.	大夏誰支[20]
슬픈 사람 겨를도 없이	哀人不暇[21]
홀로 고심하며 나아가는데	行自思維[22]
날개 꺾이고 팔 끊어지니	折翼斷臂
그 누가 붙잡아주리.	孰爲扶持
불현듯 들려오는 비보는	陡聞惡耗[23·24]
상처가 몹시 처참하였다니	劇甚瘡痍[25·26]
우정으로 또 공의로서	私情公誼[27]

하염없이 통곡노라.	涕泗漣洏[28·29]
천지간에 전전긍긍	側身天地[30]
영락없는 나그네	況乃旅羈
풍운은 암담한데	風雲黯淡
통한은 다할 날 없도다.	恨無盡期
(뜻을 같이하는 아우 신정)	(志弟樫)

주석

1 英士영사 : 근대 중국 민주 혁명지사이자 혁명당원. 陳其美(진기미, 1878~1916)의 字(자). 浙江省(절강성) 吳興(오흥) 사람. 호는 無爲(무위)이다.
1906년 일본에 유학하여 警監學校(경감학교)를 다니던 중 孫文(손문)이 이끄는 同盟會(동맹회)에 가입하고, 1908년 귀국하여 신해혁명의 주역으로 활동한 정치 지도자이다. 그는 上海(상해) 독립을 책동하고, 滬軍都督(호군도독)을 지냈으며, 江浙聯軍(강소성, 절강성 연합군)을 조직하여 南京(남경)을 공격하며 승승장구했지만, 宋教仁(송교인)의 암살을 사주하고 善後大借款(선후대차관)을 받아 北洋軍隊(북양군대)의 세력을 확장하려는 원세개에 분노하여 이 일당을 토벌하려는 2차 혁명(革命)에 가담하였다가 패배하여 일본으로 피신하였다. 귀국 후 討袁運動(토원운동 : 원세개 토벌운동)에 매진하다가 당시 집권자인 원세개 측 인물로 추정되는 암살자에게 저격당하여 1916년 5월 18일 세상을 떠났다.

2 『통용본』에는 병서(幷序)라는 부제와 함께, 제목은 〈陳先生英士誄〉로 표기되어 있다. 문장 중간에 죽은 사람의 공덕을 찬양하면서 애도의 뜻을 표하는 문체(文體)의 한 종류, '誄'가 시작되기는 하지만, 1930년 중국에서 간행된 何仲簫 編 『陳英士先生紀念全集(진영사 선생 기념전집)』上·下에는 '祭文'으로 분류되어 있다. '幷序 및 誄'도 무방은 하나, 본국(本國)에서 출간한 기념전집이기에 이에 따른다.

3 鉅者거자 : 존귀한 분. 『통용본』에는 '巨者'로 되어 있으나, 1930년 중국 鉛印本 『陳英士先生紀念全集』에는 '鉅者'로 되어 있어, 이를 따른다.

4 軫念진념 : 간절한 마음으로 염려하다.

5 惘然망연 : 멍하다. 넋을 잃은 모습

6 就義취의 : 의(義)로 나아가다. 곧 의를 위하여 죽는 것을 가리킨다. 원세개에 대항하는 2차 혁명 실패 후 일본에 망명하였다가 1915년 귀국 한 진기미가 정체불명의 인물의 총격으로 암살당하자 전국은 또다시 혼란과 슬픔에 싸이고, 진기미를 망명 중 제1의 벗으로 삼았던 예관도 소식을 듣고서 곧바로 달려가 시신을 안고 오열하였다. 원세개와의 전쟁을 선포하는 선언문(宣言文)과 격문(檄文)을 선포하며 집권자와 정면으로 맞섰던 진기미였기에, 사망 후 그의 벗들조차 시신을 수습하려 들지 못하였고, 蔣介石(장개석, 1887~1975)이 白爾部路(백이부로) 新民里(신민리) 자신의 집에 영당(靈堂 : 빈소)를 차렸다. 선생의 제자 민석린(閔石麟)은 훗날 "당시 상하이의 공기가 아주 험악하였음에도 예관 선생은 조금도 두려워하지 않고 진공의 댁으로 가 시신을 얼싸안고 통곡했다"고 당시 사회 분위기 묘사하였다. 진기미가 사망한 지 한 달도 못되어 6월 6일 원세개가 병으로 타계하였고, 진기미 사후 1주기인 1917년 5월에서야, 상해에서 고향 浙江省(절강성) 湖州(호주)로 운구를 옮겨 장례를 치루는 안장(安葬) 행사가 열렸다.

7 岐嶷기억 : 어린 아이가 영리하다

8 挺정 : 빼어나다

9 嬰영 : 목에 걸다. 당하다

10 彼黍離離피서이리 : "彼黍離離, 彼稷之苗. 行邁靡靡, 中心搖搖(저 기장이 무성하며, 저 잡초도 싹이 났네, 가는 길 머뭇대며, 마음만 착잡하네)." 『詩經(시경)』 〈國風(국풍)·黍離(서리)〉. 이 시는 周(주)나라가 동쪽으로 도읍을 옮긴 뒤, 한 대부(大夫)가 행역(行役)을 나가는 길에 옛 도읍에 이르러 보니 종묘(宗廟)와 궁실(宮室)의 옛터가 모두 기장 밭이 되었으므로, 주나라의 쇠퇴를 탄식하며 그 슬픔을 노래한 것으로, 여기서는 조선 왕조가 망한 것을 뜻한다.

11 將伯장백 : "其車旣載, 乃棄爾輔. 載輸爾載, 將伯助予(수레에 짐을 실었는데, 덧방나무를 버렸네. 수레 짐들이 떨어졌으니, 형에게 도움 청하리)." 『詩經(시경)』 《小雅(소아)》·〈正月(정월)〉

보(輔)는 수레가 전복되는 것을 막기 위해 바퀴살에 보조로 대는 나무. 장백(將伯)은 '다른 사람에게 도움을 청하다'는 뜻이다.

12 "어느 날 한 밤중에 상해 漁陽里(어양리) 예관 선생의 숙소 밖에서 陳英士(진영사)가 큰 소리로 예관 형을 부르며 할 말이 있으니 빨리 창을 열어보라 하여 열었더니, 창문으로 무슨 물건이 날아 들어오고, 아래를 내려다보니 진영사는 벌써 사라지고 없었다. 창으로 들어온 물건은 수건에 싸인 지폐뭉치였다." 『전기』 〈申公逸話二三事(신규식 선생 일화 두세 가지)〉 중, 〈夜窓投金(밤에 창으로 돈을 던지다)〉

그 외에도 예관 선생께 인쇄기계를 제공하여 잡지 발행을 도우려 하였다던가, 거처를 마련해 주려 하였다던가 하는 일화들이 사후 1년 뒤의 회고문 〈碧浪湖畔恨人談(벽랑호반에서 한인이 하는 이야기)〉에 실려 있다.

13 鬼蜮귀역 : 귀신과 물여우. '蜮'은 물가에 살면서 독을 쏘아 사람을 해치는 두꺼비 일종이라고 한다. 일반 판본에는 '城'으로 되어 있으나, 1930년 鉛印本 『진영사 선생 기념 전집』에는 '蜮'로 되어 있어, 이에 따른다.

14 薄海박해 : 바다(혹은 광야)에 다다르다(薄). 막막한 상황을 묘사한 듯하다.

15 鉏麑서예 : 春秋(춘추 : B.C.770~B.C.476, 403)시대 진(晉)나라의 역사(力士). 晉靈公(진영공)은 趙盾(조돈)이 자주 간언하는 것이 싫어서 서예를 시켜 죽이도록 하였는데, 서예가 그를 죽이기 위해 새벽에 그의 집으로 갔을 때 조돈은 벌써 일어나 조복을 입고 조회에 나갈 준비를 하고서 시간이 일러 눈을 감고 있었다. 이를 본 서예는 "이 사람은 집에서도 공경함을 잊지 않으니, 백성의 주인이다. 백성의 주인을 해치는 것은 불충(不忠)이고, 임금의 명을 어기는 것은 불신(不信)이다. 나는 이 두 가지 중의 하나는 저지르게 될 터이니, 죽느니만 못하다"라 하고서 홰나무에 머리를 들이받고 자살하였다. 『春秋左氏傳(춘추좌씨전)』 〈宣公(선공)〉 2년

16 疇주 : 누구(誰)

17 萎위 : 죽다

18 烏屋오옥 : 까마귀 둥지. "正月繁霜, 我心憂傷. 民之訛言, 亦孔之將. ……哀我人斯, 于何從祿. 瞻烏爰止, 于誰之屋(음력 정월에 서리가 잦아 나의 마음 근심으로 상하네. 백성들의 뜬소문 너무도 흉흉하네…… 슬프다. 우리 백성들 어디 가서 먹고 살까. 저 까마귀 앉으려면 누구네 집으로 가야할까)." 『詩經(시경)』 〈小雅(소아)〉 〈正月(정월)〉. 이 시는 한 대부(大夫)가, 무도한 세상에서 나라가 망하고 나면 갈 곳도 없게 되었음을 한탄

하여 부른 노래이다.

19 圖도 : 일반 판본에는 '國'으로 되어 있으나, 1930년 중국 鉛印本『진영사 선생 기념전집』에는 '圖'로 되어 있어, 이에 따른다.

20 大厦대하 : 건물. 轉하여 나라

21 不暇불가 : 나라가 망하여 슬픈 사람(곧 예관 본인)이 슬퍼할 겨를도 없다는 의미. '秦人不暇自哀而後人哀之(진나라 사람 스스로 슬퍼할 겨를도 없이 후세 사 람이 슬퍼하네.)' 唐(당) 杜牧(두목, 803~852) 〈阿房宮賦(아방궁부)〉

22 行自思維행자사유 : 혼자서 생각하여 행동하다

23 陡두 : 갑자기

24 惡耗악모 : 험한 죽음

25 劇극 : 심하다.

26 瘡痍창이 : 상처

27 公誼공의 : 公義

28 涕泗체사 : 눈물과 콧물

29 漣洏연이 : 눈물 줄줄 흘리며 우는 모양. 일반 판본에 '漣漣'으로 되어 있으나,『기념전집』에는 '漣洏'로 되어 있어 이에 따른다.

30 側身측신 : 위태한 모습. 혹은 몸을 두다.(置身)

해설

■ 1916년 5월 18일 즈음

원세개에 대항하는 2차 혁명이 실패하자 일본에 망명하였다가 1915년 귀국한 진기미는 1916년 5월 정체불명의 인물의 총격으로 암살당하였다. 전국은 1913년 송교인 저격 사건 이후 또다시 혼란과 슬픔에 싸이고, 망명지의 한국 교포들에게 물심양면의 지원을 아끼지 않았던 이 중국인 벗의 돌연한 죽음에 예관 선생은 하늘이 무너지는 충격을 받았다.

진기미가 사망한 지 한 달도 못되어 6월 6일 원세개가 병으로 타계하였고, 사후 1주기인 1917년 5월에서야, 상해에서 고향 浙江省(절강성) 湖州(호주)로 운구를 옮겨 장례를 치루는 안장(安葬) 행사가 열렸다.

『아목루』에는 이 〈陳先生英士誄(진영사 선생 제문)〉 외에도 1916년 그의 죽음부터 1917년 안장 때까지 지은 〈英士我兄靈右(나의 형 영사 영전에 바침)〉이라는 제목의 만련(輓聯), 망명 동지들과의 공동명의의 만련(輓聯), 그리고 타계 1년 후의 회고문 〈碧浪湖畔恨人談(벽랑호반에서 한인이 하는 이야기)〉가 실려 있다.

우리 영사 형 영전에 바침

英士我兄靈右

살았던 죽었던	生耳死耳
공업 이미 천추에 빛나는도다.	勳業已耀千古
공은 개인으로 할 일을 마쳤다 하리니	於公個人可謂了事
중국의 앞길일랑 잠시 말하지 마시라.	暫且莫論中國前途
서로 돕기로 맹서한 동지로 이미 여러 해	結輔車盟同志已多年[1]
함께 국민의 행복 다지자고 서로 기약했노라.	相期共造生靈福[2]
꿈인가 생시인가	夢耶眞耶
울음소리 도처에서 터지는 도다.	哀聲忽起四方
묻노니 저 하늘은 대체 무슨 마음인고	問彼老天究竟何心
신민의 옛 집을 차마 다시 지나지 못하겠구나.	不敢重過新民故宅[3]
편지를 받은 지 겨우 하루나 되었나	接郵筒簡計時纔一日[4·5]
문득 영 이별의 글 될 줄 생각이나 했던가.	豈意遽成永訣音
(공의 벗 청구한인 통곡하며 만장을 짓노라)	(公之友靑邱恨人哭輓)

주석

1 結輔車盟결보거맹 : '輔'는 바퀴살의 힘을 돕는 덧방나무. 『孫中山年譜長編(손중산 연보장편)』에도 피력되어 있듯이, 당시 중국의 혁명가들은 망명한 대한의 독립지사들에게 양국간의 관계는 '서로 의지하는 바퀴와 수레, 입술과 이처럼 불가분의 관계(輔車相倚, 脣齒相依, 不可須臾分離)'라고 우의를 표하였다.

2 生靈생령 : 백성

3 新民故宅**신민고택** : 진기미가 살던 新民里(신민리) 옛 집. 그가 1908년 일본에서 돌아와 上海(상해) 馬霍路(마곽로) 德福里(덕복리) 1호에 同盟會(동맹회) 비밀 總機關部(총기관부)를 설치하고 거주하던 시기 이후부터 2차 혁명을 실패하고 일본으로 망명한 1913년 11월 이전 중에 일정기간 동안 살던, 상해의 집으로 추정된다.

4 接郵筒簡**접우통간** : 대통에 넣은 편지를 받다. 수신자(受信者)는 진기미이고, 보낸 사람은 예관 선생이다. 〈陳先生英士誄(진영사 선생 제문)〉 서(序) 참조.

5 纔재 : 【중국어】 cái, 겨우

해설

■ **1916년 5월 18일 즈음**

위 작품은 죽은 사람을 슬퍼하여 지은 글을 비단(緋緞) 천이나 종이에 적어 기(旗)처럼 만들어 상여(喪輿)가 장지로 나아갈 때 뒤에 들고 따르는 만장(輓章)이다. 두 수의 韻文(운문) 작품이 한 세트여서 만련(輓聯)이라고도 하며, 한 사람이 애도의 정을 금치 못하고 여러 작품을 짓기도 한다.

아끼는 벗의 죽음 앞에서 운문의 형식으로 깊은 슬픔을 절제하여, 통곡을 애써 참고 있는 듯 비장한 만련(輓聯)이다. 1916년 5월 지은 이 작품은 진기미 타계 직후 쇄도한 단체 및 개인별 전보(電報), 제문(祭文), 만액(輓額), 만련(輓聯), 만시(輓詩) 등이 수록된 1930년 鉛印本『기념전집』에 '예관(睨觀)'의 만련(輓聯) 작품으로 실려 있으며, 〚통용본〛에 수록된 이 작품 말미의 '公之友青邱恨人哭輓'은 보이지 않는다.

큰 바다 몰아치니

滄海橫流

푸른 바다 몰아치니	滄海橫流[1]
흙탕 물결 속에 기둥 되길 약조하며	相期砥柱頹風[2]
다투어 인권 회복에 매진했노라.	爭回人格
장수별이 홀연히 졌으나	將星忽殞[3]
적을 쫓아내고 원수를 죽이며	會看犁庭殺敵[4·5]
요기 쓸어버린 일을 볼 수가 있도다.	掃蕩妖氛[6]

주석

1 滄海橫流**창해횡류** : 푸른 바다에 해일이 일다. 시국(時局)이 요동치는 것을 묘사하는 표현이다. 〈上元夜席上…(정월 대보름 밤 모임에서…)〉 시 참조.

2 砥柱**지주** : 중국의 황하(黃河) 거센 물살 가운데 우뚝이 서 있는 바위산으로, 혼탁한 세속에 휩쓸리지 않고 꿋꿋하게 자신의 절조를 지키는 군자에 곧잘 비유된다.

3 殞**운** : 떨어지다. 죽다

4 會看**회간** : 【중국어】 huì kàn, 볼 수 있다
뒤의 두 구절은 '적을 무찌르고 요기를 잠재운다'는 뜻으로, 고전에 많이 등장하는 이와 같은 시적 표현을 현실로 목도할 수 있다는 뜻이다.

5 犁庭**이정** : 리(犁)는 쟁기질 하다. 왕실을 갈아서 밭으로 만든다는 뜻이다. 『漢書(한서)』 〈匈奴傳(흉노전)〉. '犁庭掃穴'로도 쓰이는데, 적을 완전히 궤멸시킨다는 뜻이다.

6 掃蕩妖氛**소탕요분** : 요사스런 기운을 쓸어버리다. '掃蕩妖氛淸社稷' 元(원) 成廷圭(성

정규) 〈送秘書太卿高志道總戎淮西(비서태경 고지도가 회서 총사령관으로 가는 것을 배웅하며)〉, '靜妖氛' 唐(당) 李白(이백) 〈塞下曲(새하곡)〉其六 등

해설

■ **1916년 5월 18일 즈음**

이 작품은 『진영사 선생 기념전집』에 '同濟'라는 작자명으로 수록된 1916년 作(작) 陳其美(진기미) 輓聯(만련)이다. 이 책의 〈傳述(전술)〉편에는 외자, 혹은 두 글자로 약칭된 인물이 기록한 진기미 일화들이 실려 있는데, 필자의 고증을 통해 여기에 '濟'라는 인물의 회고글 저자가 예관 선생임이 밝혀진 바 있다. 이를 통해 볼 때, 이 책에 위 만련의 저자로 표기된 '同濟' 역시 상해에서 동제사(同濟社)와 新亞同濟社(신아동제사)를 창립할 때 진기미 선생으로부터 물심양면의 도움을 받았던 예관 선생이, 동제사 구성원들을 대표하여 이 만련을 지은 것임을 알 수 있다.

오수경 송어부와

吳綬卿, 宋漁父[1·2]

오수경, 송어부와	吳綬卿, 宋漁父
살아서 명성을 나란히 하더니	生與齊名
죽어서 함께 돌아갔도다.	死與同歸[3]
장한 뜻 못 이뤘으나	壯志未酬
천고에 빛날 충심을 남겼도다.	留取丹心照千古
대혁명, 참공화	大革命, 眞共和
세우기도 힘들지만	創之維艱
유지도 어렵도다.	久之靡定
도처에 험난함 많은데	萬方多難
뜨건 피만 남기고 황천으로 가셨어라.	空餘熱血到重泉

주석

1 吳綬卿오수경 : 吳祿貞(오록정, 1880~1911)의 字(자). 1898년 일본에 유학하고 1902년 귀국한 후, 1903년에 黃興(황홍), 宋教仁(송교인), 陳天華(진천화) 등과 湖南(호남)에서 華興會(화흥회)를 조직하고, 적극적으로 長沙(장사)에서 봉기의 계획을 수립했다. 그 후에 軍事參議(군사참의), 延吉邊務幫辦(연길변무방판), 延吉邊務督辦(연길병무독판), 陸軍協都統(육군협도통) 등을 역임하였다. 1911년 11월 17일 河北省(하북성) 石家莊(석가장)에서 袁世凱(원세개) 측에 의해 피살되었다. 〈輓吳綬卿(오수경 만사)〉 시 참조.

2 宋漁父송어부 : 宋教仁(송교인, 1882~1913)의 필명. 중국의 혁명가. 국민당의 사실상 당수로 지냈으며 정당(政黨) 내각제(內閣制)를 만들어 대총통 원세개를 견제하려 하다 1913

년 3월 20일 자객에 의해 살해당했다. 〈贈宋漁父(송어부께 드림)〉 시 참조.

3 이 세 구절의 주어는 생략된 "진 선생"이다. "竟嗣雲夢桃源而死(끝내 오록정과 송어부 뒤를 이어 돌아가셨네)." 彭養光(팽양광, 1873~1946), 『輓陳其美先生楹聯輯』 중에서.

해설

■ **1916년 5월 18일 즈음**

중국의 연구자 金建陵(김건릉), 張末梅(장말매)는 〈南社與韓國抗日志士申圭植(남사와 한국항일지사 신규식)〉 논문에서, 이 만련은 《輓中國國民黨左派領袖宋教仁》이라는 제목으로 宋教仁(송교인) 선생을 추모한 예관 선생의 작품이라고 하였으며, '1913년 3월 20일 송교인(宋教仁, 南社成员)이 암살당한 후 거행된 장례식에, 申圭植, 曹晴蓑, 尹耘崖, 濮南坡, 申獻民, 洪可人, 韓一舟, 鄭朝宗, 白隱溪, 安澄, 嘯印, 金霹兒,申鐵兒, 金晚湖, 金梲 등의 한국인이 참가하여, 신규식이 쓴 만장이 장례 참가자들에게 특히 주목을 끌었다'고 하였으나, 근거가 없고 온당치 않다.

진기미 타계 직후 쇄도한 단체 및 개인별 전보(電報), 제문(祭文), 만액(輓額), 만련(輓聯), 만시(輓詩) 등이 수록된 『기념전집』 목차(目次)에는 이 작품의 작자가 '睨觀等'으로 표기되었고, 본문 뒤에는 보다 상세하게 '睨觀, 曹晴蓑, 尹耘崖, 濮南坡, 申献民, 洪可人, 韓一舟, 鄭朝宗, 白隐溪, 安澄, 啸印, 金霹儿, 申鐵儿, 金晚湖, 金梲'으로 되어 있다. 이들 인물의 호칭이 공식성이 강한 것이 아니라 사적(私的) 친분을 반영하고 있는 점, 특히 당시 上海(상해)를 떠나 있었던 洪可人(洪命憙), 安澄(安在鴻), 尹耘崖(尹世復)과 같은 인물들이 거론된 점, 무엇보다 진기미가 한국 열사 정재홍(鄭在洪)의 아들을 거두어 기른 정조종(鄭朝宗) 등이 거명된 사실 등에 비추어볼 때, 이 작품은 한국 망명 동지들에게 깊은 호의를 베풀어준 그에게 감사를 표하고자, 한인(韓人) 망명 동지들을 대표하여 예관 선생이 지은 陳其美(진기미) 만련이 분명하다.

8월 31일 황해의 배 안에서 저녁 풍경 바라보며

八月三十一日黃海舟中晚眺[1]

흰 구름 비낀 하늘가 고향 그리나니	白雲天末憶家鄉
산하 같이 굳센 마음 한결같다네.	滾滾河山帶礪長[2·3]
차마 고개를 돌리기 어려운 이곳에서	最是不敢回首處[4]
석양 그림자 속에 흥망을 이야기하네.	斜陽影底話興亡

주석

1 眺조 : 바라보다

2 滾滾곤곤 : 세차게 흐르는 모습

3 河山帶礪하산대려 : 황하(黃河)가 띠 같이 줄어들고 태산(泰山)이 숫돌 같이 되어도 충심이 변하지 않음

4 황해 건너편에는 고국 땅이 있기 때문이다.

해설

■ 1916년 8월 31일

이 작품은 중국인 狄膺(적응, 字 君武 : 1895~1964)과 함께 지은 연구시(聯句詩)이다. 狄膺은 예관 선생과 같은 해(1914년)에 진보적인 문인 그룹, 남사(南社)에 가입하여 1915년 10월 17일과 1916년 9월 24일 두 차례 雅集(아집 : 남사의 집회)에 함께 참가한 15세 아래의 동지로, 글씨·골동·詩詞에도 조예가 깊었으며, 1916년 8월 초 북경대학 철학과에 갓 입학한 재원이다.

그의 『狄君武先生遺稿(적군무 선생 유고)』에는 이 시가의 〈黃海舟中晚眺與睨觀聯句(황해 배에서 낙조를 바라보며 예관과 지은 연구)〉란 제목으로 수록되었으며, 제1·3구 뒤에 예관 선생을 뜻하는 '睨'가, 2·4구 뒤에는 적군무의 자를 뜻하는 '君'이 작은 글씨로 표기되어 있다. 이에 위 작품의 제목도 狄君武(적군무) 선생의 제목에 맞추고, '八月三十一日' 뒤에 '黃

海舟中晩眺'를 제목으로 이어 쓴 【필사본】에 따랐다.

『狄君武先生遺稿(적군무 선생 유고)』 중 이 시 뒤에는 가을이 배경인 적군무의 시들이 수록되어 있고, 이어서 1916년 병진년(丙辰年) 연말에 예관에게 주었다는 〈丙辰除夕(병진년 연말에)〉 시와, 1917년 작 〈丁巳年花朝後二日感舊有詠(정사년 음력 2월 17일 옛 생각이 나 읊다)〉 시, 그리고 陳其美(진기미) 타계 1년 후인 1917년 5월 지은 것이 확실한 "以身殉國一年來, 令人痛定還思痛(순국한 지 일 년이 되어 와, 고통이 끝났나 싶다가 도로 고통스러워라)"란 시구절이 담긴 〈輓陳英士先生(진영사 선생 만련)〉 등이 시간의 흐름에 따라 수록되어 있는 것을 미루어볼 때, 이 시는 1916년 양력 8월 31일 지은 작품이 분명하다.

대학에 갓 입학하여 패기 넘치는 중국 학생 적군무에 비해, 저물녘 망명지에서 예관 선생의 심경은 무척 착잡하다.

9월 1일에

九月一日

배가 발해에 정박하고 있을 적에 남파공칠(南坡公七)이 옛날 일을 이야기했던 것이 생각나 가슴이 뭉클하였다. 좌중에 군무(君武)라는 자가 있었는데 우리나라 역사를 잘 알고 있는 중국인 친구다. 역시 발해의 고사(故事)에 대해서 상세하게 알고 있었다. (아, 우리나라 사람 중에 이를 아는 이가 드물다.) 어쩌다가 칠언절구 한 수를 짓게 되어, 이에 상해의 동지들에게 적어 보이노라.

舟泊渤海[1]顧南坡公七[2]話舊[3], 不勝感慨係之, 座有君武者(嫻[4]於我史即華友也)亦能細數渤海故事(嗚呼國人鮮有知之). 偶成[5]七絶一首仍題示滬上[6]同志.[7]

지는 햇살 갈바람 부는 발해 동쪽에	落日秋風渤海東
성난 파도 급한 물결 공중에 솟구치네.	怒濤急浪直翻空
천고의 역사를 생각하며 창망히 섰으니	緬懷千古蒼茫立[8]
어떤 객이 기세 좋게 태백웅을 말하네.	有客揚言太白雄[9·10]

주석

1 渤海발해 : 발해는 예로부터 동해, 북해라고 불렀다. 요동반도와 교동반도 사이에 위치하고 있으며, 遼寧省(요녕성)·河北省(하북성), 天津市(천진시)·山東省(산동성)의 육지에 둘러싸여 있다.

'旅順(여순) 大連港(대련항) 연해와 육지의 일정 구역'은 1898년 청나라와 러시아 간의 旅大租地條約(여순 대련 조차지 조약)에 따라 러시아 조차지(租界)가 되었으나, 그 후 1904~1905년간의 러일전쟁 후 일본 조차지가 되었다.

러시아 블라디보스토크을 떠나 한반도 해안을 따라서 중국 大連(대련)으로 가고 다시

대륙의 동부 해안을 따라 상해로 간 정원택(鄭元澤, 1890~1971)의 이동 경로 중, 1913년 1월 11일(양력 2월 16일)자 『지산외유일지』 기록에는 "대련에 도착하였으나 이 항구는 일본인이 조차하여 점거하였으므로 내려서 관광할 수 없어서 다만 배 안에 앉아 떠날 시간을 기다리고 있었다"는 대목이 있다.

2 南坡公七**남파공칠** : 남파 박찬익(朴贊翊, 1884~1949). 문중항렬이 일곱 번째임을 가리킨다. 예관 선생은 남파보다 다섯 살 위였는데 이들의 인연은 관립 공업 전습소에서 맺어졌다. 공업 연구회에서 남파가 회장직을 맡고 있을 때 후원자중의 한 사람이었던 예관 선생은 공업 연구회가 발행하는 월간잡지 《工業界(공업계)》의 편집부장으로 참여하였다. 《공업계》는 국권회복을 위한 자력갱생의 길을 모색하는 데 큰 역할을 했지만 1910년 일제의 보안법 공포로 발행이 금지되었다. 그는 1911년 2월 중국으로 망명하였으며, 망명 전에 예관 선생, 청사 조성환 선생과 새로운 각오로 독립운동에 투신할 것을 맹세하여 의형제를 맺은 각별한 사이였다.

3 뒤의 亦을 미루어볼 때, 발해에 얽힌 역사 이야기임을 알 수 있다.

4 嫻**한** : 우아하다. 익숙하다 = 嫺

5 偶成**우성** : 어쩌다(우연히) 즉흥적으로 짓다.

6 滬上**호상** : 상해

7 '九月一日' 만을 제목으로 하고, 아래는 서문(序文)으로 잡은 〖필사본〗에는 제목 없이 본문만 있으나 너무 길어, 〖통용본〗의 제목을 취하고자 한다.

8 緬懷**면회** : 지난 일을 생각하다.

9 揚言**양언** : 뱃심 좋게 말하다. 의기양양하게 말하다.

10 太白雄**태백웅** : 환인(桓因)의 아들 환웅(桓雄)이 태백(太白)에 내려왔다는 단군신화(檀君神話)를 일컬은 듯하다. 그 위치에 대해 狄膺(적응)은 소상하게 설명한 것이다. 환국(桓國) 7대 지위리(智爲利) 환인(桓因)의 여러 아들 중 하나인 환웅(桓雄)이 발해로부터 태백산으로 내려와 그 아래에 터를 닦아 만든 마을 신시(神市)를 수도로 삼고, '弘益人間(홍익인간)' 세상을 열었다(開天)는 내용이다.

해설

■ 1916년 9월 1일

앞의 8월 31일 시와 연이어진 1916년 양력 9월 1일 작품이다. 狄膺(적응)은 北京大(북경대) 철학과에 갓 입학한 학생으로, 훗날 '옛 역사를 의심하는' 의고주의(疑古主義) 역사학자로 유명해진 고힐강(顧頡剛, 1893~1980)과 같은 숙소에 머물며 많은 영향을 주고받았다. 예관 선생은 중국 학생이 상해의 한국 망명 지식인들에 비해 발해사(渤海史)에 대해 더 잘 알고 있다는 사실에 상심하여 서문을 붙인 이 시를 지었다. 예관 선생은 제대로 된 우리 역사가 없는 데다, 외세 치하에서 역사 자체가 말살된 것만도 분한데, 역사의식마저 부족한 한국인들을 꾸짖으며 1912년 7월 동제사(同濟社) 창립 때 『韓國魂(한국혼)』의 내용을 강연하고, 후에 이를 정리하여 저술하였다.

이 시기는 6월 6일 원세개가 타계하고 黎元洪(여원홍, 1864~1928)이 中華民國(중화민국) 大總統(대총통,1916.6.7~1917.7.14 재임)이 된 지 얼마 되지 않은 때이다. 민석린(閔石麟)의 『전기』에 따르자면, "선생은 중국의 정국이 변하고 내각이 바뀔 때마다 신임총독이나 각료들에게 만언(萬言)의 글로 권유하였고(撲上)", "黎元洪(여원홍)과 段祺瑞(단기서)에게 10,000자나 되는 긴 글을 올렸는데, 그것이 사라져 아깝다"고 하였다.

또한 1922년 예관 선생의 타계를 알리는 한국 잡지 《東明(동명)》의 부음기사 중 1916년 즈음의 행적에 "심우(心友)되는 려원홍(黎元洪) 총통(總統)을 북경공서(北京公署)에 위방(委訪 : 찾아뵙다(필자 주))하였다"는 대목이 있다. 당시 여원홍의 총통 재임기간이 약 1년으로 짧고, 또 정국이 바뀔 때 특히 여원홍에게 만언장서(萬言長書)를 보냈다는 민석린의 글과 종합해 볼 때, 『아목루』 시집 전체에서 이례적으로 양력(陽曆) 일자를 제목으로 쓴 8월 31일과 9월 1일자 시는 예관 선생이 1916년 만언장서를 가지고 북경의 여원홍 총통을 방문한 후 적군무와 만나 함께 지었던 작품 등을 추가로 수집하여 실은 것이라 하겠다.

육오숙께 부침

寄六五叔[1]

(8월 15일) 봉성에 가기로 약조하였으나 못가고 남으로 내려가기로 작정하다·

(八月十五日) 約往鳳城, 未遂, 卽擬[2]南旋

다시금 관산을 넘었으나 강은 건너지 못하고서	重越關山未渡江[3]
조국을 그리는 마음 몹시도 처량하군요.	眷懷宗國極凄凉[4·5]
세상 좋은 명절을 어디서 보낼까요	人間佳節酬何處[6]
저 먼 봉성을 고향인 양 가리켜봅니다.	遙指鳳城似故鄕[7]

주석

1 六五叔육오숙 : 〖통용본〗의 '申伯雨' 세 글자는 〖필사본〗에 없다. 다만 고령 신씨 대동보에서 예관 선생보다 항렬로 65번째 아저씨뻘이 되는 인물로 신백우(申伯雨, 1888~1962, 號 畊夫) 선생을 찾아볼 수 있다.

그는 충북 청원(淸原 : 現 청주시)에서 자랄 때 단재, 예관 선생과 함께 산동삼재(山東三才)로 불리면서 신동으로 이름났으며, 예관 선생보다 나이는 손아래였다. 일찍이 신문학을 학습하고 고향에 돌아와 단재 선생과 후진들을 가르치기도 하였다. 1907년 신민회(新民會)·경성청년학우회(京城靑年學友會) 등에 가입, 독립의지를 불태우다가 1911년 만주로 망명하였고, 1918년 귀국하여 대종교(大倧敎)에 입교하고 3·1운동에 참가한 후 다시 만주로 가 서로군정서(西路軍政署)의 참모가 되었으며 신흥무관학교(新興武官學校)에서 군사학을 연구하였다.

1920년 귀국하여 노동공제회(勞動共濟會)에 가입하고, 공제잡지(共濟雜誌)의 주간(主幹) 일을 맡아보는 한편, 1922년에는 윤덕병(尹德炳)·이수영(李遂榮)·이승복(李承馥)·한기병(韓基秉) 등과 비밀결사인 '화요회(火曜會)'를 조직, 1923년 무산자동맹(無産者同盟)·서울청년회·노동총동맹 등의 간부로 활약하였다. 1963년 대통령표창, 1990년 건국훈장 애족장을 추서하였다. 해설 참조.

2 擬의 : 헤아리다

3 關山관산 : 변방의 산

4 眷懷권회 : (연연하여) 돌아보고 그리다

5 宗國종국 : 조국

6 酬수 : 보내다

7 鳳城봉성 : 遼寧省(요녕성) 남동부의 도시. 옛 이름은 鳳凰城(봉황성)이었으며, 1914년 2월 鳳城縣(봉성현)으로 바뀌었다. 인근 丹東(단동)은 압록강과 지척지간이다.

해설

■ 1916년 9월 12일 즈음

신백우(申伯雨) 선생은 나이로 예관 선생보다 손아래였으나, 고령(高靈) 신씨(申氏) 영성군파(靈城君派) 24世에 속하여, 소안공파(昭安公派) 25世인 예관 선생에 문중 아저씨뻘이 된다. 그는 1911년 망명하기 전에 예관, 단재 선생과 산동삼재(山東三才)로 불리며 문중을 이끌던 개화파 인물들이었다. 만주로 가서는 서세충(徐世忠)·맹보순(孟輔淳)·이광(李光)·이동녕(李東寧) 등과 독립군을 양성하고 독립운동의 연락기관으로서 서세충과 함께 安東縣(안동현 : 즉 丹東(필자 주))에서 성덕태상점(誠德泰商店) 설립하였다. 1918년 1월 귀국하여 1919년 한성임시정부 조직에 참여하고, 그해 4월 다시 상해로 갔다.

경부 신백우 선생 연보(年譜)에 따르자면, 선생은 만주 망명 이후로 잦은 이동이 있었는데, 1914년에는 고령(高靈) 가야(伽倻)의 김태훈(金泰勳)과 권병하(權丙夏)가 찾아와 선생 일가와 합류하여 4가구가 만주(滿洲) 撫順縣(무순현) 東社(동사)에 정착하였고, 다시 1915년 봄에는 가족들을 鳳凰城(봉황성) 東石頭城(동석두성) 黃岺子(황잠자)로 이주시키고, 선생은 安東縣(안동현) 柳河縣(유하현) 등지를 다니며 군인 양성을 위한 기관 설립을 위해 노력하였다. 1916년 봄에 다시 內縣 大堡(내현 대보 : 역시 鳳城縣에 위치)로 이주하고, 그해 9월에는 다시 同堡 西山(동보 서산)으로 이주하여 단재(丹齋) 선생과 백두산에 오르기도 하면서 1918년 귀국할 때까지 그곳에서 생활한 듯하다.

'大堡'라는 곳도 오늘날 遼寧省(요녕성) 鳳城市(봉성시)에 속한 몽고족 마을이고, '同堡 西山'도 '鳳城에 위치한 西山'을 가리켰을 가능성이 있다. 이렇게 되면 경부 선생 댁이 봉성에 거주한 시기는 1915·1916·1917년으로 압축해 볼 수 있다. 차례로 가능성을 살펴보자.

1915년 봄에 신백우 선생은 가족들을 鳳凰城(봉황성) 東石頭城(동석두성) 黃岑子(황잠자)로 이주시키기는 했으나, 당시 선생은 이동녕(李東寧), 이시영(李始榮), 이광(李光), 맹보순(孟輔淳), 서세충(徐世忠) 등과 安東縣(안동현), 柳河縣(유하현), 奉天(봉천) 등지를 다니며 군인양성기관을 설치하기 위해 분투하였으므로, 한가위 때 예관 선생과 遼寧省(요녕성) 봉성 집에서 약조하고 만나기 쉽지는 않았을 것이다.

또한 예관 선생은 1915년 가을, 가인(可人) 홍명희 선생에게 보낸 세 수의 시 서문에서 "전번 편지에서 앞으로 또 어떻게 될지 모르겠다고 하였는데, 불행하게도 그것이 맞아 떨어졌소. 즉시 황급하게 탈출하여 시골에 은신하였으며, 그 후 전전하다가 또 다시 上海(상해)로 돌아와 불가의 가르침에 젖어 세상 사람들과의 왕래를 끊은 지도 여러 날 지났구려(前書中不知明日更何尋, 不幸又中矣, 倉皇出走, 息影田間, 輾轉更回海上, 深入佛界, 不許世人相通, 亦多日矣)"라고 불안하기 그지없는 근황을 알리고 있어, 당시 여건상 추석 임박하여 먼 곳으로 여행을 떠나기 어려웠을 것이라 짐작된다. 〈可人我弟大吟壇郢政又乞和之(훌륭한 시인 가인 아우에게 가필과 함께 화답시도 바라노라)〉 시 서문 참조. 더욱이 이 시기에 선생이 북쪽으로 먼 여행을 했다는 사실을 뒷받침할 만한 시도 찾아볼 수 없고, 추석 명절 전날 8월 14일(* 9월 22일)에는 오랜 벗 徐血兒(서혈아)가 봄부터 시작된 오랜 투병 끝에 上海(상해)에서 세상을 떠나, 선생은 三茅閣(삼모각) 위에 뜬 달을 비감해 하는 〈悼故友血兒君(오랜 벗 혈아군을 애도함)〉 시로서 애도하였기에, 이즈음 첩첩 관산 너머 '강을 건너는' 북상행을 계획하기는 어려웠을 것으로 보인다.

이렇게 보면 위의 시 제작 시기는 1916년과 1917년으로 좁혀진다. 그런데 이 시의 부제를 "八月十五日, 約往鳳城, 未遂, 卽擬南旋"로 이어 쓴 『통용본』과는 달리 『필사본』에서는 '八月十五日'만을 괄호에 넣고 있어, 이것이 시를 지은 날짜인지 아니면 형님을 만나기로 약속한 날짜인지 분명치 않다. 다만 1916년 8월 15일 한가위는 황해도 구월산 삼성사로 가서 순명(殉命 : 돌아가심)하신 홍암(弘巖) 나철 선생의 타계일이고, 1917년 8월 15일은 그 1주기가 되는 날이라는 점을 감안해 본다면, 이 시의 제작시기를 1917년 한가위 즈음으로 보기는 어려울 것이다. 왜냐하면 홍암 선생이 타계하신 이듬해 1917년 음력 3월 15일 어천절(御天節)에 〈弘巖先生追悼文(홍암 선생 추도문)〉과 〈만장(輓章)〉, 〈維(제문)〉 등을 짓고 추모하였으며, 이태 째 되는 1918년 8월 15일 한가위에도 〈並附一首戊午嘉倍日憶弘師(아울러 1수를 덧붙이며 무오 가배일에 홍암 대종사를 생각함)〉 시를 쓰며 애도한 선생이시기에, 비록 정사년(1917년) 음력 8월 5일(* 9월 20일) 경에 북쪽 天津(천진) 일대를 여행하신 일이 있기는 하지만, 上海(상해)에서 대종교 서이도본사(西二道本司)의 상교(尙敎)를 맡아 대종교 의례(儀

禮)를 주관하시던 예관 선생께서, 홍암 타계 1주년이 되는 음력 8월 15일 전후에 북쪽 일가 친척 댁에 가겠노라고 미리 약조를 하였을 가능성은 매우 낮다.

선생은 1916년 양력 8월 말경 심우(心友)이기도 한 중국 대총통 黎元洪(여원홍)을 만나러 북경을 방문하고 발해 만까지 가서 〈八月三十一日黃海舟中晩眺(8월 31일 황해의 배 안에서 저녁 풍경 바라보며)〉, 〈9月 1日(9월 1일에)〉 시들을 지은 일이 있다. 예관 선생은 든든한 지원군 여원홍 총통을 만난 후 비교적 느긋한 심경으로 북경대학에 갓 입학한 학생 狄君武(적군무 : 狄膺, 1895~1964) 선생과 함께 배를 타기도 하였는데, 이 여행길에 봉성(鳳城)으로 올라가가기로 미리 약조했다가, 부득이한 사정 때문에 남쪽으로 선회하며 이 시를 지은 것으로 보인다.

일제의 탄압으로 한민족의 희생이 커지자 홍암 나철 선생은 1916년 음력 8월 15일(* 9월 12일) 황해도 구월산 삼성사에서 자결 순국하셨다. 시자(侍子 : 모시던 신자)들이 그 죽음을 발견한 것은 8월 16일 아침이었기에, 고국과 혈육의 정을 그리며 비교적 평온해 보이는 이 시의 제작 시기는 1916년 '〈9月 1日(9월 1일에)〉 시를 지은 이후, 홍암 선생의 타계 소식을 받기 전 한가위 무렵'으로 추정해 볼 수 있다.

나공 홍암 신형을 받들어 애도함 5장

奉悼羅公弘巖神兄五章[1]

병진년·「丙辰」

백옥 같은 마음에 무쇠 기백으로	百玉其心黑鐵肝
전전긍긍 나라 걱정하며 혼신을 다하셨도다.	惄然憂國十分殫[2·3]
의로운 목소리로 맹약 어긴 죄를 질책하였고	義聲興問渝盟罪[4·5]
조약 맺은 간당을 칼로 베려 하였네.	劍事歸誅締約奸[6·7]
감옥에 들었으니, 중생들의 고통 견디지 못하고	入獄那堪衆生苦[8]
자수하여 중형을 대신 받고도 태연하셨도다.	現身替受重刑安[9]
요망한 기운 가득 차 번잡한 관국에	妖氛晦塞塵囂上
이 분 안 나오셨으면 세상이 험난했으리.	不出斯人世道難

주석

1 羅公나공 : 나철(羅喆, 1863~1916). 대종교의 초대 교주·독립운동가. 호는 홍암(弘巖). 예관 선생의 정신적 스승이자 은인. 청산리 전투 승리의 주역인 북로군정서 등 당시 항일 독립군 및 독립운동의 실질적 지도자이자 상징이었다. 조선말의 독립운동은 외교, 의열, 전쟁, 정신문화운동, 마지막으로 자결순국이라는 여러 방법으로 전개되었는데, 홍암 선생은 이 모든 방법을 차례대로 다 동원하여 나라를 되찾는데 모든 것을 바쳤다. 선생의 노고 끝에 대부분의 독립운동가들이 대종교를 신봉하였고, 신도의 수도 크게 늘어 교세가 확장되었는데, 이에 당황한 일제가 대종교를 불법으로 간주하여 교단이 존폐의 위기에 봉착하자, 선생은 1916년 음력 8월 4일, 황해도 구월산 삼성사(三聖祠)에 들어가 8월 15일 폐기법(閉氣法)으로 자결하였다. 정부는 1962년 건국훈장 독립장을 추서하였다. 〈贈弘巖先生(홍암 선생께 드림)〉, 〈慶節題感(기쁜 명절에 소감을 적다)〉5首, 〈並附一首戊午嘉倍日憶弘師(아울러 1수를 덧붙이며 무오 가배일에 홍암 대종사를 생각함)〉 시 참조.

2 惄然녁연 : 근심하는 모양

3 殫탄 : 다하다

4 興問흥문 : 따지기 시작하다

5 渝盟罪투맹죄 : 약속을 어긴 죄. 여기서는 을사조약 체결 직전인 1905년 6월 오기호(吳基鎬), 이기(李沂), 홍필주(洪弼周) 등과 함께 일본에 건너가 "동양의 평화를 위하여 한·일·청 삼국은 상호 친선동맹을 맺고 한국에 대해서는 선린의 교의로써 부조(扶助)하라"는 의견서를 일본의 정객(政客)들에게 제시하였으나, 응답이 없자 일본의 궁성 앞에서 한국의 독립보장 약속을 지킬 것을 촉구하며 3일간 단식투쟁을 한 것을 이른다.

6 劍事歸誅검사귀주 : 칼로 척살하다. 이등박문(伊藤博文)이 조선과 새로운 협약을 체결한다는 소식이 각 신문에 발표되자, 나라 안에 있는 매국노들을 모두 제거해야 국정을 바로잡을 수 있다고 생각하고 단도(短刀) 두 자루를 사서 품에 넣고 귀국한 일, 1906년 일본에서 귀국길에 폭탄이 장치된 선물상자를 구입하여 을사오적(乙巳五賊)을 살해하려 했던 일, 1907년 1월부터 암살 계획을 구체적으로 추진하여 3월 25일을 거사일로 정하고 오적의 주살(誅殺)을 시도한 일들을 가리킨다.

7 締約奸체약간 : 締(체) 약속을 맺다. 약속을 맺은 간사한 무리.
을사늑약을 맺는데 찬성한 참정대신 박제순, 내부대신 이지용, 농상공부대신 권중현, 학부대신 이완용, 신군부대신 이근택 등 매국노 '을사오적(乙巳五賊)'을 이른다.

8 那堪衆生苦나감중생고 : 1907년 1월부터 을사오적 암살 계획을 구체적으로 추진하여 3월 25일을 거사일로 정하고 주살(誅殺)을 시도하였을 때, 서창보(徐彰輔) 등이 붙잡히고 사건의 전모가 드러나자, 동지들의 고문을 덜어 주기 위해 오기호, 최인식(崔寅植) 등과 함께 평리원(平理院)에 자수하여 10년의 유배형을 받았다가, 고종의 특사로 그 해에 풀려났다.

9 『통용본』 중에는 '案'으로 된 것이 있다.

두 번째
其二

하늘에서 다시 생환의 희소식을 보내왔지만	天來喜報復甦還[1]
우뚝한 산이 선생을 내시고는 큰 시련 주셨지.	嶽降先生試大艱
영성 공부는 한울님 곁으로 통하였으나	靈性工夫通帝側[2]
묘향은 도리어 인간을 구하라 하셨네.	妙香顧使救人間[3·4]
마치고 나자 백성 무리는 신시로 돌아가고	了來庶衆歸神市[5]
삼신이 진단에 내린 일을 소상히 서술하였네.	祖述三桓降震壇[6·7]
가시덤불 헤치며 옛 자취 찾아	斬棘披荊尋舊蹟
훨훨 지팡이 짚고 백두산으로 가셨네.	翩翩道杖白頭山[8]

주석

1 甦소 : 穌, 잠이 깨다. '蘇'로 된 『통용본』이 있다. 1906년 백전도사(伯佺道士)를 통하여 『신사기』를 받고서, 독립운동을 더욱 치열하게 전개하기 위하여, 4366년 기유(1909) 음력 정월 15일 자시를 기하여 동지 오기호, 강우, 최전, 류근 등, 정훈모, 이기, 김인식, 김춘식, 김윤식 등, 수십 인과 함께 한성 북부 재동 취운정(翠雲亭) 아래 8통 10호 육간 초옥 북벽(北壁)에 '단군황조신위'를 모시고 제천(祭天)의 대례(大禮)를 행하여 단군교포명서를 공포함으로써, 고려 원종 때 몽고 침입으로부터 700년간 폐색되었던 대종교를 중광(重光 : 다시 빛냄)하였다.

2 '帝'는 한배검을 가리키고, '帝側'이란 백두산에서 수도하며 10년을 하늘에 기도하여 한배검의 묵시(默示)를 받아 찾아낸 백봉신사(白峯神師)를 가리킨다고 볼 수 있다. 〈慶節題感(기쁜 명절에 소감을 적다)〉又(其2, 필자 주) 참조.

3 妙香묘향 : 『三國遺事(삼국유사)』와 『帝王韻紀(제왕운기)』에는 환웅(桓雄)이 인간 세상

을 다스리고자 삼천의 무리를 이끌고 태백산 정상의 신단수(神壇樹) 아래 신시(神市)로 내려왔다는 대목이 있는데, 주석에 '태백산은 묘향산'이라고 하였다. 묘향산에는 단군대가 있으며, 단군이 무예를 연마할 때 과녁이었다는 천주석(天柱石)도 있다. 이 시에서는 단군을 가리킨 것으로 보인다.

4 顧고 : 도리어

5 일제의 탄압으로 국내에서의 포교활동이 어려워지자, 홍암 선생은 1911년 7월 21일(* 9월 13일) 단군의 발자취를 찾아 서울에서부터 성지순례의 길을 나서, 강화, 평양을 거쳐 백두산 북쪽 기슭, 중국 和龍縣(화룡현) 青坡湖(청파호)에 도착하여 이곳을 염두에 두었다.

1914년에는 30만 신도의 총본사(總本司)를 여기에 세워 대종교를 크게 번창시켰다. 아울러 서간도 일대에 시교당을 설립하고, 교인들의 자녀 교육을 위해 동창학교, 백산학교, 대종학원 등의 교육시설을 마련하여 민족교육을 실시하고 독립정신을 고취시켰다.

6 三桓(삼환)을 조술(祖述) : 1911년 정월(1월 3일~2월 28일 사이)에 단군 교단을 통하여 전수받은 『三一神誥(삼일신고)』의 「神訓(신훈)」을 철학적으로 분석하고 체계를 세워, 대종교 사상의 바탕인 삼일철학(三一哲學)의 근본인 道(도) 정신에 대해 신학적인 해석을 가한 『神理大全(신리대전)』을 저술한 것을 가리킨다.

三桓(삼환)은 조화주 환인(桓因)·교화주 환웅(桓雄)·건국시조 환검(桓儉)의 삼신(三神)을 말하며, 이는 셋이면서 하나로서 한배검이라고도 한다. 祖述(조술)은 한배검의 도(道)를 근본으로 하여 그 뜻을 펴 서술(敍述)하였다는 뜻이다.

7 震壇진단 : 우리나라를 예스럽게 이르는 말. '震'은 중국의 동쪽 혹은 큰 울림을 뜻하고, '壇'은 우리나라의 시조인 단군을 뜻하는 말이다.

8 홍암 선생은 1911년 7월 21일(* 9월 13일) 고적(古跡) 답사와 영적(靈跡) 답사를 위하여(奉審), 서울을 떠나 강화도 마니산, 평양을 거쳐 두만강을 건너 백두산과 만주 일대를 답사 다니며, 일제의 눈을 피해 대종교의 활동을 펼 수 있는 장소를 물색했다.

세 번째

其三

강물로 간도를 다니시다 남한으로 오시고는	河行北陸復南韓[1·2]
세상을 일깨우며 천하를 다니시려 했는데	鐸我全球將轍環[3]
악마들 번번이 십자가 지우려 하였으나	惡魔頻謀加十字[4]
큰 인물이 높은 경지에 이르기를 어이 꺼리리.	大雄何畏達三觀[5]
인간만사 이제 누구를 의지하라고	人間萬事伊誰賴
하늘에서 부르는 소리 느닷없이 들려왔네.	天上靈音遽忽頒[6·7]
태산이 무너지고 대들보가 꺾이었으니	泰嶽其崩梁木壞[8]
차마 아사달산으로 고개 돌리지 못하겠네.	不堪回首阿斯山[9]

주석

1 河行하행 : 백두산에서 흘러내린 송화강(松花江), 압록강(鴨綠江), 두만강(豆滿江) 등을 통해 만주지역을 다니신 것을 가리킨 듯하다. 홍암 대종사께서 대종교의 중광 이후 걸어온 8년간의 행적을 노래한 《重光歌(중광가)》 중 第30章에는 '깊고 깊은 한울못(天池), 치렁치렁 송화강, 출렁출렁 압록강, 굼틀굼틀 두만강'이라는 구절이 있다. 이 세 강은 모두 천지에서 흘러내린다.

2 復南韓복남한 : 이는 1911년부터 북간도지역 포교활동을 전개하다가 1915년 정월 14일(* 2월 29일) 북간도 청호(青湖)로 부터 경성으로 돌아오신 것을 가리킨다.

3 鐸탁 : 목탁, 일깨우는 소리. 공자가 노나라의 대사구(大司寇)가 되었다가 벼슬을 그만두고 물러나 천하를 두루 돌아다닐 때 衛(위)나라 儀邑(의읍)의 封人(봉인 : 국경을 수비하고 성을 쌓는 관원)이 공자를 뵙고 나와서 말하기를 "그대들은 어찌 공자께서 벼슬 잃은 것을 걱정할 것이 있겠는가. 천하에 도가 없어진 지 오래라 하늘이 장차 夫子(부자)를 목

탁으로 삼으실 것이다."라고 한 데서 인용한 말이다. 『論語(논어)』〈八佾(팔일)〉

4 일제의 탄압을 가리킨다.

5 三觀삼관 : 세 가지의 관법(觀法)으로, 공관(空觀)·가관(假觀)·중관(中觀)의 삼체(三諦)로 도를 깨우친 경지.

이 두 구절은, 고난 끝에 달관의 경지에 이르는 것이기에 영웅은 두려워하지 않는다는 의미이다.

6 遽忽거홀 : 갑자기

7 頒반 : 나누다. 반포하다.

이 두 구절은, 스승이 세상을 떠나시어 의지할 곳을 잃었다는 뜻이다.

8 泰嶽其崩태악기붕 : 큰 인물의 죽음. 공자(孔子)가 자신이 죽을 꿈을 꾸고 아침에 일찍 일어나 뒷짐을 지고 지팡이를 짚고 문 앞에서 한가로이 거닐며 노래하기를, "泰山其頹乎, 梁木其壞乎, 哲人其萎乎(태산이 무너지겠구나, 들보가 부러지겠구나, 철인이 죽게 되겠구나)"라 하였다. 『禮記(예기)』〈檀弓(단궁)〉上

9 阿斯山아사산 : 아사달 뫼. 홍암 선생이 자결순국하신 황해도 구월산(九月山). 은율군과 안악군의 경계 지역에 있으며, 우리나라 5대 명산 중의 한 곳이다.

《신증동국여지승람》「문화현」편에 "구월산은 고을 서쪽 10리에 있으니 곧 아사달산이다. 한 이름은 궁홀(弓忽)이요, 또 다른 이름은 증산(甑山 : 시루봉)·삼위(三危)다. 세상에 전하기를 단군이 처음 평양에 도읍하였다가 후에 또 백악으로 옮겼다 하는데, 곧 이 산이다. 주 무왕이 기자를 조선에 봉하니, 단군이 그만 당장경(唐藏京 : 신천군 문화면을 일컬음)으로 옮겼으며, 후에 도로 이 산으로 와서 숨어 신이 되었다고 한다"라고 기록되었다.

네 번째

其四

생각노라, 지난 십년 동안 속마음 터놓고	憶昔十年披肝膽
비바람 속에 나란히 자며 금란의 정 맺었네.	聯床風雨訂金蘭[1·2]
한 목숨 살린 은혜 갚으려 했건만	活恩一縷方圖報[3]
순명삼조를 어이 차마 보리오.	殉命三條奈忍看[4·5]
장수를 빌며 높은 산처럼 늘 우러렀으나	鶴壽高山常仰止[6]
8월에 난새 타고 가시니 좇아 오를 수 없구나.	鸞驂八月莫追攀
석양 비낀 하늘가에 창연히 서있자니	斜陽天末蒼凉立
굳센 기운 동쪽에서 둘 사이에 서려오네.	浩氣東來滿兩間[7]

주석

1 訂정 : 머무르다.

2 金蘭금란 : 金蘭之交(금란지교). 의기투합하는 깊은 우정을 말한다. 『周易(주역)』〈繫辭傳(계사전)〉· 上의 "二人同心, 其利斷金, 同心之言, 其臭如蘭(두 사람이 마음을 같이 하면 쇠도 자를 수 있고 그들의 말은 난초 향기와 같다)"라는 말에서 나온 것이다.

3 活恩활은 : 홍암 선생은, 1910년 경술년 한일병합늑약에 좌절하여 생애 두 번째로 음독한 예관 선생을 죽음 직전에서 구하였다.

4 殉命三條순명삼조 : 나철이 1916년 황해도 구월산 삼성사에서 한배검에 제천의식을 올린 뒤 자결하며, 유서로 순명삼조를 남겼다. 그 내용은 한배님께 제천하고서 대종교를 위하고, 한배님을 위하고, 인류를 위해 목숨을 끊는다는 내용이다.

5 奈忍내인 : 奈(내) 어찌. 忍(인) 차마~ (못)하다.

6 高山仰止**고산앙지** : 존경할 만한 어진 이를 사모할 때 쓰는 표현이다. "高山仰止, 景行行止(높은 산을 바라보며 바른 길을 걸어가네)." 『詩經(시경)』《小雅(소아)》〈車舝(거할)〉. 止는 어조사.

7 고인의 뜻을 받들어 굳세게 나아가겠다는 다짐을 한 것이다.

다섯 번째
其五

손 씻고 유서를 읽자니 눈물 절로 떨어지고	盥讀遺書涕淚零[1]
봄바람과 단비는 미욱한 이를 울리시네.	春風化雨動頑冥[2]
외로운 충정은 언제나 이 겨레를 염려하셨고	孤衷每念斯遺族
무한한 큰 가르침을 저 중생들에게 내리셨네.	大道無量彼衆生
원수들은 이제 강적을 제거했다 말하리니	仇者乃云除勁敵[3]
우리는 무엇으로 신명께 보답하리오.	吾徒何以答神明
첩첩이 쌓이는 한없는 슬픔	重重疊疊悠悠感
조국과 앞날에 이런 분 다시없으리.	倧國前途均莫名[4]

주석

1 盥관 : 씻다

2 春風化雨춘풍화우 : 따스한 정과 격려하는 마음. 여기서는 〈殉命三條(순명삼조)〉와 유서에 담긴 따스한 마음을 가리킨다.

3 除勁敵제경적 : 센 적을 제거했다. 돌아가심을 기뻐하는 적의 생각이다.

4 倧國종국 : 우리나라.
倧종 : 上古(상고 : 가장 오래된)의 神人(신인)

해설

■ 1916년 9월 12일

비통함 속에 고인이 되신 홍암 선생의 일대기를 5수의 시로 나누어 서술하면서, 그 공적과 남긴 가르침을 되새기고 있다. 〈慶節題感(기쁜 명절에 소감을 적다)〉5수 참조. 『필사본』에 애도시는 수록되지 않아, 제목과 본문은 『통용본』에 따랐다.

황극강 만사

輓黃克强[1]

황흥·黃興

어부와 영사는 황헐에서 피 흘려	漁父英士血流黃歇[2·3·4]
의열은 천추에 빛나건만	義烈千秋
뿌린 눈물 마를 새 없이	淚灑艱乾
옛 친구 세상 떠나 나를 슬프게 하누나.	舊雨凋零悲故我[5]
일선, 송경과 공화제에 뜻이 있어	逸仙宋卿志在共和[6·7]
명성도 세상에 나란하였으나	名齊一世[8]
공을 이뤘으되 다투지 않았거니	功成不競
온 나라가 텅 비어 이 사람을 곡하게 하는 도다.	中原寥落哭斯人[9]

주석

1 黃克强황극강 : 黃興(황흥, 1874~1916) 선생의 字(자). 淸朝(청조)를 전복하여 중국에서 2,000년간 이어져 온 황권 지배를 종식시킨 1911년의 신해혁명을 주도한 혁명 원로. 그는 1903년 청조 전복을 목적으로 하는 혁명세력을 한데 모아 華興會(화흥회)를 조직하였다. 1905년 혁명지도자 孫文(손문)은 화흥회를 비롯한 모든 중국 혁명조직들을 묶어 同盟會(동맹회)를 조직했고, 6년 후 그와 추종자들은 중국 정부군 내부 동조자들의 지원을 받아 廣州(광주)를 공격했으나 실패했다. 1911년 10월 10일 중국 중부 武昌(무창)에서 혁명군 장교집단이 혁명을 시작하여 중국 남부 전역으로 확산되었다. 1911년 12월 2일 황흥이 이끄는 혁명군은 南京(남경)을 점령하여 혁명세력의 수도로 삼게 되고, 손문을 임시대총통으로 한 중화민국 임시정부가 출범하게 되었다.

1912년 3월 손문의 양보로 총통에 오른 원세개는 새로 구성된 정부 및 의회에 협조하지 않았다. 1913년 황흥은 손문과 함께 2차 혁명을 조직했으나, 그 해 9월 원세개에게

패하였다. 1916년 6월 원세개가 타계하였고, 황흥도 10월 上海(상해)에서 42세로 병사(病死)하였다.

2 漁父어부 : 宋教仁(송교인, 1882~1913) 선생의 필명. 중국의 언론가, 혁명가, 정치 지도자. 湖北省(호북성) 武昌(무창)의 보통학당에 다니던 중 反清(반청)운동에 관계되어 퇴학당한 뒤, 일본에 유학, 철도학교에 다니다가 중퇴하였다. 1904년 귀국하여 長沙(장사)에서 黃興(황흥) 등과 華興會(화흥회)를 조직하여 清朝(청조) 타도의 봉기를 꾀하다가 사전에 탄로되어, 다시 일본으로 망명하여 早稻田(조도전) 대학에서 공부하였다. 1905년 중국혁명동맹회 성립과 동시에 동맹회 사법부 검사장에 뽑혔고, 기관지《民報(민보)》의 편집을 맡았다. 1910년 상해《民立報(민립보)》사에서 편집을 맡아 혁명을 고무 격려하였다.
1911년 무창봉기가 성공한 후, 혁명정부의 고문에 이어 1912년 남경(南京) 임시정부에서 법제원 총재로서 임시약법(臨時約法)의 제정에 힘썼다. 그 해 3월 民國(민국) 제1차 내각에 입각하였으나 곧 사임하고, 동맹회의 조직확대에 전력을 쏟았는데, 12월 동맹회를 國民黨(국민당)으로 개조하여 이사장 대리로서 사실상의 당수가 되어 선거에서 국민당의 압승을 가져왔다. 한편 정당 내각제를 만들어 대총통 원세개를 견제하려고 하였으나, 1913년 상해 역에서 자객의 저격을 받고 세상을 떠났다. 이 일에 촉발되어 2차 혁명이 일어났다.

3 英士영사 : 陳其美(진기미, 1878~1916) 선생의 호. 중화민국 혁명원로, 정치 지도자. 辛亥革命(신해혁명) 때 상해 滬軍都督(도독)을 지냈다. 1906년 일본 경감학교에 다녔으며, 같은 해 겨울 동맹회에 가입했다. 1908년 다시 상해로 돌아와 절강 일대에서 혁명 활동을 벌였다.《中國公報(중국공보)》·《民聲叢報(민성총보)》와 같은 신문사를 창간함과 동시에, 혁명을 지향하는 문인 집단 南社(남사)에 가입, 동지들과 결합하여 혁명을 꾀했다.
1911년 7월 동맹회 중부총회가 상해에서 성립되자, 서무부장을 맡았다. 武昌(무창) 봉기 이후, 11월 3일 상해 상업단체와 연합하여 동지들을 이끌고 상해 製造局(제조국)을 공격·점령했다. 그 후 상해 군사 도독으로 추대되었다.
신해혁명 이후 1913년 7월 원세개에 반대한 제2차 혁명이 발발하자, 그는 상해에서 군사를 일으켜 원세개 토벌군 총사령관을 맡았다. 그러나 혁명이 실패한 후 일본에서 손문을 도와 중화혁명당을 조직했고, 1914년 7월 중화혁명당 총무부장을 맡았다. 1915년 귀국하여 혁명당 강소성 남동부지역 사령장관을 맡으면서 상해·절강에서 여러 차례 원세개에 반대하는 군사활동을 벌였다. 1916년 3월 상해에서 강소성·절강성·안휘성·강서성 4개 省(성)의 원세개 토벌군 총사령관을 지내다가, 5월 18일 살고 있던 상해에서 원세개가 보낸 자객에 의해 권총으로 살해당하였다.

4 黃歇황헐 : 상해 중심부를 흐르는 黃浦江(황포강)의 별칭이 黃歇浦(황헐포)이며, 간략하게 황포라고 한다. 상해의 별칭으로도 쓰인다.
유혈(流血)은 송교인과 진기미가 혁명 후에 1913, 1916년에 각각 저격당하여 타계한 것을 가리킨다.

5 舊雨구우 : 【중국어】 jiùyǔ. 舊友, 오랜 친구

6 逸仙일선 : 孫文(손문, 1866~1925) 선생의 號(호). 중국 혁명의 선도자. 중화민국 초대 임시 대총통. 1923~25년 중국의 실질적인 통치자였다. 손문의 정치이념은 중국혁명의 이념적 토대가 된 삼민주의로 요약된다. 1911년 신해혁명 이후 격변기의 중국 정치의 중요한 축을 이루었으며 국민당 정부를 세워 이끌다가 1925년 타계하였다.

7 宋卿송경 : 黎元洪(여원홍, 1864~1928)의 字(자). 淸末(청말)의 군인, 정치가. 中華民國(중화민국) 초 1912년 5월에 共和黨(공화당)의 이사장을 역임한 바 있다. 후에는 원세개가 죽자, 大總統(대총통)이 되었다.

8 名齊一世명제일세 : 齊는 나란하다. 신해혁명 시기에 세간에서는 손중산과 황흥을 孫.黃(손황)으로 병칭(並稱 : 나란히 부름)하였다. 해설 참조.

9 寥落요락 : 적막한 모습

해설

■ 1916년 10월 31일

1916년 황흥이 타계하였을 때는 어수선한 시국이어서 손문과 여원홍 두 사람이 벗의 자격으로 상(喪)을 치렀다. 원세개의 뒤를 이어 대총통의 자리에 오른 黎元洪(여원홍)은 황흥을 民國元老(민국원로)로 추증하고 장례를 국장으로 치룰 것을 선포하여, 이듬해 1917년 4월 15일 그의 고향 湖南省(호남성) 長沙(장사) 岳麓山(악록산)에 안장하였다. 예관 선생은 그의 죽음에 즈음하여 두 수의 만련(輓聯)을 지었는데, 그 첫 작품인 이 시는 1916년에 지은 것으로 보인다.

V. 고국의 봄

1917.1~1920.9

綠竹(푸른 대나무)
(韓) 강세황(姜世晃 1713~1791) 간송미술문화재단 소장

(1) 격변하는 정세(1917.1~1918.5)

1917년 정사년(丁巳年)을 맞는 선생의 감회는 정월 초 무렵의 일기와 시에 묘사되어 있다. 나라를 되찾지 못한 채 세월만 더해가고, 고향의 부모 처자에 대한 죄스러움으로 생신날 아침까지도 '죽은 목숨'이나 다를 바 없다고 비감해 하였다. 여기에는 이 해 3월을 기한으로 상해나 블라디보스토크, 혹은 북경에서 중국 내외 동지들이 한 자리에 모이는 해외재류민족대회를 추진하고자 각처의 의사를 타진하였지만, 반향이 신통치 않았던 것도 큰 원인이었을 것이다. 그럼에도 정월 13일(* 2월 4일) 서른여덟 번째 생신에는 따르는 이들에 의해 깜짝 생일상이 마련되고, 한데 모이자는 취지에 공감하는 동지들이 멀리서 몰려와 종일 서로 격려하고 애국가를 부르며 뜻깊은 하루를 보내어, 선생은 웅혼한 풍격의 〈自壽詩(생일 기념 시)〉를 지어 남기셨다.

봄이 막 시작된 때 세계 각 곳에서 기쁜 소식이 들려왔으니, 3월에는 러시아에 제일혁명(第一革命 :)(2월 혁명, 러시아력(曆)이 양력과 차이가 있다)이 일어났고, 이어 핀란드와 폴란드가 독립을 선언하며 임시정부를 수립하여, 같은 처지에 있던 약소민족은 독립에의 희망을 품게 되었다. 당시 선생이 쓰신 〈寄夢巖(몽암께 부침)〉 시에는 이처럼 격변하는 국제 정세 속에서 희망을 품는 모습이 담겨 있다. 이 해 봄 이후 선생의 대외적인 활동이 대폭 늘어나고 건강이 나빠지자 작시(作詩) 활동은 급격하게 줄어들고, 복잡하게 이어지는 국내외 정치·사회 환경을 투영한 작품들이 나오게 되었다.

1917년 초에 중국 혁명 원로 黃介民(황개민)과의 만남으로 독립운동에 도약의 계기가 마련되었다. 그는 1916년 7월 일본 東京(동경)에서 한국·중국·타이완·베트남 등 아시아 지역 유학생들과 일본의 아시아주의에 반대하는 민족해방운동을 추진하기 위해 비밀결사인 新亞同盟黨(신아동맹당)을 결성하고 四海同胞主義(사해 동포주의 : 온 세계가 한 동포라는 사상)의 깃발을 들었다. 그는 일본에 유학 온 한국의 지사들을 만났으며, 한국으로 가서 하상연(何相衍)의 소개로 1915년 일시 귀국했던 조소앙(趙素昂)을 만나 그와 사귀며 평생지기가 되었다. 선생과는 1917년 초 겨울의 끝자락에 만났고, 본부를 상해에 두어 그곳으로 간 후에는 한국인들과의 관계를 높이기 위해 한국인들이 많이 모여 사는 寶岡里(보강리)로 거주지를 옮기고 선생과 깊은 정을 나누었다. 〈贈界民(계민께 드림)〉, 〈題汕廬圖(산려도를 읊다)〉

시 해설 참조.

이 해 음력 3월 15일 어천절(御天節)에는 지난 해 순국하신 홍암 나철 선생의 추모하며 추도문(追悼文), 만장(輓章), 제문(祭文)을 지어 그 덕을 기렸다.

1917년 8월에는 선생 등의 발의로 상해에서 조선사회당(朝鮮社會黨)이 결성되었다. 마침 그 즈음 스웨덴의 수도 스톡홀름에서 개최되는 만국사회당대회(萬國社會黨大會)에 대표를 파견하기로 하고 '조선사회당'이라는 당명을 사용하며 조선독립요구서를 제출하였다. 조소앙(趙素昂) 선생은 조선사회당의 대외협력부장이란 공식직함을 가지고 이 회의에 참석하여 웅변함으로써 한국의 독립 문제가 정식 의제로 상정, 통과되었다.

그리고는 이 달에 독립지사들과 『대동단결선언(大同團結宣言)』을 발표하였다. 『대동단결선언』은 박은식(朴殷植)·신채호(申采浩)·박용만(朴容萬)·윤세복(尹世復)·조소앙(趙素昂)·신석우(申錫雨)·한진교(韓鎭教) 등 14人이 발기하였으며, 선언서는 조소앙 선생이 작성하였다. 그 취지는 국민주권(國民主權)을 핵심으로 하여 모든 해외독립운동 세력을 일치단결시키려는 것이고, 통일된 최고기관 즉 정부의 수립이라는 방향을 제시하면서, 제안에 대한 동의(同意) 여부와 의견을 묻는 贊同通知書(찬동 통지서)도 함께 발행하였다. 이 선언서는 당장 큰 반향을 이끌어내지는 못하였지만, 거듭되는 제안 끝에 국내외 세력들이 하나 되어야 한다는 당위성을 인식하게 되면서 1919년 국내외 민족이 일치단결한 3·1운동으로 결실을 맺게 되었다.

중국 내에서는 7월 1일 張勛(장훈)에 의해 1911년의 군주제로 환원하려는 復辟運動(복벽운동)이 일어나, 선생의 심우(心友)이던 黎元洪(여원홍)이 대총통에서 물러나게 되자, 여덟 달 동안 당국과 비밀리에 약속을 했던 黑龍江省(흑룡강성) 일대의 인적(人的) 물적(物的) 자원 확보 노력이 무산되었고, 일을 추진하던 청사(晴養) 선생과 예관 선생은 크게 좌절하였다. 중국의 皖系軍閥(환계군벌) 段祺瑞(단기서)는 복벽 12일 만에 張勛(장훈)을 토벌하고, 北洋政府(북양정부)의 국무총리가 되었다.

이 해 가을에 선생이 지으신 일련의 시, 〈丁巳秋旅行雜感(정사년 가을 여행 단상)〉 시리즈는 음력 8월 5일(舊曆 八月五日)(* 9월 20일)로 날짜가 기록된 〈過泰安府(태안부를 지나며)〉라는 작품으로 시작된다. 이 시는 기차 여행 중에 만난 여행객의 좁은 소견에 실소를 금치 못하는 등 다소 느긋한 심경을 표출하고 있는데, 이 시기는 여원홍의 뒤를 이어 실권을 잡은 단기서의 새로운 집정이 막 시작되는 때이다. 민석린의 예관 선생 『전기』에 따르면, "현재 남아있지는 않지만, 선생은 여원홍, 단기서에게 만언(萬言 : 한자로 만 글자)의 장서(長書 : 매우 긴 글)을 보냈다"고 한다. 1916년 8월 31일과 9월 1일 황해에서 북경대학교 학생 狄膺(적응)과 배를 타며 시를 짓던 시기에 黎元洪(여원홍)을 위방(委訪 : 찾아뵙다)한 것과 같이, 1917년 가을여행 역시 단기서(段祺瑞, 1865~1936)를 만나기 위한 北上行(북상행)이었을 가능성이 높다. 이 일련의 시 무리에 그런 내색은 보이지 않으며, 다만 당시 黃河(황하)의 범람으로 고통스러워하는 민중들을 보고 한없는 탄식 끝에 기도를 올리는 내용만 담겨있다.

선생의 기대와는 달리, 9월 말이 되자 단기서는 民國(민국) 초기에 성립되었던 臨時約法(임시약법)과 국회(國會)의 회복을 거절하였다. 이에 반발한 일부 국회의원은 남쪽으로 가 孫文(손문)의 護法(호법)을 옹호하고, 廣州(광주)에서 비상회의를 소집하여 護法軍政府(호법군정부)를 성립시킨 후, 손문을 大元帥(대원수)로 삼고 임시약법 회복을 목표로 삼은 護法運動(호법운동)을 일으켰다. 예관 선생은 손문에게도 열강들의 강화회의에서 한국 독립을 지지해달라는 '비밀서한(秘函)'을 제출하기도 하였다.

가을에는 아우 신건식이 발견했다는 杭州(항주) 高麗寺(고려사)를 방문하고 이국에 남아있는 고국의 자취를 반기며 〈高麗寺題感(고려사에서 감회를 읊다)〉 시를 쓰고, 빛 바래져가는 이 절의 복구를 구상하였다.

12월 28일 상해 嶺南樓(영남루)에서는 조소앙 선생과 여러 나라의 인사들이 참가한 가운데 新亞同盟黨(신아동맹당) 상해지부 출범식이 열렸는데, 그 연회 자리에서 선생은 黃介民(황개민)과 함께 독립운동의 방안을 마련하기로 다짐하면서 시를 주고받으며 우의를 다졌다.

1918년 음력설이 되자, 선생은 벽초(碧初) 홍명희 선생과 함께 蔣介石(장개석)의 신민리 집(新民宅)을 방문하였는데, 처절하여 차마 볼 수 없을 정도로 시국에 비관적인 벽초의 제석시(除夕詩 : 연말의 시)를 보고, 집으로 돌아와 앞날에 대한 희망을 담은 '望汕圖(고국산하를 고대하는 그림) 시'에 대한 차운시(次韻詩)를 지었다. 이 시의 서문을 미루어볼 때, 조소앙 선생과는 1년 후에 모종의 거사를 도모하자는 '비밀스러운 공감대(隱意)'가 있어, 희망을 품을 수 있었던 것 같다.

제1차 세계대전 중이던 1918년 1월 윌슨 미국 대통령이 천명한 민족자결주의(民族自決主義)는 나라를 빼앗긴 약소국들이 독립의 희망을 품게 하였다. 그러나 이 해 5월에 일본은 전국적인 학생들의 반대에도 불구하고, 北京(북경)에서 중국과 육군. 해군 공동 군사협정을 차례로 맺으며, 만주와 몽고에 병사를 주둔시키고, 중국인 참전부대는 모두 일본의 훈련을 거치도록 하는 등의 지배를 강화하였고, 호법 군정부의 대원수로 취임했던 손문은 남방(南方) 지역의 독립을 도모하는 '서남장사(西南壯士 : 대륙 서남쪽 군벌)'들에 의해 점차 실질적 권한을 잃어, 군정부가 해체되고 지위를 박탈당하여 상해로 돌아오고 말았다. 5월에 함께 들려온 이 두 가지 비보(悲報)에 예관 선생은 크게 상심하였고, 〈聞燕市條約勒成羊城軍府道撤題感(연시조약은 강제로 체결되고, 양성 군부는 중도에 철폐되었다는 소식을 듣고 소감을 적다)〉 시를 통해 '4억 근짜리 살찐 고깃덩이는 삶은 고기마냥 남에게 뜯기어 도륙되고 있구나'라며 대륙의 분열을 안타까워하였다.

계원께 부침

寄桂園[1]

품은 마음 다 말하지 못했는데	寸心言未盡
앞길은 티끌먼지로 어두웠네.	前路暗塵微
온 나라들이 지금 복잡하게 돌아가는데	匝陸方多事[2]
바다 너머에서는 일을 해내려나.	浮洋倘有爲[3·4]
기쁘게 만나자 기약했건만	相期青眼視[5]
아쉬울 손, 눈발이 휘날리누나.	可惜白紛飛[6]
비바람 속에 닭 우는 소리 급한데	風雨鷄鳴急[7]
누구를 일깨워 비행기를 만들 수 있을까.	起誰能造機[8]

주석

1 계원桂園 : 노백린(盧伯麟, 1875~1926). 선생은 한 평생을 무인(武人)으로서 항일무장 전투력을 향상시키기 위해 헌신하였다. 일본 사관학교를 졸업하고 귀국하여 1900년 대한제국 육군 참위(參尉), 육군무관학교(陸軍武官學校) 교관을 거쳐 1907년부터 약 1년간 교장을 맡았다. 이 기간은 예관 선생의 무관학교 생도(生徒) 및 참위(參尉) 시기와 겹친다. 1909년에는 예관 선생이 편집부장으로 있었던 《工業界(공업계)》 잡지 3호(1909년 발간)에 찬성회원(贊成會員)으로 이름을 올릴 만큼 교분이 깊었다.

1916년 중국으로 가 상해를 거쳐 미국으로 망명하여 독립군 양성과 독립운동의 고취에 힘썼으며, 비행사 양성소를 설립하고 항일비행군단을 조직하셨다. 이러한 활약을 인정받아 1919년 한성임시정부 구성 때 군무부총장으로 임명받았고, 상해에 돌아와 임시정부에서도 군무총장 등을 역임하면서 독립군의 전투력 증진에 힘쓰시다가 1926년 1월 중국 상해에서 작고하셨다. 정부는 1962년 건국훈장 대통령장을 추서했다.

〖필사본〗에는 '盧伯麟'이 세 글자가 없으며, 이를 택하였다.

2 匝잡 : 두루. 중국 대륙도 혼란기였으며, 제1차 세계대전 중이었다.

3 浮洋부양 : 바다를 넘어가다. 노백린이 미국에 간 것을 일컫는다.

4 倘당 : 혹시라도. 희망을 걸고 있다는 의미이다.

5 靑眼청안 : 기뻐하는 모습

6 白粉백분 : 흰 가루. 눈발. 상황이 여의치 않음을 빗댄 것으로 보인다.

7 鷄鳴계명 : 희망을 부르는 소리

8 造機조기 : 비행기를 제작하다. 〈贈劉佐成君(유좌성군께 드림)〉 시 참조.

해설

■ **1917년 1월경**

중국에서는 청말(淸末) 일본으로 유학을 다녀온 劉佐成(유좌성)이 李寶焌(이보준)과 함께 항공사업의 육성을 주장하여, 비행장과 비행기 제작공장을 지었으며, 좌절과 실패 끝에 직접 제작한 비행기의 비행에 성공하였다. 예관 선생은 이 무렵 그에게 시를 보내며 경의를 표하였고, 1914년 시작된 제1차 세계 대전에 처음으로 공중전이 벌어지게 된 것을 보고 비행기 제조의 시급함을 더욱 실감하여, 계원 선생께 위 시를 보내며 이를 당부한 것이다. 〈贈劉佐成君(유좌성군께 드림)〉, 〈海上懷人(상해에서 벗을 그리며)〉 又(其3, 필자 주) 시 참조.

계원 선생은 1916년 10월 1일 조명구(趙明九) 등과 상해에서 배편으로 하와이에 망명하여 12월 5일에 도착하였다. 오아후 섬 가할루 지방에서 박용만과 함께 국민군단을 창설하고 별동대 주임이 되어 독립군 양성을 위해 힘썼다. 샌프란시스코로 간 뒤에는 《太平洋時報(태평양시보)》를 창간하여 조국의 실상을 알리고 독립운동을 고무 격려하였다.

1919년 1월 20일 미국 캘리포니아 주 북방 윌로우스(Willows, California)에 비행기 기지를 건설했으며, 1920년 2월 20일 비행사 양성소를 설립하였다. 캘리포니아 주 교민 김종린(金鍾麟)으로부터 항공시설 일체와 월 3,000달러씩 경비를 지원받고, 그 해 5월 연습용 비행기 2대와 비행사 6인을 초빙하여 교관단을 양성하여 역사적인 한인비행사학교를 개교하였다.

계원 선생의 망명과정 등을 종합해 볼 때, 1916년 10월 1일 상해를 떠나 미국에 도착한 12월 5일 즈음 예관 선생께 편지를 보내어, 배편으로 상해에 편지가 도착했을 1917년 1월경 눈발이 날리는 겨울날에 예관 선생께서 부친 시로 보인다.

정사년 일기 중 · 丁巳日記中

정사년 음력 정월 초하루

是日舊曆丁巳元月初一日[1]

오늘 음력으로 정월 초하루인데 모두들 묵은해가 새로 바뀐다며 앞 다투어 새해 축하인사를 한다. 생각해보면, 천애 멀리서 방랑하며 돌아가지 못한 사람은 온 세상이 막막하기만 하며, 착잡한 생각뿐이다. 나는 역사가 없어 한을 품은 자이니 이 날이라고 별다른 감상이 있겠는가 만서도, 오늘 고향집 어르신 형제 처자는 이 혈혈단신을 어느 때보다도 몇 배나 더 생각하고 있을 터, 나 역시 목석이 아니니 처량하지 않을 수 있겠는가. 하물며 고통과 치욕 또한 한 살을 더 먹게 되는 심정이야 말해 무엇하랴.

是日舊曆丁巳元月初一日, 而皆云新舊歲換, 紛紛道賀拜年. 而自顧天涯淪落未歸人, 四海蒼茫, 百感難禁, 余無年恨人也[2], 有何此日感想之有異. 然今日者, 故國父母弟兄妻子, 懷此子身, 倍蓰他日矣.[3] 然則余旣亦非木石, 能無凄悵, 况痛耻又加一齒矣[4]

주석

1 1917년 양력 1월 23일자 쓴 글로, 『필사본』에는 『통용본』에 부제(副題)로 "日記"라 쓴 것은 없고, 제목 위에 작은 글씨로 "丁巳日記中"이라고 적혀 있다. 이런 종류의 시가 모두 세 수인데, 예관 선생의 『일기』가 따로 있었고, 『아목루』 시집을 편집할 때 『일기』에서 몇몇 작품을 옮겨온 것으로 보인다. 제목은 첫 구절로 대신하였다. 〈送唐少川書(당소천께 보내는 편지)〉, 〈送晴醒書(청사와 성운께 보내는 편지)〉, 〈答朴白菴書附詩(박백암 선생님께 답하며 시를 첨부합니다)〉 시 참조.

2 恨人한인 : 한을 품은 자. 선생은 자호(自號)를 靑邱子, 혹은 恨人이라고 떼어 쓰기도 하고 붙여 쓰기도 하였다. 〈贈宋漁父(송어부께 드림)〉, 〈寄徐血兒(서혈아께 부침)〉, 〈贈天仇(천구께 드림)〉 〈無題(무제)〉 시 참조.

3 倍蓰배사 : 두 배와 다섯 배, 곧 열 배

4 예관 선생(1880~1922) 38세 때 일기

해설

■ 1917년 1월 23일

『아목루』 중에 시가 아닌 짤막한 글에는 부모님을 그리는 슬픔과 나라를 잃은 통한과 부끄러움이 꾸밈없이 토로되어 있다. 날짜를 특정하지 않은 〈正月十三日(정월 열 사흗날)〉 글의 술회에서도 '목석이 아니니, 나라와 고향의 부모를 그리는 마음에 침통함을 가눌 수 없다'는 한탄이 반복되어 있다.

정월 열 사흗날 · 正月十三日

오늘은 이를테면

今日所謂

오늘은 생일 아침이라고 한다. 태어난 날이라고는 하지만 죽은 사람과 다를 바 없는 사람은 비통한 마음으로 집안과 나라를 생각하며 마음을 걷잡지 못하고 있다. 목석이 아닌 바에야, 어느 때보다도 부모님 은덕을 그리는 마음 간절하도다.

今日所謂生旦, 而雖生之日, 等死之人, 愴懷家國, 無以定情, 旣非木石, 劬勞之思,[1] 尤倍他時也.

주석

1 劬勞之思구로지사 : 부모님의 노고를 생각함. "蓼蓼者莪, 匪莪伊蒿. 哀哀父母, 生我劬勞(커다랗게 자란 것 새발쑥인가, 새발쑥이 아니라 다부쑥이어라. 슬프다. 부모님 날 낳아 기르느라 고생하셨는데)." 새발쑥은 좋은 풀이고, 다부쑥은 천한 풀. 부모님의 노고에 보답 못하는 회한을 토로한 글이다. 『詩經(시경)』《小雅(소아)》〈蓼莪(육아)〉. 본문은 줄 띄움을 하였다.

해설

■ 1917년 2월 4일

『아목루』 시집 중. 〈丁巳年元月一日(정사년 음력 1월 1일)〉 일기 바로 뒤에 제목 없이 수록되어 있는 산문체 글이라, 편의상 본문 첫 구절을 제목으로 삼았다.

〖필사본〗에는 '丁巳年元月一日'로 시작하는 앞의 작품 윗편에 '丁巳日記中'이라고 쓰인 '是日舊曆丁巳元月一日' 일기가 실려 있고, 바로 이어서 '丁巳日記中' 글자보다는 낮은 위치에 '一月十三日'이라고 표기된 이 작품이 실려 있어, 정사년(丁巳年) 생일날 일기임을 나타내고 있다. 같은 날 지은 것이 분명한 〈丁巳年自壽詩(정사년 생일 기념 시)〉에서도 '劬勞(구로)'란 어휘가 반복되어 등장하고 있는 것도 이러한 추정을 다소 뒷받침하고 있다.

그에게 '家國'은 곧 '부모님의 나라'였기에, 앞이 보이지 않는 막막한 나날들이 이어지던 중에 다시 맞게 된 생일은, 나라 잃은 수치심과 망명객으로서의 죄스러움이 뒤섞여(無以定情) 비통함이 극에 달하는 날이다. 같은 날 지은 〈正月十三日(정사년 생일 기념 시)〉는 호방한 기상이 돋보이는데, 이는 벗들의 축하로 아침나절의 침통함이 누그러졌기 때문이다.

정사년 생일 기념 시

丁巳年[1]自壽詩[2]

정월 열 사흗날은 나의 서른여덟 번째 생일이어서 느낌을 적은 시 38구를 짓는다. 시라고 모양만 갖추었지, 실제 사건과 감정의 기록에 불과할 뿐이다.

正月十三日, 余之三十八生旦. 感題三十八句[3]自壽詩. 詩云乎哉[4], 紀實事情而已.

법륜은 변함없이 돌아가는데	法輪常轉運[5]
고국은 그 얼마나 변해 왔는가.	前土幾變遷
무엇을 위한 물건인지 모르겠지만	不知爲何物
지금으로부터 서른여덟 해 전	三十八祀前[6]
경진년 이 달에	庚辰是月也[7]
종산 봉우리에서 내려왔네.	降于鐘山顚[8]
가장 신령하고 제일 귀한 것은	云最靈最貴
인격과 인권이라 하네.	曰人格人權
그 신성함을 누가 침범할 수 있으리	神聖誰敢犯
누구나 스스로를 지켜야 한다네.	人人自保全
고고성과 함께 태어난 게 어제 같은데	呱呱如昨日[9]
어영부영 올해가 되었어라.	踞踞到今年[10]
쓸데없이 큰 덩치가 부끄러우니	撫躬愧七尺[11]
노래기만도 못하구나.	不若百足蚿[12]
분개하여 속세를 꾸짖으며 바다를 건너	孤憤謾浮海[13·14]
비가를 부르며 연 땅에서 떨쳐 일어났도다.	悲歌忽起燕[15]
숫돌에 검을 썩썩 갈아도	劍心磨霍霍[16]

힘은 갈대처럼 미미하여라.	葦力撑戔戔[17]
강물은 밤낮없이 흘러가는데	江河日夜下
오랜 원한을 풀지 못했구나.	舊恨猶未湔[18]
살았어도 죽은 날이나 다를 바 없는	雖生等死日
이 신세 처량도 하여라.	顧影極凄然[19]
나 역시 평범한 사람인지라	我亦爲人子
부모님 생각이 절로 솟아나네.	劬勞情暗牽
멀리 와서는 마을 문에 기대 바라보며	睽違依閭望[20]
때때로 육아편을 읊조리노라.	時誦蓼莪篇[21]
오늘 건청전에 몸 두고 있는	今日乾淸殿
고아는 가련도 하여라.	孤兒正可憐[22]
그를 무한히 동정하는 눈물	同情無限淚
어느 새 주루륵 흘러내리네.	無覺下漣漣[23]
(청조 선통제의 생일은 나와 같다.	(前淸宣統誕日與余同,
신문 지상의 보도에 의하면	報載
오늘 건청궁에서 생일잔치를 연다고 하였다.)	今日在乾淸宮做壽)
내일이 되면 백공자가	明朝柏公子[24]
갑옷을 벗고 수연에 나선다네.	解甲登壽筵
(백문울 군이 보낸 초대장에 의하면	(接柏文蔚君招柬,
내일과 모레 이틀 동안 북경 십찰해에서	明後兩天, 在十刹海
융숭한 부모님 칠순 잔치를 한다지.)	做其堂上七旬雙壽)[25]
나의 아버님은 팔순 노인이신데	吾翁今八耋[26]
언제 색동옷 입고 춤추며 효도를 할까.	何日彩衣旋
듣자하니 아름드리 참죽나무는	我聞大椿樹
팔천 년을 살 수 있다지.	能享壽八千[27]
계수나무 우거진 집은 어디에 있는고	叢桂家何在

(계산에 있다)	(家在桂山)[28]
흰 구름 비낀 하늘가라네.	白雲天一邊
오로지 사랑하는 아우 정일은	惟有精一棣[29]
떠돌이에게 몰래 베푸나니.	秘密設孤懸[30·31]
주머니를 뒤져도 남은 것이 없어	探囊無餘物
맴돌며 빈손을 비비누나.	繞膝擦空拳
안할 수 없음을 알아차렸지만	偵知禁不得[32]
내 뜻이 완강하여 애태우더니	苦在其志堅[33]
끝내 요리사들과 의논하여	竟謀諸廚子
일제히 생일날을 알렸네.	生日并布宣
옥반에는 안주와 술잔을 차렸고	玉盤稱觴菜
호박 자루엔 술 살 돈을 놓았네.	璞槖沽酒錢
두 심부름꾼은 옛 법도에 따라	二价守古禮[34]
깍듯이 절을 하는구나.	羅拜克顒顒[35·36]
(요리사 옥곤은 요리 몇 접시를	(廚子玉昆, 自備數碟菜,
마련해가지고 왔으며,	茶房甯璞純,
종업원 영박순은 술 두 병을 가지고 와서는,	持酒兩瓶, 來前跪拜稱壽,
청나라 구식 예법에 따라 꿇어앉아 공손히 절을 하면서	照前淸舊式, 令人不敢當,
축수하는 바람에, 나는 황송하여 꾸짖다가 멋쩍어하다 하였다.)	且呵且媿)[37·38·39·40]
보본은 불노초를 증정하며	普本贈靈草[41]
정성스러운 건강 기원 자리 마련하고	慇懃祈壽筵
단생은 고상한 노래가락 연주하여	丹生理高曲[42·43]
백설이 절로 펄펄 날리는 듯하였네.	白雪自翩翩[44]
홀로 깨어 있는 자, 용감하게 힘쓸지니	獨醒能勇邁
모두가 한 시대의 준걸이로다.	皆一時俊賢
젊은이는 호기만발하여	少年豪氣發

거룩한 조선을 노래하누나.	一唱大朝鮮
(파제 박찬익은 단생 신채호, 성암 이광,	(坡弟並招丹生、醒庵、
보본 엄주동, 매당 변영만, 정준, 우호 등의	普本、邁堂、鄭俊、禹豪,[45]
여러 벗들을 초청하여 함께 술잔을 세 순배 돌리고	諸益共飮三巡,
호탕하게 웃기도 하고 잡가를 부르기도 하였으니,	轟笑雜歌, 頹然放然,
거나해지고 자태가 호방하였다. 우호군은 애국가를 불렀다.	禹豪君以愛國歌,
모임이 끝났을 때는 깊은 밤중이었다.)	散席夜已深.)[46·47·48]
예관은 억지로 웃으며 지내다	睨觀强懽笑[49]
하마터면 죽을뻔 하였는데	幾亡在屯邅[50]
신형이 나를 살려주었으니	神兄曾活我[51]
하찮은 나는 어떻게 보답하랴.	何以報埃涓[52]
결박을 당했으나 그의 죄가 아니거늘	縲紲非其罪[53]
벗은 무송현에 있다네.	友在撫松縣[54]
금대에 해가 저물자	金坮白日慕[55]
도깨비들이 멋대로 값을 부르네.	魍魎肆點價[56]
시나브로 흥망을 생각노라니	無端思崇替[57]
전전반측 잠을 못 이루네.	輾轉不成眠
정녕 인생은 다 좋을 수 없다지	人生誠不偶[58]
선철의 말씀 진실한 해석이라.	先哲語眞詮[59]
인간세상서 살게 된 바에야	旣在人間世
만사를 떠메고 나가야 하리.	萬事擔雙肩
낮 시간을 아껴야 하기에	景光須自愛[60]
야밤에 새 글을 써내려 가네.	夜起題新箋
한 해 중에 봄이 막 시작되었고	歲德春方希[61]
하늘 복판에 뜬 달은 만월이 못되었네.	天心月未圓[62]

주석

1 1917년. 음력 1월 13일(* 2월 4일). 선생 38세 생일. 『필사본』은 『통용본』과 달리 제목에 '三十八生旦'이라는 구절이 분명하게 표시되어 있어, 이를 따른다.

2 自壽詩자수시 : 생일 감회를 적은 시. 자아의 감회를 표현하는 형식으로 대개 중년이나 만년에 짓는다.

3 나이 '38'과 일치한다.

4 云乎哉운호재 : ~라 할 수 있을까?(힐문의 어감). "子曰 : '禮云禮云, 玉帛云乎哉 ? 樂云樂云, 鐘鼓云乎哉? 공자님 말씀하시기를, '예로다, 예로다' 하는 것이 옥이나 비단을 말하는 것이라 할 수 있을까? '음악이로다, 음악이로다' 하는 것이 종이나 북을 말하는 것이라 할 수 있을까?" 『論語(논어)』 〈陽貨(양화)〉

5 法輪법륜 : 부처님 가르침의 수레바퀴, 인생의 수레바퀴라는 폭넓은 의미로도 쓰인다.

6 祀사 : 제사. 해(年)

7 庚辰경진 : 1880년

8 鐘山顛종산전 : 鐘山(종산) 꼭대기. 종산(宗山)인 태백산(백두산)을 일컫는 것으로 보인다.

9 呱呱고고 : 태어난 첫 울음소리

10 踞踞거거 : 하는 일 없이 있다

11 七尺칠척 : 1척은 약 30cm, 7척은 2m 정도

12 蚿현 : 노래기

13 謾만 : 매도하다

14 浮海부해 : 바다를 건너다

15 燕연 : 荊軻(형가) 등 용감한 협객이 많이 난 戰國(전국)시대의 한 나라, 혹은 그 지역. 현재 河北省(하북성) 서부와 遼寧省(요녕성) 서부, 燕京(연경 : 현 북경) 일대. 〈送晴醒書(청사와 성운에게 보내는 편지)〉 시 참조.

16 霍霍곽곽 : 숫돌에 칼 가는 소리의 의성어

17 戔戔전전 : 얼마 되지 않는 모양.

18 湔전 : 씻다

19 顧影고영 : 자기 모습을 돌아보다

20 暌違규위 : 어기다, 떨어져 있다

21 蓼莪육아 : "蓼蓼者莪, 匪莪伊蒿. 哀哀父母, 生我劬勞(커다랗게 자란 것 새발쑥인가, 새발쑥이 아니라 다부쑥이어라. 슬프다. 부모님 날 낳아 기르느라 고생하셨는데)." 새발쑥은 좋은 풀이고, 다부쑥은 천한 풀. 부모님의 노고에 보답 못하는 보잘것없는 자신을 그린 시이다. 『詩經(시경)』《小雅(소아)》〈蓼莪(육아)〉

22 孤兒고아 : 당시 12세인 淸(청)의 마지막 황제, 溥儀(부의, 1906~1967), 宣統帝(선통제)

23 漣漣연련 : 줄줄 흘러내리는 모습

24 柏公子백공자 : 백문울(柏文蔚, 1876~1947), 淸末(청말) 民初(민국 초기) 군사 장성, 중국 혁명 원로. 정치가

25 雙壽쌍수 : 해로(偕老) 잔치. 백문울의 부모님 칠순 해로 잔치를 가리킨다.

26 耋질 : 노인. 예관 선생의 부친은 신용우(申龍雨, 1845~1918). 1917년 당시 73세였다.

27 大椿대춘 : 참죽나무 "上古有大椿者, 以八千歲為春, 八千歲為秋(옛날에 참죽나무란 것이 있었는데, 팔천 년을 봄으로 삼고 팔천 년을 가을로 삼았다네)." 『莊子(장자)』〈逍遙遊(소요유)〉. 면목이 없어 비유로 아버님의 장수를 기원하는 구절이다.

28 桂山계산 : 충청북도 문의현 동면 계산리(현 청주시 상당구 가덕면 인차리)

29 精一정일 : 일명 박정일(濮精一)이라고 하는 박찬익(朴贊翊, 1884~1949)을 가리킨다. 〈九月一日(9월 1일)〉 시 참조.

30 設설 : 베풀다

31 孤懸고현 : 외톨이가 되어 떠돎

32 偵정 : 몰래 정탐하다

33 형님의 생일을 꼭 챙겨드려야 한다고 생각한다는 뜻

34 价개 : 【중국어】 jiè, 심부름꾼

35 羅拜라배 : 줄 서서 절하다

36 顚顚전전 : 삼가는 모습

37 數碟菜수접채 : 【중국어】 dié, 접(碟)은 접시, 그릇을 세는 양사(量詞).

菜채 : 【중국어】 cài, 요리. 반찬

38 茶房다방 : 【중국어】 chá · fáng, 잔심부름꾼

39 呵가 : 꾸짖다

40 媿괴 : 부끄러워하다.

41 普本보본 : 독립운동가 엄주동(嚴柱東, 1897~1974)의 호. 경상북도 영일군 출신. 1912년 대종교에 입교하였다. 1916년 대종교 교주 나철(羅喆)이 구월산에서 일제의 폭정에 항거하여 자결한 뒤 만주로 건너가 서일(徐一)의 연락책으로 활약하였고, 1919년부터 1920년까지 대한군정서(大韓軍政署) 총재인 서일의 비서를 지냈다. 1921년 상해로 가서 예관 선생 밑에서 활동하였고, 1922년에는 간도 용정(龍井)에서 군자금 조달을 위하여 미곡상을 경영하기도 하였다. 1927년 경성고등보통학교 교원양성소에서 민족 부흥 일환으로 조직한 조선산직장려계(朝鮮産織奬勵契)의 서기를 지냈다. 후에는 국내에서 서상일(徐相一) 등과 같이 군자금을 조달하는 등의 활동을 하였다. 정부는 1977년 건국포장, 1990년 건국훈장 애국장을 추서하였다.

42 丹生단생 : 신채호(申采浩) 선생의 시, 〈喜雨歌(희우가)〉에는 "내게 장식하지 않은 금(素琴)이 있으니, 끝을 불태운 오래 묵은 오동나무로 장식하였는데, 고산유수(高山流水)의 음(音)을 알아듣는 벗이 있기를 오랫동안 소망하였다. 다만 번갈아 찾아오는 깊은 근심으로 인하여, 오현금(五絃琴)을 갑(甲)속에 넣어두고 오랫동안 옛 곡조를 타지 않고서 시골 사람들의 속된 노래나 들었도다. 해내(海內)의 형제를 따르고자 남풍가 옛 노래를 지어서 구중(九重) 궁궐 댓돌 아래 바치노라"라는 구절이 보이듯이, 금을 소장하고 잘 탔다.

43 理리 : 현악기의 줄을 고르다. 튜닝하다

44 중국의 옛 금곡(琴曲) 중에 지사의 강개한 심정을 노래하며 연주하는 〈白雪曲(백설곡)〉이 있다. 그 고상한 운치를 묘사한 구절이다.

45 邁堂매당 : 독립운동가 변영만(1889~1954)의 호. 대한민국의 법률가, 법 조인, 한학자, 영문학자, 시인, 문필가. 단재와 함께 수학한 후 법조계에 종사하다가 한국 정부의 사법권이 일본 통감부로 이양되자, 상경하여 조선인 인권 변호사로 개업하였다. 일제를 우회적으로 비판하는 서적을 번안하거나 직접 써서 발간하기도 했는데, 후일 일제에 의해 금서가 되었다. 이후 1912년 중국으로 가 오랫동안 머물면서 그곳의 독립운동가들과 교유하고, 1917년 싱가포르까지 갔으나, 홍명희(洪命憙) 일행과 함께 上海(상해)로 돌아가 기자 생활을 하였다. 1918년 중국에서 돌아온 후, 1920년대에는 '동명', 1930년대에는 '동아일보' 등에 글을 남겼다. 해방 후 반민특위 재판장을 했으나, 반민특위가 해체되면서 좌절을 맛보았다. 1946년에는 명륜전문학교(現 성균관대학교)장을 역임하였다.

46 坡弟파제 : 아우뻘 박찬익(朴贊翊, 1884~1949). 호 남파(南坡). 일명 박정일(濮精一). 〈九月一日〉 시 참조.

47 醒菴성암 : 일본 와세다 대학과 중국 남경의 민국대학을 졸업한 신민회원으로서, 이회영과 함께 경학사와 신흥무관학교를 운영한 성암(醒庵) 이광(李光)으로 추측된다. 이광의 아들 이윤철은 예관의 외손녀 사위가 되었다. 정부는 1963년 건국훈장 국민장을 수여하였다.

48 諸益제익 : 여러 벗들

49 强懽笑강환소 : 괴로움을 참았다는 의미. "애써 노래하고 술을 즐기네(强歡歌與酒)." 唐(당) 李白(이백) 〈長歌行(장가행)〉

50 屯邅둔전 : 머뭇거리다

51 神兄신형 : 대종교(大倧敎)를 부활시킨 나철(羅喆, 1863~1916)을 가리키는 호칭. 그는 1911년 대종교의 신관(神觀)을 삼신일체의 원리로 설명한 『신리대전神理大全』을 발간하는 한편, 만주 화룡현 청파호(靑坡湖)에 교당과 지사(支司)를 설치하였다. 예관 신규식은 1909년(융희 3) 대종교(당시 단군교)에 입교했는데, 1910년 한일합방 소식을 듣고 두 번째로 음독을 꾀했다가 대종교 종사(宗師) 나철(羅喆)에게 구명되었다.

52 埃涓애연 : 먼지와 물방울. 극히 작은 것을 가리킨다.

53 縲絏유설 : 오랏줄에 매이다. 〈奉悼羅公弘巖神兄五章(나공 홍암 신형을 받들어 애도함 5

장)〉 시에도 신형을 추도하며 옥에 갇힌 일을 묘사한 대목이 있다.

54 友在撫松縣**우재무송현** : 윤세복(尹世復, 1881~1960)을 중심으로 한 흥업단(興業團)의 구성원들을 가리킨 듯하다. 흥업단은 1919년 봉천성(奉天省) 무송현(撫松縣)에서 윤세복(尹世復)·김혁(金赫)·김호(金虎, 이칭 : 김호익金虎翼) 등 재만(在滿) 독립운동가들이 조직하였다. 목적은 표면상으로는 산업을 진흥시키며 이 곳에 이주해 온 한국동포 간의 순수한 친목을 도모한다고 표방하였다. 그러나 실제로는 항일무장투쟁을 행동 목표로 내세우고 혁명민중 계몽훈련과 독립기지 건설에 심혈을 기울였다. 이를 구체적으로 실천하기 위해 토민관공리(土民官公吏)를 상대로 공동의 적인 일제침략주의와 전투하려는 독립운동자들을 적극 이해하고 협조하게 조처하였다.

이 단체가 있었던 무송현(茂松縣)은 산악이 중첩하고 있는 천연의 요새지여서, 지리적 이점을 활용해 무장독립투쟁을 전개할 만반의 준비를 갖추었다. 이 단체는 주로 동삼성(東三省) 일대를 누비면서 독립전쟁에 필요한 청년을 양성하고 강한 군사훈련을 실시하는 등 전투상황을 연출하였다. 처음에 이 단체를 이끈 인물은 김혁 신민부(新民府)(1925) 중앙집행위원회 위원장이었다. 그 뒤 대종교(大倧教) 인사인 윤세복이 이 단체를 이끌었다. 그는 무송현으로 이주한 1914년 이후로 20개 이상의 소학교를 세우고, 7,000명 이상의 신도를 모집하였다.

그를 도운 독립투쟁의 실질적 협조자는 단장으로 선임된 김호 외에 이원일(李源一)·오제동(吳濟東)·이현익(李顯翼) 등 대종교도들도 중견간부로 활동하였다. 또한 예관의 오랜 동지인 우천(藕泉) 조완구(趙琬九)도 1915년 5월 북간도 용정(龍井)으로 망명하여 18년까지 대종교 포교활동에 전념하고 있었다.

55 金坮**금대** : 坮는 台와 통한다. 상해의 金台路를 가리키는 듯하다. .

56 魍魎**망량** : 도깨비. 첩자들이 망명 인사들을 잡으려고 앞잡이들을 부르는 것을 가리킨 듯하다.

57 崇替**숭체** : 흥하고 망하는 것

57 不偶**불우** : 두 가지를 갖추어 좋을 수는 없다는 뜻. 불우(不遇)와도 비슷한 의미이다. "슬프도다 운명의 장난이여, 매번 재주 있는 이가 비방을 얻게 되는구나(哀哉命不偶, 每以才得謗)."宋(송) 蘇軾(소식) 〈京師哭任遵聖(개봉에서 임준성을 곡하다)〉

59 詮전 : 도리. 법칙

60 景光경광 : 밝은 낮 시간. "바라노니, 그대는 밝은 덕을 우러르고, 언제나 밝은 낮 시간 아끼시라.(願君崇明德, 隨時愛景光)" 無名《詩》其四

61 歲德세덕 : 한 해 중에 덕이 있는 곳의 신(神)

62 정월 십삼일을 묘사한 것. 음력으로 봄은 1월에 시작한다.

해설

■ **1917년 2월 4일**

이 시는 아목루 『필사본』 제2권에 '집'과 관련된 시 모음, 『愛吾汕廬草(고국의 집을 사랑하여)초안』 중 【廬中叢感(여중총감)–思本室】 시리즈 안에 수록되어 있다.

망명지에서 후진들 뒷바라지로 노심초사가 끊이지 않았고, 온갖 곡절 속에 때로는 흐느끼고 울부짖기까지 하는 암담함이 이어졌기에, 대부분의 시에 투영된 예관 선생의 모습은 어느덧 우울하고 침통한 모습을 띄게 되었다. 그러나 1917년 2월 예관 선생의 서른여덟 번째 생일을 맞이하여 중국 각지에서 모여든 동지들과 우정을 확인하고 광복에의 다짐을 새로이 한 이 작품에서, 선생은 고향집을 그리는 시름을 잠시 뒤로 하고 호방한 본래 면모를 한껏 발휘하고 있다. 2년 뒤 1919년 3월 이후 산지사방으로 분열되었던 임시정부의 모습에 비추어볼 때, 이 해 3월 '사해 제위의 대동단결선언'을 앞두었던 이 뜻깊은 모임과 웅혼한 이 시는 한국 독립운동사에 길이 남을 행복한 기념사진이다.

벗에게 드림 또

贈友人 又(其2)

거친 가락으로 일지춘이나 지어보는	俚音聊作一枝春[1]
여전히 강남의 처량한 신세로세.	依舊江南潦倒身[2]
겸로를 다시 뵈오니 고통스런 음성으로	謙老重逢聲太楚[3]
가인이 험지에서 고생한다 전하시네.	可人消息厄於陳[4·5]
눈물 글썽이다 주르륵 방울져 부서지고	盈眶滴滴珍珠碎
가슴 움켜쥐매 터질 듯 미어지네.	撫膺博博大塊塡
상해의 푸른 등 아래 그림자 둘	海上青燈人影二
정중하고 미덥던 그 모습 잊을 수 없네.	難忘鄭重且申勤[6]

주석

1 一枝春일지춘 : 봄을 알리는 매화(梅花) 꽃 한 가지. "江南無所有, 聊贈一枝春(강남에서 드릴 것 없어, 그저 매화 한 가지 봄을 드리네)." 중국 北魏(북위)시대 江南(강남)에 사는 시인 陸凱(육개, ?~504)가 멀리 서쪽 변경 隴頭(농두) 지방에 있는 절친한 벗 范曄(범엽, 398~445)에게 매화가지 하나를 꺾어 보내며 쓴 〈贈范曄(범엽께 드림)〉 시 구절을 염두에 둔 대목이다.

2 潦倒身요도신 : 진창에 넘어진 신세. 상심하고 실의한 처지.

3 謙老겸로 : 대선배인 謙谷(겸곡) 朴殷植(박은식, 1859~1925) 선생을 가리킨다. 해설 참조.

4 可人가인 : 홍명희

5 陳진 : 孔子(공자)가 7일 동안 명아주 국으로만 연명하는 고초를 당하였다는 지역. 위 시구의 '楚'와 대구(對句)를 이루고 있다.

6 申勤신근 : 믿음직하고 부지런하다. 申, 信也.

해설

▲ 1917년 초봄

이 작품의 증여 대상인 '벗(友人)'은 선생과 함께 가인의 처지를 안타까워할 인물이다. 『아목루』 시집에서 바로 앞에 수록된 〈贈友人(벗에게 드림)〉 시도 위당에게 보낸 작품이기에, 이 작품의 증여 대상 역시 위당일 가능성이 높다.

겸곡 박은식 선생이 1914년 7월 11일 홍콩에서 상해로 돌아와 오랜만에 예관 선생과 만났고, 가인 홍명희 선생은 그 해 11월 23일 남양군도로 길을 떠났으므로, 예관 선생이 박은식 선생을 통해 가인의 소식을 듣게 된 이 시의 제작시기는 우선적으로 1914년 11월 23일 이후부터 홍명희 선생 일행이 상해로 돌아온 1917년 12월 16일 이전까지의 봄, 즉 1915 · 1916 · 1917년 봄으로 한정된다. 그런데 박은식 선생이 홍콩에서 上海(상해)로 돌아와 그곳에서 1915년 『한국통사(韓國痛史)』를 간행하였으므로, 위 작품에서처럼 예관 선생과 "다시 만난 봄"에 '1915년 봄'은 우선 배제되어야 할 것이다.

『아목루』 시집의 편집에서 같은 제목으로 두 수 이상인 시는 〈李忠武公閑山島紀念三首(이충무공 한산도 기념 시 세 수)〉其一, 其二, 其三이나, 〈可人我弟大吟壇郢政又乞和之(훌륭한 시인 가인 아우에게 가필과 함께 화답시도 바라노라)〉其1, 其2, 其3(필자 주)처럼 일시에 지은 연작일 경우도 있고, 서로 다른 시기의 작품일 경우도 있는데, 서로 다른 시기일 경우에는 대체적으로 〈寄夢巖(몽암께 부침)〉其1, 其2(필자 주)처럼 시간의 흐름에 따라 수록되는 양상을 띠고 있다. 따라서 〈贈友人(벗에게 드림)〉 시 첫 수가 1916년 봄에 지은 작품일 경우, 두 번째 작품은 1916년 봄이나 1917년 봄에 지은 작품으로 볼 수 있다. 그런데 두 작품의 분위기가 매우 달라 1916년 봄에 같이 보낸 시들이라 보기 어렵고, 첫 번째 작품은 3월 6일 경칩 무렵에 소낙비로 낙화가 수북하다는 표현이 있는 반면, 두 번째 작품에서는 매화를 연상시키는 '일지춘'이 등장하여 절기에도 다소 차이가 있으므로, 위 시는 1917년 초봄에 위당에게 준 것으로 볼 수 있겠다. 〈贈友人(벗에게 드림)〉其1(필자 주) 시와 마찬가지로 인편에 보내어 '贈'詩로 표기된 듯하다.

몽암께 부침 또

寄夢巖 又(其2)

깊이 사귀며 서로 푸른 기개 간직하니	神交相保歲寒心[1]
공정한 법도가 어이 바다 밑으로 잠길건가.	公道寧爲海底沈[2]
대지의 미물들은 자연의 설법을 노래하고	大地衆生歌說法[3]
서쪽의 소식에 기뻐하며 기별 듣노라.	西方消息喜承音[4]
7년 동안 부질없이 신포서의 통곡을 도모하여	七年枉算秦庭哭[5]
천리를 낡은 수레로 서자처럼 찾아 헤맸어라.	千里下車徐子尋[6·7]
해질 무렵 긴 제방은 인산인해러니	日暮長堤人似海
한량없는 상념으로 가슴이 미어지누나.	渴塵萬斛塞胸襟[8]

주석

1 歲寒心세한심 : 곤경에 처해서도 절조(節操)가 꿋꿋하여 불변(不變)하는 마음. "歲寒然後, 知松柏之後凋也(날이 추워진 연후에 소나무와 잣나무가 늦게 시듦을 알 수 있다)." 《論語(논어)》 〈子罕(자한)〉

2 公道공도 : 공평하고 바른 도리.

3 歌說法설법 : 여기서는 봄이 되어 만물이 깨어나는 소리가 들리는 자연의 섭리를 표현한 듯하다.

4 예관 선생은 1917년 8월 상해에서 同濟社(동제사)를 조선사회당(朝鮮社會黨)으로 개칭하였다. 1917년 즈음에 국제정세는 급격하게 변화하였다. 당시 유럽에서는 독일·오스트리아·헝가리와 영국·프랑스·러시아가 서로 대결하고 있었고, 오스트리아의 식민지 지배를 받고 있던 폴란드 등 슬라브 민족의 독립운동이 일어나고 있었다. 이들은 같은 슬라브 민족인 러시아와 손을 잡았다. 1917년 2월 러시아 황제 니콜라스 2세는 물러나

고 신생 러시아는 주변의 약소민족들의 민족자결을 지지했으며, 그 결과 동유럽의 여러 나라들이 독립하게 되었다. 그 해 9월 스웨덴 스톡홀름에서 열린 만국사회당대회에 조소앙을 파견하여 조선독립요구서를 제출하여 만장일치로 승인을 받았다.

5 秦庭哭진정곡 : 楚(초)나라의 申包胥(신포서)가 秦(진)나라에 호소하여 잃었던 초나라를 회복한 일. 오(吳)나라가 초나라에 침입하니 임금이 도망쳤다. 초나라 신하 신포서가 진나라에 가서 구원병을 청하였는데, 진나라에서 얼른 허락하지 아니하므로 신포서는 진나라 궁전의 뜰에 서서 7일 7야로 곡하는 소리가 끊이지 않으니 진왕이 감동되어 군사를 내 주었다.

6 下車하거 : 순장(殉葬)에 쓰는 거친 수레

7 徐子尋서자심 : 徐子(서자)는 진시황 때 방사(方士)인 徐福(서복)을 가리킨다. 그는 일명 徐市(서불)이라고도 하는데 진시황의 명으로 불로초를 구하러 동남동녀(童男童女) 3천명을 데리고 바다로 가서 돌아오지 않았다 한다. 『史記(사기)』 6 〈秦始皇本紀(진시황 본기)〉. 직심(直心)으로 충성을 다해 구하는 바를 모색한 인물의 전형으로 묘사되었다.
이 두 구절은 나라를 찾고자 비분강개하며 타국에 망명하여 노력해 온 지난날을 겸손하게 표현한 것으로 보이는데, 한편으로는 시의 증여대상인 徐傅霖(서부림, 1879~1958)을 秦(진)나라 徐子(서자)와 중첩시켜, '함께 힘을 실어 줄 서씨와 같은 이를 찾아 헤매었다.'라는 의미도 함축하고 있다.

8 渴塵萬斛갈진만곡 : 상념이 많은 상태. 그리움이 깊은 상태

해설

■ **1917년 3월 6일 무렵**

이 작품은 其1의 작품 저변에 깔린 막막함과는 달리, 당시의 급변하는 정세에 힘입은 활기와 희망을 묘사하고 있어, 같은 대상-다른 시기의 작품으로 짐작해 볼 수 있다.

예관 선생은 『한국혼』 서언(序言)에서, "庚戌國變後, 余亡命來華, 故宮禾黍, 我心傷悲. 屈子離騷淚, 包胥秦庭之哭, 雞鳴風雨, 有餘痛焉(경술국치 이후 나는 중국에 망명 왔으니 고국이 황폐화되어 나의 마음은 찢어지는 듯하였다. 근심 가득한 굴원의 눈물, 진 조정에서 신포서의 통곡이러니, 비바람 속에 묻힌 닭 울음처럼 애통하기 그지없었다)"라고 하였다. 또한 본 작품 외에도 〈寄韓興君(한흥군께 부침)〉, 〈寄南社(남사에 부침)〉, 〈寄藕泉仁棣老

同志(오랜 동지 우천 아우께 부침)〉 시 등에서도 유사한 표현이 자주 등장하고 있다. 이 작품에서 '남의 나라에 호소한 지 7년'이란, 시작 연도를 포함한 예관 선생의 '年' 계산법으로 볼 때, 중국으로 망명한 1911년 이후의 7년간을 가리키므로 이 시는 1917년 작품임을 알 수 있다.

1917년에 들어서자 국제정세는 급격하게 변화하였다. 당시 유럽에서는 독일·오스트리아·헝가리와 영국·프랑스·러시아가 서로 대결하고 있었고, 오스트리아의 식민지 지배를 받고 있던 폴란드 등 슬라브 민족의 독립운동이 일어나고 있었다. 이들은 같은 슬라브 민족인 러시아와 손을 잡았다. 1917년 2월 러시아 황제 니콜라스 2세는 물러나고 신생 러시아는 주변의 약소민족들의 민족자결을 지지했으며, 그 결과 동유럽의 여러 나라들이 독립하게 되었다.

시의 미련(尾聯)에 등장한 '長提(장제)'가 일반명사인지 여부는 불분명한데, 만일 고유명사라면 江蘇省(강소성) 揚州(양주) 瘦西湖(수서호)에 늘어진 버드나무(楊柳)로 유명한 '장제(長提)'를 가리켰을 가능성이 있고, 인산인해를 이룬다고 한 것으로 보아 날이 풀린 경칩(驚蟄) 무렵의 작품으로 볼 수 있겠다.

황극강 만사 황흥 또

輓黃克强 黃興 又(其2)

지난 날 처음 망년지우를 맺었던 나는,	曩年第一訂交友如檉者
애통함을 금치 못하네.	慟自不已[1·2·3·4]
오늘날 둘도 없는 건국 공신이 향했던	今日無雙創業人向逸公
정을 어이할 거나.	情何以堪[5·6]

주석

1 曩年낭년 : (5년 이상 경과된) 예전 어느 해

2 訂交友정교우 : 벗으로 교제를 맺다. (손 위이지만) 의기투합하여 벗으로 여김. 〈悼故友血兒君(오랜 벗 혈아 군을 애도하다)〉 시 주석 참조.

3 檉정 : 위성류(渭城柳), 물가에 가지가 늘어지고 꽃도 피는 운치 있는 낙엽수. 위성(渭城)은 중국 서안(西安) 서북쪽 위수(渭水)의 북쪽, 진대(秦代) 함양(咸阳) 고성(古城). 이 지역에서 자라나는 위성류가 하늘거리고 아름다우며, 함양(장안)을 떠나고 보내는 벗들이 송별하는 장소였다.
대종교를 중광(재창립)한 홍암 나철은 1909년 1월 15일을 계기로 밝은 마음으로 한밝(단군)을 모시고 조국을 재건하는 데 헌신하겠다는 뜻으로, 나인영에서 '밝을 철(喆)' 외자로 이름을 바꾸었다. 이후 단군교(대종교) 관련 주요 인사들도 과거의 이름을 외자로 개명하는 데 동참하였다. 김교헌(金敎獻)은 김헌(金獻), 신규식(申圭植)은 신정(申檉), 조완구(趙琬九)는 조량(趙亮), 조성환(曺成煥)은 조욱(曺煜)으로 바꾸었다.

4 慟통 : 큰 소리로 울며 슬퍼하다

5 逸公일공 : 孫文(손문). 號(호) 逸仙(일선)

6 본래는 두 줄로 된 輓聯(만련)이다.

해설

■ 1917년 4월 15일

상해로 망명하여 일주일 여를 보낸 후 1912년 초 남경으로 가서 새로 출범한 중화민국의 지도자들을 만난 예관 선생 일행은 가장 먼저 黃興(황흥)을 만났다. 당시 동맹회의 회장이었던 그의 도움으로 전국의 동맹회 지사들의 인사들을 소개받고 정착하는 데 큰 도움을 받았다.

무창기의를 전후한 신해혁명 중에 가장 많은 공을 세운 이는 黃興(황흥)이었다. 외국에 나가 있던 孫文(손문)이 여러 사람들의 추궁에 의해 중국으로 돌아오기 전까지 모든 사람들은 황흥을 臨時大總統(임시대총통)으로 추인하고자 하였으나, 황흥은 무인(武人)이 권력을 가지면 유지할 수 없다며 겸손하게 사양하였고, 결국 귀국한 손문이 1912년 1월 임시대총통에 취임하였다. 몇 달 후 임시대총통의 자리를 양위받은 원세개는 주권재민(主權在民)과 삼권분립(三權分立)을 골자로 한 손문의 임시약법(臨時約法)도 부정하면서 國民黨代理(국민당 대리) 理事長(이사장) 宋教仁(송교인)에 대한 저격을 사주(使嗾)하고, 제제(帝制)로의 회귀를 도모하였으므로, 혁명파 일원들은 1913년 2차 혁명을 일으켰다. 황흥은 준비가 부족하다고 반대하였으나, 전쟁이 시작되자 南京(남경)을 사수하느라 분투하였지만 결국 패하였다. 1916년 10월 31일 과로로 얻은 위장병으로 세상을 떠났다.

그의 타계는 어수선한 시국이어서 孫文(손문)과 黎元洪(여원홍) 두 사람이 벗의 자격으로 상을 치렀으며, 대총통의 자리에 오른 여원홍이 그를 민국원로(民國元老)로 추증하고 장례를 국장으로 치룰 건을 선포하여, 이듬해 4월 15일 그의 고향 湖南省(호남성) 長沙(장사) 岳麓山(악록산)에 안장하였다. 예관 선생은 황흥의 죽음을 기리며 두 수의 만련(輓聯)을 보냈는데, 그 중 이 작품은 '민국원로(民國元老)' 추증 사실과 호응하는 '無雙創業人(둘도 없는 건국공신)'과 같은 표현이 등장하므로, 1917년 국장(國葬) 때 지은 것으로 보인다.

홍암 선생 추도문

弘巖先生追悼文

천조께서 세상에 내려오신지 4373년이 되는 해, 음력 병진년(1916) 8월 15일 가배절에 대종교 도사교인 홍암 나철 선생이 고국의 황해도 구월산 삼신사(단군의 신위가 봉안되어 있는 곳이다)에서 민족을 위해, 조국을 위해, 중생을 위해, 나아갈 길을 위해 단식하면서 하늘에 빌기를 마치자 순명 3조와 유서들을 나누어주고는 하늘로 돌아가셨습니다. 동지들은 이 소식을 접하자 애통해 하였고 국내외에 슬퍼하지 않는 이가 없었습니다. 이듬해인 정사년 음력 3월 15일에 상해에 머물러 사는 동제사 사원들과 대종교 교도, 유학생 등이 단체를 연합하여 추도식을 거행하니, 삼가 글을 지어 감히 선생의 하늘에 계신 영령에게 고하나이다.

天祖[1]降世四千三百七十三年, 舊曆丙辰八月十五日嘉倍節, 大倧教都司教弘巖羅先生, 在故國黃海道九月山三神祠(檀祖神位奉安之地)[2], 爲民族, 爲宗國, 爲衆生, 爲大道, 絶食禱天畢, 頒殉命三條及諸遺書. 乃即歸天. 同人等聞秏哀痛,[3]中外無不悲慕. 其翌年丁巳三月十五日,[4] 上海僑居之同濟社員及大倧教徒與遊學生等, 聯合團體, 擧行追悼典禮, 謹爲文敢告于先生在天之靈曰

높고 높은 태백산에	大白巍巍
거룩하신 신조께서	神祖穆穆[5]
바람 우레 거느리고	率其風雷
강림하사 어버이가 되셨다.	降爲民牧
수도 셋에 다섯 도읍	三京五都
아홉 지역 수많은 백성들	九區百族
누가 감히 우리보다 우월하랴	孰敢越我

천부인을 쥐고 계셨네.	天符在握[6]
누른 구름 졸본에 비꼈고	雲黃卒本[7]
꽃은 대륙에 다보록이 피어	花衆泗澳[8]
길이 다스려서 크게 편안하고	長治大安
교화가 먼 곳까지 미치었도다.	化及遠服
어이하여 세대가 멀어지자	云何世遠[9]
운세가 골짜기로 추락하고	運墜若谷
요귀와 제웅 귀신들이	迷妖蒭魅[10]
뒤섞여 모여들었는가.	雜來並畜[11]
선각자들 없지 않아	非無先進[12]
깨우치고 기르셨으나	以啓以穀[13]
금성에는 달이 이지러지고	金城月缺[14·15]
송경에는 잡초만 무성하였도다.	松京草鞠[16·17]
신령한 말씀은 촛불처럼 미약하고	神言若燭
시국이 사납게 변했지만	變局斯暴
하늘의 덕은 어둡지 않아	天德不昧
옛 운이 이에 돌아왔네.	往運斯復
감사할 손, 철인을 내시어	篤生哲人[18]
난세의 광란을 막게 하였고	障狂百六[19]
재차 하늘을 여시어	重闢天宮
다시 영험한 상자를 펼치셨도다.	再啓靈簏[20]
남쪽 강토에서 첫걸음 떼시고	跡始南疆[21]
북쪽 대륙에서 가르침 펴시어	聲施北陸[22]
무리들 와서 강물을 들이키니	群來飮河
한 되 내지 한 섬이라.	或升或斛[23]
부여의 후예	扶餘之裔

발해의 백성들이	渤海之育
꿈에서 막 깨어난 듯	若夢初悟
단목 우러러 모여들었다.	仰集檀木[24]
큰 밝음을 여시어	闡發大明
바퀴살 모이듯 몰려드니	攸係來輻[25·26]
초라한 수레에 앞길 열리고	篳路前啓[27]
이제 기반도 다져졌도다.	今固其俶[28]
새 봄 추위 고약해도	春陰式頑[29]
옅은 햇살 비치기 시작하여	孤陽始曝[30]
만민 우러르며	萬衆齊首
휘황하여 눈 비볐네.	拭目熀煜[31]
통곡한들 어쩌랴만	悲號莫追
갑자기 고복소리 들리누나.	遽云皐復[32]
도는 차고 넘쳐도	道彌人天
운세는 형편이 없구나.	運訖季叔[33]
살신성인이 마땅하거늘	成仁固宜
뒤에 죽는 게 무슨 복이랴.	後死曷福[34]
문무대왕은 용 되었고	文武化龍[35]
동명성왕은 사슴을 매달았도다.	東明繫鹿[36]
정성된 그 마음 그리워	眷眷丹誠[37]
만민이 통곡하네.	萬衆同哭
순명삼조와 유서를	殉命遺書[38]
정녕코 되새기리니	丁寧反覆[39]
위로 기도하시길, 교우들을	上祈教侶
위태로움에서 건져 달라 하시고	扶持危獨
세상에 대하여는, 세월이 어지러워	中哀世亂

피와 살을 흩뿌림을 애달파하시며	灑血飛肉
아울러 원수 이웃나라를	並喝仇隣
독사보다 심하다 꾸짖으시고	虔甚蛇蝮[40]
혼란이 극심하여	嗟亂之極
백성들이 새는 집에 있다 탄식하셨네.	衆在漏屋[41]
포위망 겹겹이 에워싸고	劫網重重[42]
사나운 칼 빽빽하여라.	火劍簇簇[43]
적들이 성과를 못 거두자	斯賊未效
마귀처럼 날뛰누나.	馴魔莫伏
암담한 이 세상에	悠悠斯世
오실 이 뉘 시리오.	來者爲孰
우뚝한 삼위산	巖巖三危[44]
신령한 빛이 다스리는 바로다.	神光攸沐[45]
옛 수도에 터가 있어	天京有基[46]
산기슭에서 빛나도다.	思皇有麓[47]
기린 타고 하늘에 오르시니	乘麟上朝
일백 신령들 와서 받드노라.	百靈來僕
상제께 빌으시어	庶幾訴帝[48]
우리 다시 복을 받고	俾我再祿[49·50]
나라는 반석에 돌아오고	國還于盤
바른 길, 햇살처럼 빛나게 하시리라.	道光如昱
아아! 천년만년	於千萬年
거친 제물 갖춰 노래하고 기도하리니	歌禱饘粥[51]
제단 앞에서 통곡하여	臨奠一慟
한 움큼 피눈물 손에 가득하나이다.	血淚盈掬

주석

1 天祖단군 : 환웅(桓雄)

2 三神祠삼신사 : 삼성사(三聖祠). 『大倧敎重光六十年史(대종교 중광 육십 년사)』 73~82쪽

3 秏모 : 사라지다. 타계하다.

4 丁巳年정사년 : 1917년. 이 해 음력 3월 15일(* 5월 5일) 御天節(어천절)이다.

5 穆穆목목 : 위엄이 넘치는 모습

6 天符천부 : 환검이 환웅에게 내려주신, 세 개의 천부인(天府印)을 가리킨 듯하다. 이 세 개가 청동검, 청동방울, 청동거울과 같은 유형물인지 혹은 지고한 가르침 같은 무형물인지에 대해서는 해석이 분분한데, 위의 작품에서 '손에 쥐고 계신다'는 표현을 미루어 볼 때, 유형물로 파악하였을 가능성이 크다. "古記云, 昔有桓國(謂帝釋也), 庶子桓雄, 數意天下貪求人世, 父知子意下視三危太伯, 可以弘益人間, 乃授天符印三箇…" 『三國遺事(삼국유사)』 〈紀異第一, 古朝鮮(기이 제일, 고조선)〉

7 卒本졸본 : 고구려의 시조 동명 성왕(東明聖王)이 도읍을 정한 곳. 고구려의 5부족 중 계루부(桂婁部)가 있던 곳으로, 광개토왕 비문(廣開土王碑文)에는 '홀본(忽本)'으로 되어 있다. 3년(유리왕 22)에 국내성(國內城)으로 옮기기까지 도읍이었다. 지금의 혼하(渾河)강 유역의 환인(桓仁) 지방으로 추측된다. 사막에 가까워 황사 구름이 누르다(黃雲)이라 표현한 듯하다.

8 泗澳사오 : 泗水(사수)가 흐르는 山東省(산동성)에서부터 奧水(오수 : 凉河(필자 주))가 흐르는 河南省(하남성) 泌陽縣(비양현)까지. 단재 신채호 선생은 1910년대 후반에 쓴 『조선상고문화사』에서, 고조선의 통치 영역에 반드시 후국(侯國)들을 포함해야 한다고 보았다. 그는 "단군조(檀君朝)의 정치통일구역이 그와 같이 넓어, 북으로 흑룡강을 지나며, 남으로 현해(玄海)를 건너며, 서로 지나(支那)의 연해안과 동몽고(東蒙古)를 포내(抱內)했다"고 하였다. 청구(靑丘)를 호로 쓴 예관 선생의 역사관도 이와 유사하며, '澳'를 언급한 것으로 볼 때, 河南省(하남성) 泌陽縣(비양현)까지 포함하는 것으로 파악한 듯하다.

9 云何운하 : 어떻게. 어찌. "我僕痡矣, 云何吁矣(내 하인도 발병 났으니, 어이하면 좋을까)" 『詩經(시경)』 《國風(국풍)》 〈卷耳(권이)〉

10 芻추 : 짚으로 사람이나 동물 모양으로 만든 것. 제웅.

11 並畜병축 : 쌓이다

12 先進선진 : 앞서 깨우친 사람

13 穀곡 : 기르다

14 金城금성 : 대륙에 있었다는 사로신라(斯盧新羅)의 수도. "박혁거세 21년(B.C.37년) 경성을 쌓고 이름을 금성(金城)이라 하였다"『三國史記(삼국사기)』

15 月缺월결 : 사로신라(斯盧新羅)의 수도 금성(金城)은 월성(月城 : 몽골어로 달은 '사르'이다)이라고도 하였으며, 백제의 공격을 받아 병합되었다고 한다. 淸(청) 屠寄(도기) 撰(찬 : 짓다)『黑龍江輿圖說(흑룡강여도설)』

16 松京송경 : 고려(高麗)의 수도인 송도(松都). 개경(開京). 개성(開城)

17 草鞠초국 : 잡초가 우거지는 지경. 이 두 구절은 신라와 고려의 패망을 묘사한 것이다.

18 篤독 : 친절하다

19 百六백육 : 106년마다 도래한다는 기막힌 불운(不運)의 시대(百六會). 음양가(陰陽家)들이 말하는 액운. 난세(亂世)

20 靈簏영록 : 영험한 대나무 고리(상자). 석실에 비장되어 오랜 세월 동안 햇빛을 못 보았던 경전『三一神誥(삼일신고)』와『檀君朝實史(단군조실사)』,『神事記(신사기)』와 같은 비서(秘書)를 얻어, 법통을 이었다는 의미이다.

21 南疆남강 : 홍암 선생은 일본에서 제2차 귀국 후 1909년 단군교를 중광(重光)하고, 1910년에는 대종교(大倧敎)라고 이름을 바꾸었으며, 1911년 신관(神觀)의 원리를 설명한『神理大全(신리대전)』을 발간하고, 남한(南韓)의 강화도 마니산 제천단(祭天壇)과 평양의 숭령전(崇靈殿)을 순방하고, 청호(靑湖)까지 이르러, 교당과 산북지사(山北支司)를 설치하였다.

22 北陸북륙 : 국내 기반을 마련한 홍암 선생은 1914년, 일제의 압박을 피하여 신앙의 자유와 교세를 떨치고자 만주로 진출하여, 화룡현 청호(靑湖)에 대종교 총본사(總本司)를 설치하였다.

23 或升或斛혹승혹곡 : 큰 가르침에 비해 보잘 것 없이 적은 양을 각자의 능력에 맞게 받아들였다.

24 集檀木집단목 : 대종교에 귀의하였다는 의미이다.

25 攸係유계 : 얽힌 바, 얽힌 모습

26 輻폭 : 한 개의 바퀴를 만드는데 집중되는, 통상 30개의 바퀴살. 轉하여 몰려들다. "三十輻共一轂, 當其無, 有車之用(서른 여섯 개의 바퀴살이 바퀴 하나를 이루는데, 그 빈 공간이 수레의 쓸모가 된다)." 『老子(노자)』 11

27 篳路필로 : 필로(篳輅), 짚으로 덮개를 한 초라한 수레

28 俶숙 : 기반. 비롯되다.

29 式식 : 드러내다

30 曝폭 : 쬐다.

31 熀煜황욱 : 이글대며 빛나다

32 皐復고복 : 사람이 죽은 뒤 지붕 위에 올라가 죽은 사람의 영혼을 부르는 일.

33 訖季叔흘계숙 : 끄트머리에 이르다.

34 曷갈 : 어찌

35 文武문무 : 문무왕은 아버지인 태종 무열왕(武烈王)의 업적을 이어받아 676년 신라의 삼국통일을 이루었다. 지병으로 임종을 앞두고 맏아들과 신하들을 부른 자리에서, 자신이 죽으면 화장을 한 후 동해바다에 묻으라고 했다. 그렇게 해주면 나라를 지키는 용이 되어 왜구로부터 나라를 지키겠노라는 유언을 남겼다. 뒤를 이은 신문왕은 유언을 받들어 동해안 바다 한가운데 솟은 바위 위에서 장사 지냈다.

36 東明동명 : 이규보(李奎報)의 〈東明王篇(동명왕편)〉에, 고구려 동명성왕이 사슴을 거꾸로 매달고 하늘에서 비를 내리도록 주술을 부려, 비류국의 도읍을 물에 잠기게 해 항복을 받아내어 모두 고구려에 복속되었다고 하였다.

37 眷眷권권 : 眷眷不忘(권권불망). 가엾게 여기며 그리워하다.

38 殉命遺書순명유서 : 홍암 선생이 돌아가시며 남긴 〈殉命三條(순명삼조)〉와 유서(遺書)를 가리킨다.

39 丁寧정녕 : 【중국어】 dīngníng, 반드시. 신신당부하다.
아래 여덟 구는 순명유서의 내용에 해당한다.

40 蛇蝮사복 : 뱀과 살무사

41 이 구절까지 殉命遺書(순명유서)의 내용을 되새기는 부분이다.

42 劫網겁망 : 포위망

43 簇簇촉촉 : 빽빽한 모습

44 三危삼위 : 홍암 선생이 입산하여 자결하신 황해도 구월산을 삼위산(三峗山)이라고도 부른다.

45 沐목 : 다스리다.

46 天京천경 : 도읍지. 평양(平壤)에서 옮긴 고조선의 옛 도읍 당장경(唐藏京)을 가리킨다. 註 47 참조.

47 思皇사황 : 빛나다. 활 쏘던 터 사황봉(思皇峰)을 가리킨다.
홍암(弘巖) 선생이 구월산 삼성사(三聖祀)에서 조천(朝天 : 자결)하시기 전, 교우들에게 대종교 지식을 수련케 하려는 목적으로 대종교의 연원과 당신이 걸어오신 길을 읊은 〈重光歌(중광가)〉 54장이 있는데, 이 시의 위 네 구절은 제8장 "삼위에 바라보라, 군데군데 한배빛. 思皇峰 활 쏘던 터, 檀君臺 道 닦은 곳, 唐藏京의 옛 都邑, 御天石의 옛 자취. 天王堂 神靈 바람 새로이 슬슬분다"와 같은 삼성사(三聖祀)에 대한 묘사이다.

48 庶幾서기 : 아마도

49 俾비 : 시키다

50 祿록 : 봉록. 행복

51 饘粥전죽 : 죽, 보잘 것 없는 음식

해설

■ **1917년 5월 5일**

만물을 다사로이 보살피는 대종교의 정신과 그 유래를 진중하게 서술하고, 일제의 폭압에서 백성을 지켜내려던 홍암 선생의 발자취를 소상하고 곡진하게 기리고 있다. 민족의 고난 앞에 어버이 같던 스승을 잃어 통곡하는 심경을 거친 입성운(入聲韻)의 반복을 통해 표현하였다.

만장

輓章[1]

전 왕조 오백 년에 둘도 없는 나라의 큰 인물	前朝五百年間無雙國士[2]
대종교 사천 년 후 최고의 스승이시다	大敎四千載後第一宗師

주석

1 輓章만장 : 만장은 죽은 이를 애도해 지은 글, 또는 그 글을 명주나 종이에 적어 기(旗)처럼 만든 것으로서, 장사 때 상여를 따라 들고 간다. 때로는 忌日(기일)에 쓰기도 한다. 통상적으로 상례가 끝나면 대부분 태우기 때문에 후세에 전달되는 예는 흔하지 않다.

2 無雙國士무쌍국사 : 국사(國士)는 한나라에서 가장 뛰어난 인물을 이른다. 漢(한)의 승상 蕭何(소하, ?~B.C.193)가 일찍이 漢 高祖(한고조 : B.C.256~B.C.195)에게 韓信(한신 : ?~B.C.196)을 천거하며, "다른 장수들은 얻기 쉽지만, 한신 같은 사람은 둘도 없는 나라의 인재입니다(諸將易得耳, 至如信者, 國士無雙)"라 하였다. 『史記(사기)』 92 〈淮陰侯列傳(회음후열전)〉

해설

▲ 1917년 5월 5일

『통용본』에서 홍암 선생 타계하신 이듬해 1917년 음력 3월 15일 어천절(御天節)에 지으신 두 작품(추도문과 제문) 사이에 만장(輓章)을 수록하였다. 만장(輓章)은 운구 행렬 앞에서 이끈다는 뜻이지만, 〈往黃花岡七十二烈士紀念會送一輓(황화강 72열사 기념회에 가면서 만사 한 장을 보내다)〉, 〈輓吳綬卿(오수경 만사)〉, 〈輓錦山郡守(금산군수 만사)〉, 〈輓安義士重根(안중근 의사 만사)〉처럼 기일(忌日)에도 만사(輓詞)나 만련(輓聯)을 쓰신 예관 선생이시기에, 위 작품은 순국 이듬해 어천절 추모의례에 사용했을 것으로 보인다.

제문

維[1]

천조께서 강세하신지 4373년이 되는 해 가을 (음력) 8월 15일 임자일, 우리 대종교 도사교 나철 홍암 선생께서 구월산에서 순교하셨다. 이듬해 3월 15일에 상해 후학 등이 영령을 추모하기 위하여 글을 지어 슬픔을 서술 하노니, 그 애사 가로되

維天祖降世[2], 四千三百七十三年秋八月望日壬子,[3] 我 大倧教都司敎羅哲弘岩先生, 殉教於九月山. 越明年三月十五日, 海上後學等, 追慕英靈, 爲文述哀. 其詞曰

오호라, 나라가 다 병들었어라 嗚呼邦國殄瘁兮[4]
세상의 도리가 어이 그처럼 무너져 버렸나. 世道何其凌夷[5]
아득하도다. 교화가 사라져 버리고 邈矣教化頹廢兮[6]
백성들의 의기도 그저 시들어 갔도다. 民氣徒以萎靡[7]
천제께서 천사를 세상에 내려 보내시어 帝遣天使謫降兮[8]
대종교가 이에 부활하였도다, 大倧復活於玆
요기가 하늘을 뒤덮는 시대를 만나 適值妖氛漲天兮[9]
마의 장벽이 견고하여 깨뜨릴 수 없었도다. 魔障牢不可破[10]
온갖 고난 물리치고 천겁을 지나오며 排萬難歷千劫兮
우리 대종교가 겨우 실마리를 잡았도다. 吾教稍有端倪[11]
종사께서 '내 정성이 부족하다' 말씀하시고 師曰余誠未至兮
입산하여 여러 해 수도를 하시었도다. 入山修道有年
창생의 고통을 들으시고서 聞蒼生之疾苦兮
목욕재계하고 사흘간 하늘에 빌었도다. 三日齋沐禱天
교우촌민의 병이 다들 나았으니 壇村民病俱蘇兮

함께 와서 귀하신 초상에 참배하는도다. 偕來咸拜天眞[12]

황조께서 천지사방을 보듬으심이여 皇祖眷佑四方兮[13]
신의 교화가 서쪽 나라에까지 미쳤도다. 神化遠被西鄰
고국산천으로 고개 돌려 바라보자니 回首故國山川兮
눈앞에 여우 승냥이가 날뛰는 도다. 眼前狐狸縱橫[14]
슬프다, 우리 민족이 원통함을 호소하였나니 哀我民族呼冤兮
해와 달도 참담하여 빛을 잃었도다. 日月慘澹無光
오셔서 애사를 들으심이여 來聆哀文兮[24]
온 천하가 한 소리로 통곡하는 도다. 普天同聲一哭[25]

주석

1 본래 제목이 없는데, 『통용본』에서 추도사(追悼辭) 첫머리에 관행적으로 쓰이는 '維'를 제목으로 삼은 것으로 보인다.

2 天祖천조 : 환웅(桓雄)

3 四千三百七十三年사천삼백칠십삼년 : 1916년, 강세(降世)하신 해를 2457년 전으로 간주하였음을 알 수 있다.

4 殄瘁진췌 : 끊어지고 병들다. "人之云亡, 邦國殄瘁(어진 사람 없어, 온 나라가 병들었네)" 『詩經(시경)』 《大雅(대아)》 〈瞻卬(첨앙)〉

5 凌夷릉이 : 언덕이 평평해지다. 처음에는 성(盛)하다가 나중에 점차 쇠퇴하다.

6 逖矣적의 : 걱정이다

7 萎靡위미 : 말라 쓰러지다

8 天使천사 : 하늘의 사신. 홍암 나철을 비유한 것이다.

9 妖氛요분 : 요사스러운 기운

10 牢뢰 : 둘러싸다

11 端倪단예 : 실마리. 갈피

12 天眞천진 : 단군 초상. 〈廬中卽景(나의 집 풍경)〉 시 참조.

이 두 구절은 교우들이 전염병에 걸리자, 홍암 선생이 "저의 몸으로써 앓는 자의 목숨을 대신합니다(以身代命)"이라는 글을 환자의 집마다 문기둥에 써 붙이고 손을 얹어 기도하였더니 이튿날 아침에 병이 나았으나, 부지중에 빠뜨린 한 집만 차도가 없다 하므로, 다시 이 방법으로 안수하여 치료하였는데, 이 환자는 옥주(玉珠)라는 처녀였다고 한다. 이러한 방법으로 41명의 환자를 침이나 약을 쓰지도 않고 하룻밤 새에 구하여, 신의 은혜에 감사하며 "四十一人不死日 七千萬族更生年(마흔 한 명 죽지 않은 날, 칠천만 민족이 새로 살아 난 해로다)"라는 시구를 지어 은혜에 감사드렸다고 하는 일화를 예로 든 것이다.

13 眷佑권우 : 돌아보아 돕다. 보우하다. "皇天眷佑有商 俾嗣王克終厥德." 『書經(서경)』《太甲(태갑)》 中(중)

14 狐狸호리 : 여우와 살쾡이. 교활하고 사나운 왜놈을 비유한 것이다.

15 戕장 : 상하게 하다(죽다). 홍암 선생이 황해도 구월산 三聖祠(삼성사)에서 朝天(조천 : 돌아가심)하신 것을 가리킨다.

16 噩耗악모 : 돌아가심에 놀라다.

17 磔列책렬 : 십자가 죽음의 무리

18 惻怛측달 : 슬프다

19 餘生여생 : 〈聞燕市條約勒成羊城軍府道撤題感(연시조약은 강제로 체결되고, 양성군부는 중도에 철폐되었다는 소식을 듣고 소감을 적다)〉 시를 비롯하여, 〈讀芙岑見贈二首卽次原韻和之(부잠이 준 시 두 수를 읽고 차운하여 화답함)〉又(其2, 필자 주), 〈太一遺書感賦(《태일유서》에 느꺼워 짓다)〉, 〈寄鐵生(철생께 부침)〉, 〈維(제문)〉 등에서 '餘生'이 자주 등장하고, 특히 〈讀芙岑見贈二首卽次原韻和之〉又(其2, 필자 주)에서 '죽게 된 목숨'이라는 뜻의 '殘喘(잔천)'과 연결되어 있다. 특히 이 작품에서 '낯선 곳에 망명한'이란 '異域亡命"과 연결된 것으로 보아, 예관 자신을 일컬은 자호(自號)로 보인다.

20 艾애 : 기르다

21 易簀역책 : 대자리를 바꾸다. 스승이나 현인의 죽음을 가리키는 말이다. 책(簀)은 침상의 깔개로서 증자(曾子)가 병환 중에 대부(大夫)의 신분에 걸맞은 화려한 깔개를 깔고 있었는데, 임종(臨終)할 당시 자신의 분수에 맞지 않는다고 하여 제자들로 하여금 깔개를 바꾸게 하고 죽은 데서 유래하였다. 『禮記(예기)』《檀弓(단궁)》上(상)

22 仙駕선가 : 신선이 타고 날아가는 수레. 홍암의 죽음을 비유한 말이다.

23 白山若礪碧海如帶백산약려벽해여대 : 백두산이 숫돌처럼 평지가 되고, 동해가 허리띠와 같이 가늘게 된다는 뜻으로, 시간이 앞으로 무궁하게 이어지리라는 애국가의 한 소절과 상통함. "使黃河如帶, 泰山若礪, 國以永寧, 爰及苗裔(황하가 띠처럼 가늘어지고, 태산이 숫돌처럼 다 닳도록 우리나라 영원토록 안녕하고, 아득한 후손들에게까지 미치리라)." 『史記(사기)』 18 〈高祖功臣侯者年表(고조 공신후자 연표)〉

24 聆령 : 듣다

25 普天보천 : 하늘 아래 온 세상

해설

■ **1917년 5월 5일**

음력 3월 15일은 대종교의 4대 경절(慶節) 중 하나인 御天節(어천절)이다. 이 날은 지상으로 내려왔던 한배검이 아사달 산에서 하늘로 올라간 날로, 이제 인간들이 스스로 살아갈 수 있음을 믿고 한배검이 승천하였다는 명절이지만, 나라의 앞날이 암담한 가운데 정신적 지도자를 잃은 황망함과 슬픔에 통곡하시는 예관 선생이다.

어조사 혜(兮)가 이끄는 초사체(楚辭體)의 깊은 탄식이 담긴 1917년 음력 3월 15일(* 5월 5일)자 작품이다.

벽랑호반에서 한인이 하는 이야기

碧浪湖畔恨人談

벽랑호는 오흥성 밖에 있으니, 진영사 묘지가 있는 곳이다. 진공은 이름이 기미이고 호가 영사이다. 본문에 중에 '미'는 곧 진기미가 스스로를 가리킨 것이다.
碧浪湖, 在吳興城外, 陳英士墓地所在.[1] 陳公名其美, 號英士, 本文中 '美' 卽其美自稱也.

영사 진공의 공적에 대해서는 길 가던 사람도 다 말할 수 있으므로 내가 구태여 찬양을 더할 필요는 없고, 다만 나 자신이 교유하며 들었던 말과 그 감상의 대강을 두서없이 술회할 따름이다. 내가 영사와 교분을 맺은 것은 제1차 혁명 때였으니, 내가 고국의 수도를 떠나와 상해에서 그를 만나서 함께 속마음 털어놓기도 하고 세상일을 논하기도 하였는데, 그는 과분하게도 나를 진실한 벗으로 대해주었고, 날이 갈수록 더욱 예우하면서 크게 마음을 써주고 각계의 인사들에게 추천하며 과찬해주었다.

그가 일찍이 내게 말하기를 "우리나라가 비록 혁명에 성공했다고는 하지만 청 조정의 적폐가 고질병이 되어 내정과 외교 면에서 거의 나라가 꼴이 아니게 되었소. 만일 부정부패를 근본적으로 청산하지 않는다면 이른바 성공이라는 것은 그저 거울과 물에 비친 꽃이나 달처럼 허황될 뿐이오. 우리가 혁명에 종사한 지 10년이 되었소. 저 하늘이 우리에게 20년을 허락하여 국가 건설에 진력하게 한다면, 민국의 앞길이 크게 발전할 만할 것이며, 동아시아의 판도가 세 발 솥처럼 균형 잡힌 형국이 된다면 열강에 대항할 수 있게 될 것이오. 그러니 우방의 동지들께서는 언제나 협조하면서 힘써 나가길 바라오" 하였다. 이어서 말하기를 "나는 평생 기우는 나라를 붙잡고 약자를 구하는 것을 지향으로 삼아 왔기에, 항상 내 나라를 사랑하는 마음으로 귀국을 사랑하였고, 중국을 걱정하는 마음으로 한국을 걱정하였소. 귀국만 아니라 월남과 인도를 생각할 때마다 나의 아픔으로 여겨왔소. 이는 과장된 말처럼 보이지만, 실로 양심에서 우러나온 것이며, 귀국의 일에 대해서는 더욱 간절하니 한 때의 위로하는 말이 아니라오"라고 하였다.

어느 날 그가 나의 초대에 고맙게도 응해주었는데, 당시 연설에서 막힘없이 천언만어를 쏟아냈다. 내가 따로 적어놓았는데 지금 다 소개하지는 못해도 그 연설의 대강은 이러하다. "남아가 일을 할 때 목적을 달성하지 못하고선 쉬어서는 안 된다" 하였고, 또 "세계에 이는 풍운이 순식간에 천변만화하고 있으니, 어떤 나라 같은 데는 15년 안에 반드시 내란이 일어날 것이다. 이곳에는 시국을 만들어가는 그대들이 있지 않은가. 그대들은 힘쓸지어다. 나 역시 그대들의 뒤를 따라 만의 하나라도 도울 것이다. 귀국의 인사들 중에 내가 깊이 사귀고 있는 사람으로 아무개(부족한 나를 가리킨 것이다) 같은 분이 없고, 또 귀국의 많은 동지들과도 한데 모여 환담을 나누고 나서 오늘의 이 자리가 만들어지게 된 것이다. 누가 진나라에 사람이 없다 말하는가. 대한의 광복은 오늘 이 자리에 모인 여러 동지들이 짊어져야 하며, 그 일부를 내게 맡겨 주시면 사양치 않을 것이다" 하였다.

어느 날 그는 집필 장소(모 신문사)로 나를 찾아와 부드럽게 위로하고 격려하면서 숙식의 세세한 일에까지 물었다. 이튿날 날급교로 그를 찾아가니, 어떤 방으로 나를 안내하고 말하였다. "그대는 이곳으로 이사하는 것이 좋겠소. 비록 집회의 건물로 삼기에 부족하지만 그대의 비밀처소와 사무장소로 쓸 만하고 식사 같은 것은 집사람이 알아서 마련할 것이니 거절하지 마오" 하였다. 나는 감사하다고 말하고는 사양하고 돌아와 동지들에게 말하니, 동지 중에 어떤 이가 말하기를 "모씨의 융숭한 정이 이미 이와 같고 또 그대가 지금 지내고 있는 곳이 불편하고 사람들을 만나 구제하기도 곤란한데… 혼자 고생할 필요 없이 그 말을 따르는 것이 좋지 않을지" 하였다. 내가 말하였다. "우리가 여기에 온 것은 혁명을 사랑하기 때문이다. 혁명을 수행하는 사람에게 우리가 가진 것을 쏟아 주어야 하건만, 어떻게 자질구레한 일로 모씨에게 폐를 끼칠 수 있겠는가. 또 7일을 통곡해야 원하는 바를 얻게 되는 것이니, 밥 한 끼의 은덕도 먼저 받고 싶지 않다" 하고는 그대로 놔두었다.

어느 날 공이 또 내게 말하기를 "귀국의 애통한 역사나 열사의 전기 및 잡지 등을 발행할 계획이 있다면 꺼리지 말고 찾아와 상의를 하시오. 기꺼이 돕겠소" 하면서 아울러 말하기를 "예전에 내가 일하던 민성총보사의 기계가 남아 있어, 수리하고 보수한다면 쓸만하오. 이 역시 기부하겠소" 하였다. 이때에 나는 그의 높은 의리에 감동했지만, 나라가 망한 것이 수치인데, 제 나라 역사와 전기마저 남에게 부탁하여 대신 간행하는 일은 거듭 수치스러운 일이라는 생각에, 역시 혼자 힘으로 간행할 수 있다고 사양하고, 다만 잡지를 만들게 되면 다시 지도를 부탁하겠노라 하고 나왔다.

하루는 국민당 교의부에서 이야기를 나누자고 약속하여 초대하더니 나더러 자동차에 타라는 것이었다. 내가 사양하자 그가 말하였다. "이즈음이 어떤 때요. 우리는 결단코 허례로써 귀중한 시간을 허비해서는 안 되오"라 하더니 결국 나를 부축하여 차에 태웠다. 차안에서 나눈 세세한 이야기는 혈기에 찬 말 아닌 것이 없었으니, 지금도 귀에 쟁쟁하다. 이제까지 한 이야기는 사소한 일에 불과하지만, 나는 아직까지도 그리워 잊을 수가 없다.

당시 그는 대내적으로는 총장이요, 대외적으로는 도독인데다가 당의 우두머리까지 맡고 있어, 공사다망하고 위세도 드높았다. 그런데 어찌하여 이 죄인을 잊지 않고 성의껏 대해주었던가. 세상 사람들이 욕을 하여도 그는 나를 사랑해주었고 세상 사람들이 나를 비루하게 여겨도 그는 동정해주었으니, 그는 어찌하여 흘겨보는 눈에 바싹 여윈 이 사람을 사랑해주었던가. 먹던 음식을 뱉고 젖은 머리를 움켜쥔 채 선비를 만나고자 몸을 낮추는 것이 고결한 덕이라고는 하지만, 조금 배웠다거나 관직이라도 좀 맡았다고 분별없이 으스대는 무리들이나, 위축되어 뒷일을 염려하고 주저하면서 강한 자에 아부하고 약자를 업신여기는 자들에 비해 볼 때, 그는 어떤 마음에서 그리하였을까.

동향 학생으로 정모라는 이가 있었다. 그는 어릴 때에 상해로 건너왔는데, 공은 그를 보듬어 길렀고 조종이라는 이름까지 지어주었다. 공이 일찍이 나에게 이르기를 "이 아이는 한국 열사(정재홍으로, 시국에 분개하여 총으로 자살하였다)의 아들이라 더욱 사랑스럽소. 인재로 키워 훗날 중요한 데 쓰이길 바라고 있다오" 하더니, 마침내 학비를 대어 모 학교에 보내 학업을 익히게 하였다.

동북3성에 살고 있는 우리 교포와 관해서도 지시하고 계획해준 것이 자못 많았다. 또 말하기를 "만일 중앙에 취임하게 된다면 법을 마련하여 마음을 편하게 하겠소" 하였다. 예전에 길림성의 모 관리가 학교를 금지하고 대종교(조선의 오랜 종교이다) 포교당을 폐쇄하는 사건이 발생하였을 때, 공이 또 그 성의 장관에게 통지하고 사리에 맞게 분명히 말하여 교민들을 보호하고 그들의 교육을 함부로 침해하지 못하도록 부탁하였으니, 또한 그 한 예이다.

공은 오랫동안 공상총장에 취임하지 않았는데, 내가 만나 대화할 때 그 이유를 물었다. 공이 개탄하며 말하기를 "부끄러워 말할 수가 없소. 오늘날의 중국 판국은 거짓 공화이니, 우리는 장차 죽을 곳도 없을 것이요(결국 예언이 되었다). 재야에서 필부로서 최선을 다해 계책을 마련하고 외국에 나가 정치와 경제를 돌아보고 결정하려 했는데, 공교롭게도 사태가 다급해지니 조야에서 만류하여 잠시도 나라를 떠날 수 없었다오"라고 하였다. 송안(宋案)이 발생한 뒤 제2차 혁명이 일어나기 며칠 전에 몇몇 동지들과 함께 가덕로로 공을 찾아가니, 공이 나에게 말하기를 "부득이 다시 무기를 잡기로 결정하였소. 동지는 나를 위해 협력해주기 바라오" 하며 강개하고 격앙하여 마지않았다. 제2차 혁명이 실패하자 공은 해외로 달아났는데, 숨 돌릴 새도 없이 우리들 역시 북경 정부에서 혐의를 받아 몇 번이나 예측할 수 없는 상황을 만났기에, (당시에 재북경 동지 한모 등도 체포의 대상이 되었지만, 요행히 도피하여 면하였다) 중국 관할구역을 위험한 곳으로 여겨 상해 밖으로 한걸음도 내딛지 못하였다. 그리고 모처는 내가 적대하는 곳이었으므로 왕래할 수 없었다. 이후로 서로 멀리 떨어져 있게 되어 간혹 통신만 있을 뿐이었다. 공은 일본에 체류하고 있었는데 병석에 눕게 되었을 때 어느 친구가 공을 만나보니, 공은 매번 나와 동지들의 상황을 물어

보면서 염려해 마지않았다. 얼마 전 공이 위험을 무릅쓰고 상해로 돌아왔을 때 겨우 한번 만나보았지만, 당시 정탐하는 기병이 사방에 깔려있어서 공은 매일 극도의 위험에 처해있었다. 그가 지내고 있는 곳 또한 불편하였으므로 긴요한 일이나 급히 상의할 사안 이외에는 거주지로 찾아오지 말라고 알려와, 못 만난 지가 차츰 오래되어갔다.

아, 5월 17일 공의 편지가 결국 마지막 유묵이 되었다. 모든 계획이 물거품이 되고 슬피 부르짖은들 따라갈 수 없으니, 어이 말로 다 말할 수 있겠는가. 내가 비보를 듣고 급히 신민리로 달려가니, 시신은 침상에 있었고 염을 하지 않은 상태였는데, 얼굴부터 머리까지 총상이 나있어서 차마 볼 수가 없었다. 곡을 마치고 스스로 말하기를 "장하도다, 훌륭한 남아여! 나라를 위해 죽었구나. 살아선 영웅이었고 죽어선 영령이 되었도다". 국민당 원로 중에 영사와 같은 이 얼마나 남았으랴. 전후로 나라를 위하느라 집안도 돌보지 않고 몸을 던져 위험 속에 뛰어들었도다. 또 모씨의 모반을 먼저 알아채어 공격하고 시종 반대하면서 높은 벼슬과 엄혹한 위력 앞에 동요하지 않았도다. 의연히 한 필부(匹夫)로서 거대한 정부와 항전하여 백절불굴하고 한결같이 곧바로 나아가며, 조금도 쉬지 않고 죽고 나서야 그만두었도다. 공의 학문과 풍채가 비교적 남보다 나은 점도 있겠지만 그 정열과 기백은 시종일관하였으니, 진정한 혁명가 본색을 잃지 않은 이는 오직 영사 이 사람뿐이도다. 국민당은 걸출한 장수를 잃었고, 민국은 영재를 상실했으니, 심히 가슴 아프고 애석한 일이로다. 예전 내가 중국으로 건너왔을 때 차례로 교제한 이들은 둔초(곧 송교인), 극강(곧 황흥), 영사, 중산(곧 손일선) 등 여러 분인데, 가장 오래 사귀었고, 나를 가장 잘 알아주며, 우리의 앞길에 가장 열심이었던 사람은 오직 영사 이 사람뿐이도다. 이제는 모두 끝나 버렸으니, 누구와 함께 할 것인가. 당시의 벗들도 세상을 떠나서 얼마 남지 않아, 중원을 돌아보자니 침통함을 금할 수 없도다. 아, 어찌 민국만을 위해서 슬퍼할 뿐이리오! 사적인 친분을 위해서도 애통한 일이로다. 공의 서거 1주기인 5월 18일 안장일에 공의 벗 청구한인은 벽랑호반에서 곡하고 쓰다.

陳公英士之功, 行人皆能道之, 無庸余之贅揚.[2]祗就余自身交遊所得之聞, 及其感想之大概, 拉雜述之. 余與英士訂交, 在第一次革命時, 余由故都而出,[3] 會君於海上,[4] 與之談心論事, 謬許爲摯友,[5]愈久逾禮, 備承殷注, 每吹噓于各界,[6]獎飾逾分.

君嘗語余曰, 敝國雖云革命奏功, 前淸積弊成痼[7], 內政外交, 國幾不國, 如非從根本上滌革其汚濁, 則所謂成功者, 便同鏡花水月而已.[8]吾輩從事革命, 爲十年矣. 彼蒼如假以二十年, 使之盡瘁於建設,[9]民國前途, 大有可爲, 東亞大局, 可現鼎足之勢, 能抗衛於列强. 望友邦同志, 始終協助努力進行, 繼言美生平以扶傾救弱爲職志, 故常以愛敝國之心愛貴國, 以憂中國之心憂韓國, 不僅貴國也. 每念安南印度, 若痛在己. 似屬侈談, 實出良心, 至於貴國事, 尤爲切肌, 非一時慰藉之語云.

一日, 公屈余於招待, 伊時演說, 洋洋千言, 另有筆記. 今不便盡宣, 而其槪意, 則男兒作事, 不達目的, 不可休息, 且世界風雲, 頃刻萬變, 若夫某國, 十五年以內, 必有內亂, 況有造時勢之諸君, 諸君勉之, 我亦隨諸君之後, 幇助其萬一. 與貴國人士爲至交者, 莫若某(指不佞), 且與貴國多數同志, 一堂言懽[10], 始有今日, 誰謂秦無人,[11] 三韓光復,[12]實今日滿場諸同志負之, 囑任一節, 誼難容辭云云.

某日, 公訪余于寫所(某報館), 殷殷慰勉, 至有詢[13]寢啖[14]細事. 翌日訪公于垃圾橋[15], 公導余就一房間, 曰君可搬住此處, 雖不足爲集會之機關, 亦可爲君之秘處, 辦事之所, 至於供饋等節, 家人自應照料[16], 請勿却之. 余道謝而辭之. 歸語同志, 同志中或謂, 某氏之隆情旣如是, 且君今寓所不便, 接濟[17]困難, 不必自苦, 盍往從之. 余曰, 吾輩此次之來, 爲愛其革命, 對革命實行之士, 宜傾我所有以供給之, 而何以可細瑣及累某氏耶. 且七日之哭, 將得其所,[18]一飯之德, 不欲先受, 仍置之. 一日, 公又語余, 貴國慟史烈士傳記及雜誌等, 若謀發行, 勿嫌來商, 當協圖之, 並言前日自辦民聲叢報之機械尙存, 若加修理添補, 可充用, 此亦寄附云云. 時余甚感其高義, 而自惟國亡爲恥, 自家痛史與傳記, 託人代刊, 重爲之恥, 亦以能自刊辭之, 只語以若辦雜誌, 當再求教而退.

一日, 約邀一敍, 在國民黨交誼部, 公命我同乘汽車,[19]余辭之. 公謂此日何日, 吾輩決不可以虛禮躭擱貴重之時刻[20], 遂親自扶腋而上之. 車中細談, 無非血性語, 只今在耳. 此等所談, 雖屬細事, 余嘗戀戀[21], 而不能埋沒者也.

當時公內以總長, 外而都督, 又爲黨首. 公務繁殷, 威聲振赫, 何乃眷眷於一僇人哉.[22·23] 世人辱之, 君愛之. 世人鄙之, 君哀之. 君豈愛目睨身癯之我者哉. 吐握下士[24], 雖曰古風, 比諸一智一官妄自尊大之輩, 畏縮顧忌阿强凌弱之類, 不知作何如感想也.

同鄕學生, 有鄭某者, 孩提時渡滬, 公撫養之, 並賜名以朝宗. 公嘗謂余此兒係韓國烈士子(鄭在洪憤時局, 自槍而死),[25·26]故特愛之, 盼望作成人材, 以備他日需用, 竟資送某學校肄業[27].

關於東三省吾僑, 指示籌劃頗多, 並言如或就任中央, 當設法安堵. 曩昔吉省某官吏禁止學校封閉大倧敎(朝鮮古敎)施敎堂[28]一事生時[29]公亦知照該省長官,[30]據理言明, 囑託維護其僑民, 勿凌侵其敎育, 亦其一例也.

公久不就工商總長, 余晤談之際, 問其理由, 君慨然曰, 愧不能言. 今日局中, 是假面共和. 我輩將無死所(竟爲讖言). 在野願盡匹夫之策, 或以出洋考察政治實業決定云, 適蒙事告急, 爲朝野所挽, 暫不能去國云. 宋案發生後[31], 第二次起事前數日, 與同志數人訪公於卡德路,[32]君語余, 不得已再執干戈決定矣, 望同志爲我匡助. 慷慨激昂, 有不能自已之槪. 迨第二次失敗, 公出走海外, 堪發一噱者,[33]卽余等亦被嫌於北京, 幾遭不測(伊時, 在北同志韓某等, 亦在投捕之列, 倖逃免), 華界視爲畏地, 不敢出海上一步地. 某處係我敵地, 亦不能過從, 從此參商, 或有通信而已, 君在東瀛,[34]臥病時, 某友見君, 君每詢余等之狀況, 念念不置. 曩昔公冒險歸滬時, 僅得一面, 伊時偵騎四佈, 公日處極險之中, 其寓所亦不便, 故聲言除要事或亟商以外,[35]不欲來住所, 以隔面稍久. 嗚吁, 五月十七日公之手函, 竟爲最後之遺墨, 籌劃泡幻, 悲號莫追, 尙忍言哉. 余聞秏, 急走新民里,[36]靈體在床, 未及殮, 鎗痕自面至頭腦, 不忍瞻視. 哭罷, 自言快哉, 好男兒, 爲國死, 生爲榮, 死爲靈. 黨舊人中, 如英士者無幾, 前後爲國毁家, 挺身蹈險, 且先覺破某氏之叛謀,[37]始終反對, 不爲高爵淫威所動, 毅然一匹夫, 抗戰萬乘[38], 百折不屈, 一直進行, 少無間斷, 死而後止. 一部學問風采, 較勝於他者, 縱或有之, 其熱誠毅魄, 始終如一, 不失眞革命家色相者, 惟英士其人也. 民黨失其健將, 民國弱一英才, 甚痛惜. 曩年余渡華之日, 首先次第訂交者, 爲遯初(卽宋教仁)[39]、克强(卽黃興)、英士、中山(卽孫逸仙)諸公, 而過從最久, 最知我, 最熱心於吾儕前途者, 惟陳英士其人也. 今焉已矣, 誰與爲歸. 當年知己, 零落無幾, 回首中原, 悽愴實極. 嗚呼, 豈徒爲民國悲, 爲私交恫哉. 公之歿一周, 五月十八日安窆日[40], 公之友靑邱恨人[41]哭述於碧浪湖畔.

주석

1 英士영사 : 陳其美(진기미, 1878~1916)의 字(자). 근대 중국 민주 혁명지사이자 혁명당원. 浙江省(절강성) 吳興(오흥) 사람. 호는 無爲(무위)이다.
1906년 일본에 유학하여 警監學校(경감학교)를 다니던 중 孫文(손문)이 이끄는 同盟會(동맹회)에 가입하고, 1908년 귀국하여 신해혁명의 주역으로 활동한 정치 지도자이다. 그는 상해 독립을 책동하고, 滬軍都督(호군도독)을 지냈으며, 江浙聯軍(강소성, 절강성 연합군)을 조직하여 남경을 공격하며 승승장구했지만, 宋敎仁(송교인)의 암살을 사주하고 善後大借款(선후대차관)을 받아 北洋軍隊(북양군대)의 세력을 확장하려는 원세개에 분노하여 이 일당을 토벌하려는 2차 혁명(革命)에 가담하였다가 패배하여 일본으로 피신하였다. 귀국 후 討袁運動(토원운동 : 원세개 토벌운동)에 매진하다가 당시 집권자인 원세개 측 인물로 추정되는 암살자에게 저격당하여 1916년 5월 18일 세상을 떠나, 이듬해 고향에 안장되었다.
〈陳先生英士誄(진영사 선생 제문)〉, 〈英士我兄靈右(우리 영사 형 영전에 바침)(輓聯 其1), 〈陳其美 輓聯〉又(其2 滄海橫流, 필자 주), 〈陳其美輓聯〉又 其3(吳綏卿,宋漁父, 필자 주) 시 참조.

2 贅췌 : 군더더기

3 故都고도 : 여기서는 〈到南京留南洋第一樓(남경에 도착하여 남양 제일루에 묵으며)〉 시에 나오는 "故都新象入雙眸(옛 도읍의 새 모습이 한 눈에 들어오네)"의 남경을 가리키는 것이 아니라, 〈悼故友血兒君(오랜 벗 혈아 군을 애도하다)〉 시의 "由故都遁身渡海上(고국의 수도로부터 몸을 숨기고 상해로 건너오다)"나, 〈柬某友(모 친구에게 보내는 편지)〉 시에서의 "故都某友, 千里專人, 致書殷殷…(옛 수도에 사는 어느 친구는 천리 밖으로 특별히 사람을 보내 간곡한 편지를 전하였다)"에서와 같이 '고국의 오랜 도읍, 곧 서울'을 가

리키는 것이다.

4 海上해상 : 晩清(만청) 때부터 民國(민국) 초 까지 문인들은 上海(상해)를 海上(해상)이라 고 부르곤 하였다. 〈和山陰王文富(산음의 왕문부에게 화답함)〉, 〈可人我弟大吟壇郢政又乞和之(훌륭한 시인 가인 아우에게 가필과 함께 화답시도 바라노라)〉, 〈海上懷人(해상에서 벗을 그리며)〉, 〈輓章(홍암 선생 만장)〉, 〈悼故友血兒君(오랜 벗 혈아 군을 애도하다)〉 시 참조.

5 謬許류허 : 잘못 허락하다. (겸손한 표현이다)

6 吹噓취허 : 불다. 부추기다.

7 痼고 : 고질병

8 鏡花水月경화수월 : 본래는 "詩有可解不可解, 若鏡花水月勿泥其迹可也(시에는 해석할 수 있는 것도, 해석하기 어려운 것도 있으니, 마치 거울에 비친 꽃이나 물에 비친 달과 같아 억지로 그 자취를 찾으려 하지 말아야 한다)". 『詩家直說(시가직설)』과 같이, 시(詩)의 몽환적인 경지를 묘사하는 표현이지만, 여기서는 환영(幻影)에 불과하다는 부정적 의미로 쓰였다.

9 瘁췌 : 그치다. 수고를 아끼지 않다.

10 懽환 : 기뻐하다

11 秦無人진무인 : 이웃 나라에 도와줄 사람이 없다.

12 三韓삼한 : 본래 삼국시대 이전 한반도 중부 및 남부에 자리 잡고 있던 마한(馬韓), 변한(弁韓), 진한(辰韓)을 가리키는 말이었으나, 고구려(高句麗) · 백제(百濟) · 신라(新羅) 삼국이 정립하자, 이들 삼국을 의미하게 되어 신라에 의한 통일을 삼한일통(三韓一統)이라 하였으며, 특히 삼한은 중국에서 대한(大韓)을 가리키는 말로 사용되었다.

13 詢순 : 묻다.

14 寢啖침담 : 자고 먹는 일

15 垃圾橋납급교 : 垃圾. 【중국어】 lājī, 쓰레기. 1853년에 상해 蘇州河(상해 쪽 吳淞江)에 놓였던 세 개의 나무다리. 1899년 두 곳은 없어지고 하나만 남았다. 1880년대 이 근처에 쓰레기 수거장이 있어 생긴 이름이다. 1932년도 상해 지도에는 근방에 진영사의 집(陳

英士堂)이 표시되어 있다.

16 照料**조료** : 【중국어】 zhàoliào, 돌보다. 뒷바라지 하다

17 接濟**접제** : 사람을 만나거나, 어려운 처지에 있는 이를 구제하다. 上海(상해) 숙소에서 예관 선생의 주된 일과였다.

18 七日之哭**칠일지곡** : 楚(초)나라 申包胥(신포서)가 이레동안 곡을 하여 秦王(진왕)을 감동시켜 도움을 얻어냈다는 고사. 온 정성을 다 해야 원하는 바를 얻게 된다는 의미이다. 예관 선생의 눈물은 『韓國魂(한국혼)』 서언을 비롯하여 "包胥秦庭之哭"으로 자주 묘사되었다. 〈寄韓興君(한홍군께 부침)〉, 〈寄南社(남사에 부침)〉, 〈寄藕泉仁棣老同志(오랜 동지이자 아우 우천께 부침)〉 시 참조.

19 汽車**기차** : 【중국어】 qìchē, 자동차

20 躭擱**탐각** : 처져 놓치다

21 戀戀**연련** : 몹시 그리워하는 모습

22 眷眷**권권** : 마음을 쓰다

23 僇人**육인** : (나라를 잃었으므로) 죽어 마땅한 죄인

24 吐握**토악** : 吐哺握髮의 준말. 周(주)나라 周公(주공)이 먹던 음식을(哺) 뱉고(吐), 젖은 머리(髮)를 움켜쥔 채로(握) 어진 선비를 존경하여 맞이하였다는 고사.

25 槍**창** : 【중국어】 qiāng, 총

26 鄭在洪**정재홍** : 을사늑약 후 伊藤博文(이등박문)을 살해하기로 결심하고 1907년 거사를 계획하였다가 기밀이 누설되면서 발각되어 자결한 독립지사.

27 肄業**이업** : 학업을 익히다

28 施敎堂**시교당** : 대종교의 선포(宣布)를 맡아보는 기관

29 1971년에 한국에서 발행된 『大倧敎重光六十年史(대종교 중광 육십 년사)』에는 "癸丑년(1913) 봄에 북간도 교회(敎會 : 대종교 시교당)에서 그곳 순경의 무리한 박해를 피하여 吉林省署(길림성서)로 往訴(왕소 : 가서 호소하다(필자 주))할 때, 예관의 斡旋(알선)으로 무사

타결되었다"는 기록이 있다. '알선'이란 주선한다는 의미이므로, 문제의 타결 뒤에 陳其美(진기미)의 노력이 있었음을 짐작해 볼 수 있다.

30 知照**지조** : 알려주기 위해 통지하다.

31 宋案**송안** : 宋教仁(송교인) 피격사건. 송교인은 정당내각제를 만들어 대총통 袁世凱(원세개)를 견제하려 하였으나, 1913년 상해 역에서 정체불명의 자객의 저격을 받고 세상을 떠났다. 이것이 계기가 되어 제2차혁명이 일어났다.

32 卡德路**가덕로** : Carter Road의 중국어 音譯(음역). 1869년 上海(상해) 公共租界(공공조계) 밖에 세워진 石門(석문) 二路(2로)

33 噱**갹** : 헐떡이다.

34 東瀛**동영** : 일본

35 亟**극** : 빠르다. 긴급하다.

36 新民里**신민리** : 창졸간에 진기미 시신은 蒲石路(포석로) 신민리 11호 蔣介石(장개석, 1887~1975)의 은신처에 안치되었다.

37 叛謀**반모** : 배반하려는 음모. 원세개가 "공화제(共和制)를 찬성한다"고 공언하며 손문에게서 대총통 직위를 양위 받은 후, 약속을 어기고 제정(帝政)으로까지 회귀하려던 속셈을 진기미는 진즉에 간파하고 있었다는 뜻이다.

38 萬乘之國**만승지국** : 袁世凱(원세개)가 우두머리인 北洋政府(북양정부)를 가리킨다.

39 宋教仁**송교인** : 1882~1913, 중국의 언론인, 혁명가이자 정치지도자. 자(字)는 鈍初(둔초). 손문과 함께 중국동맹회를 창설하고 혁명활동을 하였으며 신해혁명의 주역 가운데 한 명으로, 중화민국 수립 이후 국민당을 창설하였다. 그는 중국혁명 활동 외에 한국의 독립운동가 신규식과 신아동제사에 참여해 한국의 독립운동에 지원해주기도 했었다. 〈贈宋漁父(송어부께 드림)〉 시 참조.

40 安窆**안정** : 하관(下棺)하다.

41 青邱恨人**청구한인** : 예관 선생은 자호(自號)를 青邱(子), 혹은 恨人이라고 떼어 쓰기도 하고, 이 글에서처럼 붙여 쓰기도 하였다. 각각 '대한의 국민', '한스러운 사람'의 뜻이다.

〈贈宋漁父(송어부께 드림)〉, 〈寄徐血兒(서혈아께 부침)〉, 〈贈天仇(천구께 드림)〉 시 참조.

해설

■ **1917년 5월 18일**

진기미 선생이 비명에 타계하고서 얼마 되지 않아 원세개가 병으로 세상을 떠난 후, 그 해 10월에는 개국공신 黃興(황흥)마저 타계하였다. 이에 民國(민국) 원로들의 추존(追尊)을 받아 1917년 4월에 황흥을 국장으로 지내고, 손문은 사망 당시 사회 분위기로 인해 제대로 장사를 치루지 못했던 진기미의 영구(靈柩)를 고향으로 돌려보내기 위한 소요비용 거출을 동지들에게 호소하며 국장을 추진하였다.

이 작품은 진기미 타계 후 1년 되는 1917년 5월 18일 국장(國葬)에 즈음하여 쓴 회고문인데, 시집 『아목루』에 수록되어 있다.

이날 예관 선생은 제문(祭文)도 쓰셨는데, 이것은 『아목루』에 실리지 않아 그동안 알려지지 못했다. 진기미 사후 여러 차례의 기념식에 당도한 제문(祭文 : 제물을 올리고 읽는 추모의 글), 만련(輓聯 : 애도의 운문), 만시(輓詩 : 애도의 시), 만액(輓額 : 애도의 글을 쓴 액자) 등은 1930년 중국에서 간행한 하중소(何仲簫) 編(엮음) 『陳英士先生紀念全集(진영사 선생 기념전집)』(上·下)에 실려 있는데, 진기미 사망 1년 뒤인 1917년 5월 열린 국장(國葬) 관련 자료들이 수록된 卷5에 '青丘恨人 申檉(신정)' 명의로 된 아래와 같은 제문이 실려 있다.

> 悲夫. 旣哭君于殉義, 再哭君○○(于追? 필자)悼, 三哭君于送殯. 今與同志數子來哭君于碧浪湖畔. 從此與君永別, 而今世事何如. 嗚呼恨人之淚, 更不知向何處告哀矣. 舊誄重念, 餘恫靡涯. 惟我英靈, 倘其知之.
>
> 비통하도다. 그대가 순국하였을 때 곡하였고, 그대를 추도하며 두 번째 곡하였고, 그대의 시신을 보낼 때 세 번째 곡하였고, 이제 몇몇 동지와 벽랑호반에 와서 곡하노라. 이후로는 그대와 영 이별인데, 이제 세상사는 어이하고, 아! 나의 눈물은 또 어디에다 슬픔을 고해야 하는가. 옛 제문을 다시 생각하니 애통하여 가슴이 메이도다. 아 혼령이여, 아시려는가.

당시 상해《民國日報(민국일보)》〈陳英士先生歸葬受弔記(진영사 선생 고향에 장사할 때 조문기)〉〈陳英士先生歸葬擧殯記(진영사 선생 고향으로 장사할 때 상여 이동기)〉와, '魯'라는 인물의 〈陳英士先生安葬記(진영사 선생 안장기)〉에 따르자면, 5월 12일부터 추도장소가 마련된 上海(상해) 打鐵濱(배를 매는 곳, 地名) 蘇州集議 公所(소주 집회 구역)에 모여든 수많은 추모객의 애도 속에 국장이 거행되었고, 13일 영구(靈柩)를 배에 태워 원적(元籍)인 호주(湖州)로 돌려보내는 송빈례(送殯禮)를 거행하였으며, 14일 소주(蘇州)를 떠나 15일 오후 네 시 호성(湖城) 동문 밖 二里橋(이리교)에 도착하여 채색 천막(彩棚)에 영당(靈堂)을 설치하였다. 16일 성 안으로 들어와 오후 3시에 峴山(현산) 묘지에 도착하였고, 타계 1주기가 되는 18일 오전 10시 각 기관·단체·학교 동지들이 모여 전례를 거행하고 浙江省(절강성) 湖州市(호주시) 남쪽 碧浪湖畔(벽랑호반) 峴山路(현산로) 陳其美墓(진기미묘)에 안장하였다.

2년에 걸쳐 이루어진 장례의 순서가 소상히 묘사된 위 작품의 앞부분으로 미루어볼 때, 이 제문은 안장일인 1917년 5월 18일 지어진 것이며, 본문 중에 선생 본인을 지칭하는 한인(恨人)이란 어휘와 '지난 뇌문(誄文 : 1916년도의 제문)을 다시 생각한다'는 내용에 비추어 볼 때, 예관 선생이 절친의 고향 안장을 위하여 지은 작품이 분명하다.

『 정사년 가을 여행 단상 · 丁巳秋[1]旅行雜感 』

태안부를 지나며

過泰安府[3]

(음력 8월 5일·舊歷八月五日)

차안에서 성이 첨씨라는 분이(호는 일원이며 호북사람이다) 옆 자리에 앉았다가 태산을 가리키며 내게 이렇게 말하였다. "공자는 너무도 시야가 좁았습니다. 겨우 자금산만 한 태산은 여산의 삼 분의 일도 안 되니 말입니다. 그리고 천하를 돌아다니셨다 하던데, 제·노·변 세 지역을 넘지 못합니다. 그러기에 지금 사람들은 그를 식견이 좁은 분이라고 합니다." 나는 웃으며 이렇게 말하였다. "자동차에 앉아서 지팡이 짚고 짚신을 신고 걷는 사람을 비웃는 것은 퍽이나 억지스러운 일입니다. 여산만을 알고 있습니까? 저는 동쪽에 태백산이 있고, 남쪽에는 히말라야가 있다는 말도 들었습니다만.

車中詹姓者(號一園湖北人), 同坐指泰山[4], 顧余日, 孔老眼光太小, 泰山僅與紫金齊[5], 不及廬山[6]三分之一, 且所謂環天下者[7], 不過齊魯汴三省, 無怪今之稱長素[8]者. 余笑謂坐汽車[9]笑杖履太不情, 但知廬山否, 余聞東有太白[10], 南有希馬拉亞.[11]

(공자님은, 필자 주)천하가 큰 줄도 모르시고	不知天下大
요만한 데 올라 호기를 부리셨군.(나그네 생각을 적음)	陟彼氣猶豪(述客意)
산을 보는 공자 안목 작다 마오	莫小尼山目
히말라야 높다는 말을 들어보셨는지요 .	倘聞希馬高

주석

1 丁巳秋정사추 : 1917년 가을

2 『통용본』에는 '丁巳秋旅雜感'으로 되어 있다. 『필사본』에 따랐다.

3 泰安府태안부 : 중국 山東省(산동성) 泰安市(태안시)

4 泰山태산 : 중국 산동성 태안시 경내에 위치한 산. 중국 오악(五岳) 중 으뜸이며 東嶽(동악), 岱宗(대종)으로도 불렸다. 맹자(孟子, B.C.372~B.C.289)는 "공자(孔子, B.C.551~B.C.479)가 태산에 올라 천하가 작다고 여겼다(登泰山而小天下)"고 하였다.

5 紫金자금 : 南京(남경) 동쪽에 위치한 紫金山(자금산)

6 廬山여산 : 중국 江西省(강서성) 九江市(구강시) 남쪽에 있는 산

7 環天下환천하 : 공자가 자기의 뜻을 알아주는 사람을 찾아 수레를 타고 천하를 돌아다닌 轍環天下(철환천하)를 일컫는다.

8 長素장소 : 채식만 먹다. 식견이 좁은 것을 빗대는 말

9 坐汽車좌기차 : 【중국어】 zuò qìchē, 자동차를 타다

10 太白山태백산 : 한국의 백두산을 가리킨다. 1917년 대종교 동도본사의 《조화기》에는 '三峗太白衆嶽之宗, 可以弘益人間宣敎化(시루봉 백두산은 뭇 산의 으뜸이어서, 널리 사람을 이익되게 하고 교화를 펼 만 하다)'라는 구절이 있다.

11 希馬拉亞 : 【중국어】 Xīmǎlāyǎ, 히말라야 산맥

해설

■ **1917년 9월 20일**

선생은 1917년 8월 5일(* 9월 20일), 여러 날에 걸쳐 북쪽 지방을 여행하고 시를 남기셨다. 시기상 이 북상행은 張勛(장훈, 1854~1923)의 복벽(復辟 : 군주제를 회복함)을 토벌한 段祺瑞(단기서)가 국무총리로 실권을 잡게 되자, 1916년 가을 여원홍 대총통을 위방(委訪 : 찾아뵙다)한 것처럼, 중국의 발전과 대한의 광복을 위한 제언을 골자로 한 만언장서(萬言長書)를 써서 단기서에게 전하기 위함이었던 것으로 짐작된다.

'丁巳秋旅行雜感(정사년 가을 여행 단상)' 시리즈는 중국인 벗 周斌(주빈, 호 芝珪)가 1915년 北京(북경) 일대에 두 달간 머물며 쓴 시집, 『燕遊續草(속 북경 여행기)』에 영향을 받은 것으로 보인다. 특히 위 작품은 기차 맞은 편 좌석에 앉아 웃고 이야기하는 여인을 그린 그의 〈津門車中所見(진문의 열차에서 본 것)〉 2首를 연상시킨다.

예관 선생의 첫 시에서는 이례적으로 느긋함마저 느껴지지만, 이후 津門(진문) 대홍수의 참사를 목도하고부터는 참담하기 그지없는 심경을 토로한 시가 이어지고 있다.

양왕장에 도착하여

到良王莊[1]

차가 양왕장에 이르러 그만 멎고 말았다. 물 흐름이 드세어 차가 통하지 못하게 되자, 기선을 마련하여 여행객을 태운다며 차표를 배표로 바꾸어 주었다. 나는 배표를 가지고 먼저 배에 올랐다. 좀 있으려니 검사원이 배표를 검사해보더니 나더러 배에서 내리라고 을러메었다. 그 이유를 캐묻어보니 3등객에게는 작은 배를 따로 마련하였다고 대답하는 것이었다. 그래서 분을 참고 배에서 내렸다. 때마침 돛배 한 척이 와서 정박하자 여행객들은 그 배에 오르려고 밀려들었다. 그런데 선원이 갑자기 승선 거부 명령을 내렸다. 이 돛배는 남하하는 기차에 옮겨 실을 무기를 가득 싣고 운반하는 중이므로, 무기를 다 실어 나른 다음에야 여행객을 태운다는 것이었다. 그래서 다시 쫓겨나 길섶에 3시간이나 서 있었다. 하급이 이처럼 고초를 겪는 판이니, 하물며 등급 없는 사람들은 더 말해 무엇하랴.

車到良王莊停止. 因水冲不通, 備汽船載客, 換給船票. 余持票先登, 小頃有人查票, 迫余下去. 詰其故, 彼答三等客另備小船. 乃忍氣而下, 適有一風帆來泊, 衆欲擁上. 忽由船上下令拒之, 該船因滿載兵器, 移運南下火車, 等運完始許客上. 故再見逐, 立于路隅歷三時之久. 苦哉下等, 況無等.

차가 없어 양왕장 두둑을 떠나지 못하고	良王莊畔出無車
바람 부는데 내몰리어 한숨만 쉬누나.	逐客臨風空自歔
하급의 고생이 무급보다 낫다마는	下等猶勝無等苦
세 시간이야 팔 년에 비하겠는가.	三鐘八祀較何如[2·3]

주석

1 良王莊양왕장 : 중국 天津市(천진시) 서남부, 靜海區(정해구) 북부의 작은 마을. 명청대(明清代) 육군 기층군관(基層軍官)이 주둔하던 곳이며, 1908년에 건설되기 시작하여 1912년 개통된 津浦(진포 : 天津-南京 浦口 간) 철로의 경유지

2 祀사 : 년(年). 〈작품 계년(繫年) 작업과 그 기준〉 참조.

3 세 시간도 이처럼 지루한데, 1910년 경술국치(庚戌國恥)로부터 8년이 지나도록 암담하여 무한정 기다려야 할 것 같다는 무력감을 표현한 것이다.

해설

■ 1917년 9월 20일 즈음

따르는 사람도 없는 낯선 지역에서의 여행. 무례한 푸대접과 기다림을 이어가며 다다른 곳은 결국 벗어날 길 없는 망국민의 슬픔이었다. 1917년 정사년 일기 중에 한 작품이다.

어느 친구에게 보내는 편지
柬[1]某友

옛 수도에 사는 어느 친구가 천리 밖으로 특별히 사람을 보내 간곡한 편지를 전하였다. 글을 쓰려니 생각만 착잡하고 답할 말이 없어, 오언시 8행을 지어 편지를 대신한다.

故都[2]某友, 千里專人, 致書殷殷, 臨穎[3]百感, 無辭可答, 仍題四句, 以爲代柬.

한량없고 다함없는 진리를	無量無盡法
하나의 붓 끝에 모아 두노라.	轉集一毛端[4]
큰 가치를 일상 속에서 행하고	大道行吾素
옛 언약을 변함없이 지키라.	舊盟保歲寒
세태는 순식간에 천만 번 변화하니	風雲瞬萬變
괴로움도 변하여 깨달음이 되는도다.	苦變達三觀[5]
그 나머지야 말과 글 밖에 있는 것	餘在言文外
자신의 마음에서 길을 찾으라.	求諸方寸間

주석

1 柬간 : 편지를 보내다

2 故都고도 : 〈到南京留南洋第一樓(남경에 도착하여 남양 제일루에 묵으며)〉 시에서의 "故都新象入雙眸" 구절에서는 중국의 고도 남경(南京)을 가리킨 것이지만, 이곳에서는 〈悼故友血兒君(오랜 벗 혈아 군을 애도하다)〉의 '由故都遁身渡海上(고국의 수도로부터 몸을 숨겨 바다를 건너왔다)'에서와 같이 '고국의 수도 서울'을 가리킨다.

3 臨穎임영 : 붓을 잡다.
穎영 : 이삭, 붓 등 끝이 뾰족한 것

4 轉전 : 『통용본』에는 '談'으로 되어 있으나, 두 구절에 담긴 '크기'의 대조(對照)를 극화시키는 '轉'이 더욱 온당하다.

5 괴로움도 생각을 달리하면 달관에 이르는 길이 된다는 뜻으로 보인다.

해설

▲ 1917년 9월 20일 즈음

변화무쌍한 세태 속에서 괴로움을 토로한 고국의 벗에게 보낸 간명한 충고의 편지이다. 1917년 가을 여행시들 사이에 실려 있는데, 여행 도중에 보낸 것인지 여부와 보낸 대상이 불분명하다. 앞 뒤 수록된 시들의 제작 시기가 분명하여 그대로 1917년노에 계년하였다.

진문에 도착하여 수재 현장을 살펴보다

到津門觀水災[1]

일본 거리 상점들은 모두 배가 되고	倭街商店盡爲船[2]
우성의 농촌에는 밭이 보이지 않네.	禹城農村不見田[3]
질펀하게 펼쳐진 참상을 막을 수 없으니	浩浩洋洋成莫遏[4]
세상사 급히 구하려면 하늘을 돌려세울 수밖에.	亟脩人事倘回天[5·6]

주석

1 津門진문 : 天津(천진)시의 별칭

2 물에 잠겨 건물의 꼭대기만 보인다는 의미

3 禹城우성 : 山東省(산동성) 德州市(덕천시) 일대

4 遏알 : 막다

5 亟극 : 빠르다

6 脩수 : 닦다(修)

해설

■ 1917년 9월 20일 즈음

아침에 진문을 떠나며

早發津門

온 천지가 물판인데 새벽에 배에 오르니　　江湖滿地曉登船
수없는 기러기들이 무논에 가득하네.　　無數哀鴻匝水田[1·2]
그 옛날 팽조와 하우를 지금 찾아볼 수 없어　　彭禹千秋今不在[3]
중생들은 그저 '하늘도 무심하다'만 외치네.　　衆生徒喚奈何天[4]

주석

1 哀鴻애홍 : 추위와 배고픔으로 우는 난민들을 기러기 울음소리에 비유하는 어휘이다.

2 匝잡 : 두루

3 彭禹팽우 : 800세를 살았다는 신선 彭祖(팽조)와 황하의 범람을 치수(治水)사업으로 막았다는 夏(하)나라 禹(우) 임금.

4 奈何내하 : 어이하리오

해설

■ 1917년 9월 20일 즈음

배 안에서의 기도

舟中願禱

같은 날 지음·同日

단층집 억만 칸을 내려주시고	願賜平房億萬間
진수성찬 산더미처럼 쌓아주소서.	珎羞美穀積如山
한없는 자애와 의로움의 이불을 펼치시어	仁經義緯無量被
굶주림과 추위에서 중생을 구하소서.	救我衆生饑且寒

해설

■ **1917년 9월 20일 즈음**

天津(천진)은 太行山(태항산)과 燕山(연산) 사이의 평야지대에 위치하여 永定河(영정하), 北運河(북운하) 등의 여러 강과 운하들이 모여드는 지형적 특색으로 1939년까지 여러 차례 대홍수가 일어났는데, 1917년 가을 華北(화북) 지방의 태풍으로 인한 폭우로 五大河(오대하)와 수십 개 지류들이 동시에 물이 불어서 제방이 무너지고 천진시 인근 100여 縣(현)이 물에 잠겼다. 특히 9월 중순에는 천진시 남쪽 운하의 제방이 무너졌고, 21일 이후에는 梁王莊(양왕장)부터 양류청(楊柳靑)에 이르는 강물이 연속적으로 10여 군데 이상 무너졌다. 24일에는 천진시 서쪽과 남쪽이 전부 물에 잠기고, 동·북·중부도 부분적으로 침수되었다. 이로 인해 수십만 명이 집을 잃었고, 천진시와 외부로 연결된 수륙교통 전부가 발이 묶였다.

1917년도 이 대홍수의 정경을 안타까이 바라볼 수밖에 없었던 예관 선생은 천진 근처에서 하루를 묵고서, 이 작품을 비롯하여 〈到津門觀水災(진문에 도착하여 수재 현장을 살펴보다)〉, 〈舟中願禱(배 안에서의 기원)〉과 같은 연작을 남겼다. 둥지를 잃고 헤매는 중생들의 고통을 목도하자, 나라 잃은 슬픔도 잠시 잊은 채 그들의 회복을 하늘에 기도하는 선생이시다.

초가지붕이 가을바람에 날아가 버려 비바람에 떨면서도, 천만 간의 큰 집을 얻어 모든 이들이 걱정 없이 살아갈 수만 있다면 나의 집이야 허물어져도 괜찮으리라는 시인 杜甫(두보)의 사랑을 생각나게 하는 작품이다.

고려사에서 감회를 읊다

高麗寺題感[1]

적산에 해 기울 제 사찰을 방문하니	赤山斜日訪沙門[2]
현회서림은 산골 마을 같으네.	玄會西林似峽郈[3]
천년 석상은 석가모니를 우러르고	石像千年瞻佛祖[4]
만 리 떠도는 나그네는 왕손에 눈물짓네.	萍蹤萬里泣王孫[5·6]
사철 내내 향불은 중생의 복을 빌고	四時香火群生福
한 조각 정갈한 땅에 고국의 얼 서려있네.	一片淨乾故國魂[7]
제일 돌아보기 괴로운 곳은	最是難堪回首處
눈물겹게 몇 칸만 남은 옛 사당일세.	可憐古廟數間存[8]

주석

1 高麗寺고려사 : 중국 杭州(항주)에 있는 절. 927년(後唐) 吳越王(오월왕) 錢鏐(전류)에 의해 창건되어 '慧因禪寺(혜인선사)'라고 불렀다.

고려(高麗) 왕자승(王子僧)인 대각국사(大覺國師) 의천(義天)이 이곳에서 『華嚴經(화엄경)』을 배우고 귀국하여 『金藏經(금장경)』 500부를 보내고, 중창을 도운 뒤부터 '항주 고려사'라고 하였다. 華嚴祖師(화엄조사)인 淨源法師(정원법사)를 찾아 의천이 이 절에 머문 것은 1085년(성종 2)이었다. 당시 고려사는 퇴락하여 있었는데, 의천이 많은 건물을 세웠다. 의천이 재건한 건물은 대웅전·윤장전(輪藏殿)·천왕전(天王殿)·묘응전(妙應殿)·천불각(千佛閣)·화엄경각(華嚴經閣)·칠조당(七祖堂)·종루(鐘樓)·가람당(伽藍堂)·고려사(高麗祠)·벽선각(碧鮮閣)·선당(禪堂) 등이다. 특히 화엄경각은 고려국의 칙명에 따라 금자화엄경(金字華嚴經)을 봉안하기 위하여 건립한 것이다. 고려사에는 의천의 소상(塑像)도 봉안하였다. (1925년 김소원이 『불교』 8호에 기고한 글에는, 1923년 예관 선생의 가족과 권기옥 선생 등이 이곳을 찾아 의천 소상을 모시고 찍은 사진이 실려 있다. 453쪽 참조)

뒷날 이 절은 몇 차례에 걸친 전쟁으로 참화를 입었다가, 1757년 청나라 황제가 방문하고, '法雲寺(법운사)'라 사액하였다.

2 赤山**적산** : 항주에 있는 赤山埠(적산부)이다. 埠는 선창.(艙艙 : 물가에 다리처럼 만들어 배가 닿을 수 있게 한 곳)

3 玄會**현회** : 당나라 때 고승(高僧) 이름을 딴 지명.

한국 잡지 『佛教(불교)』 8호에 기고한 김소원(金素園)의 글에 "玄會西林은 '高麗寺'란 현판이 달리기 전에 걸렸던 현판"이라는 부분이 있다. 해설 참조.

邨**촌** : 마을

4 佛祖**불조** : 석가모니

5 王孫**왕손** : 고려 제11대 왕 문종의 아들인 대각국사 의천

6 萍蹤**평종** : 부평초 자취. 정처 없이 떠돌다.

7 淨乾**정건** : 1934년 11월 1일자 발행한 한국 잡지 《삼천리》6권 제11호 〈憶杭州高麗寺, –高麗寺는 中國絶勝杭州에 잇다〉라는 논설 기사에는 이 시의 제6구 중의 시어가 "淨乾"으로 실려 있다. 〖필사본〗에는 "淨乾"으로 실려 있다. 〖통용본〗에는 '乾淨'으로 되어 있다. 중국어로 '乾淨(干淨, 干凈)은 '깨끗하다'는 뜻이다. 따라서 '淨乾'이 오기(誤記)일 가능성이 없진 않지만, 우리말의 '정갈하다'는 어감에 가까운 〖필사본〗의 어휘를 채택하였다.

8 古廟**고묘** : 고려사에 있는 전각 중, 고려왕사(高麗王祠)를 지칭한 듯하다. 고려왕사는 고려 대각국사 의천(義天)의 은혜에 보답하기 위해 지은 사당이다.

해설

▲ 1917년 가을

예관 선생이 항주에 있는 고려사를 발견하고 다듬어 '高麗寺'라는 편액과 영련(楹聯)을 걸게 된 경위에 대해서는 다른 견해들이 존재한다. 1923년 엄항섭(一波 嚴恒燮, 1898~1962)이 이곳을 방문한 후 한국 잡지 《東明(동명)》 제2권 제12호(37호)에 기고한 1923년 5월 13일자 "高麗寺!"란 글과, 1925년 김소원(金素園)이 한국 잡지 『佛教(불교)』 8호에 초기(抄寄 : 베껴 붙인)한 김추계(金秋溪)의 1922년 작 "高麗寺歌" 내용들을 정리해 보면 다음과 같다.

한국 유학생이자 예관 선생의 아우 신건식(三岡 申健植, 1889~1963) 선생이 항주 학교에 입학하여 다니게 되던 중, 항주 西湖(서호)에 얽힌 『西湖志(서호지)』란 책에서 高麗寺(고려사)라는 이름을 발견하게 되었고, 그 즉시 서호 근처에 있는 크고 작은 사찰들을 다니며 조사한 끝에 法雲寺(법운사)란 절 이름 밑에 高麗寺(고려사)란 이름이 붙어있음을 발견하게 되었다. 그리고 그 해에 예관 선생도 이곳을 찾아 즉시 위령제를 지내고, 그 후 백방으로 노력하여 고려사 중수비용을 마련해서 단출한 수리를 하고 편액과 영련을 지어 걸었다.

'신건식 김용준 2명이 上海(상해) 吳淞 路鑛學校(오송노광학교)에 입학하였다'는 1913년 8월 11일(* 9월 11일)자 기록과, 싱가포르에서 '西湖(서호 : 杭州 소재(필자 주))에 있는 벗 신건식을 생각하였다(* 학교에 다니고 있다는 표현은 없다)'는 정원택의 1916년 6월 13일(* 7월 12일)자 『지산외유일지』의 기록 등에 비추어볼 때, 고려사 명칭의 발견은 신건식이 杭州(항주)에 있는 浙江公立醫藥專門學校(절강 공립 의약전문학교)를 다닐 즈음에 이루어졌음을 짐작해볼 수 있다. 예관 선생의 방문은 신건식이 발견한 그 해 가을에 이루어진 것으로 보이는데, 이처럼 발견과 방문의 시기에 대해서 예관 선생과 함께 생활하였던 민석린(閔石麟)은 1915년이라고 회고한 반면에 엄항섭(嚴恒燮)과 김소원(金素園)은 1917년이라고 하여, 견해차가 있다.

1913년 8월(* 9월) 신건식이 입학했다고 하는 상해 吳淞(오송)에 路礦學校(노광학교)는 실재하지 않고, 陳其美(진기미)의 아우 진립부(陳立夫, 1900~2001)가 같은 해부터 4년간 다녔다는 상해 南洋路鑛學校(남양 노광학교)를 정원택이 잘못 알고 있었던 듯하다. 이곳의 학제는 2년의 예과(豫科)를 포함한 4년제이다. 같은 해인 1913년 이 학교에 입학한 진립부는 4년, 여덟 학기 과정 중에 일곱 학기 우등상을 받았다는 기록이 있고, 교사들도 한 학기 단위로 모집한 것을 보아, 예과는 네 학기를 마쳐야 되는 것임을 알 수 있다. 따라서 1913년 9월 입학한 신건식이 예과만 마쳤다 하더라도 네 학기 후인 1915년 9월은 되어야 졸업이 가능하였을 터인데, 1915년 가을에 바로 학업을 이으러 항주에 가서 입학하고, 곧 이어 고려사의 기록을 발견하고 탐사에 나섰다고 하기에는 무리가 있어 보인다.

杭州(항주)의 浙江公立醫藥專門學校(절강 공립 의약전문학교)는 시험을 보아 합격하여야 입학할 수 있었던 학교로서, 학제는 분명치 않으나 당시 北京(북경)에 최초로 설립된 醫學專門學校(의학전문학교)의 1917년도 3월 첫 졸업생이 4학년이었던 것과, 1955년도에 발간한 『韓國魂(한국혼)』 저서에 신건식 선생이 1921년도에 浙江公立醫藥專門學校(절강 공립 의약전문학교)를 졸업하였다는 기록을 종합해 본다면, 그가 '입학하여 다니며 항주 고려사를 발견했던 시기', 그리고 '같은 해 예관 선생이 방문한 시기'로 엄항섭(嚴恒燮)과 김소원(金素

園)이 제시한 1917년이 온당해 보인다.

작품 첫 구절의 '訪(방문하다)'라는 시어와 이 절의 옛 편액 '玄會西林'이 작품 안에 등장한 것, 시의 쓸쓸한 의경(意境)과 위 기록들을 연관지어볼 때, 이 〈고려사에서 감회를 읊다〉 시는 1917년 신건식의 탐색과 발견 후, 예관 선생의 첫 방문을 기해 쓴 작품이라고 보는 것이 타당하겠다. 〈高麗寺楹聯(고려사 기둥에 쓴 시구 한 쌍)〉 시 해설 참조.

杭州(항주) 고려사에서 부인 조정완 여사, 아우 신건식, 여성 독립 지사 권기옥 등 1923 (영련이 보임)

오랜 동지이자 아우 우천께 부침

寄藕泉仁棣老同志[1]

가을이 되어 거동하시기 또 어떠하신지 秋來動止更何如
그사이 서로 잊은 듯 기별이 뜸하였구려. 殆若相忘魚雁踈
만 리 밖 나그네 헛된 꿈만 꾸던 중 萬里枉勞孤客夢[2]
일곱 해 만에 옛 친구의 편지를 받았소. 七年始見故人書[3]
그대의 헌신성은 귀감으로 빛나는데 鞠躬盡瘁君爲亮[4·5·6]
넋 잃고 통곡하는 나는 신포서에 부끄럽구려. 哭急無靈我愧胥[7]
간곡한 그 언약 잊지는 않으셨으리 一約慇懃能不負[8]
나의 산 나의 강에 나의 집 지으리라던. 吾山吾水有吾廬[9]

주석

1 藕泉우천 : 조완구(趙琬九, 1881~1954)의 호(號). 조선왕조 말에 풍양 조씨 명문가에 태어나 대한제국 시기 관료로, 창강(滄江) 김택영(金澤榮), 김교헌(金敎獻), 장지연(張志淵) 등과 조선의 역사·문화·제도가 담긴 『增補文獻備考(증보문헌비고)』 편찬에 참여한 학자였다.

을사늑약 이후 1908년 정치단체인 〈대한협회(大韓協會)〉에 가입하여 활동하였다. 1909년 나철(羅喆)이 민족종교인 단군교(檀君敎)를 중광(重光)하자 이에 적극 참여하였다. 단군교에 입교할 당시 그의 교명(敎名)은 '양(亮)'이었고, 이듬해 대종교 전교사인 시교사(施敎師) 및 대종교규칙기초위원으로 활동하였다. 1915년 5월 대종교를 포교할 목적으로 북간도로 망명하여, 용정(龍井) 일대 수많은 동포를 상대로 약 3년간 선교활동에 종사하였다.

1919년 3월 말 즈음 동지들과 상해로 와서, 프랑스 조계(租界) 내 김신부로(金神父路) 22호에 대한민국임시정부 수립을 위해 활동하며 예관이 타계할 때까지 우정을 이어갔다. 이후 1945년 11월 중국 중경(重慶)으로부터 귀국할 때까지 27년간 지조를 지키면서 독립운동에 종사하였다. 임시정부의 안살림을 도맡아 하면서 독립운동에서 중요한 역할을 담당했던 여성 독립운동가 정정화(鄭靖和, 1900~1991)의 『長江日記(장강일기)』에 따르면, 우천 선생은 "임시정부에서 가장 곧고 용기 있는 이"였다. 정부는 1989년 건국훈장 대통령장을 추서하였다. 〖통용본〗에는 耦泉으로 되어 있으나, 〖필사본〗에는 藕泉으로 되어 있고 부제(副題) '趙琬九' 세 글자가 없다. 〖필사본〗을 따른다.

2 枉勞왕로 : 헛되이 애씀

3 七年칠년 : 선생은 시간 경과를 표시하는 '年'의 경우, 시작연도를 포함하여 계산하셨다. 〈작품 계년(繫年) 작업과 그 기준〉 참조.

4 鞠躬국궁 : 겸손하게 행하다

5 瘁췌 : 병들다. 고달프다. 근심하다.

6 단군교에 입교할 당시 조완구가 받은 교명(敎名)이 '양(亮)'이었음을 빗대었다.

7 愧胥괴서 : 중국 楚(초)나라 昭王(소왕) 때의 대부(大夫) 申包胥(신포서)의 공에 미치지 못함을 한탄한다는 뜻. 초나라가 吳(오)나라의 침략을 받아 국가의 운명이 위태롭게 되자, 신포서가 秦(진)나라에 들어가 哀公(애공)에게 구원병을 요청하면서 7일 동안 먹지도 않고 울면서 초나라의 절박한 상황을 호소하였다. 이에 애공이 그의 정성에 감동하여 구원병을 보내어 초나라를 도와 안정시켰다. 『사기(史記)』 〈오자서전(伍子胥傳)〉. 예관의 『한국혼』 서문, 〈寄夢巖(몽암께 부침)〉, 〈寄韓興君(한흥 군에게 부침)〉, 〈寄南社(남사에 부침)〉 등에도 유사한 표현이 있다.

8 能不負능불부 : 지키지 않을 수 있는가? 지키지 않을 수 없다.

9 吾山吾水有吾廬오산오수유오려 : "吾亦愛吾廬(나도 내 집을 사랑한다네)" 東晉(동진) 陶淵明(도연명, 365~427) 〈讀山海經(산해경을 읽고서)〉. 예관 선생의 사무친 고향 그리움을 표현한 구절이다.

〈自題吾廬(나의 집을 읊다)〉, 〈題水邨第五圖贈芝珪('수촌 제5도'에 시를 써서 지규께 드림)〉 又(其3,필자 주), 〈題汕廬圖(산려도를 읊다)〉 시 해설 참조.

해설

■ 1917년 가을

우천 조완구 선생은 본래 한성대 법과를 졸업한 온건한 학자였으나, 을사늑약 이후《대한협회》에 가입하여『民法總論(민법총론)』을 강론하며 헌법과 법률에 대해 증가된 국민적 관심에 부응하는 등, 계몽운동에 앞장섰다.

그러던 중 국내 1911년 2월 16일자《每日申報(매일신보)》에는 "大倧教 敬拜日에 내규 등을 발표하고 교직과 임직을 정하였는데, 교직은 교리조예에 따라 지교참교만을 정하고, 임직은 典務에 柳瑾, 부전무에 김교헌, …庶務部長은 조완구, …經理部長은 신규식"이라는 기사가 게재되어, 예관 선생이 망명하던 해 상반기까지 함께 대종교 활동에 적극 참여하였음을 확인할 수 있다.

우천 선생은 1915년 5월 북간도 龍井(용정)으로 망명하여 1918년까지 대종교 선교활동에 전념하였고, 1919년 상해로 가서 임시정부 수립을 위해 활동하였다.『大倧教重光六十年史(대종교 중광 육십 년사)』에는 홍암 나철 선생이 타계하신 1916년 서울에서 화장한 선생의 유해를 만주 화룡현 삼도구 청호 언덕으로 옮겨 11월 20일(* 12월 14일) 안장할 때, 사교(司教) 우천 선생이 추모문(追慕文)과 애사(哀辭)를 짓고 장례의 중요한 역할을 하였다는 기록이 있다.

위 시에서 거의 소식이 끊기다가 일곱 해 만에 서신을 받았다는 시 구절을 통해, 예관 선생은 1911년 2월 대종교 임무를 함께 맡고 있다가 그 해 망명한 지 7년 뒤인 1917년 가을 조완구 선생으로부터 서신을 받고, 이에 대해 답한 시로 판단된다.

예관 선생의 〈自題吾廬(나의 집을 읊다)〉 시 "吾愛吾廬廬愛吾(나는 나의 집을 사랑하고 집도 나를 사랑하네)" 구절과 이 시의 "吾山吾水有吾廬(나의 산 나의 강에 나의 집 지으리라고)" 구절은 나와 집, 조국 산하를 잇는 방식이 흡사하다.

계민께 드림

贈界民[1]

황개민·黃介民[2]

기념일에 여러 동지들과 함께 영남루에 모여 식사를 하였는데, 계민, 재재, 소앙, 함인, 국신, 석석 등이 다 같이 시를 써서 주고받았으니, 원운에 화운하며 흠모하는 마음을 기록한 것이다. 시의 교졸을 상관하지 않고서 계민에게 써서 주었다.

紀念日[3]與諸同志聚餐嶺南樓,[4] 界民梓材[5]蘇印[6]涵人[7]國臣[8]石石[9]均以詩相贈, 卽和原韻以誌欽佩.[10·11] 巧拙非所計, 仍寫贈界民.

풍운아들 한자리에 모이니	風雲會一堂
같은 기운으로 서로 구하는 자들이라.	同氣相求者[12]
밝은 혈기, 성인에 가깝고	明血格神人[13]
묘한 향기는 천지에 가득하도다.	妙香滿天下

주석

1 『필사본』에는 서문에 해당하는 부분만 제목처럼 쓰여 있다. 다른 시들과의 구분을 위해 편의상 서문(序文)의 마지막 구절이기도 한 『통용본』의 제목(題目) 및 부제(副題)를 채택하고자 한다.

2 黃介民황개민 : 1883~1956. 이름은 각(覺), 호는 개민(介民), 중국 혁명가(中国革命家). 武昌起義(무창기의)에 호응한 후, 1913년 일본에 유학하여 중화혁명당에 참가하고 반 원세개 활동을 하다가 1916년 7월 8일 陳其尤(진기우) 등과 함께 新亞同盟黨(신아동맹당)을 조직하였다. 1916년 귀국하여 新亞事業(신아사업)을 발전시켰으며, 1919년에 한국 동지들을 도와 대한민국임시정부를 세우는 데 크게 기여하였다. 정부는 1968년 건국훈장 독립장을 추서하였다.

중국인명사전에 介民(개민) 외에 界民(계민) 호(號)는 보이지 않는데, 온 세계의 평화를 추구하는 인물이라는 뜻에서 예관 선생이 붙여준 듯하다.

3 紀念日**기념일** : 신아동맹당은 본래 1916년 동경에서 황개민 주도로 결성되었고, 1917년 12월 28일 上海(상해) 嶺南樓(영남루)에서 上海本部(상해본부) 설립대회가 열렸는데, 회의에서 이날을 新亞同盟黨(신아동맹당) 제2기념일로 정했다.

4 嶺南樓**영남루** : 淸末(청말) 民國初(민국 초), 상해 福州路(복주로)에 있던 12개 서양식 연회장 중 하나. 南社(남사) 제3차 雅集(아집 : 문인 모임) 저녁 모임이 열리기도 한 장소이다.

5 梓材**재재** : 신아동맹당 중국 본부 책임자, 姚浄生(요정생)

6 蘇卬**소앙** : 한국인 조소앙(趙素昂)

7 涵人**함인** : 安南(현 월남)人 阮海臣(완해신)

8 國臣**국신** : 安南(현 월남)人 黃国臣(황국신)

9 石石**석석** : 波斯(페르시아 : 현 이란)人 李石石(이석석)

10 和韻**화운** : 대표적인 예가 東晉(동진) 시인 陶淵明(도연명, 365~427)의 맑고 소박한 시풍을 흠모하여 시운(詩韻)을 따라하며 화답한 宋(송) 蘇軾(소식, 1037~1101)의 和陶詩(화도시) 109首이다.

11 欽佩**흠패** : 흠모하는 마음

12 同氣**동기** : 동기상구(同氣相求). 『易經(역경)』에 '同聲相應, 同氣相求(같은 소리끼리 상응하고, 같은 기운끼리 서로 구한다)'라 하였다. 즉 기풍(氣風)과 뜻이 같은 사람은 서로 동류(同類)로 찾아 모인다는 뜻이다. 同志相求(동지상구). 〈寄徐血兒(서혈아께 부침)〉 시 참조.

13 格**격** : 가닿다. 겨루다

해설

■ **1917년 12월 28일**

황개민 선생은 1913년 일본 유학 후 1916년 중국으로 돌아와 新亞同盟黨(신아동맹당) 활동을 펼치면서 한국인 김광일(金匡一) 선생을 통해 엄천주(嚴天柱) 선생 등을 만났고, 1917년 초 무렵 北京(북경)에서 다시 그의 소개로 예관 선생과 신헌민(申獻民) 선생 등을 만났다. 예관 선생 일행이 이 해 5월 조선사회당(朝鮮社會黨)을 결성하고, 8월 말 스톡홀름에서 열린 만국사회당대회에 조소앙(趙素昂) 선생을 파견하게 된 데에는 황개민 선생이 주도하는 신아동맹당의 영향이 컸다. 그는 1917년 상해로 온 후 한국인들과 더욱 가까워지기 위해 그들이 많이 모여 사는 寶岡里(보강리)로 거주지를 옮기기까지 하였다고 한다.

예관 선생이 화운(和韻)했던 황개민의 원시(原詩)는 〈贈新亞同盟黨諸同志(신아동맹당 여러 동지들께 드림)〉으로, 내용은 다음과 같다. "四海會風雲, 同是椎秦者. 相期各努力, 定國平天下(시대의 부름 받고 천하에서 모였으니 / 모두 한결같은 용사들일세. / 저마다 혼신을 다 하길 기약하노니 / 나라를 평정하고 천하를 구하리라고)." 예관의 위 시 제2구와 4구 끝 글자가 이 시의 '者' '下'로 같으며, 상성(上聲)의 馬韻에 속하여 화운(和韻)한 것이다.

그는 또한 1920년 예관 선생이《震壇(진단)》잡지를 발간했을 때에는 본인이 맡고 있던 『救國日報(구국일보)』에 축시를 썼고, 예관 선생이 타계한 지 여러 해 지난 1928년에는, 살아생전 선생이 고향을 그리워하며 엮어놓았던 산려도(汕廬圖) 권축(卷軸)을 회고하면서 〈題申睨觀汕廬圖(신예관의 산려도를 읊다)〉라는 제화시(題畫詩)를 남겼다. 1922년 10월 예관 선생이 타계하여 안장(安葬)할 때는 추모 연설을 하며 깊은 애도를 표하였다. 〈題汕廬圖(산려도를 읊다)〉 시 참조.

일기 · 日記

당소천께 보내는 편지

送唐少川書[1][2]

연하장을 동봉하며, 지난 밤 감회를 읊조린 율시 한 수를 씁니다·附年賀狀並書去夜感詠四律一首[3]

세모에 먼 데로 와 홀로 누대에 기대니	歲暮天涯獨倚樓
온갖 풍경 서글프고 새삼 수심이 이네요.	蒼凉萬境動新愁
미친 이 녀석이 무한정 매달리다 천겁이 지났고	狂奴漫弔經千刼[4·5]
아픈 세월 서로 나누며 또 한 해를 보내네요.	痛曆疇憐添一籌[6]
한나라 선비가 이제껏 나라 도울 일을 생각했던 것은	漢士祇今思相國[7]
진나라 조정이 자고로 중원에 있어왔기 때문이라고	秦庭從古在中州[8]
춘신강 가에 오래도록 서서는	春申江上多時立[9]
내게 두런두런 바라는 바를 말했지요.	謂我纍纍有所求[10]

주석

1 『필사본』에는 제목 위에 작은 글씨로 '日記'라고 적혀 있다. 이를 택한다.

2 唐少川당소천 : 唐紹儀(당소의, 1862~1938), 字(자) 少川(소천). 廣東(광동) 香山縣(향산현) 태생으로, 12세에 미국으로 유학하여 콜럼비아 대학에서 배웠다. 1883년 12월부터 조선(朝鮮)의 부산세무사 방판으로 시작하여 주조선한성영사(駐朝鮮漢城領事),주조선총영사(駐朝鮮總領事), 청정부총리총판(清政府總理總辦) 등을 역임하다가 청일 전쟁 후 귀국하였다. 신해혁명 후 1912년 3월 원세개의 신임을 받아 中華民國(중화민국) 초대 國務總理(국무총리)로 임명되어, 孫中山(손중산)을 중심으로 하는 同盟會(동맹회)에 가입하고 회원들을 중용하는 등 개혁을 주도하려 하였으나, 원세개는 손중산과 약조한 約法(약법)을 지키지 않고 왕정제인 제정(帝政)으로 회귀하려는 등 전권을 휘둘러, 6월 사직하였다.

이후 원세개 치하에서 1916년 다시 재무총장직을 임명받기도 하였으나 곧 사퇴하고,

1917년부터 18년 5월까지, 20년 11월 말부터 22년 8월까지 광동(廣東)으로 가서 段祺瑞(단기서)의 北洋政府(북양정부)에 대항하며 護法運動(호법운동)을 펼친 손중산을 따랐다. 해설 참조.

3 四律**사율** : 오언(五言)이나 칠언(七言)으로 여덟 짝. 곧 율시(律詩)

4 狂奴漫弔**광노만조** : 미친 녀석이 무한정 매달리다. 구국(救國)을 위해 본인이 몸을 사리지 않고 매진한 일을 겸손하게 표현한 것. 광노(狂奴)는 독립지사 박은식(朴殷植)이 태백광노(太白狂奴)라는 자호(自號)를 썼듯이, 일념으로 일에 몰두하는 자신을 가리키는 어휘로 쓰였다.

5 刼**겁** : 오랜 시간. 〈和孟碩獄中原韻(맹석이 옥중에서 지은 시운에 화답함)〉又(其3, 필자 주), 〈京津同志被捕(북경과 천진의 동지들이 체포되다)〉, 〈舊正十三曉起(정월 열 사흗날 새벽에 일어나)〉 시 참조.

6 添一籌**첨일주** : 또 한 해가 지나다. 〈答朴白菴書附詩(박백암 선생님께 답하며 시를 첨부합니다)〉 시 참조.

7 漢士**한사** : 뒤의 '秦庭'과 대비를 이루는 개혁적인 인사를 뜻한다. 신해혁명을 전후하여 '漢興秦滅(한흥진멸)'은 '신체제의 수립과 구시대 타파'를 뜻하는 용어로 사용되었다. 당소의가 원세개 치하에서 다시 중요인물로 부각되던 시기부터 北洋政府(북양정부)의 일원이기를 거절한 1916년 9월 말경까지, 국내에서도 1916년 4월 23일, 7월 7일, 9월 30일자 《每日申報(매일신보)》 기사에서 '그의 향방이 1차 대혁명보다도 더 큰 남북(南北) 대결을 예고하는 혼란의 조짐'이라고 예측하는 등, 초미의 관심사였다.

8 秦庭**진정** : 중국 전래의 왕조를 뜻한다.

9 春申江**춘신강** : 상해의 黃浦江(황포강). 申(신)은 戰國時代(전국시대) 春申君(춘신군)의 봉지(封地 : 하사받은 영토)였기에 붙여진, 상해의 별칭이다.

10 纍纍**유류** : 연이어서, 거듭하여

해설

■ **1917년 세모**

세모에 상해에서 쓴 작품이다. 당소의는 손문에게 양위 받아 대총통이 된 원세개 치하에서 1912년 3월 국무총리직을 맡기는 하였으나 6월에 곧 사퇴하고, 1914년부터 상해에 줄곧 머무르면서 기업을 경영하였다. 1916년 5월 段祺瑞(단기서)가 내각을 조직하면서 그를 외교총장으로 임명하여, 帝政(제정)에는 극력 반대하면서도 마지못해 9월 17일 취임하였으나, 北洋系(북양계) 督軍團(독군단)의 반대로 열흘 남짓 뒤인 9월 29일 사직하였다. 이후 1917년 8월 廣州(광주)로 남하한 孫中山(손중산) 軍政府(군정부)의 護法運動(호법운동)에 참가하면서, 재정부장에 임명되었다.

그의 광주행은 1920년 말에도 있었지만, 일찍이 淸(청) 정부의 일원으로서 원세개의 신임으로 고위직에 올랐고, 辛亥革命(신해혁명) 때는 원세개 측 대표로서 革命黨(혁명당)과 평화교섭을 진행하면서, 청 정부 요인들에 대한 예우를 마련하는 데도 상당한 역할을 한 온건한 인물이었기에, '오래도록 중원에 자리 잡았던' 왕조에 대한 안타까움과 진보적인 지식인(漢士)으로서의 방황과 갈등 끝에, 손중산을 따라 광주로 내려가기로 결정하고 1917년 7월 즈음 예관 선생에게 속마음을 털어놓았던 것 같다.

'천겁의 시달림' 속에 '수심을 일으키는 온갖 처량한 지경'의 1917년 연말연시에, 예관 선생은 멀리 있는 지기(知己)에게 연하장과 동병상련의 정이 담긴 시를 보냈다.

음력 정월 초하룻날 신민리 댁을 방문하여

舊曆元旦訪新民宅

음력 정월 초하룻날 신민리(新民里) 댁을 방문하였을 때 벽매(碧邁)가 제석시(除夕詩)를 보여주었는데, 처절하여 차마 끝까지 읽을 수 없었다. 처소에 돌아와 '망산도(望汕圖)'의 원운(原韻)에 따라 시를 지었지만 감춰두고 발표하지 않고서 내년을 기다리려고 하였는데, 소앙(蘇卬)의 시구에도 감춘 뜻이 많은 것을 보고서 이 시를 그에게도 보여주노라.

舊曆元旦訪新民宅[1], 碧邁[2]以除夕詩見示[3], 悽絶不忍卒讀.[4] 歸寓望汕圖步原韻,[5] 秘而不發, 以待明年. 及見蘇卬[6]句, 亦多隱意, 遂以此相示.

검은 쇠용이 날아가는 푸른 바다 해안	黑鐵龍飛碧海灣[7·8]
푸른 하늘에 호랑이처럼 우뚝 선 백두산	靑天虎立白頭山
그 사이 장한 인사들 구름처럼 모여	此間將士如雲集
만세의 함성 속에 웃음꽃 피네.	萬歲聲中共解顔

주석

1 新民宅신민댁 : 예관의 아목루에는 '新民'과 연관된 지명이 세 차례 나오는데, '新民故宅'〈英士我兄靈右(우리 영사 형 영전에 바침)〉 시, '新民里'〈碧浪湖畔恨人談(벽랑호반에서 한인이 하는 이야기)〉, 그리고 이 시에서의 '新民宅'이다. 해설 참조.

2 碧邁벽매 : 南宋(남송) 때 다재다능했던 문인 洪邁(홍매 : 1123~1202)를 연상시키는 碧草(벽초) 홍명희(洪命憙) 선생을 가리킨다. 그는 독립자금 등을 구하러 1914년 11월 22일 南洋(남양)으로 향하여 1915년 3월 4일 싱가포르에 도착하였다.

3 見示견시 : 보여주다.

4 不忍불인 : 차마 …을 못하다.

5 『통용본』 등에는 '望仙圖'로 되어 있으나, 『필사본』에는 '望汕圖'로 되어 있다. '汕'이 고국의 산하를 뜻하는 예관 선생 특유의 시어임을 『愛吾汕廬(애오산려)』라는 명칭과 그에 속한 〈題汕廬圖(산려도를 읊다)〉 시, 그리고 〈題水邨第五圖贈芝珪('수촌 제5도'에 시를 써서 지규께 드림)〉其3(필자 주) 시 등에서 보았으므로, 이는 '고국(汕)을 바라보며 그리워하는 그림'에 대한 예관 선생의 제화시(題畫詩)를 가리킨 것이라 판단되어, 『필사본』에 따른다.

〈贈界民(계민께 드림)〉, 〈讀芙岑見贈二首卽次原韻和之(부잠이 준 시 두 수를 읽고 차운하여 화답함)〉 시에서 볼 수 있듯이 예관 선생은 步原韻이라 할 때, 반드시 원래의 운자(韻字)를 따라 썼으며, 벗이 지은 시의 원운에 따라 지을 때는 〈和孟碩獄中原韻(맹석이 옥중에서 지은 시운에 화답함)〉 시처럼 원 저자를 함께 밝히고 있다. 본인이 지은 시의 원운에 따를 경우에는, 1913년 초에 지은 〈上元夜席上…(정월 대보름 밤 모임에서…)〉을 '〈生日書感(생일날 감회를 적다)〉 시의 원운(元韻)에 따라 지었다'고 밝히고 있다.

따라서 서문에서 '望汕圖步原韻(망산도의 원운에 따라 지었다)'한 이 시는 본인이 기존에 지은 시의 운(韻)에 따라 지은 것이 분명한데, 시의 '灣' '山' '顏' 운자(韻字)인 원본 〈望汕圖(고국을 그리워하는 그림)〉 시가 『아목루』 시집에 없는 것으로 보아, 『아목루』 수록 작품 외에도 예관 선생이 쓰신 망명기 시들이 더 있었을 것이라 추정해볼 수 있다.

6 蘇卬**소앙** : 조소앙(趙素昂). 〈贈嘯卬(소앙께 드림)〉, 〈贈界民(계민께 드림)〉 시 등 참조.

7 黑鐵龍**흑철룡** : 흑룡강(아무르강)을 가리킨다. 이 강은 몽고 국경 肯特山(긍특산) 동쪽 언덕에서 발원하여, 간도와 연해주 사이를 흐른다.

8 碧海灣**벽해만** : 아무르강은 사할린 섬과의 사이에 있는 타타르 해협(러시아어 : 시 Татарский пролив)으로 유입된다.

해설

■ **1918년 2월 11일**

『아목루』에는 '新民'과 연관된 지명이 세 차례 나오는데, '新民故宅', '新民里' 그리고 이 시에서의 '新民宅'이다. 모두 上海(상해) 新民里(신민리)를 가리키고 있지만, 다 같은 장소는 아니다.

1916년 5월 급작스럽게 죽음을 당한 절친 陳其美(진기미)를 추모한 만련(輓聯), 〈英士我

兄靈右(우리 영사 형 영전에 바침)〉 시에서 그와의 옛 일을 그리워하는 대목에 등장한 '신민리 옛 집(新民故宅)'은 2차 혁명의 실패로 일본 망명을 떠난 1913년 9월 이전에 예관 선생과 우의를 나누던 '진기미의 집'을 가리킨다.

이에 비해 1917년 진기미의 안장(安葬) 때 그의 죽음을 애도한 글, 〈碧浪湖畔恨人談(벽랑호반에서 한인이 하는 이야기)〉에 등장하는 '부음을 듣고 급히 달려간 新民里'는, 일 년 전 진기미가 급서(急逝)하여 시신이 안치되었던 상해 白爾部路(백이부로) '新民里(신민리) 11호 蔣中正(장중정, 1887~1975, 字 介石)의 집'을 가리킨다.

위 시에 등장한 '新民宅'은 예관 선생이 음력 설날 방문하고, 벽초 홍명희 선생이 '섣달 그믐날을 기하여 지은 제석시(除夕詩)를 '내보여 준(見示)' 곳이다. 1912년 가을 상해로 가서 1914년 음력 10월 6일(* 11월 23일) 동남아로 떠났다가 1917년 음력 11월 3일(* 12월 16일) 상해로 돌아오고 1918년 6월 한국으로 귀국한 벽초 선생이 상해의 예관 선생과 함께 할 수 있었던 음력설은 1913, 1914, 1918년이다.

만일 이 신민댁이 '진기미의 신민리 옛 집(新民故宅)'이었다면 진기미가 타계한 1918년 정초의 그 댁 방문설은 우선 성립될 수 없고, 진기미 본인이 일본으로 피신하고 가족들은 상해 海寧路(해녕로)로 옮긴 1914년 정초의 방문설 역시 성립될 수 없다. 또한 1912년 가을 상해로 가서 예관 선생 곁에서 조국 독립의 희망을 모색해보며 1914년 초 명덕리에서 망명 청년들에게 강연하던 벽초 선생이, 망명한 지 몇 달도 되지 않아 '처절하여 차마 끝까지 읽을 수가 없는' 제석시(除夕詩)를 써서 이튿날인 1913년 정초 진기미 댁을 방문했을 때 예관 선생에게 보였을 리 만무하다.

이러한 까닭에, 1916년 이후 상해에 머무르다가 손문의 전폭적인 신뢰 속에 1918년 3월 11일 廣東(광동)으로 간 장개석의 상해 '신민리 11호' 집에 다시 주목할 필요가 있다. 1918년 음력설은 양력으로 2월 11일이므로, "1917년 봄부터 1918년 3월까지 그가 상해에 머물렀다"는 장개석의 스승이자 최측근 비서 毛思誠(모사성, 1873~1940)의 『民國五十五年以前之蔣介石(민국 오십오 년 이전의 장개석)』 기록을 감안할 때, 장개석은 이날 상해 신민리 집에 있으면서 예관 선생과 벽초 선생의 방문을 받았을 가능성이 있다. 뿐만 아니라 당시 그 집에는 진기미의 조카이자 新亞同濟社(신아동제사)의 일원이었던 陳果夫(진과부, 1892~1951)도 함께 거처하고 있었고, 특히 예관이 1914년 가입하여 활동한 문인집단 南社(남사)의 동인(同人)이자 예관이 흠모하는 南社의 우두머리 柳亞子(유아자, 1887~1958)가 귀하게 여겼던 천재 文人 蘇曼殊(소만수, 1884~1918)가 陳果夫(진과부)의 요청으로 장개석의 집에 옮겨와 위중한 병세를 가료(加療)하고 있던 시기가 1918년 2월 즈음이었음을 감안한다면, 문병(問病)

을 겸한 방문이었을 가능성도 있다.

장개석(1887~1975)이 비록 예관 선생보다 손아래였지만, 원세개의 삼엄한 감시 속에 진기미의 시신을 자신의 집으로 옮기고 영당(靈堂)을 설치했던 그의 용기와 장래성을 높이 평가하였기에, 그의 집을 '宅'이라고 일컬었던 것이 아닌가 생각된다.

세계대전이 끝나가고 급변하는 국제정세 속에서 예관 선생은 新亞同盟黨(신아동맹당) 동지들과의 계획으로 새로운 희망을 품고 계셨던 것이다. 17년 말 상해 嶺南樓(영남루)에서 열린 신아동맹당 상해지부 기념식에 조소앙 선생이 참석하였다는 〈贈界民(계민께 드림)〉 시 서문은, 위 작품 서문에 언급된 조소앙의 '비밀스러운 계획(隱意)'을 뒷받침하고 있다. 결국 예관 선생이 예견하신 '명년(明年)', 즉 1919년에 신아동맹당의 지지에 힘입어 고국에서의 3·1운동으로 결실을 맺게 되었다.

연시조약은 강제로 체결되고, 양성군부는 중도에 철폐되었다는 소식을 듣고서, 기사를 본 소감을 읊다

聞燕市條約勒成羊城軍府道撤閱報題感[1·2·3]

죽은 목숨이 8년 전 일을 차마 말 못하는데	餘生忍說八年前[4]
중원을 돌아보매 가련하기 그지없도다.	回首中原極可憐
아침저녁 노략질 하는 오랑캐, 무찌를 자 누구뇨	朝暮寇兵誰敢格
서남쪽 장사들까지 서로 들볶아대네.	西南壯士亦相煎[5]
용화에 봄이 저물어 영사가 그리운데	龍華春盡懷英士[6·7]
사자봉 구름은 부질없이 일선을 보냈네.	獅子雲空送逸仙[8·9]
4억 근짜리 살찐 고깃덩이는	四萬萬斤胖大肉[10]
삶은 고기마냥 남에게 뜯기어 도륙되고 있구나.	委人宰割若烹鮮

주석

1 燕市條約연시조약 : 1918년 5월 16일, 〈中日陸軍共同防敵軍事協定(중일 육군공동방적 군사협정)〉을 北京(북경)에서 체결한 것을 가리킨다. 그 내용은 일본군이 만주와 몽고에 병사를 주둔시키고, 중국인의 참전부대는 모두 일본인의 훈련을 거치도록 하는 12개 조항을 골자로 하고 있다. 이어 5월 19일에는 〈中日海軍共同防敵軍事協定(중일 해군 공동방적 군사협정)〉을 체결하였다.

이 문제는 이미 4월 24일 일본에 중국인 유학생 단체인 〈留日學生救國團(유일학생구국단)〉이 馮國璋(풍국장)과 段棋瑞(단기서)에게 〈中日共同防敵軍事協定(중일 공동방적 군사협정)〉 체결에 반대한다는 전보를 보냈고, 5월 12일 일본 유학생들이 학업을 전폐하고 상해로 와서 또 다시 〈畱日學生救國團(유일학생구국단)〉을 조직하여 중국과 일본이 공동으로 연합하는 것에 반대하였으나, 체결되었다. 이에 6월 8일 天津(천진) 학생 반대집회, 23일에는 재일학생구국단이 상해 각계와 연합하여 반대하였으며, 7월 14일 廣州(광주) 각계도 반대집회를 열었다. 이러한 대대적인 반대에도 불구하고

결행된 조약이기 때문에 '륵성(勒成 : 강제로 체결된)'이라는 표현이 사용되었다.

2 羊城양성 : 廣東省(광동성) 廣州(광주)의 별칭, 기근이 들어 백성들이 고생할 때 다섯 마리 양을 타고 다섯 신선이 내려와 오색으로 빛나는 볏단을 내려준 지역이라 붙은 이름이라는 전설이 있다.

3 羊城軍府道撒양성군부도살 : 護法運動(호법운동)을 통해 1917년 9월 광동에서 大元帥(대원수)로 정식 취임한 孫文(손문)은 호법정부인 軍政府(군정부)를 조직하고, 지속적으로 북경의 北洋軍閥(북양군벌)을 정벌하자는 北伐(북벌)을 추진하였으나, 남방(南方)지역의 독립을 도모하는 舊桂, 滇系 軍人(구 계·진계 군인)들에 의해 점차 실권을 잃게 되었다. 결국 1918년 5월 軍政府(군정부)는 해체되고'撒', 大元帥制(대원수제)는 7總裁(총재) 형태로 개편되었다.
道撒도살 : 중간에 흩어지다.

4 餘生여생 : 이 작품을 비롯하여, 〈讀芙岑見贈二首卽次原韻和之(부잠이 준 시 두 수를 읽고 차운하여 화답함)〉又(其2, 필자 주), 〈太一遺書感賦(《태일유서》에 느꺼워 짓다)〉, 〈寄鐵生(철생께 부침)〉, 〈維(제문)〉 등에서 '餘生'이 자주 등장하고, 특히 〈讀芙岑見贈二首卽次原韻和之〉其2에서 '죽게 된 목숨'이라는 뜻의 '殘喘'과 연결되어 있거나, 〈제문〉에서 '남의 땅으로 망명한'이란 '異域亡命'과 호응하는 것으로 보아, 예관 자신을 일컬은 자호(自號)로 볼 수 있다.
'다시 언급하기조차 어려운 8년 전'이란 1911년 나라를 떠나 망명한 일을 가리킨 것이며, 중국 또한 연시조약으로 인해 주권을 상실하게 되는 단초가 될 것임을 예견한 대목이다.

5 西南壯士서남장사 : 중국 대륙의 江西(강서), 江蘇(강소), 安徽(안휘), 上海(상해), 廣東(광동), 福建(복건), 湖南(호남), 四川(사천) 지역은 신해혁명 이후 1913년 원세개 토벌을 위해 北洋政府(북양정부)로부터의 독립을 선포하였고, 1915년 말부터 1916년까지 광동지역을 중심으로 雲南(운남), 貴州(귀주), 廣東(광동), 廣西(광서) 4개의 성(省)이 독립을 주장하였다. 혁명정부는 桂系(계계), 滇系(전계) 등 서남지역의 군벌세력들과 연합하여 광동에서 군정부인 호법정부를 세우기도 하였으나, 聯省自治(연성자치 : 각 省이 連帶하는 자치제)를 추구했던 서남군벌들은 결국, 1918년 기존의 大元帥首領制(대원수 수령제)를

七總裁體制(7총재 체제)로 개편하면서 손문을 총재 중의 하나로 격하시키고 실권을 박탈하였다. 이에 손문은 그해 5월 上海(상해)로 돌아올 수밖에 없었다.

6 龍華용화 : 廣東省(광동성) 深圳市(심천시) 중심가와 인근 마을

7 英士영사 : 陳其美(진기미, 1878~1916)의 자(字). 1916년 5월 18일 저격당하여 타계하였다. 1918년 5월 손문이 실권하여 상해로 돌아오니, 그의 심복이었던 절친 진기미 2주기 기일과 겹쳐 그의 부재가 새삼스러웠다는 의미이다.

8 獅子사자 : 廣東省(광동성) 台山市(태산시)와 新會市(신회시) 경계에 남쪽 바다를 내려다보는 獅子峰(사자봉). 해발 982m

9 逸仙일선 : 孫文(손문)의 字(자). 그가 1916년 4월 일본에서 귀국한 지 두 달 후에 袁世凱(원세개)가 사망하였다. 그 후 段祺瑞(단기서)가 군정부를 장악하고 17년 張勳(장훈)의 溥儀(부의) 황제 復壁(복벽) 문제를 해결한 후, 국무총리가 되어 실세로 자리 잡았다. 그는 中華民國臨時約法(중화민국 임시약법)과 국회를 거부하였기에, 손문은 7월 廣東(광동)으로 내려가 西南軍閥(서남군벌)을 규합하여 軍政府(군정부)를 세우고 護法運動(호법운동)을 전개하였다. 이에 비상국회는 손문을 中華民國軍政府海陸軍大元帥(중화민국 군정부 해육군 대원수)로 선출하여, 9월 10일 정식 취임하였다. 그는 지속적으로 북경의 北洋軍閥(북양군벌)을 정벌하자는 北伐(북벌)을 추진하였으나, 남방지역의 독립을 도모하는 舊 桂, 滇系軍人(구 계.진계군인)들에 의해 점차 실권을 잃게 되었고, 1918년 5월, 비상국회는 修正軍政府組織组法(군정부 조직 수정법)을 통과시켜, 기존의 大元帥首領制(대원수 수령제)를 취소하며 손문의 직권을 박탈하였다. 이에 손문은 1918년 5월 21일 광동을 떠나 상해로 돌아왔다.

10 大肉대육 : 유사한 우리말 음(音)으로 중국 대륙(大陸)을 고기 덩어리에 빗대면서, 당시 4억에 달하는 인구수를 고깃 근으로 표현하였다.

해설

■ **1918년 5월 21일 즈음**

손문의 광동행은 1920년 이후에도 있었지만, 8년 전 고국의 경술국치 참상을 회고하는 것, 북경을 중심으로 이루어진 조약이 1918년 5월 16일에 있었던 것과 1916년 5월 18일 진

기미의 타계를 그리워하는 날짜가 유사한 점, 손문이 광동을 떠난 시점 등을 종합해볼 때, 이 작품은 1918년 5월 21일 즈음에 지은 것이 확실시된다.

홍매(紅梅) (韓) 조희룡(趙熙龍 1789~1866) 서울대학교박물관 소장

(2) 전방위적인 독립운동 (1918.6~1919.5)

1918년 여름부터는 남경에서 온 유학생 여운형(呂運亨, 1886~1947), 일본에서 온 新亞同盟黨(신아동맹당) 한국인 대표 장덕수(張德秀, 1894~1947), 고국에서 온 김철(金鐵, ?~1925) 등 젊은 한국 민족지도자들이 상해에 모여 《신한청년당(新韓青年黨)》 발족을 준비하였다. 이들은 11월 11일 세계대전의 종전(終戰)에 이어 강화회의(講和會議) 소식이 전해질 즈음, 이듬해 파리에서 열릴 강화회의에 대표 김규식(金奎植, 1882~1950) 선생을 파견해 한국의 독립을 청원하기로 하였다. 김규식을 비롯한 이 단체의 젊은 구성원들은 이제 동제사(同濟社) 등 예관 선생을 중심으로 펼쳐진 독립운동의 정신과 방향을 계승하고, 세계로 향하는 새로운 활동을 시작하였다.

11월 말 여운형은 상해에서 윌슨(Thomas Woodrow Wilson) 대통령의 특사 크레인(Charles Richard Crane)을 만난 다음, 장덕수와 함께 윌슨에게 보내는 청원서를 작성하여 전달하였다. 예관 선생은 12월 남방정부 측에 강화회의에서 한국 독립을 지지해달라는 청원서를 제출하였고, 이승만에게도 프랑스에 가서 호소해줄 것을 부탁하였다.

이러한 활동은 1919년 초에 이르러 더욱 활발하게 이루어졌다. 예관 선생은 1월 25일 상해에서 김규식과 각각 한국공화독립당 총재 신정(申檉), 사무총장 김성(金成) 명의로 미국 윌슨대통령에게 프랑스어로 된 청원서를 작성하여 보냈다. 그 내용은 영구적인 세계평화와 민족자결의 정신 하에, 일본의 음모로 식민지가 된 한국의 독립과 자유를 회복시켜달라고 대표가 파견되었으니 사정을 청취해달라는 프랑스어 청원서이다. 열강의 이익을 위한 회의가 되어버린 강화회의에 이 청원서들이 전달되지 못하는 등 소기의 성과를 내지는 못하였으나, 국내외 인사들이 세계대전 이후에 대해 희망과 염원을 갖게 해 주고, 이를 뒷받침하고자 자금을 모으는 과정을 통해 국내외에서 3·1운동이 촉발될 수 있게 하였다.

예관 선생은 1월 중순경 奉天(봉천)에 가 있는 정원택(鄭元澤) 선생에게 이와 같은 거족적인 독립운동의 추진 구상을 알리고 이 사실을 서북간도에 전하라는 비밀서한을 보냈다. 2월 1일에는 홍콩까지 가셔서 김규식을 프랑스로 보내고, 8일에는 미국 대한인국민회 중앙총회장 안창호(安昌浩), 국민회 북미지방총회 하와이 지방총회에도 파리에 대표를 파견한 사실을 알리고, 상해에서 열리는 全韓族代表委員會(전한족 대표위원회)에 각처의 대표 파견을 요청하는 통지를 송부하였다.

선생은 본인 '신정(申檉) 등'의 명의로 보낸 이 통지에서, 세계의 분위기를 알릴 절호의 기회이나 러시아, 미주 등 각처에 있는 한민족이 각각 2, 3인의 대표를 파견하는 것만으로는 부족하며, 민족적 대동단결(大同團結)을 보여주기 위해서는 신속하고 완전한 전 민족의 단결을 보여주는 것이 목숨이 걸린 중요한 일이라고 생각한다, 국내 청년단, 기독교계, 천도교계, 유림, 재미한국인회, 러시아고려민족대회, 북간도한족대회, 서간도한족대회, 북경·남경·상해 등지 각 단체에서 각 2, 3인의 대표가 일정한 지점에 모여 전 한민족 대표기관을 설립하여 명실상부한 정치적 통일을 기하여야 한다고 역설하고, 프랑스 평화회의에 대표가 도착하는 3월 내에 이 위원회가 설립되어야하므로 조속한 응답을 보내주기를 요청하였다.

이러한 노력이 결실을 맺어, 3월 초에 만주·노령에서는 예관 선생을 비롯한 지사들이 서명한 대한독립선언(大韓獨立宣言)이, 일본에서는 2·8독립선언이, 그리고 고국 서울에서는 3·1독립선언이 울려 퍼지고, 전국적인 만세혁명이 일어나게 되었다. 가까이로는 1917년 대동단결선언의 취지를 실현하고, 젊은 독립운동가들의 힘찬 외침이 세계 각처로 퍼지게 될 즈음, 예관 선생은 분골쇄신을 나심한 그 문건처럼 병상에 누워 병세가 나날이 심해져 상해로 돌아오게 되셨다.

"유럽의 바람이 아시아에 몰아쳐 구름 날리는데, 어이하면 사방 뒤흔들 영웅을 얻을런지요"로 시작되는 선생의 〈贈島山(도산께 드림)〉 시 첫 수는 바야흐로 무르익은 약소민족의 궐기와 더불어 조국의 독립을 앞당길 수 있는 인재의 출현을 고대하며, 도산 선생의 참여를 당부한 작품으로 보인다.

예관 선생은 독립운동을 활성화시키기 위해 국내외로 당원들을 파견하며 안간힘을 쏟으셨다. 여운형(呂運亨) 선생을 만주와 연해주로, 일본으로는 장덕수를, 김철(金鐵), 서병호(徐丙浩)·선우혁 선생 등을 고국으로 보냈다. 『아목루』 시집의 〈寄鐵生(기철생)〉 2수는 사지(死地)나 다를 바 없는 고국으로 젊은이들을 보내어 독립자금을 마련해야 할 정도로 궁핍해진 처지를 한탄하며, 김철에게 임무 완수를 당부한 작품이다.

이어 신한청년당원들과 함께 상해 프랑스조계 보창로(寶昌路) 329호 건물에 '독립 임시

사무소'를 설치하고 대한민국임시정부 수립 작업에 착수하였다.

김규식 선생은 1919년 3월 13일 목적지인 프랑스 파리시에 도착하여 한국독립에 관한 청원서를 강화회의에 제출하였고, 뒤이어 대표단에 합류한 미국인 호머 헐버트, 이관용, 김복, 황기환, 조소앙, 여운홍 등의 도움을 받으며 1919년 5월 10일 '한국독립 항고서(抗告書)'를 강화회의에 제출하였다. 또한 대표단은 '한국독립과 평화'라는 책자를 비롯하여 다수의 독립운동 홍보문서를 작성하여 각국대표들 및 언론인들에게 배포하여 한국인의 독립 열망을 전 세계에 널리 알렸다.

3·1독립선언이 발표된 후, 국내외에서 활동하던 많은 인사들이 상해로 모여 들어, 4월 11일에는 상해에서 임시정부가 출범하였다. 연이어 의정원이 구성되고, 예관 선생은 35인 의원 중에 충청도 대표로 의원이 되었으며 확정된 의정원법(議政院法)에 의해 부의장에 선출되었으나 정부 조직 구성원인 국무원(國務員) 안에는 들지 못하였다.

선생은 상해·미주·한성·노령 등의 구성원들의 관심이 상해에 일시에 집중되어 갈등과 분열을 겪으며 몸과 마음이 쇠약해져 상해의 병원에 입원하였고, 결국 杭州(항주)로 요양을 떠났다.

선생은 2월 초에 '김규식이 파리 강화회의에 도착하는 3월 내로 전민족대표들이 한자리에 모여 대동단결의 모습으로 힘을 실어주자'고 국내외 각처에 통지하였으나, 미주 대한인국민회중앙총회 위원장 도산 안창호 선생은 2월 10일 예관에게 편지를 보내어, '미주 대한인국민회에서도 파리 강화회의에 대표 2인을 파견하려 하므로 이에 집중하겠다' 하더니, 국내외 3·1만세혁명이 일어난 후인 3월 13일에서야 '원동(遠東)(블라디보스토크 인근의 연해주)로 가는 길에 上海(상해)에 들러 대동단결을 조직하겠다'고 서신을 보내왔다. 그리고 4월 8일 공문을 보내어 '상해에서 5월에 여는 대한인대회에 안창호 등 2인을 파견한다' 하고, 5월 말이 되어서야 상해에 도착하였다. 이즈음 선생은 기대해 마지않았던 도산 선생이 1917년 대동단결 선언에도 동참하지 않고, 다시 천재일우의 기회라고 생각되는 이 시기에 한민족대회 참석도 마다하고, 임시정부가 다 구성된 후에야 상해에 나타나는 처사에 무척 실망한 듯하다.

5월 4일 경 자국의 산동반도를 침탈하려는 일본의 야욕에 반대하여 북경 젊은이들이 힘을 모아 반대하고, 전국에서도 시위들이 이어지고 있는 실상을 바라보며, 예관 선생은 나의 나라에서 펼치는 광복운동이 아니기에 힘을 쓰지 못하는 현실에다, 단결조차 마다하는 지도자들 생각에 울분을 견디기 어려우셨다. 이즈음 지은 〈贈島山(도산께 드림)〉 두 번째 시에는 5·4운동을 일으킨 열혈 중국 젊은이들에 대한 부러움과 한국 지도자에 대한 안타까움이 완곡하게 표현되어 있다.

항주에 가 계신 선생은 착잡한 마음을 새기면서 3·1만세운동의 새 기운을 담아 1917년 발견한 고려사(高麗寺)에 편액(扁額 : 현판)을 달고, 두 수의 〈高麗寺楹聯(고려사 기둥에 쓴 시구 한 쌍)〉 시들도 지어 기둥에 걸었다.

임시정부의 설립 전후로 선생의 활약상이 커짐에 따라 건강은 더욱 악화되었고, 시 창작은 전처럼 활발하지 못한 양상을 띄게 되었다.

위수원에 드림

贈衛戍院[1]

강산처럼 영원토록 여러분을 축수하노니	河山同壽祝諸公
나라와 백성의 병 고침에 진력할지어다.	醫國醫民矢鞠躬[2·3]
깊은 사랑으로 널리 구제하나니	痛痒相關懷普救[4]
놀라운 의술로 상처에는 새살이 돋으리라.	瘡痍皆起奪神工[5]
원정 나간 장병들 걱정 없으니	遠征將士能無恙
나라와 집 지키는 일마다 공을 세우리라.	扞衛邦家摠有功[6]
위수원 창립 한 돌을 기념으로 남기고자	創院一周留紀念[7]
멀리서 부질없는 격려사를 바치노라.	昌詞遙獻印飛鴻[8·9]

주석

1 衛戍院위수원 : 도시를 위한 군 방위구역 衛戍區(위수구) 내의 군 병원

2 矢시 : 맹세하다

3 鞠躬국궁 : 존경하는 마음으로 몸을 굽힘.

4 痛癢相關통양상관 : 내 몸이 아프고 가려운 것처럼 여기다.

5 瘡痍창이 : 부스럼과 상처

6 扞衛한위 : 막다
摠총 : 모두

7 1918년 작으로 추정됨

8 昌詞창사 : 발전을 축원하는 격려사. 『필사본』에 '昌' 자는 초서체(草書體)로 되어 있다.

9 印飛鴻인비홍 : 눈 위에 기러기 발자국이 남듯이, 흔적을 남긴다는 겸사(謙辭). "人生到

處知何似. 應似飛鴻踏雪泥. 泥上偶然留指爪, 鴻飛那復計東西.(정처 없는 인생살이 무엇과 닮았을까. 날아가던 기러기 눈 녹은 땅 밟는 것과 같으리. 진흙 위에 우연히 새 발자국 남지만, 기러기 날아가면 동으로 갔는지 서로 갔는지 어이 알리오.)" 宋(송) 蘇軾(소식)《和子由 澠池懷舊(면지에서 옛일을 생각하며 아우 자유에게 화답함》

해설

▲ 1918년 9월 초

군 병원의 건립 1주년 기념일에 즈음한 축시이다. 첫 구의 '諸公'이란 대목을 통해서, 예관 선생과 친분이 있는 어느 위수원 인사의 청탁으로 이 기념 시를 쓰게 된 것이 아닌가 생각된다. 고국의 무관학교(武官學校) 출신에다 중국 혁명의 소용돌이를 헤쳐 온 예관 선생으로서 전쟁 부상자를 위한 군 병원에 대하여 관심도 남달랐을 것이고, 〈寄赤十字從軍諸君(적십자에 종군한 제군들에게 부침)〉, 〈寄余巖-赤十字社理事(적십자사 이사 여암에게 부침)〉 시 등에서 적십자의 활동을 예찬하셨기에, 박애정신에 입각한 군 의료기관의 출범에 대하여 마음을 담은 축하시를 보냈다.

『아목루』 시집 중 특히 【필사본】 제1권의 끝부분에 수록되었으므로, 예관 선생 망명 직후인 民國(민국) 초기 작품은 아닌 것 같다. 1917년 9월 1일 孫文(손문)이 廣東(광동)에 護法軍政府(호법군정부)를 세운 후, 11일 北伐(북벌) 전쟁을 위해《中華民國軍政府海陸軍大元帥府組織條例(중화민국 군정부 육해군 대원수부 조직 조례)》를 제정하고 설치한 3처(處) 1부(部) 중에 衛戍總司令部(위수총사령부)가 있다. 당시 위수총사령부는 孫文(손문) 大元帥(대원수)의 직속기구로서, 군의(軍醫) 등 6개 과(科)를 설치하여, 군의장(軍醫長)으로 하여금 각 군의(軍醫)들이 병원과 본부 인원 각 부대의 부상병 치료 및 직할 구역 내 위생을 관리하도록 통솔하게 하였다.

1918년 5월 손문은 배척당하여 上海(상해)로 돌아왔으나, 주위의 만류로 9월 19일 徐謙(서겸)을 대리 파견하여 호법정부의 맥을 이어갔다. 이후 위수총사령부는 警衛司令部(경위사령부)로 개명되었다. 창사 1주년이라 하였으므로, 이 작품은 위수원이 개명되기 전 1918년 9월 초 상해에서 보낸 창립 1주년 축하시이며, 당시 호법정부에 孫文(손문)이 없음을 상심하여, 기러기 발자국으로 무상함을 표한 것으로 보인다.

병(病)을 뜻하는 부수 '疒'에 해당되는 글자를 동원하면서도 전혀 다른 뜻을 지닌 두 구절을 엮어내고, 부상당한 상처에 새살이 돋는 것을 표현한 "痛痒相關懷普救, 瘡痍皆起奪神工(깊은 사랑으로 널리 구제하나니, 놀라운 의술로 상처에는 새살이 돋으리라)"와 같은 대목은 특히 절묘하고 아름답다.

아울러 시 한 수를 덧붙이며 무오년 가배일에 홍암 대종사를 생각함

並附一首戊午嘉倍日憶弘師[1]

세월은 쉬 흘러 또 중추절이라	光陰容易又中秋
기일을 맞으니 어느덧 2주기를 지났도다.	諱日居然度兩週
유서를 다시 읽어보나 온 세상은 어둡고	更閱遺書天日暗
헛되이 계율만 품은 마음, 산 구름처럼 막막하도다.	空懷道範嶽雲悠[2]
신령이 강림하여 응당 가여이 여기시련만	神靈降鑒應垂憫
세상에 이어온 인연 누구에게 이어주랴.	塵世譜緣誰與訓[3]
천애 홀로 남은 그림자, 한은 그지없고	孑影天涯無限恨[4]
애도를 마치기도 전에 근심꺼리 생기누나.	心喪未了又丁憂[5·6]

주석

1 戊午무오 : 타계하신 지 2주기가 되는 1918년. 嘉倍日(가배일)은 음력 8월 15일(* 9월 19일) 추석이며, 1916년 음력 8월 15일은 홍암 선생께서 타계하신 날이다.

2 이 두 구는, 스승의 부재로 의지할 곳이 없어 앞날이 우려되는 심경을 묘사한 것이다.

3 譜緣보연 : 이어온 인연. 스승에게서 받은 가르침.

4 孑혈 : 외롭다

4 無限恨무한한 : "解釋春風無限恨(봄바람의 끝없는 한 알기라도 하듯)" 唐(당) 李白(이백) 〈清平調詞(청평조사)〉 其3

5 心喪심상 : 상복을 입지는 않고서 상중에 있는 것 같은 마음으로 지내는 것을 말한다. 흔히 스승이나 자신을 길러 준 사람에 대해 쓴다.

6 丁憂정우 : 근심을 맞닥뜨리다.

해설

■ 1918년 9월 19일

존경하는 홍암 선생의 부재 앞에서 생전의 따뜻한 기억으로 더없이 슬픈 선생이시다. 더구나 1918년 8월 제1차 세계대전이 끝나갈 무렵, 미국·영국·프랑스 연합군이 독일의 방어선을 붕괴시키며 진격하여, 일본이 함께하는 연합군의 패배를 바라던 선생의 기대는 우려로 변하고 있다.

홍암 선생은 대종교를 세워 겨레에게 배달민족의 단일성을 각성시키고, 일제에 대한 저항정신을 이어가게 한 어버이이자 스승이셨기에, 추도 끝에 다시금 국제 정세에 촉각을 곤두세우게 되는 것이다.

도산께 드림

贈島山[1]

유럽의 바람이 아시아에 몰아쳐 구름 날리는데　　歐風驟打亞雲揚
어이하면 사방 뒤흔들 영웅을 얻을런지요.　　安得英雄動四方[2]
고국 산하도 응당 고운 빛 발할 터　　半島山河應放彩[3]
야밤에 춤추면 향기도 진동하겠지요.　　中宵起舞又馨香[4·5]

주석

1 島山도산 : 안창호(安昌浩, 1878~1938). 일제 강점기 독립운동가. 소년기까지 한학을 배우며, 서당 선배인 필대은(畢大殷)으로부터 민족주의사상을 형성하는 데 큰 영향을 받았다. 1895년 청일전쟁이 일본의 승리로 끝나자 국력배양의 중요성을 절감하고 상경하여 언더우드(Underwood, H. G.)가 경영하는 구세학당(救世學堂)에 입학하였다. 이곳에서 3년간 수학하면서 기독교인이 되었으며, 서구문물과 접하게 되었다.

1897년 독립협회에 가입하여 필대은과 함께 평양에서 관서지부조직을 맡게 되었다. 이때 평양지회 결성식이 열린 평양의 쾌재정(快哉亭)에서 감사 조민희(趙民熙)와 수백의 군중이 모인 가운데 18조목의 쾌재(快哉)와 18조목의 부재(不哉)를 들어 정부와 관리를 비판하고 민중의 각성을 촉구하는 연설을 함으로써 명성을 얻었다.

1898년 서울 종로에서 이상재(李商在)·윤치호(尹致昊)·이승만(李承晩) 등과 만민공동회(萬民共同會)를 개최하였으며, 1899년에는 강서군 동진면 화암리에 강서지방 최초의 근대학교인 점진학교(漸進學校)를 설립하였다. 점진공부와 수양을 계속하여 민족의 힘을 기른다는 교육목표를 설정하였으며, 초등과정의 남녀공학을 실시하였다.

1902년에 미국으로 건너가 샌프란시스코에서 한국인 친목회를 조직하고, 이를 기반으로 하여 1905년 4월 대한인공립협회(大韓人共立協會)를 설립하였다. 여기에서 야학을 개설, 회원들을 교육시키고 《공립신보(共立新報)》를 발행하여 교포들의 생활향상 및 의식

계몽에 힘썼다. 1905년 11월의 을사조약 체결 소식을 듣고 국내에서 구국운동을 전개하기 위하여 이듬해에 귀국하였다. 귀국길에 일본 도쿄에서 일주일 동안 머물면서 우리나라 유학생단체인 태극학회(太極學會)의 청년들을 만나 국내정세에 대한 지식을 얻고 강연회를 개최하였다.

귀국 후 1907년에 이갑(李甲)·양기탁(梁起鐸)·신채호(申采浩) 선생 등과 함께 비밀결사인 신민회를 조직, 《대한매일신보》를 기관지로 하여 민중운동을 전개하였다. 이러한 목적을 실현하기 위하여 1907년 평양에 대성학교(大成學校)를 설립하고 평양과 대구에 출판기관인 태극서관(太極書館)을 건립하였으며, 평양에 도자기회사를 설립하여 민족산업 육성에도 힘썼다.

1909년에는 박중화(朴重華)·최남선(崔南善)·김좌진(金佐鎭)·이동녕(李東寧) 등과 함께 청년학우회를 조직하여 민족계몽운동 및 지도자 양성에 주력하였다. 1909년 10월에 있었던 안중근(安重根)의 伊藤博文(이토 히로부미) 암살사건에 관련되었다는 혐의로 3개월간 일제에 의하여 체포되었다가 1910년 중국으로 망명하여 산동성(山東省)에서 민족지도자들과 청도회의(靑島會議)를 열었다. 그러나 이 회의는 자금관계와 급진파의 반대로 실패하였으며, 이에 시베리아를 거쳐 1911년 미국으로 망명하였다.

1913년 5월 샌프란시스코에서 흥사단을 창설하여 본국에서 이루지 못한 대성학교·신민회·청년학우회의 뜻을 실현하기 위하여 노력하였다. 또한, 1914년 11월 대한인국민회(大韓人國民會) 중앙총회장에 선출되었다.

1919년 3·1운동 이후 상해로 건너가 상해임시정부의 내무총장 겸 국무총리 대리직을 맡아 독립운동방략 작성, 연통제(聯通制) 수립, 각 지역 독립운동가들의 상해 소집 등을 실행하였다. 임시정부의 국무위원에 취임한 지 2년째인 1921년에 임시정부 내각 통일을 위하여 노력하다 실패하여 사임하고 국민대표회의 소집을 주장하였다. 1923년 상해에서 국민대표회의가 개최되어 부의장에 취임하게 되었으나 공산당의 전략에 의하여 실패하였다.

1924년에는 북중국 만주방면을 시찰·여행하며 이상촌(理想村) 후보지를 답사하고, 南京(남경)에 동명학원(東明學院)을 설립하였다. 1924년에 다시 미국으로 건너가 각지를 순행하며 국민회와 흥사단의 조직을 강화하였으며, 1926년 중국에 돌아와서 만주 길림성 일대를 답사하여 이상촌 사업을 추진하였다. 1927년 길림에서 군사행동단체의 통일과 대독립당(大獨立黨)의 결성을 토의하던 중 동지 200여 명과 함께 중국경찰에 감금되었다가, 중국 내 사회여론이 비등하게 되어 20일만에 석방되었다. 1930년 1월 상해에서 이동녕·이시영·김구 등과 함께 한국독립당을 결성하고 대공주의(大公主義)를 제창하였다. 1931년에는 만주사변으로 만주에서의 이상촌 계획을 단념하고 남경에서 토지를 매입하였다.

1932년 일본의 중국본토침략정책에 대응하여 독립운동근거지 건설계획을 재검토하던 중, 같은 해 4월 윤봉길(尹奉吉)의 상해 홍구공원(虹口公園) 폭탄사건으로 일본경찰에 붙잡혀 서울로 송환되었다. 4년의 실형을 받고 서대문형무소와 대전형무소에서 복역하다가 1935년 2년 6개월 만에 가출옥하여 지방순회 후 평안남도 대보산(大寶山) 송태산장(松苔山莊)에서 은거하였다. 1937년 6월 수양동우회사건(修養同友會事件)으로 흥사단 동지들과 함께 다시 일본경찰에 붙잡혀 수감중, 같은 해 12월에 병으로 보석되어 이듬해 3월 서거하였다. 1962년 건국훈장 대한민국장을 받았다. 《한국민족문화대백과사전》에서 발췌.

2 安得英雄안득영웅 : "大風起兮雲飛揚. 威加海內兮歸故鄕. 安得猛士兮守四方(큰 바람 일어나니, 구름 흩날리노라. 위풍 사해에 떨치고 고향으로 돌아가리라. 어이하면 용맹한 병사 얻어 사방을 지킬건가)." 漢(한) 高祖(고조) 〈大風歌(대풍가)〉. 영웅이 이끄는 태평 시대의 도래를 고대하는 대목이다. 〈上元夜席上…(정월 대보름 밤 모임에서…)〉 시 참조.

3 半島山河반도산하 : 시를 받는 상대방 '島山'을 풀이하여 친근감을 표한 것이다.

4 中宵起舞중소기무 : 明末淸初(명말 청초)의 유명한 시인이자 희곡가인 尤侗(우동, 1618~1704)은 그의 〈沁園春(뜨락에 스며든 봄)〉其六이라는 詞(사 : 노래 가사)에서 "有美人兮, 携手同行, 其樂只且. 喜化爲蝴蝶, 中宵起舞, 喚他啼鳥, 野店提壺(아름다운 이가 있어 손잡고 함께 가니, 즐겁기만 하여라. 기쁘게 나비가 되어 한 밤에 춤을 추고, 지저귀는 다른 새를 불러 시골 주막에서 술병 기울이노라…)"라고 읊었다.

5 馨형 : 향기가 나다

해설

■ **1919년 2월경**

훌륭한 인재와 함께 열어 갈 시대의 봄을 기다리는 작품으로, 1919년 3·1운동 직전의 작품으로 보인다.

제1차 세계 대전이 끝난 1918년 1월 미국의 윌슨 대통령은 한 민족이 다른 민족이나 국가의 간섭을 받지 않고 자신의 정치적 운명을 스스로 결정하는 권리를 실현하려는 민족자결주의(民族自決主義)를 발표하여 식민지 상태에서 해방과 독립을 열망하는 약소민족들은 희망을 품게 되었다. 국내외 독립운동가들은 피압박의 처지를 세계만방에 호소할 수 있는 좋은 기회로 여기고 이를 적극 활용하고자 하였다.

이에 예관 선생은 1918년 12월 20일 (* 1919년 1월 20일) 봉천(奉天)에 있던 정원택(鄭元澤)에게 비밀 서류를 보내어 약소민족이 궐기할 시기임을 알리고, 서간도(西間島)와 북간도(北間島)에 알리고 각 방면으로 주선할 것을 당부하였다. 1919년 1월 18일 파리에서는 세계대전이후 연합국이 패배한 동맹국에 관련하여 평화를 보장하기 위한 강화회의(講話會議)가 약 1년간 열리게 되어, 한국 독립운동 진영은 중국에서는 김규식(金奎植, 1881~1950)을 특사로 파견하고, 미국에서는 이승만(李承晩, 1875~1965)과 서재필(徐載弼, 1864~1951)을 파견하려 하는 등, 바야흐로 독립운동의 기운이 무르익어가게 되었다.

유럽에서 큰 바람이 몰려 와 아시아의 구름을 날리고 있다는 위 시의 첫 구절에는, 시대의 큰 변화 속에 큰 인재가 필요하다는 〈大風歌(대풍가)〉의 부푼 기대를 담고 있다. 그러나 일본의 압제가 끝난 것이 아니기에, '세상을 지킨다'는 원전(原典)의 '守四方'이 아니라, 고향으로 가려면 이제 '사방을 두드려 일으켜야(動四方)' 할 영웅을 기다린다며, 조선 천지도 향응(響應)할 그날을 봄꽃 기다리듯 고대하리라는 것이나.

고국에서, 북방에서, 일본에서 한민족의 노력이 하나로 결집되어 독립운동으로 이어질 무렵, 미국 등 외국에 있던 망명인사들도 분주하게 움직이던 이 시기에, 망명 초기부터 청사 조성환 선생의 서신을 통해 사진을 보내기도 하며 각별한 교분을 나누어 오신 예관 선생은 도산 선생을 아름다운 벗으로 기쁘게 맞아 함께 손잡고 꽃 만발한 봄 동산에서 춤을 추시자고 정중하게 제안하고 있다.

연도는 적혀있지 않은 예관 선생 본인(申檉 字 睨觀)의 명함에 '1월 1일'이라는 날짜와 함께 '檀域回春(단군의 강산에 봄이 돌아오네요)'란 힘찬 글씨를 적고 "幷祝 島山我哥大人 健康(아울러 도산형님의 건강을 축원합니다)"라고 도산 선생께 보낸 연하장이 남아 있다.

철생께 부침

寄鐵生[1]

서간을 대신하여·代柬

시대를 구할 계책 없어 하늘의 뜻을 묻노니	救時無術問天心[2]
분한 마음 품고 망한 나라를 어이 바라만 보랴.	懷憤那堪見陸沈[3]
황금을 다 흩고서 성한 뼈 없으니	散盡黃金無好骨[4]
이 몸은 애절한 백설곡 가락이나 퉁기리라.	餘生白雪有哀音[5·6]
비통한 광노는 산하를 지나	山河悽悵狂奴過[7]
휘장 속 음전한 부인 모습 찾아보노라.	帷幄從容婦貌尋[8]
천하를 구하려는 높은 뜻 이뤄내고서	願償澄淸天下志[9]
어둔 세상 환해지면 흉금을 털어놔 보세나.	光風霽月快披襟[10]

주석

1 鐵生철생 : 당시 중국에서 활동하며 예관 선생과 친밀한 관계에 있던 독립운동가 일강(一江) 김철(金鐵, 1886~1934)을 가리킨다. 전라남도 함평군 신광면 함정리에서 출생하였다. 1915년 일본 明治大學(명치대학)을 졸업하였고, 1917년 2월 중국 상해로 망명하였다. 1918년 8월, 여운형·장덕수·조동호·선우혁·한진교 등과 발기인이 되어《新韓靑年黨(신한청년당)》창립에 참여하였다. 그 해 11월 중국 상해에서 미국대통령 윌슨의 특사 크레인을 초청하여 만찬회를 열어 만찬회석상에서 여운형, 장덕수, 신국권 등과 함께 자주독립을 요청하는 의견을 교환하고 윌슨에게 보내는 대한의 자주독립을 요청하는 청원서를 전달하는 큰 활약을 하였다. 1919년 여운형·김규식 등과 협의하여 파리강화회의에 김규식(金奎植, 1881~1950)을 파견하고 대한의 독립을 호소하였다.

1919년 1월 신한청년당을 중심으로 각국에 독립을 선언함과 동시에 2월에는 서병호, 선우혁과 같이 국내에 밀입국하여 자신의 전답을 정리하여 독립자금 1만원을 마련하여 상해로 가져가 독립운동 동지들의 생활을 원활하게 하였으며, 2월 서울에서 손병희(孫

秉熙) 선생을 만나 3만 원의 독립자금 지원을 언약 받고, 3·1만세운동 거사를 계획하고 상해로 건너갔다.

1919년 3·1운동이 일어나자 상해에서 신한청년당을 중심으로 이동녕(李東寧), 이시영(李始榮), 조완구(趙琬九), 신익희(申益熙), 신석우(申錫雨), 조동호(趙東祜), 신규식(申圭植), 선우혁(鮮于爀), 한진교(韓鎭教) 등과 함께 상해시 보창로 프랑스 조계내에 대한독립임시사무소를 설치하고, 대한민국 임시정부 수립에 참여하여 1919년 4월 10일 제1회 임시의정원회의에서 의정원의원(전라도 대표)에 선임되었고, 같은 달 제2회 임시의정원회의에서 임시정부 재무부위원 겸 법무부위원이 되었다. 1921년 1월 1일 상해임시정부 요인 및 임시 의정원 의원의 신년축하 기념사진에서 예관 선생 좌측 두 번째 인물이다. 1920년 7월에 열린 궐석재판(闕席裁判)에서 신한청년당 대표로 국내에 파견되어 군자금 모금 활동을 전개하였다는 이유로 5년형을 선고받았다. 정부는 1962년 건국공로훈장(독립장)을 추서하였다.

2 救時無術**구시무술** : "游都邑以永久, 無明略以佐時(도읍에서 방황한 지 오래건만, 때를 보필할 좋은 방략이 없네)" 漢(한) 張衡(장형, 78~139) 〈歸田賦(귀전부)〉

3 陸沈**육침** : 나라가 망함.

4 黃金散盡**황금산진** : "千金散盡還復來(천금을 다 써버려도 다시 돌아온다네)." 唐(당) 李白(이백) 〈將進酒(권주가)〉. 이백 시의 낙천적 기조와는 달리, 비감한 심경을 담은 구절이다. 예관 선생은 고국에서 큰 독립자금을 가지고 망명하여 수많은 조선의 청년들의 뒷바라지를 하고, 많은 중국 지도자들을 사귀었으나, 타지에서 도모하는 독립 계획은 수포로 돌아가기 십상이었고, 말년에 끼니를 잇기조차 힘들 정도로 궁핍하였다. 이 구절은 시대에 대한 울분으로 사적(私的)인 삶을 돌아보지 않았던 말년의 처지와 심경을 토로한 것이다.

5 餘生**여생** : 이 작품을 비롯하여, 〈聞燕市條約勒成羊城軍府道撤題感(연시조약은 강제로 체결되고, 양성군부는 중도에 철폐되었다는 소식을 듣고 소감을 적다)〉, 〈讀芙岑見贈二首卽次原韻和之(부잠이 준 시 두 수를 읽고 차운하여 화답함)又(其2, 필자 주), 〈太一遺書感賦(《태일유서》에 느꺼워 짓다)〉, 〈維(제문)〉 등에 '餘生'이 자주 등장하고, 특히 〈讀芙岑見贈二首卽次原韻和之〉其2에서 '죽게 된 목숨'이라는 뜻의 '殘喘'과 연결되어 있거나, 〈維

〈祭文(제문)〉에 '낯선 곳에 망명한'이란 '異域亡命'과 연결된 것으로 보아, 예관 자신을 일컬은 자호(自號)로 보인다.

6 白雪백설 : 비장함을 기조로 하는 중국 고전 금곡(琴曲), 〈白雪曲(백설곡)〉을 일컫는다. 〈丁巳年自壽詩(정사년 생일 기념 시)〉 참조.

7 狂奴광노 : 세상의 공훈과 명예를 멀리한 사람. 나라가 망했음을 슬퍼하여 미친 듯이 세상을 떠돌아다니는 노예. 상해에서 함께 생활했던 원로 겸곡(謙谷) 박은식(朴殷植, 1859~1925) 선생도 『韓國痛史(한국통사)』를 발간할 때 '太白狂奴(태백광노)'라는 호(號)를 사용하였다.

8 從容종용 : 우아하고 고운 모습

9 澄淸징청 : 천하를 맑게 하려는 뜻을 가졌다는 말이다. 후한(後漢) 때 범방(范滂, 137~169)이 난리가 일어난 기주(冀州)의 실정을 살피라는 명을 받고, 수레에 올라 말고삐를 잡고서 천하를 맑게 해보려는 뜻을 품었다던 데서 온 말이다.

10 光風霽月광풍제월 : 맑은 바람과 비 개인 뒤 밝은 달. 잃었던 나라를 되찾은 광복(光復)의 날을 비유하였다.

또

又(其2)

통솔력이 안정되면 책략도 깊어지련만 指揮若定策謀深
우환거리 너무 많고 도덕마저 추락했네. 憂患多端道德沈[1]
밝은 해가 하늘에서 빛나더니 일천 벽력 내리치고 白日光天千霹降[2]
맑게 빛나는 부평검은 일만 용 울음이라. 青萍秋水萬龍吟[3]
서남쪽 둘러친 장벽이 모두 굳게 의지하여 西南半壁皆依重[4]
철통같은 군대도 침공하지 못하누나 朝暮强兵竟莫侵[5]
공리가 펼쳐질 날 멀지 않을 터이니 公理一伸知不遠
바른 길잡이 되어 음험한 자들을 쓸어버리길. 護持正脈掃驕陰[6]

주석

1 권력다툼과 살생이 자행되어, 명분이 흐려지고 혼란스러운 세태를 묘사한 것이다.

2 白日光天**백일광천** : 흰 해가 하늘을 비추다. 파란 바탕에 흰 해가 그려진 신해혁명 시기의 青天白日旗(청천백일기). 뒤에는 國民黨(국민당)의 휘장이 되었다. 이 구절은 1918년 5월 국민당이 서남군벌의 공격을 받은 것을 의미한다.

3 青萍**청평** : 고대의 명검(名劍)인 청평검(青萍劍). 뛰어난 재능을 가지고서 세상에 뜻을 펴지 못하는 인재를 비유한다. 명검이 용울음을 운다는 표현은 일반적으로, 울분을 참으며 때를 기다린다는 의미이다. 곧 공격받은 孫文(손문)과 國民黨(국민당)이 울분 속에 재기를 기약하고 있다는 의미이다.

4 西南半壁**서남반벽** : 桂系(계계 : 廣西), 滇系(전계 : 雲南) 등 중국 서남(西南)지역의 군벌(軍閥)들은, 원세개의 전횡에 반대하는 護國運動(호국운동, 1915~1916)을 끝내고, 1917년 北洋政府(북양정부)에 반대하며 또 다른 군정부(軍政府)를 세우는 護法運動(호법운동)에 가

세하였다. 이에 힘입어 손문은 7월 廣州(광주)로 내려왔다.

그러나 1918년 1월 서남군벌은 손문의 전횡(專橫)에 반대하며, 西南自主各省護法聯合會(서남 자주각성 호법연합회)를 조직하고 대항하였으며, 급기야는 5월 4일 大元帥首領制(대원수 수령제)를 七總裁合議制(칠총재 합의제)로 바꾸어, 손문의 하야를 압박하기에 이르렀다. 이에 좌절한 손문은 5월 21일 廣州(광주)를 떠나 일본을 거쳐 上海(상해)로 돌아올 수밖에 없었다. 제1차 護法運動(호법운동)은 이렇게 실패로 끝나, 손문이 다시 廣州(광주)로 가서 護法(호법)의 기치를 들게 된 1920년 11월 말까지 이 상태가 지속되었다.

5 朝暮조모 : 【중국어】 zhāomù, 항상

6 혼란스런 세력의 판도에 좌우되지 말고, 꿋꿋하게 중심잡기를 당부한 것이다.

해설

■ 1919년 2월경

예관 선생의 망명 후반기에 상해로 온 일강 김철 선생은 1919년 1월 말부터 3월 초까지 약 한 달간 고국에 잠입하여 고향의 천석군 재산을 처분하고 손병희 선생께 독립자금의 약속을 받아내어, 독립운동을 위한 자금을 마련하는 데 크게 기여 하였다. 특히 1926년부터 1932년 상해를 떠날 때까지 上海市(상해시) 黃浦區(황포구) 馬當路(마당로) 306弄(농) 3~5호(보경리)의 임시정부 청사는 김철 선생의 명의로 임대하여 사용하였다고 한다. 이러한 인연으로 인해 그의 고향 함평(咸平)의 일강(一江) 기념관(記念館)에 상해 임시정부 청사의 모습을 재현한 건물을 세워, 선생의 독립 활동을 소개하고 임시 정부 애국지사들의 항일 투쟁 자료들을 전하고 있다.

첫 수에서 선생은 '천금을 다 흩어버리고', '휘장 속의 아내도 버리고' 타지로 온 세월 끝에 손에 쥔 것이 보잘 것 없어 비장한 금곡을 타면서, 독립자금을 구하러 사선을 넘어 도로 고국으로 간 일강에게 미안함과 감사의 뜻을 전하고 계신다.

제 2수에서는 1918년 5월 이후 西南軍閥(서남군벌)의 공격을 받아 패한 孫文(손문)이 上海(상해)로 돌아와 줄곧 절치부심하고 있는 정황을 중심으로, 고국에 있는 일강(一江)에게 중국 내 상황을 기별해 주는 내용이다.

제1수와 제2수의 운은 같은 侵(침) 운(韻)에 속한다. 일강 선생의 행적 등 자료들을 종합해 볼 때, 이 두 수의 시들은 1919년 2월경에 지어 부친 연작(連作)으로 볼 수 있다.

도산께 드림 또

贈島山 又(其2)

'적절한 시기'를 즐겨 말씀하셨으니　　多愛說時機
기회가 오면 어기지 않겠지요.　　機來倘不違[1]
요동벌에선 시위가 당겨졌고　　遼野彎弓發[2]
교주만엔 깃 달린 격서가 날았습니다.　　膠灣羽檄飛[3]
순식간에 기이한 빛이 번득였지만　　轉瞬光奇幻
맨주먹으로는 힘이 너무 약했지요.　　空拳力太微[4]
수많은 어질고 의로운 선비들　　幾多仁義士
의거를 결단하고 성공 다짐합니다.　　决擧矢同歸[5·6]

주석

1 倘당 : 혹시

2 遼野요야 : 1919년 北京(북경)의 각급학교 학생들이 중심이 된 5·4운동이 일어나, 8일 奉天省(봉천성, 현 遼寧省)에서도 議會(의회), 總商會(총상회), 工務總會(공무총회), 農務總會(농무총회), 教育總會(교육총회) 등이 전보를 보내며 이들을 성원하였으며, 이어서 遼寧省(요녕성) 내의 安東(안동, 즉 丹東), 朝陽(조양) 등의 상회(商會)들도 회의를 열어 협조 방안을 논의하였다. 그 밖에 봉천의 인근 마을에서도 이에 호응하는 움직임이 있었다.

3 膠灣羽檄교만우격 : 膠州灣(교주만)에서의 포고문. 교주만은 중국 교동반도 남쪽, 山東省(산동성) 青島市(청도시) 내에 나팔형으로 생긴 해안지역이다.
1919년 5월 26일 奉天省(봉천성) 省立(성립) 中學生들이 5·4운동을 확산시키고자 대표를 파견하여 沈陽(심양)의 각 학교와 연락을 취하고 奉天學生團(봉천학생단)을 조직하여 "青島失則山東亡, 山東亡則中國殆. 千鈞一發, 其勢岌岌(청도를 잃으면 산동이 망하고,

산동이 망하면 중국이 위태로워진다. 백척간두, 사세가 위급하도다)"라는 《通告(통고)》를 발표하며 비상사태를 선포하여, 봉천 학계(學界)의 참여를 촉구하였다.

4 空拳**공권** : 맨 주먹. 奉天(봉천) 지역에서 北洋政府(북양정부)와 奉系軍閥(봉계 군벌) 首領(수령) 張作霖(장작림, 1875~1928)은 외부에서의 정보 유입을 봉쇄하고, 학생들의 집회와 시위를 엄금하였으며, 5월 20일에는 특별 계엄령까지 선포하며 무력(武力)으로 진압하였다.

5 决**결** : 『통용본』에는 '快擧'로 되어 있으나, 『필사본』에는 '决'로 되어 있다. 『필사본』을 따른다.

矢**시** : 맹세하다.

6 同歸**동귀** : 함께 돌아가다. 뜻을 함께 하다. 〈贈劉佐成君(유좌성군께 드림)〉, 〈送楊春時赴湖北(호북으로 가는 양춘시를 보내며)〉, 〈和孟碩獄中原韻(맹석이 옥중에서 지은 시운에 화답함)〉又(其3, 필자 주) 시 참조.

해설

■ 1919년 5월 말경

1919년 초부터 시작된 파리강화회의에서 중국의 요구가 관철되지 않고 青島(청도)를 포함한 山東半島(산동반도)가 日本(일본) 손에 넘어가게 되자, 1919년 5월 4일 북경의 중국학생들이 北京(북경) 天安門(천안문)으로 집결하여 '反帝(반제), 反軍閥(반군벌)'을 구호로 내걸고 "還我青島(청도를 반환하라)", "取消21條(일본과의 굴욕적인 21개 조약을 취소하라)", "外爭主權, 內除國賊(대외적으로 주권을 쟁취하고, 국내의 적을 제거하라)" 등의 구호를 외치며 시위를 벌였다.

이 시의 내용을 보면, 예관 선생은 한민족이 많이 살고 있는 奉天市(봉천시)를 위시한 遼寧省(요녕성)의 동태에 특히 주목하였음을 알 수 있는데, 5월 말경에는 北洋政府(북양정부) 등의 무력 개입으로 遼寧省(요녕성)에서는 일시적인 진압이 이루어져, '轉瞬光奇幻, 空拳力太微(순식간에 기이한 빛이 번득였지만, 맨주먹으로는 힘이 너무 약했다)'며 아쉬워하고 있다.

파리 강화조약에서 산동반도를 일본에 넘기는 것에 중국대표들이 서명하지 못하도록 압박한 5·4운동이 전국적으로 확산되면서 결국 서명이 불발되었고, 1922년 워싱턴회의에서 산동반도가 중국에 반환되는 것으로 결실을 맺었다.

1919년 4월 11일 상해에 대한민국 임시정부가 섰다. 도산 선생은 1919년 4월 5일 미국을 떠나 홍콩을 경유하여 5월 25일 상해에 도착하였다. 예관 선생은 그간 반일(反日)을 기치로 내세우며 시작되었다가 5월 말 일시 소강상태로 접어든 奉天(봉천) 지역의 5·4중국 학생 봉기 소식을 전하면서, '시기를 기다리고 준비를 해야 된다'며 거족적인 민족대표의 회합을 외면한 도산 선생의 처사를 시로서 넌지시 반박한 것으로 보인다.

실제로 3월 기한으로 급히 상해에서 全韓族大會(전한족대회)를 열어 파리 강화회의에 파견한 김규식 등 대표들에게 힘을 실어주자는 상해 측의 2월 8일자 제안을 외면하면서, 2월 10일 공문을 보내어 "미주(美州)에서도 강화회의에 대표를 보내려 하며 그 자금 원조에 집중하겠다"하고, 고국과 러시아, 일본, 중국 각처에서 독립만세 혁명이 일어난 지 한 달이 넘어서야 상해로 출발하겠다는 4월 8일 공문 등을 보내어, 예관 선생과 상해에 집결했던 망명인사들의 공분을 샀다. 도산 선생이 5월 중순 홍콩에 도착하였을 때, 망명 초기부터 편지를 주고받던 "청사 조성환도 마중 나가지 않았고, 상해에 도착하였을 때에는 만주 등 각처에서 상해로 집결했던 이시영·이동녕·신규식 등이 杭州(항주)와 北京(북경)으로 피해버렸다."

그 뒤 도산 선생은 임시정부의 혼란기에 내무총장(內務總長)으로서 세 임시정부간의 혼란을 잠재우고 통합 임시정부를 출범시키는데 중심 역할을 하였고, 임시정부가 다시 분열하자 북만주를 오가며 민족의 통합과 독립운동 거점 마련을 위해 노력하였다. 민족운동을 업압하고자 일제가 일으킨 수양동우회(修養同友會) 사건으로 체포되어 서대문 감옥에서 고초를 당하다 타계할 때까지 헌신하였다.

아목루 『필사본』 작품 위에 붓으로 표시되던 일련번호는 '78'인 이 작품에서 그치고 있어서 일차(一次) 수집본은 여기까지였고, 이후의 시들은 선생의 사후에 각처에서 수집하여 엮은 것으로 보인다.

고려사 기둥에 쓴 시구 한 쌍

高麗寺楹聯[1·2]

이처럼 깨끗한 한 조각 강산에 고려를 세워　　一片乾凈如此江山建高麗[3]
사철 향불 올리는 숱한 사람들, 군왕께 절하도다.　　四時香火幾多人物拜君王[4]

주석

1 楹聯영련 : 기둥에 써 붙이는 시 두 구절, 연구(聯句)

2 〖통용본〗에는 "寺在西湖赤山埠(고려사는 서호 적산부에 있다)" 구절이 있으나, 〖필사본〗에는 없다. 이를 따랐다. 〈고려사에서 감회를 읊다(高麗寺題感)〉 시 註 3 참조.

3 〖통용본〗에는 '乾淨'으로 되어 있으나, 〖필사본〗에 따랐다.

4 君王군왕 : 927년 중국 杭州(항주)에 세워진 慧因禪寺(혜인선사)는 고려(高麗) 왕자승(王子僧)인 대각국사(大覺國師) 의천(義天)이 이곳에서 『화엄경(華嚴經)』을 배우고 귀국하여 『금장경(金藏經)』 500부를 보내 중창을 도운 뒤부터 杭州 高麗寺(항주 고려사)라고 하였다.

또

又[1](其2)

석가모니 우러러 깨달은 지 천년 세월	正覺千年瞻佛祖[2]
만 리 길 서쪽에 와 왕손 앞에 흐느끼노라.	西來萬里泣王孫

주석

1 【필사본】〈高麗寺 楹聯(고려사 기둥에 쓴 시구 한 쌍)〉又(其2, 필자 주)는 위 두 구에서 그친다. 【통용본】에 합쳐져 있는 아래의 "無國無家客, 經新經舊年. 有年宜有國, 無國亦無年" 네 구는 【필사본】에 "無題(무제)"로 표기되어 있고, 마지막 "吾行吾素自由吾, 吾山吾水不棄吾. 縱有人間平等說, 本來無爾亦無吾" 네 구는 "無題(무제)" 시 뒤에 여러 줄 띄어서 아무런 제목 없이 적혀있다. 이 여덟 구는 고려사(高麗寺)와 무관한 내용이므로, 〈高麗寺 楹聯〉又(其2, 필자 주) 작품은 【필사본】에 따른다. 〈無題(무제)〉 시 참조.

2 正覺정각 : 올바른 깨달음을 뜻하는 불교 용어.
앞서 실린 〈高麗寺題感(고려사에서 감회를 읊다)〉 시에 "石像千年瞻佛祖(석상은 천 년 동안 석가모니를 우러르네)"라 하여, 의천대사 석상이 천년동안 석가모니를 우러른 것으로 묘사되어 있으므로, 이 구절 역시 의천대사 석상을 묘사한 대목으로 보아야 할 것이다.

해설

■ **1919년 3월 이후, 상반기**

민석린이 『전기』에서, "선생의 아우 삼강 신건식(申健植)이 고려사를 찾아내고 예관 선생이 중수하여 영련(楹聯)을 걸었다"고 하면서, 관련 햇수는 1915년 만을 언급하고, 〈高麗寺題感(고려사에서 감회를 읊다)〉 시는 그 후에 지으신 것으로 기술한 이후 여러 견해들이 나오게 되어, 이를 정리할 필요가 있다.

예관 선생이 이국땅에서 오래 된 고국의 자취를 찾아내고 흐느낌 가득한 두 수의 영련(楹聯)을 쓴 시기에 대해서 논의한 글은 아직까지 찾아볼 수 없으나, 편액(扁額)을 달았다는 기록은 1925년 『佛敎(불교)』 8호에 김소원(金素園)이 抄(초 : 떠오다)한 김추계(金秋溪) 『高麗寺歌(고려사가)』의 "一千九百十九年, 新氣運 타서 申睨觀上額으로 간판 달리매, 그 名을 恢復하나니…" 구절로서 분명해 진다. 즉, 1919년 임시정부의 새로운 기운을 타서 예관 선생이 편액(현판)을 걸었다는 설명이다.

김소원은, 김추계라는 분이 "항주 도서관에서 四庫全書(사고전서)를 열람하여 우리 관계의 역사자료를 찾는 근무를 하시다가, 민국 4년 8월 항주 고려사를 유람하고 이 〈고려사가〉를 지었다"고 쓰고 있다. 그간 이 민국(民國)을 '中華民國'으로 해석하여 김추계가 유람한 시기를 1915년 8월로 파악해 왔으나, 그 시점은 신건식이 항주 고려사를 발견해 내고 예관 선생이 탐방한 이후, 그리고 대한민국 임시정부 건립 4년째인 1922년 8월로 보는 것이 온당하다.

예관 선생이 편액을 단 시기에 대한 추가 자료는 없으나, "내가 선생님을 뵈옵던 때는 선생님이 지독한 병마에 걸려 위태위태하든 3년 전(1919년, 필자 주) 3월이외다……(1918년) 광동에 가서 모든 주선을 하시다가, 병마의 심한 공격을 입어 노고를 마지아니하시면서 홍콩으로 와서 상해로써(부터, 필자 주) 파리로 향하는 김 선생을 느낌 충만한 중에 희망과 축복으로 보내고(1919년 2월 1일 김규식 상해 출발, 필자 주), 병석에 누워 조리를 못하고 상해로 급급히 오시던 그 때(3월 경)"이라는 엄항섭(嚴恒燮, 1898~1962) 선생의 회고, 그리고 임시정부의 출범을 위해 4월 초 각지에서 인사들이 몰려들었을 때, 예관 선생이 杭州(항주)에서 상해로 오셨다는 여운형(呂運亨) 전기(傳記)나 이광수(李光秀)의 기록, 길림에 있던 정원택 선생이 봉천을 거쳐 1919년 4월 12일경 상해로 갔을 때, 예관 선생이 "여러 가지로 상심하여 몸이 불편해 병원에서 치료 중"이라는 소식을 들었으며, 이튿날인 4월 13일에 선생의 아우 신건식 선생과 함께 찾아뵈었다는 『지산외유일지』의 기록, 4월 25일 열린 상해 임시정부 제3차 의정원(즉 의회) 회의에서 확립된 임시 의정원법에 의거하여 4월 30일~5월 12일까지 열린 제4차 임시의정원 회의에서 신규식 선생이 임시의정원 부의장으로 선출되었고, 도산 선생이 상해에 도착한 5월 25일에 예관 선생이 杭州(항주)에 가 계셔서 만나지 못했다는 『도산 안창호 평전』의 글, 7월 9일~19일까지 열린 5차 회의에 신규식 부의장 사임안건 등이 통과되었다는 기록, 1919년 杭州(항주) 淸華旅館(청화여관)에서 예관 선생을 만나 진면모를 알고 사귀게 되었다며 1919년 9월 《蠡言(여언)》 잡지에 예관 선생께 드린 증시(贈詩)와 글을 기고한 중국인 頃波(경파)의 기록, 그리고 예관 선생이 법무총장으로 선임되어 1919년 10월 13일 항주에서 상해로 왔다는 신문기사 등을 종합해볼 때, 항주에 가서 고려사에 편액을 단 시기는 '1919년 3월 중순~10월 초'로 한정될 수 있다.

여기에 김추계(金秋溪) 『高麗寺歌(고려사가)』의 "一千九百十九年, 新氣運 타서 申晲觀上額으로 간판 달리매, 그 名을 恢復하나니…" 구절까지 감안해 본다면, 편액을 단 시기는 '1919년 3월 이후, 상반기' 정도로 추정된다.

1923년 5월 13일자《東明(동명)》 잡지 제2권 제12호(37호)에 기고한 "高麗寺!"에 실린 일파(一波) 엄항섭의 글과 기념사진을 통해, 정면 한가운데 걸린 "高麗寺" 현판과 양 기둥에 걸린 위 영련(高麗寺楹聯 又, 其2 필자 주)를 확인할 수 있다. 조선 중기 이후에는 편액(扁額)과 영련(楹聯)이 한옥 건축의 한 양식이 되어, 집을 지은 다음에는 편액과 영련을 걸어야만 건축이 완성되는 것으로 여겼기에, 두 수의 고려사 영련(楹聯)을 지은 시기는 편액(현판)을 단 '1919년 3월 이후 상반기'와 일치할 것이다.

이 지료들을 종합해 볼 때, 〈高麗寺題感(고려사에서 감회를 읊다)〉 시와 〈高麗寺 楹聯(고려사 기둥에 쓴 시구 한 쌍)〉두 수의 제작 시기는, 먼저 예관의 아우 건식(健植)이 1917년 항주에서 송(宋)나라와 고려 간의 유대가 얽힌 고려사 관련 자료와 유적을 발견한 후, 예관 선생이 그 해 즉시 방문하여 위령제를 지내고 〈高麗寺題感〉 시를 지었으며, 이후 사방으로 모금하여 1919년 상해 임시정부가 출범한 즈음 "新氣運 타서" 고려사를 중수하고는, "高麗寺"라는 편액(匾額)을 친히 쓰고 두 수의 영련(楹聯)도 함께 지어 건 것으로 정리해 볼 수 있다. 〈高麗寺題感(고려사에서 감회를 읊다)〉 시 해설 참조.

(3) 새 정부 구성(1919.11~1920.9)

항주에 머물고 계신 예관 선생은 1919년 7월 7일에서 19일까지 열린 상해 임시정부 5차 의정원 회의에 부의장 사퇴안을 제출하였는데, 이 짧은 회의 기간에 의원들의 신임과 해임이 빈번하였다. 상해 임시의정원와 노령(러시아령) 대한국민의회 간 통합이 쉽지는 않았으나 타협안을 통해 대체적인 합의를 이루어, 8월 18일부터 열린 제6차 의정원 회의에서 상해 임시정부 스스로가 한성정부(漢城政府)를 정통 정부로 하여 그에 흡수당할 것을 결의함으로써 3개 정부의 통합을 보게 되고, 개헌을 통해 새로운 정부를 출범시켰다. 임시대통령에 이승만, 국무총리에 이동휘, 내무총장 이동녕, 외무총장 박용만, 군무총장 노백린, 재무총장 이시영, 법무총장 신규식, 학무총장 김규식, 교통총장 문창범, 노동국총판 안창호 등이 임명되었다. 또한 임시정부는 임시헌장이 아닌 임시헌법으로 대폭 수정하여 제1장 외 강령 및 57개조로 된 헌법을 마련하여, 비록 안정적이지는 못하였으나 정부의 수반과 헌법이 갖추어졌다. 10월 3일 예관 선생은 취임을 위해 아픈 몸을 이끌고 상해로 돌아오셨다.

이처럼 선생은 1919년 말부터 임시정부의 중책을 맡게 되어, 1920년 4월에 중국인 친구 어머니를 위한 축시(祝詩)를 쓴 것 외에는 한동안 시를 쓸 겨를이 없으셨다.

주태군을 축수함

壽朱太君[1]

채색 누각에 패옥소리 울리는데 畫閣鳴環佩
붉은 다락은 열푸른 산 빛에 닿아있네. 珠樓接翠微
구름 날리는 서왕모의 사자요 雲飛王母使[2]
햇살 비치는 노래자 꼬까옷이라. 日映老萊衣[3]
학발은 인간세상의 상서로움이요 鶴髮人間瑞[4]
빙륜은 하늘에서 빛나도다. 冰輪天上輝[5]
훌륭한 자제를 나 또한 사랑하나니 芝蘭吾亦愛[6]
화려한 수레로 모시는 일이 부럽지 않도다. 不羨板輿歸[7]

주석

1 太君태군 : 관원(官員)의 어머니. 민국(民國)시기에 상해 화약국 국장, 상해 지방심판청 청장, 상해특별시 공익국국장 등을 역임하고, 거액을 쾌척하여 삼육중소학(三育中小學)을 세운 황경란(黃慶瀾, 1875~1961)의 모친으로 주태군(朱太君)이 있다.

2 王母使왕모사 : 왕모(王母)는 선녀(仙女)인 서왕모(西王母)를 가리킨다. 서왕모는 두 마리 파랑새(青鳥)를 사자(使者)로 부렸다고 한다.

3 老萊衣노래의 : 노래자는 초(楚)나라의 현인(賢人)이며, 중국의 24효자 가운데 한 사람임. 나이 70세에 어린애의 옷을 입고 어린애 같은 장난을 하여서 부모를 즐겁게 하였다는 고사가 있다. 여기서는 효성스러운 자제를 가리킨다.

4 鶴髮학발 : 노인의 백발.

5 冰輪빙륜 : 얼음으로 된 수레바퀴라는 뜻으로, 달을 비유하는 시어(詩語)인데, 관상에서

는 흰자가 번쩍이는 눈을 말한다. 달과 같이 덕스럽게 빛나는 모습을 형용한 것이다.

6 芝蘭지란 : 지란옥수(芝蘭玉樹)의 준말로, 뛰어난 자제를 비유하는 말이다. 진(晉) 나라 사현(謝玄)이 숙부인 사안(謝安)에게 "지란옥수가 집안 섬돌에 피어나 향기를 내뿜게 하겠다"고 대답한 고사에서 유래하였다. 『晉書(진서)』 799 〈謝安傳(사안전)〉

7 板輿판여 : 부들방석을 깐 노인용 수레로서, 관리가 부모를 극진히 봉양하는 일을 상징한다. 이 구절에는, 호화로운 봉양보다 사랑스러운 자제가 큰 효도라는 덕담을 덧붙인 것이다.

해설

■ **1920년 4월 3일**

上海(상해)에서 발간된 일간지 《晶報(정보)》 1930년 4월 3일자 기사에, 삼육중학교장 黃慶瀾(황경란)의 어머니 90세를 축하하는 내용이 있다. 계산해 보면, 위 작품은 1920년 4월 3일 주태군의 80세 생신을 위해 예관이 지은 작품임을 알 수 있다. 황경란은 民國(민국)8년(1919년)부터 13년(1924년)까지 浙江省(절강성) 會稽道(회계도)의 道尹(도윤 : 관찰사와 유사함)을 역임하였다.

VI. 매화 핀 아침

1920.10.10~1922.10

묵매(墨梅), (韓) 허련(許鍊 1808~1893) 간송미술문화재단 소장

선생은 새 정부의 젊은 구성원들과 함께 상해 임시정부의 수립 소식과 대한민국 독립의 당위성을 널리 알리고자, 주간지《震壇(진단)》발간에 총력을 기울이셨다. 1920년 10월 10일 창간을 맞이하여 선생은 "갓난아기를 품에 안은 듯, 샛별을 보는 듯" 감격해 마지않으셨고, 상해 임시정부의 출범에 놀라고 이 잡지의 발간에 기뻐해 마지않는 중국 각계각층의 벗들에게서 지지 휘호가 잇달았다. 선생은 한국의 얼을 담은 글『한국혼』연재를 시작하며 망국(亡國)의 원인을 설파하고 무도한 일본의 강압적 지배의 부당성을 성토하여, 중국인들에게 경각심을 심어주었다.

선생과 편집인들은 대한민국의 정신적인 지주인 백두산, 대종교 교주 나철, 이순신, 개천절 등에 관한 사진과 소상한 소개 글을 싣고, 국내외에서 일시에 전개되어 세계를 놀라게 한 독립만세운동과 상해 임시정부의 출범을 널리 알리면서, 한중(韓中) 협력의 당위성을 강조하였다. 여기에 연변(延邊)에서 일본과 격전을 벌여 연승한 소식, 세계의 동태와 중국 내 소식까지 빠짐없이 실어, 중국 벗들에게서 "공명정대한 주장과, 상세한 소식을 모두 갖춘" 주간 잡지라는 찬사를 받았다. 아무리 고국에 계실 때《工業界(공업계)》잡지를 발간하고, 平湖(평호)에서《自由月報(자유월보)》창간에 힘을 보태고,《民權報(민권보)》사의 총책을 맡으셨던 선생이라지만, 심신이 극도로 쇠약해진 말년에 이같이 엄청난 일을 이처럼 단기간에 해낸 것은 기적이라고 밖에 달리 설명할 길이 없다. 1920년 하반기에는 임시정부 내외의 많은 일들로《震壇(진단)》잡지 발간 축시(祝詩)를 쓴 것이 외에는 시를 쓸 여념이 없으셨던 듯하다.

당시 국내외 정세는 여전히 호의적이지 않았다. 희망을 걸었던 파리 강화회의는 열강들의 빗잔치에 불과하였고, 한국의 대표는 입장조차 할 수 없었다. 그럼에도 대표로 파견된 김규식은 이후 파리에서 10년 가까이 한국의 독립을 주장하고, 임시정부를 홍보하는 역할을 충실히 해냈다.

상해 임시정부는 각지에서 몰려든 거물급 인사들의 충돌에다 구성원들의 지방열(地方色)까지 더해져 분열상이 극심하였다. 대통령으로 선출된 이승만(李承晩)은 1800년대 말 만민공동회(萬民共同會)와 독립협회(獨立協會)에 참여하여 대한제국(大韓帝國) 정부의 잘못된 시정을 비판하고 자유민권(自由民權)을 이끌었던 청년 시절과는 달리, 미국에서 걷은 애국금을 거의 독점하고 상해에 부임조차 하지 않다가, 임시의정원들의 독촉에 못 이겨 1920년 12월 상해로 오자, 예관 선생은 임시정부를 지지하면서 옹호를 호소하는 글을 발표하며 동족간의 분열을 저지코자 하였으나 혼란은 계속되었고, 이승만은 별다른 성과 없이 21년 5월 미국으로 돌아가 버렸다.

이런 와중에도 선생에게 1921년은 실낱같은 희망을 품고 임시정부를 일으켜보려던 소중한 시기였다. 上海(상해)에 온 지 10여 년이 되도록 조선의 대학자 창강(滄江) 김택영(金澤榮) 선생님이 가까운 南通州(남통주)에 계셔도 한 번 찾아뵙지 못하여 마음에 걸렸던 선생은, 양력 1월 1일 기별을 넣어 상해 집으로 모셔서 조찬(朝餐)을 대접한 일을 〈廬中即景(나의 집 풍경)〉 시에 담고, 기개와 웅지(雄志)를 표현하였다. 그리고는 음력 1월 13일(* 2월 20일)에 생일시를 써서 홍명희 선생에게 보내고, 양력 3월 말에는 고국에서 3·1운동을 주도한 일로 감옥에서 겨우 풀려 나 환갑을 맞게 되신 의암 손병희 선생께 〈義菴六十一壽詩(의암 회갑 축하시)〉를 헌정하였다.

이 즈음 선생은 심리적으로 다소 안정된 듯, 오랜 벗 景炎(경염)의 그림과 시를 보고 〈贈景炎(경염께 드림)〉 시를 지으며 망중한을 누리기도 하였다. 망명 생활 중에 고국을 그리며 쓴 시와 그림을 모아 엮은 〈汕廬圖(산려도)〉 화첩은 이 시기 임시정부에서 맡게 된 선생의 중책으로 더욱 빛나 중국 지성들에게 큰 울림을 주었다.

5월 말에는 고국에서 교육과 언론계에서 활약하고 대종교 서울 남도본사(南道本司)에서 교무를 전담하여 해외독립운동을 지원하신 유근(柳瑾) 선생의 타계 소식을 받고 〈輓石儂道長(석농 도장 만사)〉 시를 지어 애도하며, 임시정부 차원의 추도식을 열었다.

이승만이 미국으로 돌아가고, 예관 선생을 국무총리 대리(이하 국무총리)로 임명하였다. 안창호, 이동휘, 이동녕 등이 내각에서 잇달아 물러나는 혼란 속에서도 임시정부가 독립운동의 중심 기관이 되어야 한다고 판단한 선생은, 대통령의 유고시 국무총리가 이를 대리한다는 임시헌법의 규정에 따라 임시정부의 총책을 맡게 되었고, 외무총장(外務總長)까지 겸하는 무거운 짐을 짊어지게 되었다. 이어 10월에는 임시정부에 대한 정식승인과 광복운동 지원 문제를 교섭하기 위해 孫文(손문)의 廣東政府(광동정부)에 급히 파견되었다. 이 회동에서 5개조의 외교문서를 전달하고, 10월 10일 신해혁명 10주년 기념식에 임시정부의 대표로 참석하며 공식적인 외교관계를 성립시켰다. 이러한 활동은 그 해 11월부터 1922년 6월까지 이승만이 참석하게 될 태평양회의에서의 우위를 차지하기 위해서였으나, 이 회의는 결국 상해 임시정부 측에 유리한 결말 없이 끝났다.

선생은 1922년 1월 1일 상해 《獨立新聞(독립신문)》에 "파리 회의의 悲觀(비관), 태평양회의의 落望(낙망)이라고들 하지만, 우리의 독립운동을 타인의 회의에 맡기려 하면 안 될 것이며, 眞(참됨)으로, 誠(정성)으로 正(바름)으로 義(의로움)으로 나아가 최후의 성공을 기약할 것이라"는 요지의 〈독립운동의 眞諦(진체 : 핵심(필자 주))〉를 발표하며 후진들을 격려하였다. 그러나 2월 8일에는 "독립을 선언한 지 4년째이나 고국을 회복하지 못한 것을 깊이 한탄하며 송구하게 생각하노라. 이제 어진 이를 추천하고 능력 있는 이들에게 양보하여 새 길을 개척하여야 할 것이로되, 나는 진퇴와 무관하게 시종 노력할 것임을 기억하고 협조하라"는 〈임시의정원 개원 誥詞(고사 : 드리는 글(필자 주))〉를 발표하고, 3월 20일 사직하였다. 이로서 신규식 내각 거의 모든 각료가 사퇴하였고, 6월 17일 제10차 임시의정원회의에서 이승만에 대한 불신임안이 통과되었다.

이 시기 중국 내에서는 北洋軍(북양군)을 공격하며 북벌(北伐)하려는 손문과, 중국 서남방 지역 내에서의 연성자치(聯省自治)를 도모하려던 陳炯明(진형명)이 충돌한 6 · 16사변(事變)이 일어났다. 이 전투에서 패배한 孫文(손문)이 上海(상해)로 후퇴하자, 그의 권토중래에 희망을 걸었던 예관 선생은 끝내 병석에 누우셨고, 자신의 병을 더 이상 돌리기 어렵다고 판단하여 음식과 약을 끊고 25일간의 조식법(調息法)으로 죽음을 택하였다. 선생은 마지막까지 임시정부를 중심으로 단결할 것을 당부하며 1922년 음력 8월 5일(* 9월 25일) 상해 프랑스 租界(조계) 내의 愛仁里(애인리) 자택에서 고단한 일생을 마치셨다.

선생의 유해는 上海(상해) 虹橋路(홍교로) 滿國公墓地(만국공묘지)에 모셨다가, 1993년 8월 5일 고국으로 봉환하여 국립 현충원 대한민국 임시정부 요인 묘역에 안장하였다. 상해 홍구(虹口)공원에는 묘비석이 있다. 대한민국은 선생의 공을 기리어 1962년 건국훈장 대통령장을 추서하였다.

《진단》이 세상에 나와, 옛 동지를 그리며 대신 축하함

震壇[1]出世憶舊同志代祝[2]

어지러운 변화 속에 새 국운 열리니	九變新承運
삼신께서 이 이름 처음 내리셨다네.	三神肇錫名[3]
신령한 빛 다시 환히 쏟아지고	靈光復盆照[4]
지엄한 명령에 온 세상이 놀라네.	肅令環球驚
큰 우레 소리가 이제 곧 회복될지니	大震今來復[5]
동쪽 제단에는 오래된 맹약이 있네.	東壇舊有盟[6·7]
마치 갓난아기를 품에 안은 듯	情同懷赤子[8]
벅찬 마음이 밝은 별 보는 것 같네.	恍若見明星

주석

1 震壇진단 : '震'은 동쪽 혹은 큰 울림을 뜻하고, '壇'은 우리나라의 시조인 단군을 가리킨다. 『周易(주역)』 說卦(설괘)에서 '震(진)'은 '동방(東方)'이라고 해석하고 있다. 인도에서는 동쪽에 있는 중국을 '震旦(진단)'이라 부르기도 하였지만, 중국이나 한국에서는 '동방에 단군의 나라'인 우리나라를 '진단(震壇)'이라고 하였다.

여기서는 1920년 10월 10일 상해에서 예관 선생 주도로 발간된 주간지 이름을 가리킨다. 창간의 목적은 상해임시정부의 언론 활동을 활성화하고 한국 독립운동의 상황을 중국인들에게 널리 선전하여 지지층을 두텁게 하려는 데 있었다. 순한문 활자본으로 타블로이드판이며, 표지를 포함하여 창간호는 12면, 제 2호부터는 8면으로 간행되었다. 해설 참조.

2 〚통용본〛에는 '舊'자가 없으나, 이 작품이 실린 1920년 10월 31일자 《震壇(진단)》 잡지에 있고, 〚필사본〛에도 있어, 이에 따랐다.

이 시는 민국 2년(대한민국 2년, 1920년 필자 주) 10월 31일자 《震壇(진단)》 제4호에 一民(일민)의 작품으로 실려 있다. 〚통용본〛에는 '震壇半月刊(진단은 반월간이다)'란 부제(副題)가 붙어있지만, 〚필사본〛에는 이 글자가 없으며, 총 24호 중 한 달이나 5주 만에 발행된 네 번의 경우를 제외하고는 매주 발간되었으므로, 이 또한 〚필사본〛에 따라 제외하였다.

3 三神삼신 : 대종교의 교리에서 환인·환웅·단군 삼신. 대종교(大倧教)를 부활시킨 나철(羅喆) 선생은 이 삼신이 일체라고 하였다. 이 개념은 토끼풀의 줄기에 세 잎이 달린 것과 같은 개념으로 이해해 볼 수 있다. 〈慶節題感(기쁜 명절에 소감을 적다)〉其2(필자 주), 〈丁巳年自壽詩(정사년 생일 기념 시)〉 등 참조.

肇조 : 시작하다

錫석 : 주다

4 復盆照복분조 : 동이로 들이붓듯 빛이 환하게 비치다.

5 震은 동쪽, 한국을 뜻한다.

예관 선생은 〈奉悼羅公弘巖神兄五章(나공 홍암 신형을 받들어 애도함 5장)〉 시 두 번째 작품에서, "(홍암 나철 선생께서) 삼신이 대한 땅에 내린 일을 소상히 서술하였네(祖述三桓降震壇)"라며 '震壇'이 한국을 가리키는 것임을 분명히 하였지만, 《震壇(진단)》 잡지 발간에 축사(祝詞)를 쓴 일부 중국 인사들은 한국과 중국 양국이 '이와 입술처럼(脣齒關係)' 불가분의 관계라고 하거나, '서로 손잡고 가자'는 취지를 거듭 밝히고 있어, '震은 중국, 壇은 한국'으로 이해한 것이 아닌가 생각된다.

6 東壇동단 : 壇과 檀은 서로 통하며, '단군의 나라'라는 의미로 쓰였다.

7 舊有盟구유맹 : 예관 선생의 시 〈拜退天宮(천궁에 절하고 물러나며)〉에는, 고국을 떠나오기 직전 天宮(천궁)에 피로서 충심을 고하였다는 대목이 있다. 이 같은 개인적인 맹세와 더불어, 나라의 독립을 피로서 맹세했던 옛 동지를 기린다는 제목과도 호응하는 대목이다. 이 두 구절은 '震壇'을 '大震東壇'으로 풀어 쓴 것이다.

8 赤子적자 : 갓난아이. 《震壇(진단)》 잡지의 출범을 묘사한 것이다.

해설

■ 1920년 10월 10일

국내외 동포들의 민족혼을 일깨우고자 선생은 망명지에서의 잡지 발간이라는 큰일을 주도하셨다. 훗날 일파(一波) 엄항섭(嚴恒燮, 1898~1962)이《東明(동명)》잡지에 기고한 애도사에서 회고하였듯이, 1919년 3월부터 선생의 건강은 극도로 악화된 상태였다. 상해 임시정부 출범 이후 인사들의 분열과 분쟁으로 갈등하는 중에도 선생은 최후의 열정을 모아내어 잡지를 발간하였다. 이날의 벅찬 감회는 '갓난아기를 품에 안은 듯, 밝은 별을 보는 듯하다'는 구절에서 더없이 곡진하다.

선생은 일찍부터 신문이나 서적과 다른 잡지 특유의 장점을 인식하여, 고국에서도《工業界(공업계)》등의 잡지 발간과 편집 업무를 맡아보았고, 중국 망명 직후부터 중국 인문, 잡지 등 출판계 요인들과 밀접한 교류를 가지고 경영에도 참여한 경험이 있었다. 예관 선생이 상해에 와서 깊은 우정을 나누던 陳其美(진기미)는 어느날 선생을 찾아와 "귀국의 애통한 역사나 열사의 전기 및 잡지 등을 발행할 계획이 있다면 꺼리지 말고 찾아와 상의를 하시오. 기꺼이 돕겠소" 하면서 아울러 말하기를 "예전에 내가 일하던《民聲叢報(민성총보)》사의 기계가 남아 있어, 수리하고 보수하면 쓸만하오. 이 역시 기부하겠소"라고 제안하며 전폭적인 지지 의사를 밝혔으나, 선생은 우리의 글은 우리 힘으로 발간해야 한다는 생각으로 사양하면서, "다만 잡지를 만들게 되면 다시 지도를 부탁하겠노라" 하고 나오신 일이 있다. 이런 지난 일에 비추어볼 때, 시의 제목에서 "憶舊同志代祝(옛 동지를 그리며 대신 축하하다)"라는 구절의 '옛 동지(舊同志)'는 세상을 떠난 진기미를 가리킨 것으로 생각된다. 〈碧浪湖畔恨人談(벽랑호반에서 한인이 하는 이야기)〉 참조.

타계하기 불과 몇 달 전인 1916년 1월 12일에 진기미가 창간했던《民國日報(민국일보)》에서는 연 사흘 동안《진단》지 출범을 홍보하며 축하하였고, 그 밖에 많은 중국 인사들이 휘호와 축하의 글을 보내왔다.

선생은 창간사 「향후 우리의 책임」이란 글에서 '(1) 민족자결을 발휘한다. (2) 독립과 평등을 주장한다. (3) 국제적인 우호관계를 맺는다. (4) 세계문화를 받아들인다. (5) 광복의 실상을 알린다'는 요지의 발간 취지를 밝혔다.

나의 집 풍경
廬中即景

겸로, 창종과 조반을 먹는데 꽃병의 매화꽃이 물 사발에 떨어졌다. 나는 꽃잎을 불면서 물을 마시다가 홀연 '甁梅落水聽浮動' 일곱 글자를 얻었다. 그리고 계단 앞 화분의 측백나무가 추위에도 본색이 여전한 것을 보고 느낌을 댓구로 엮어 실내에 써 붙였다. 그리고는 이 즉흥 구절을 늘리어 율시 한 수를 완성하였다.

同謙老[1]滄宗[2]朝餐, 甁有梅落於水碗. 余吹飮, 忽得甁梅落水聽浮動七字, 看階前盆栢寒後依然本色, 感構一對, 仍題室內. 即景補成四律一首.

단군님 초상이 위에 계시니 조석으로 배례하고　　天眞在上晨昏拜[3]
선조의 자취 복판에 걸고 안팎으로 글을 써 붙였네.　　祖績懸中外內描
이층에는 단군신상을 봉안하였고　　樓上奉案檀祖神像,[4]
거실 가운데는 광개토왕 비문 두루마리 글과　　堂中掛置廣開土王碑
충무공이 남기신 대련을 걸어놓았다.　　字中軸, 及忠武公遺之對聯[5]
화병의 매화 물에 져 떠다니는 소리에 귀 기울이고　　甁梅落水聽浮動[6]
화분의 측백 서리 속에서도 푸름을 보네.　　盆柏經霜見後凋[7]
기러기 세 마리 갈대 물고 모여들고　　隨陽三影含蘆集[8]
온 산 울려대며 감람나무 위로 날뛰고 포효하네.　　震嶽一聲踞欖咆
유정서국에서 삼안도를 얻고　　於有正書局得三雁圖
기증받은 호소도를 나란히 벽에 걸어놓았다.　　有見贈虎嘯圖並掛壁[9·10]
자고 깨며 생활하고 노래하며 곡하는 나날 중에도　　寤寐起居歌哭裡[11]
동창의 붉은 해는 고국의 아침과 같네.　　東窗紅日似前朝[12]

주석

1 謙老겸로 : 원로 겸곡(謙谷) 박은식(朴殷植, 1859~1925) 선생.

2 滄宗창종 : 창강(滄江) 김택영(金澤榮, 1850~1927) 선생. 두 분의 원로를 존대하여, 老(元老), 宗(始祖)의 존칭을 붙였다.

3 天眞천진 : 단군 초상

4 樓上루상 : 【중국어】 lóushàng, 건물의 이층.

5 忠武公 對聯충무공 대련 : 선생은 이순신 장군이 쓰셨다는 〈陣中吟(진중음)〉 시 중에 "誓海魚龍動, 盟山草木知(바다에 서약하니 물고기와 용이 우줄대고, 산에 맹세하니 초목이 아는도다)" 구절을 소중히 여겨, 저서 『韓國魂(한국혼)』에도 인용하면서 한국인들의 문화적 자부심을 고취하였다.

6 聽浮動청부동 : 꽃잎의 떠다니는 소리에 귀 기울이는 고아(高雅)한 정취를 묘사한 것으로, 출처가 있다. "山雨釀春寒, 曉濕梅花重° 結實較遲遲, 且聽香浮動…(산에 내린 비가 찬 봄 기운를 빚어내고, 새벽의 습기에 매화꽃이 무겁구나. 열매 맺기는 좀 더디다만, 향기가 떠다니는 소리 들리는구나)" 宋(송) 釋紹曇(승 소담) 〈偈頌一百零二首(게송 102수)〉7

7 後凋후조 : "歲寒然後知松柏之後凋(날이 추워진 후에야 소나무 잣나무가 뒤에 시듦을 알게 된다.)" 『論語(논어)』 〈子罕(자한)〉

8 隨陽수양 : 따스한 곳을 찾아서 남북으로 이동하는, 기러기. "君看隨陽雁, 各有稻粱謀(그대는 양지 찾아 가는 기러기가 각자 양식 구할 꾀를 가진 것을 보았지요)" 唐(당) 杜甫(두보) 〈同諸公登慈恩寺塔(여러분들과 자은사탑에 올라)〉

9 踰欖요람 : 감람나무를 뛰어넘다. 울부짖으며 달려가는 그림 속 호랑이 모습을 형용한 것으로 보인다.

10 有正書局유정서국 : 시사서화(詩詞書畫) 애호가였던 清末民初의 언론인 狄楚青(적초청, 1873~1941)이 1904년부터 1943년까지 미술품을 복제 인쇄한 출판사로, 당시 선구적인 역할을 하였다. 선생이 받으신 그림들도 인쇄물이었을 가능성이 있다.

11 한낮에 광복을 위해 분주하게 다니던 예관 선생은 적막해진 밤이면 나라와 벗을 잃은

슬픔에 흐느껴 우셨다고 한다. 민석린(閔石麟)『예관 신규식 선생 전기』

12 似前朝**사전조** : 두서없고 혼란스러운 망명의 나날 중에, 고국의 아침에 빛나던 태양만 이 한결같다는 희망을 묘사한 것이다.

해설

■ **1921년 연초**

이 작품은 서문을 통해서 알 수 있는 귀한 사실이 있다. 매화가 핀 겨울날 겸곡 박은식 선생과 창강 김택영 선생을 댁으로 초대하여 조찬을 대접해 드린 것이다. 노구에 멀리서 오셨을 터이니 집에서 묵으셨을 가능성도 있다. 박은식 선생은 상해를 근거지로 예관 선생과 함께 독립을 위해 주야로 애쓰시던 중 1919년 3·1운동 후 상해 임시정부가 수립되어 임시정부의 기관지《독립신문》의 사장이 되었고, 예관 선생은 1919년 임시정부의 의정원(議政院) 부의장, 1920년 2월 법무총장(法務總長), 그리고 1921년 5월 국무총리 대리 겸 외무총장이 되었다. 1925년 박은식 선생은 임시 정부 대통령이 되었다.

창강 김택영 선생의『合刊韶護堂集(합간소호당집)』6〈辛酉稿(신유고)〉에는 다음과 같은〈謝申總長圭植西曆新年之問(신총장 규식의 양력 신년 문안에 감사하며)〉시가 실려있다.

> 聞風餘十稔, 接札若千金
> 不有撑天節, 那懷愛物心
> 漢墟春草進, 華席海雲深
> 孰使南冠者, 殘齡返故林.
> 소문만 들은 지 십여 년에, 한번 받은 편지 천금 같았네.
> 하늘을 버티는 절개가 없다면 어이 깊은 사랑을 품을 수 있었으리.
> 한양 옛 터에는 봄풀이 돋아나는데, 중국 땅에는 바다 구름이 깊네.
> 그 누가 남관자*로 하여금, 늙은 나이에 고향으로 돌아가게 하리오.
>
> * 고향을 잊지 못하는 노예

창강 김택영 선생은 구 한말을 대표하는 문인으로서, 나라가 일본의 손아귀에 들어가자 1905년 중국 상해 근처 南通州(남통주)로 망명하여 외로운 유민(流民) 생활 속에서 조국의 역사와 문화의 정체성을 잃지 않으려고 끊임없이 노력한 분이다. 1913년 4월 29일(* 6월 3일) 상해에 머무르던 홍명희, 정인보, 김국순 선생은 남통주에 우거하는 김택영 선생을 찾아뵌 일이 있었지만, 예관 선생은 이 때 함께 가지 못하였다. 〈輓錦山郡守(금산 군수 만사)〉 시 해설 참조.

창강 선생은 예관 선생의 망명 소식을 들은 지 10여 년 만에 귀한 기별을 받아들게 되었던 것이다. 창강 선생의 시가 신유(辛酉)년, 즉 1921년의 작품이므로 이 해 양력 1월 1일 예관 선생이 창강 선생께 문안 편지를 보내어 상해로 초대하였음을 알 수 있다. 선생은 편지에서 3·1운동 뒤 임시정부가 수립되었고, 정부의 요직을 맡게 된 근황을 벅찬 마음으로 적어 보냈을 것이기에, 조국의 광복을 오매불망 소원하시던 창강 선생의 감격 또한 말로 다 할 수 없었을 것이다.

예관 선생이 1921년 상반기에 거처하시던 댁의 규모와 모습, 당시의 기백을 짐작해 볼 수 있는 위 작품은 김창강 선생의 편지로 인해 그 해 양력 1월 1일 이후, 겨울에서 초봄 사이에 지은 시임이 분명해진다. 이 시는 아목루 『필사본』 제2권에 집과 관련된 시 모음, 『愛吾汕廬草(고국의 집을 사랑하여) 초안』이라는 큰 범주 안에 들어 있어서, 말년에 거처하시던 '집'을 소재로 삼았음을 알 수 있다. 이 장소가 구체적으로 어디인지에 대한 기록은 없지만, 이듬해 8월 5일(* 9월 25일) 선생이 타계하신 자택은 상해 프랑스 租界(조계) 내의 福煦路(복후로) 愛仁里(애인리) 35호였다.

음력 정월 열 사흗날 새벽에 일어나

舊正十三曉起

음력 정월 13일 새벽에 일어나 우연히 한시 한 수를 지었다. 이것은 시라고 할 수는 없으며, 소감을 적을 따름이다. 이 시를 순성에게 보이고 벽초에게 전한다. (신유년 맹춘 13일)
舊正十三曉起, 偶得漢詩一首, 詩云乎哉, 誌感而己, 示瞬星轉碧初. (辛酉孟春旬三)[1]

마흔 해 전에 두 돌이던 어린 애가	四十年前二歲兒
웃고 울고 노래하고 통곡한 지 그 얼마더냐.	笑啼歌哭幾多時
이 몸은 만신창이가 되어 괴로우나	環身百刼都煩惱[2]
삼신의 명을 받아 버티어 나가네.	受命三神尙護持
부모를 못 모신 마음 쓰라린데	風樹餘哀情有痛[3]
강산을 돌아보니 풍경 모두 변했구나.	河山回首景全非[4]
수탉이 힘차게 울고 매화 향 풍길 제	雄鷄喔喔梅香動
일어나 천궁 향하여 소원을 아뢰노라.	起向天宮發願辭[5]

주석

1 瞬星순성 : 秦學文(진학문, 1894~1974)의 호(號). 일본 유학을 다녀오고 십 여세부터 근대적인 단편소설을 쓰며 선구적인 역할을 하였고, 일본과 러시아 작품을 번역도 하였으며, 《동아일보》사의 창간을 맡기도 하다가 점차 친일로 돌아섰다. 해방 후 일본으로 갔다가 귀국하여 재계(財界)에서 활동하였다.

2 刼겁 : 〈和孟碩獄中原韻(맹석이 옥중에서 지은 시운에 화답함)〉又(其3 필자 주), 〈送唐少川書(당소천께 보내는 편지)〉, 〈京津同志被捕(북경과 천진의 동지들이 체포되다)〉 시 참조.

3 風樹餘哀풍수여애 : 부모님께 효도하지 못한 안타까움과 슬픔

4 河山하산 : 고국 산하. 〈寄桂園(계원께 부침)〉, 〈寄藕泉仁棣老同志 (오랜 동지이자 아우 우천께 부침)〉 시 등 참조.

5 天宮천궁 : 대종교(大倧教)에서 한인·한웅·한검이 계신 하늘나라를 가리키며, 그 경배 장소인 대종교(大倧教) 총본사(總本司), 각도 본사 및 시교당(施教堂) 안에 단군한배검의 상(像)을 모신 정당(正堂), 천전(天殿)(天眞殿)을 가리키기도 한다. 〈拜退天宮(천궁에 절하고 물러나며)〉 시 참조.

해설

■ **1921년 2월 20일**

1921년 음력 정월 13일(* 2월 20일), 생일 시로는 마지막 작품이다. 우리 나이로 42세. 예관 선생이 타계하자 일파(一波) 엄항섭(嚴恒燮, 1898~1962)은 『東明(동명)』 잡지에 기고한 애도사에서, 선생의 병세는 1919년 3월부터 심해졌다고 하였다. 해위 윤보선 선생 상해 망명 자료를 보면, 예관 선생은 1917년 늦여름에도 항주에서 가료 중이셨음을 알 수 있다. 이처럼 오랜 투병의 나날 끝에 병세가 악화된 것은 독립선언 이후 임시정부 수립에 따른 지파들간의 파벌의식, 지방색, 출세욕 등으로 인한 분열과 갈등에 의해 촉발된 것으로 보인다.

창강 김택영 선생님과 겸곡 박은식 선생님을 모시고 정월 초하루 조찬을 대접하며 장한 의지를 표하기도 하였지만, 몸과 마음이 몹시 쇠약해진 선생은 생일을 맞아도 뵈올 가망이 없을 부모님을 그리며 하늘을 향해 경건하게 소원을 비셨다.

의암 회갑 축하시

義菴六十一壽詩[1]

사업의 본 뜻(신유년 2월 19일)·事業主旨(辛酉二月十九)

내 고향의 놀랍고도 걸출한 분	吾鄕有奇傑[2]
평지에서 보는 신선이러라.	平地見神仙
의무는 백성의 나라를 세우는 것이요	義務民以國
이념은 '사람이 곧 하늘'이라.	道源人乃天[3]
회갑을 맞으시는 초여드레	華籌初八日[4]
나라가 서고 세 번째 되는 해로다.	新曆第三年[5]
감금당한 것은 그의 죄가 아니니	縲絏非其罪[6]
아름다운 이름 길이 빛나리라.	令名永世傳[7]

주석

1 義菴의암 : 손병희(孫秉熙, 1861~1922). 동학의 제 3대 교주. 천도교 지도자, 독립운동가. 천도교측의 대표로 3·1운동의 주동체로 참가하여 탑골 공원 부근 태화관에서 3월 1일 기념식을 거행한 뒤 일본경찰에 자진 검거되어 1920년 10월 징역 3년형을 언도받고 서대문형무소에서 복역하였다.
예관 선생 주도로 중국에서 발행된 잡지《震壇(진단)》양력 1920년 11월 21일자 "韓國獨立黨首領孫義庵近況" 제하의 기사에는 "2년간 투옥되셨다가 최근 보석으로 풀려나 댁에 계시지만, 깊은 독이 풀리지 않았다"고 하였다.
출옥 후 상춘원(常春園)에서 요양하시다가, 건강을 회복하지 못하고, 1922년 5월 19일 향년 62세로 별세하였다. 정부는 1962년 건국훈장 대한민국장을 추서하였다. 〈寄鐵生(철생께 부침)〉 시 1, 2(필자 주) 참조.

2 의암 선생은 충청북도 청원군 북이면 금암리 출신으로, 같은 충청북도 출신이라는 뜻이다.

3 人乃天인내천 : 제3세 교주 손병희는 1대 교주 최제우의 '시천주(侍天主)' 사상을 '인내천'으로 표시하고, '사람이 곧 한울님'이라고 했다.
제2세 교주 최시형은 '시천주'를 '각천주(覺天主)'라 하여 자신 속에 천주를 모시고 있는 사실을 깨닫는 일의 중요성을 강조하였다. 따라서 구원관은 사람이 자신의 본질, 즉 '人乃天(인내천)'의 뜻을 깨달아 그 본성을 회복하고 유지함으로 천인합일(天人合一)의 목표를 달성하는 것이다.

4 華籌화주 : 회갑(回甲), 화갑(華甲). 1921년 음력 4월 8일(* 5월 15일)

5 新曆신력 : 독립을 선언한 1919년이 원년이므로, 제3년은 1921년이다.

6 縷紲누설 : 묶이다. 1919년 3월 1일 독립선언 기념식을 거행한 뒤, 의암 선생은 일본경찰에 자진 검거되어 1920년 10월, 3년형을 받아 구금되었다.

7 令名영명 : 좋은 명성, 귀한 존함

해설

■ **1921년 3월 28일**

감옥에서 겨우 풀려나 회갑을 맞으실 의암 선생님의 은공(恩功)을 기린 작품이다. '事業主旨'라는 부제를 통하여 제3대 교주로 계신 천도교(天道敎)의 중심 사상을 위주로 밝힌 이 시의 제작 시기는 1921년 2월 19일(* 3월 28일)이다.

천도교 제1대 교주 水雲(수운) 崔濟愚(최제우) 대신사께서 한울님으로부터 무극대도(無極大道)인 천도를 받아 동학(東學)을 창명한 '천일기념일(1860년 4월 5일, * 5월 25일)'과 의암 선생님 생신(4월 8일,* 5월 15일)을 겸하여 축하드린 시로 보인다.

경염께 드림

贈景炎[1]

'비 개인 창가에서 화첩 보는 그림'을 한가히 펼치니	閑展晴窓讀畫圖
우람한 산세가 그림 속에 펼쳤어라.	鴻濛嵽嶪畫中鋪[2·3]
구름 걷힌 망천의 깨끗한 홍취요	輞川雲矮天然趣[4]
다섯 그루 버들에 맑은 바람, 한없이 즐겁도다.	五柳風淸自在娛[5]
산과 강을 눈앞에 모아두기 무척 좋아하고	大好河山收眼底[6]
사람 대하는 재주는 동오에 으뜸이라.	對人才調冠東吳[7·8]
술 들고 농사 이야기나 주고받을	得當把酒桑麻話[9·10]
이 몸도 워낙은 고양의 오랜 주당이라네.	僕本高陽舊酒徒[11]

주석

1 景炎경염 : 해설 참조.

2 鴻濛홍몽 : 천지(天地)가 나뉘기 전의 자연 그대로의 상태.

3 嵽嶪첩업 : 산이 높고 험한 상태

4 輞川망천 : 唐(당) 시인 王維(왕유, 693?~761)가 은거하여 지내며 청정(淸淨)한 기풍의 시를 지었던 별장, 輞川莊(망천장)

5 五柳오류 : 東晉(동진)의 전원시인 陶淵明(도연명, 365~427)의 집 주변에 있던 다섯 그루의 버드나무.
두 시구는 산수 전원풍의 시인들을 소환하여, 그 담박(淡泊)한 풍격에 그림의 격조를 빗댄 것이다.

6 산과 강 그림을 애호하여 수집한 것을 묘사한 것이다.

7 才調재조 : 재주와 격조

8 東吳동오 : 옛 오나라 동쪽, 江蘇(강소), 浙江(절강), 安徽(안휘), 三省(삼성)의 동쪽 지역, 景炎(경염)의 주 활동지 上海(상해)를 가리킨다.

9 得當득당 : 마땅하다

10 桑麻話상마화 : 뽕과 삼베를 심는 농사 이야기. "相見無雜言, 但道桑麻長(서로 만나 잡된 이야기 없고, 오직 뽕과 삼 자라는 이야기 뿐)" 陶淵明(도연명) 〈歸園田居(전원에 돌아와 지내며)〉其2, "開軒面場圃, 把酒話桑麻(마루 문 열어 채마밭 마주하고, 술잔 들고서 뽕와 삼 이야기 나누네)" 唐(당) 孟浩然(맹호연, 689~740) 〈過故人莊(벗의 집에 들러)〉

11 高陽酒徒고양주도 : 진(晉)나라 때 양양(襄陽) 현산(峴山)의 고양지(高陽池)에서 술을 즐겼던 은자(隱者) 山簡(산간, 253~312)의 별칭. 술에 취하면 흰 두건을 거꾸로 쓰고 말에 오르는 꾸밈없고 호탕한 모습으로 사람들에게 웃음을 주고, 많은 사랑을 받았다고 한다.

해설

■ **1921년 4월 즈음**

경염은 불꽃이라는 뜻이다. 그간 이 인물에 대해 밝혀진 바 없었는데, 근인 劉霞(유하) 박사가 고증하였다. 그의 본명은 顧景炎(고경염, 1895~1970), 字(자)는 樹圻(수은)이고, 중국 상해 지역의 유명한 수장가(守藏家)였다. 대대로 상해 성 안에서 살면서 지역의 역사. 얽힌 이야기. 민속 등 대해 해박한 지식을 지니고, 수많은 고대의 그림과 화폐. 문헌. 문물 등을 보유하고 있다가, 해방 후에는 상해 역사 편찬에도 참여하고 박물관 건설에 큰 공헌을 하였다.

조금 더 세밀하게 탐색해보자. 예관 선생이 이 작품 첫 구절에서 언급한 『晴窓讀書圖(비 개인 창가에서 화첩 보는 그림)』은 景炎(경염)이 1921년 늦봄에 그린 작품이다. 그는 1921년 가을 중양절(음력 9월 9일)에 吳觀岱(오관대)에게 같은 제목의 그림을 청하여, 채색화로 그린 유명한 『吳觀岱繪晴窗讀書圖(오관대가 그린 청창독서도)』가 나오기도 하였다.

경염의 벗들은 경염의 그림에 열두 개의 제발(題跋)을 부치면서 그 안에 辛酉年(1921) 늦봄(季春 : 暮春)부터 이듬해 1922년 겨울까지 시기를 언급하고 있어서, 경염의 그림은 1921년 늦봄에 그린 것으로 추정할 수 있다.

* 중국의 검색 사이트 Baidu에는 이들이 吳觀岱(오관대)의 작품에 부친 것으로 소개되었으나, 그가 의뢰를 받아 그림을 그렸던 1921년 음력 9월 9일 중양절보다 앞선, 그 해 늦봄(暮春 : 季春, 花朝節後二日), 여름(夏)의 풍경묘사, 그리고 景炎(경염)에게 드리는 헌사들이 언급되어 있으므로, 이는 景炎(경염)의 그림에 부친 제발(題跋)로 수정되어야 한다.*

1921년 4월 12일 예관 선생은 임시정부의 국무총리 대리로 내정되어 5월 16일 임명되면서 외무총장까지 겸하게 되었고, 하반기에는 廣東(광동)에 있던 중국 호법정부(護法政府)에 외교사절로 파견되어 매우 분주한 시기를 보냈으며, 11월 임시정부의 태평양회의 참가가 무산되어 이듬해인 1922년에는 2월에 告辭(고사)를 발표하고 3월 20일 사직하며 건강이 악화되었으니, 이즈음에는 이처럼 느긋한 시를 쓸 수 없었을 것이다.

예관 선생은 1919년 杭州(항주) 清華旅館(청화여관)에서 요양하던 시기에 만나 사귄 중국인 頃波(경파)에게 신분을 숨기면서도, 자신이 좋아하는 것은 "산수와 정원과 금석(金石)에 새겨진 글씨, 그리고 서화 뿐"이라고 취향을 조금 밝힌 일이 있고, 이 작품에서도 눈앞에 펼쳐진 화첩의 아름다움에 많은 시인들의 시 구절을 떠올리면서, 본인은 본래 자연을 사랑하고 술에 거나하게 취해 세상과 나의 경계를 잊어버리는 "고양의 술꾼일 뿐"이라고 토로하고 있다.

나라가 위기에 처하지 않았더라면 정치에 참여하여 나라를 바르게 이끌면서 뛰어난 학자로서 후진들을 잘 가르치고, 틈이 나면 약주에 산수와 서화를 즐기며 조용한 여가를 누리셨을 선생이시다.

석농 도장 만사

輓石儂道長[1]

선생이시여 그예 아주 가시나이까	先生竟長逝耶
여러 해 동안 교무에 열심이시기를 다짐하시더니요.	頻年教務維持熱忱是[2·3]
더욱이 학계를 키우고 신문사를 주관하며	况又培學界辦報章[4]
진실한 지조, 너무도 굳세셨나이다.	亮節極堅貞
어려운 고생 두루 겪어내심은	艱苦備嘗
모두가 동포의 행복을 위해서였나이다.	無非謀同胞之幸福
동지가 많지 않음을 안타까워하시며	知己恨不多也
성문에서 송별연 여시고 큰일을 다짐했던 일이 생각납니다.	回憶都門祖餞大事相期[5]
파란곡절 속에 당초의 소원이 어긋나	詎料歷迍途違初願[6]
조국 광복 아직 못될 줄 생각이나 했겠나이까.	舊邦未光復
향기로운 자취 문득 멀리 사라지니	芳徽遽渺[7]
서러운 눈물과 흐느낌을 어이 그칠 수 있겠나이까.	那禁灑淸淚而欷歔[8]

주석

1 石儂석농 : 유근(柳瑾, 1861.9.26~1921.5.20) 선생의 호(號). 자(字)는 경집(敬集). 1898년 9월 남궁억(南宮檍)·나수연(羅壽淵) 등과 《황성신문(皇城新聞)》을 창간하여 독립정신을 널리 알리는 데 힘썼다. 1907년 4월 국권 회복을 위한 비밀 결사로서 양기탁(梁起鐸)·안창호(安昌浩) 등이 신민회(新民會)를 창립하자, 이에 가입하여 언론·출판·교육 부분에서 활동하였으며, 박은식(朴殷植)·김교헌(金敎獻) 등과 함께 최남선(崔南善)이 주도하는 조선광문회(朝鮮光文會)에 참여, 장지연·김교헌과 함께 국학 관계 고문헌의 출판사업에 주력하였고, 1915년부터 1917년 사이에는 중앙고등학교장을 지냈다. 1920년 4월에 생애 마지막 사

업이 된《동아일보》의 창간과 발행에 매달렸다. 창간 때 '동아'라는 제호를 지었으며, 양기탁과 함께 편집감독으로 추대되었다. 여러 차례의 투옥과 오랜 숙환으로 소격동 자택에서 별세했다. 정부는 1962년 건국훈장 독립장을 추서하였다. 〖통용본〗에는 '石農'으로 되어 있으나, 『大倧教重光六十年史(대종교 중광 육십 년사)』와 용인(龍仁)의 묘비에 '石儂'으로 표기되어 이를 따른다.

단군교(檀君教 : 뒤에 大倧教로 개칭)와의 관계는, 1909년 나철(羅喆)·오기호(吳基鎬)·김교헌 등이 창립하였을 때 가입한 후 말년까지 계속되었는데, 특히 1917년 2대 교주로 취임한 김교헌이 탄압을 피해 만주로 망명한 뒤 포교 활동과 아울러 독립운동에 투신하자, 서울 남도본사(南道本司)에서 강우(姜虞) 등의 간부진과 교무를 전담하여 해외독립운동을 지원하였다.

2 忱침 : 열심

3 矢시 : 맹세하다.

4 辦판 : 주관(主管)하다.

5 祖餞조전 : 송별연

6 迍途둔여 : 더듬거리는 길

7 徽휘 : 아름다움. 거문고 가야금 등의 기러기 발. 악기의 소리.

8 欷歔희헐 : 흐느끼는 소리. 한숨 쉬는 소리.

해설

■ **1921년 5월 25일 전후**

『아목루』에서 시기상 예관 선생이 가장 마지막에 지으신 작품으로, 타계한 대종교 어른의 헌신을 회고하며 죽음을 애도한 시이다. 석농 선생 장례가 5월 25일에 치러졌으며, 예관 선생이 총리 대리를 맡으신 상해 임시정부에서 추도회를 거행하였다.

석농 선생과는 "대종교 경배일에 내규 등을 발표하고, 교직과 임직을 정하였는데, 교직은 교리조례에 따라 지교. 참교만을 정하고, 임직은 典務에 柳瑾, 부전무에 김교헌, … 庶務部長은 조완구, …經理部長은 신규식…"이라고 한 1911년 2월 16일자 한국《每日申報(매일신보)》의 기사가 그 오래고 깊은 관계를 말해주고 있다.

Ⅶ. 민족의 단결과 대종교

●

대종교 관련 시

관북십승도(關北十勝圖. 함경도 명승 열 곳) 중 제8 (부분) 백두산(白頭山)
(韓) 남구만(南九萬 1629~1711) 국립중앙박물관 〈한국서화도록〉 중에서

대종교(大倧敎)는 대한의 조상 단군(檀君)을 신봉하는 종교로, 1909년 홍암(弘巖) 나인영(羅寅永 : 敎名 喆, 1863~1916) 선생에 의해 성립되었다. 倧(종)은 人之宗, 上古神人(상고신인 : 옛날의 신)인 천신(天神), 곧 檀君(단군 : 검)을 뜻한다.

일제의 야욕이 드러난 을사늑약(乙巳勒約)(1905) 이후 민족의 정체성이 말살될 위험에 처하자, 홍암 나철 선생은 단군 신화의 모티브를 종교 형태로 체계화하여 그 신화적 통합력으로 전통 문화의 보존과 민족적 단결을 도모하였다. 그 결과 예관 선생을 비롯한 대표적인 독립운동가들은 대종교 신도로서 강력한 항일독립운동의 중심 세력을 이루어 외세에 대항하였다.

본 장에서는 제작 날짜가 불분명한 예관 선생의 대종교 관련 시들을 따로 분류하고 내용에 대해 이해를 높이고자, 『大倧敎重光六十年史(대종교 중광 육십 년사)』, 『대종교 규례 규범』, 『한말·일제시대 단군신앙운동의 전개』, 『弘巖 羅喆의 大倧敎 重光과 朝天 硏究』 등과 같은 대종교 관련 연구 결과들을 정리하였다.

홍암 나철 선생과 대종교

홍암 나철(羅喆) 선생의 본관은 나주(羅州)이고 전남 보성이 고향이다. 본명은 나두영(羅斗永), 나인영(羅寅永), 호는 홍암(弘巖)이다. 29세 때 문과 병과에 급제하여 이후 승정원가주서(承政院假注書)와 승문원권지부정자(承文院權知副正字)를 역임한 학자였다.

홍암 선생은 일본의 국권 간섭이 심해지자 관직을 사직하고 호남 출신의 지사(志士)들을 모아 1904년 유신회(維新會)라는 비밀단체를 조직하여 구국운동을 하였다. 을사조약 체결 직전인 1905년 6월 오기호, 이기, 홍필주 등과 함께 일본에 건너가 "동양의 평화를 위하여 한.일.청 삼국은 상호 친선동맹을 맺고 한국에 대해서는 선린의 교의로써 부조(扶助)하라."는 의견서를 일본의 정객(政客)들에게 제시하였으나 응답이 없자 일본의 성 앞에서 3일간 단신투쟁을 하였다. 그러던 중 伊藤博文(이토 히로부미)가 조선과 새로운 협약을 체결한다는 소식이 각 신문에 발표되자, 이에 분개하여 나라 안에 있는 매국노들을 모두 제거해야 국정을 바로잡을 수 있다고 생각하고 단도(短刀) 두 자루를 사서 품에 넣고 귀국하였다.

교단에 전하는 말로는 서울에 도착하여 숙소로 걸어가던 중에 한 백전도인(佰佺道人 호는 두암頭巖)이라는 노인에게서 단군교(檀君敎)의 경전(經典)인 『三一神誥(삼일신고)』와 『神事記(신사기)』 책을 받았다. 1906년, 다시 한 번 일본의 반성을 촉구하기 위해 일본으로 건너가 당시 이등박문(伊藤博文 : 이토 히로부미)와 대립관계에 있던 岡本柳之助(오카모도), 頭山滿(도야마) 등을 만나 협조를 구했으나 별 효과를 얻지 못하였다. 또한 귀국길에 폭탄이 장치된 선물상자를 구입하여 을사오적(乙巳五賊)을 살해하려 하였으나 실패하였다.

다시 '자신회(自新會)'를 조직하고 1907년 1월부터 암살 계획을 구체적으로 추진하여 3월 25일을 거사일로 정하고 오적의 주살을 시도하였다. 그러나 서창보 등이 붙잡히고 사건의 전모가 드러나자, 동지들의 고문을 덜어주기 위해 오기호, 최인식 등과 함께 평리원에 자수하여 10년의 유배형을 받았다. 고종의 특사로 그 해에 풀려나서 1908년 다시 일본으로 건너가 외교적인 통로에 의한 구국운동을 계속하였으나 소득 없이 귀국하였다. 전하는 말로는 일본에 체류할 때 두일백(杜一白)이라는 도인이 찾아와서 단군교를 표교하는 일을 사명으로 여기라는 가르침(佈明書)을 주었다고 한다.

이러한 노력들이 모두 한계에 부딪치자, 홍암 선생은 단군 전통의 재활성화 운동으로 방향을 전환하였다. 1909년 음력 1월 15일 오기호, 강우, 유근, 정훈모, 이기, 김인식, 김춘식 등의 동지들과 함께 서울 재동(齋洞)에서 '단군대황조신위檀君大皇祖神位'를 모시고 제천의식을 거행한 뒤 단군교(檀君敎)를 공표하였다. 이 날이 바로 중광절(重光節)이다. 중광(重光)이란 '빛을 재건하다'라는 뜻으로, 고려 원종 때 몽고 침입 이래 700여 년 동안 맥이 끊겼던 이 종교를 부활시켰다는 의미이다. 그는 곧 교직을 설치하고, 초대 교주인 도사교(都司敎)에 취임하여 5대 종지(宗旨 : 강령)을 공포하였다.

1910년 7월에는 단군교의 이름을 대종교(大倧敎)로 바꾸었다. 倧(종)은 '上古(상고 : 가장 오래된)의 神人(신인)'이란 뜻이다. 1911년에는 대종교의 신관(神觀)을 삼신일체의 원리로 설명한 『신리대전(神理大全)』을 발간하는 한편, 강화도 마니산 제천단과 평양의 숭령전을 순방하고 滿洲(만주) 和龍縣(화룡현) 靑湖(청호)까지 가서 교당과 지사를을 설치하였다. 그러나 일제 강점 하에서 탄압을 받게 되자 1914년에 和龍縣(화룡현) 三道溝(삼도구) 靑湖(청호)

일대로 총본사를 이전(移轉)했다. 그리고는 청일학교(青一學校) 등 교육기관을 설립하여 민족교육을 실시하게 하는 한편 포교활동을 통한 항일투쟁을 전개하여 총본사 산하에 백두산을 중심으로 동·서·남·북 4도 본사(四道本司)를 설치하고 포교 활동을 하여, 신도 수가 30만에 이르게 되었다. 이즈음 주요한 독립운동가들은 대종교에 입교하여 민족 공동체 의식을 중심으로 단합하여 망명지에서 국권회복과 독립운동에 매진하였다.

서간도에 개설한 동창학교와 더불어 펼쳤던 교육 활동도 줄곧 일제의 감시와 탄압 회유와 협박을 거듭 받다가 동창학교는 끝내 강제 폐교되고 말았다. 홍암 선생은 다시 서울로 돌아와 남도교구에서 교단조직과 포교활동을 전개했지만, 1915년 10월 1일 조선총독부는 총독부령 제83호 '포교규칙'을 발표하고 국내 종교에 대한 통제를 강화하고, 조선 총독부령으로 대종교를 유사 종교단체로 지정하여 경무국의 관리까지 받게 되자, 홍암 선생은 이런 현실을 타개하기 위해 대종교를 공인 종교로 인가받고자 하였지만 실패했다. 신도들의 거듭된 희생을 막을 수 없게 되자 나철은 서울에 있는 남도본사를 떠나 1916년 음력 8월 15일 황해도 구월산 삼성사(三聖祠)에서 유서(遺書)를 남기고 자진 순국(殉國)하였다. 정부는 1962년 건국훈장 독립장을 추서하였다.

교리

대종교에서는 한민족은 하늘(天神)의 자손이라는 대 전제 하에 이를 구성하는 개인·집안·나라는 모두 하늘의 자손이며, 한 형제로 간주한다. 그리고 그 대표적인 교리는 삼신사상(三神思想)을 바탕으로 한 삼일철학(三一哲學)이다.

삼일철학은 환인, 환웅, 환검(단군) 삼신(三神)이 하나로 통합되어 있다는 뜻이다. 환인은 조화주(造化主 : 창조하는 주인), 환웅은 敎化主(교화주 : 가르치는 주인), 환검(단군)은 治化主(치화주 : 다스리는 주인)으로 기능하며, 이 삼신 가운데 태백산에 내려와 인간세상을 다스린 이가 단군이다.

이러한 사상의 바탕이 되는 근본 경전(經典)은 『三一神誥(삼일신고)』로서, 삼일철학의 원리로 일관하고 있는데, 천훈, 신훈, 천궁훈, 세계훈, 진리훈의 五訓으로 구성되어 있다. 그 중 진리훈은 三眞歸一(삼진귀일) 사상에 대해 설명한 가장 중요한 부분으로서, 사람은 性(성품)·命(목숨)·精(정기)라는 三眞(세 가지의 근원적 요소)를 다 갖추고 있으며, 이 세 가지 요소를 완전케 함으로써 一神(한 얼)에 귀일할 수 있게 된다.

그러나 인간은 욕망의 세계에 태어나기 때문에 心·氣·身 이라는 三妄(세 가지 그릇된 요소, 가달이라고 한다)를 지니게 된다. 그러므로 止感(지감 : 감정의 동요를 멈추다), 調息(조식 : 숨을 고르다), 禁觸(금촉 : 감각을 끊다)의 삼법(三法) 수련을 실천하면 그릇된 삼요소를 완전한 삼요소로 변화시킬 수 있으며, 완전한 본성으로 돌아갈 수 있게(返眞歸一, 性通功完) 된다.

그 외에 역대 종사(宗師)들이 『三一神誥(삼일신고)』에 주석을 붙인 『神事記(신사기)』, 2대 교주 김교헌(金敎獻)이 1914년에 지은 단군 관련 역사 기록서 『神壇實記(신단실기)』 등이 중요한 책이다.

전례

대종교의 의례는 매주 일요일에 거행하는 경일 경배식, 매달 초하루. 보름으로 드리는 치성 등 정기 의례와 여러 기념 의례, 제천의례인 선의식(禮儀式), 그리고 개인적으로 행해지는 독송수행(讀誦修行), 특유한 선도적인 삼법수련(三法修練)이라는 수련 의례가 있다. 경일 경배식은 대종교의 정기적인 집단 의례로서 주 1회 일요일 오전 11시에 드린다. 대부분 지방 시교단(施敎壇)에서는 음력 초하루 보름에도 경일 경배식과 같은 의식을 행하고 있다. 그리고 가정에서는 천단을 쌓고 일 년에 한두 차례씩 특별한 경우 가정의 평안을 비는 특별 경배식을 행한다.

경일 경배식의 절차로는, 먼저 예원(禮員 : 전례를 진행하는 요원)이 천진(天眞 : 단군 초상)을 향하여 읍하고 천북을 세 번 울리며 개회(開會)를 한다. 세 번 북을 울린다는 것은 삼신의 은혜에 감사하고 삼망(三妄)의 가달을 벗는다는 뜻이다. 다음 총전교나 선도사가 경배식을 주관하는 분향을 올리고, 천진을 향하여 다 같이 네 번 절을 하는 참알(參謁)을 행한다. 다음은 각사 봉독이라 하여 깨닫는 말씀을 세 번 아뢴다. '세검 한 몸이신 우리 한배검이시여 가만히 위에 계시사 한으로 듣고 보시며 낳아 살리시고 늘 내려 주소서'라고 봉독한다. 그리고 예원이 소원하는 기원을 아뢰고, 다 같이 한얼노래를 부른다. 다음은 신고 봉독이라 하여 예원이 천진에 읍례하고 북을 치면 다같이 북소리에 맞추어 천부경과 삼일신고를 아뢴다. 또 다시 다 같이 한얼노래를 부르고, 시 교사, 선도사가 교우들에게 신앙적 교훈을 가르치는 한얼말씀(講道)을 행한다. 그리고는 부루성금이라 하여 감사하는 마음으로 얼노래를 부르며 성금을 바친다. 각 교단이나 교우들의 소식을 알리고, 송도(頌禱)라고 하여 예원이 감사 기원을 아뢴다. 마지막으로 다 같이 천진을 향하여 읍례하고 폐회를 한다. 이때 천진(天眞)에는 천수 외에 제물을 올리지 않는다. 모든 의례의 진행은 북소리에 맞춰 진행한다. 예관 선생의 〈慶節題感(기쁜 명절에 소감을 적다)〉又(其5, 필자 주) 시에 따르면, '저물녘 북소리와 새벽 종소리는 큰 도를 전하네(暮鼓晨鐘大道傳)'로 묘사하고 있어, 다소 변화된 듯하다.

대종교의 의례는 이 같은 정기 의례 외에 고대 제천 의식인 선의식과 개인의 수련을 위한 삼법 수련이라는 특별한 전통 의례들이 이어져오고 있다.

기념일

대종교에서 명절로 기념하기 시작한 개천절은 서기전 2333년(戊辰年), 즉 단군기원 원년 上元(음력 10월) 甲子(3일)에 국조 단군이 최초의 민족 국가인 단군조선(檀國, 倍達國)을 건국하였음을 기리는 뜻으로 제정되었다. 이때의 연호는 '단군개천(檀君開天)'으로, 서기(西紀) 연도에 2333년을 더하여 계산한다.

한편, 개천절의 '개천(開天)'의 본래의 뜻을 엄밀히 따져, 이보다 124년을 소급하여 천신(天神)인 환인의 뜻을 받아 환웅이 처음으로 하늘을 열고 백두산 신단수 아래에 내려와 신시(神市)를 열어 홍익인간(弘益人間), 이화세계(理化世界)의 대업을 시작한 날인 서기전 2457년 음력 10월 3일을 개천절로 파악하기도 한다. 이때의 연호는 '천조강세(天祖降世)'로, 서기 연도에 2457을 더하여 계산한다.

그 외 어천절(御天節 : 음력 3월 15일, 한배검이 인간세계에 내려와 따라 조화(造化)·교화(敎化)·치화(治化)의 은덕을 217년 동안 베푼 다음, 다시 하늘로 올라가신 날), 중광절(重光節 : 음력 1월 15일, 홍암 나철 선생이 대종교를 재 창립하신 날), 가경절(嘉慶節 : 음력 8월 15일, 홍암 나철 선생이 순교하신 날)을 더한 4대 경절(慶節)에는 천전 내의 단군상 앞에서 선의식을 거행한다.

예관 선생과 대종교

예관 선생은 홍암 선생의 중광(重光 : 대종교의 재창립) 후 몇 달 뒤 1909년 7월 대종교(당시 명칭 단군교)에 입교하였으며, 홍암 선생에게서 신정(申檉)이란 교명(敎名)을 부여받았다. 선생은 1910년 8월 29일 경술국치 소식에 음독 자결 시도 직후, 홍암에 의해 구명되었다. 중국으로 망명하여서는 上海(상해)에 한국청년들을 위한 예비학교로 1913년 12월에 박달학원(博達学院)을 설립하였는데, 이는 단군(檀君)의 '단(檀)'의 통념이 치밀하고 단단한 박달나무를 뜻하고, 단군시대 나라 이름이 倍達(배달), 혹은 朴達(박달)이었던 데서 유래한 것이다. 예관 선생은 1914년 상해에서 서이도본사(西二道本司)의 상교(尙敎)로 승급되어, 상해에 설치된 대종교 조직의 모든 행사를 주관하였다.

대종교는 예관 선생의 정신적 버팀목이었기에, 시집 『아목루』에서도 관련 시들이 적지 않은 부분을 차지한다. 홍암 선생 살아생전에 드린 두 편의 시, 〈留盛京奉天有感題寄弘巖(성경봉천에 묵으며 느낀 바를 적어 홍암께 부침)〉, 〈贈弘巖先生(홍암 선생께 드림)〉 외에, 〖필사본〗에서 〈慶節題感(통용본에서는 倧門題感)〉이라 제목이 붙은 시 다섯 수, 홍암 선생 타계 때 지은 〈奉悼羅公弘巖神兄五章(나공 홍암 신형을 받들어 애도함)〉다섯 수, 타계하신 이듬해 어천절에 지은 〈弘巖先生追悼文(홍암 선생 추도문)〉, 〈輓章(만장)〉, 〈維(제문)〉 그 외 개천절에 지은 〈開天紀元節追慕(개천기원절에 추모함)〉 시들이 그것이다.

담긴 내용은 대종교의 원리를 서술하는 가운데 중흥(重興)의 의미를 되짚고, 후손들에게 힘과 희망을 주고 떠나신 홍암 선생의 공덕으로 광복하리라는 추모의 정 등이다. 예관 선생은 상제가 사람의 시초라는 대종교의 대 원칙과(慶節題感3), 신인(神人)이 내려오시고 오계(五戒)와 강령이 생겨나 손아래는 다 형제가 되며(慶節題感2), 삼진(三眞)은 한 얼로 돌아가고 만물이 그 은덕을 입게 된다는 교리의 요지를 밝히고(慶節題感3), 세상의 의기가 사라진 고국, 여우와 승냥이가 발호하고, 요괴와 제웅귀신들의 요기가 하늘을 뒤덮은 일제 하에(祭文) 대종교 부활의 의미를 부여하였다.(慶節題感1)

대종교의 중광(重光)을 도모한 홍암 나철 선생의 활동과 업적은, 그의 타계 후 지은 예관 선생의 애도시 등에 담겨 있다. 먼저 조약을 맺은 일본 간당을 칼로 베려다 감옥에 들고, 동료들을 안타까이 여겨 앞장서 자수하여 중형(重刑)을 받은 선구적 면모를 서술하고(奉悼羅公弘巖神兄五章1, 이하 羅公弘巖), 백성의 무리를 신시로 돌려보내고 삼신이 진단에 내린 대종교의 교리를 서술하여 정리한 일(羅公弘巖2), 그리고는 남쪽에서 첫 발을 떼어 교우촌의 병을 치유하는 기적을 베푸는 등 북쪽에까지 가르침이 미쳐 신도 수가 급증하고 교세가 확장된 업적을 기렸다.(祭文) 이후 다시 남한으로 행차하여 삼성사당에 고하고 하늘에서 부르는 소리에 응하여 자결 순국한 일을 회고하며 통곡하였다.(羅公弘巖3)

아울러 십년지기로 살아오는 동안의 개인적인 인연을 돌아보면서(羅公弘巖4), 느릿하고 꿈틀대는 중생에게 베푼 그의 은덕은 봄바람이나 단비와 같으며(羅公弘巖5), 그 살신성인의 정신과 외로운 충정은 대종교 사천 년 후 최고의 스승(輓章) 내지는 동서고금 역사에 신과 스승, 임금, 아버지를 겸한 유일한 분(開天紀元節追慕3)이다. 만일 안계셨다면 세상이 험난했을(羅公弘巖1) 국가적 난국에 황조(皇祖)께서 이 분을 내려 보낸 것은 결코 우연이 아니며(慶節題感4), 조국과 앞날에 이만큼 큰일을 하신 분은 다시없을 것이라고 시대적 의미를 부여하였다.(羅公弘巖1) 그리고는 영단(靈壇)의 자손들에게 남긴 순명삼조와 유서의 뜻을 받들고(追悼文) 굳센 기운으로 다시 오시는 스승의 영령에 힘입어 광복을 이루리라고 하였다.(祭文)

대종교 관련한 작품들 중 제작 시기를 확정할 수 있는 작품들은 연도별 배열에 포함시켰고, 판본에 따라 제목이 다르거나 중첩되어 제작 시기가 불분명한 작품들만 이 장에 실었다.

기쁜 명절에 소감을 적다

慶節題感

사천 삼백 년 만에　　四千三百載
대종교의 문이 다시 열렸으니　　重闢大倧門[2]
삼라만상 죄다 감화되고　　萬象皆歸化
삼신은 홀로 존귀하여라.　　三神獨至尊[3]
손아래 사람은 모두 형제며　　仁棣皆兄第
영단에는 자손이 있네.　　靈檀有子孫[4]
창생을 도탄에서 널리 구하고자　　普救蒼生苦[5]
먼저 배달의 얼을 부르네.　　先招倍達魂[6]

주석

1 倧門종문 : 대종교(大倧敎)의 종파. '종(倧)'이란 상고신인(上古神人), 혹은 한배님이란 뜻으로 '한(환)인'·'한(환)웅'·'한(환)검'이 혼연일체 된 존재를 일컫는다. 홍암 나철은 1910년 음력 8월 5일 일제의 감시를 피하고자 단군교를 전래의 교명인 대종교(大倧敎)로 개칭하였다.

2 개천(開天) 4366년 기유년(己酉年) 음력 1월 15일, 즉 서기 1909년에 1대 교주 나철(羅喆)이 대종교(大倧敎)를 조직하여 처음 발포한 것을 기념하였다.

3 三神삼신 : 대종교의 환인·환웅·단군을 가리킨다.

4 靈檀영단 : (특히 대종교에서) 단군 한배검의 영을 모신 제단. 〈留盛京奉天有感題寄弘巖(성경봉천에 묵으며 느낀 바를 적어 홍암께 부침)〉 시 참조.

5 普救보구 : 널리 구제하다

6 倍達배달 : 고어(古語)에 '倍는 祖', '達은 光'이라 하였다. 즉 배달은 '조상의 빛'이라는 의미이다. 이 단어는 음과 뜻에 따라 '祖'는 '朝'로, '達'은 '鮮'으로 바뀌어 '朝鮮(조선)'이 되었다.

해설

『통용본』에는 모두 다섯 수의 〈倧門題感(종문제감)〉 시가 연달아 실려 있는데 비해, 『필사본』 제1권에는 같은 다섯 수의 시들이 〈慶節題感(경절제감)〉이란 제목으로 실려 있고, 제2권에 다시 이 작품 하나만 〈倧門題感(종문제감)〉이라는 제목으로 실려 있다.

한편 『필사본』 제2권에는 다시 이 작품이 빠지고 〈慶節題感(경절제감)〉其2, 其3과 별도의 작품을 모아, 〈開天紀元節追慕詩三首十月三日(개천기원절 추모시 세 수 시월 삼일)〉로 실려 있다. 이 같은 현상에 대해서는 〈開天紀元節追慕詩〉 시 해설 참조.

또

又(其2)

오랜 옛날 태고의 세상에	奧昔鴻荒世[1]
신인이 하늘에서 내려오시니	神人降自天
오계와 강령이 생겨나고	五戒宗綱在[2·3]
삼신의 도리도 전해졌네.	三神至理傳[4]
상원 초사흘 되는 날	上元初三日[5]
동방 반만년 되는 때	東方半萬年
나라 잃은 백성도 보답할 수 있으니	遺民能報本
아침 해는 또 다시 찬연하리라.	朝旭復光鮮[6]

주석

1 奧오 : 속. 깊다

2 五戒오계 : 대종교의 다섯 가지 계율은, 아버지를 효도로써 섬기고, 임금을 충성으로써 섬기고, 벗을 신의로써 사귀고, 싸울 때에 물러가지 말고, 짐승을 가리어 잡으라는 것이다.

3 宗綱종강 : 중심 사상과 방침

4 三神至理삼신지리 : 환인(桓因)·환웅(桓雄)·환검(桓儉)의 삼신(三神)이 하나라는 지극한 이치.

5 음력 시월

6 조선(朝鮮)을 풀어 쓴 것이다.

또

又(其3)

하늘에 오로지 상제가 계시다가	在天惟上帝
세상에 내려와 사람의 시초가 되셨네.	降世是人宗
신선과 유학자, 부처, 예수를 내고서	生仙儒佛倻[1]
안과 밖, 시작과 끝이 없이 영원하네.	無端倪初終[2]
삼진은 한울께로 돌아가고	三眞歸一理[3·4]
만물은 신령한 공덕을 입었도다.	萬有被神功
그리고는 나라의 조상이시니	又是邦家祖
혈족 동포 아닌 자 그 누구런가.	誰非血族同

주석

1 도교, 유교, 불교, 기독교를 이른다.

2 無端倪初終무단예초종 : 영원하다.

3 三眞삼진 : 착함(性), 맑음(命), 도타움(精). 인간을 구성하는 형이상학적 세 요소

4 一理일리 : 삼진귀일(三眞歸一). 이 세 요소는 한울(얼)에서 나왔으며, 다시 한울로 돌아간다.

해설

위 두 수의 시는 『필사본』에서 〈開天紀元節追慕詩三首十月三日〉 중 중 其1, 其2로도 중복되어 실려 있는데, 제4구가 '無端倪初終'으로 다소 다르다. 역시 '끝없이 영원하다'는 의미이다.

또

又(其4)

태고 적에 황조가 천지개벽을 하고서
신형을 내려 보내심이 어이 우연이랴.
사람마다 새로 난 날을 축하하니
나도 죽지 않은 그 해를 잊지 못하네.

緬惟皇祖首開天[1]
繼降神兄豈偶然
人皆相賀重生日
我亦難忘不死年[2]

주석

1 한말(韓末) 백봉신사(白峯神師)가 백두산중에서 10년을 한얼에게 원도하여 묵계를 받고, 석실에 비장되어 오랜 세월 동안 햇빛을 못 보고 지낸 본교 경전, 『三一神誥(삼일신고)』와 『檀君朝實史(단군조실사)』를 돌집 속에서 얻었다. 서기 1906년 백전도사(伯佺道士)를 통하여 『神事記(신사기)』와 함께 홍암 나철(羅喆)에게 전하였고, 이에 한민족 얼을 중광(重光 : 다시 빛냄)하였다. 신형(神兄)이란, 종교 안에서 모두가 한 형제라는 교리에 따라 홍암 나철(羅喆)을 비롯하여 서로를 신형(神兄)이라 불렀다. 〈贈弘巖先生(홍암 선생께 드림)〉 시 참조.

2 예관은 1910년 8월 29일 경술국치 소식에 음독 자결 시도 직후, 홍암 나철(羅喆)에 의해 소생한 일이 있다.

또

又(其5)

금화옥전에는 영명함이 나타나고	金花玉殿靈明現[1]
저물녘 북소리와 새벽 종소리는 큰 도를 전하네.	暮鼓晨鐘大道傳
온 세상이 한 집 되는 곳 어디이려나	萬姓一家何處是
지척에 있는 종문이 새 빛을 뿌리네.	宗門咫尺放光鮮[2]

주석

1 金花玉殿**금화옥전** : 홍암 나철의 〈중광가〉 18장에는 "玉집 金꽃 피는 날 三千部部 새 봄빛"이라는 구절이 있다.

나철 선생은 1912년 10월 8일 꿈에, 백두산 북쪽 능선(北麓) 만주 북간도 화룡현 삼도구에 있는 밀산(密山)에 올라 한시(漢詩) 세 수를 지었다. 그리고 꿈에서 깨어 夢作詩(몽작시)를 써 내려가다가 끝줄의 '玉殿金花○○日'의 구절에서, 두 글자가 기억이 나질 않아 늘 걱정을 하였다. 그러던 4년 후인 1915년 8월 15일 추석날 밤에, 나철의 제자인 백포 서일(徐一; 당시 대종교동도본사 책임자)이 역시 꿈속에서 '嘉慶'이라는 두 글자를 얻어 스승 나철 선생에게 전하자 나철은 이루 말할 수 없이 기뻐했다. 대종교에서는 이 시를 홍암 순교의 예언시로 보는데, 즉 玉殿(옥전)은 순교의 장소인 三聖祠(삼성사)요 金花(금화)는 殉命(순명)으로 풀이하는 것이다. 그러므로 대종교에서는 홍암 나철이 순교한 날을 기려, 수행주의의 완성을 뜻하는 '嘉慶節(아름답고 경사스러운 날)'이라 하여 추념한다.

2 咫尺**지척** : 홍암 선생이 1914년 5월 13일 대종교 총본사를 북간도 화룡현 청파호로 옮기면서, 예관 선생은 상해에 개설된 서이도본사(西二道本司)의 책임자가 되었으며, 1922년 그가 사망할 때까지 유지되었다.

가까운 곳에 대종교 시당이 생겼다는 의미로 풀이된다.

종문은 본래 멀리 고국에 있는 데 이를 지척(咫尺)이라고 표현한 지점, 상원 초사흗날이라고 언명한 시점, 개천(開天)이라는 용어, 그리고 다섯 수 전체를 일관하는 밝고 희망찬 정서를 고려해 볼 때, 1915년 일본이 종교통제령을 발동하여 대종교가 탄압받고, 이듬해인 1916년 이를 비관한 나철이 자진하기 전, 1914년 음력 10월 3일(양력 11월 20일) 개천절을 기념하기 위해 지은 작품으로 추정된다.

개천 기원절에 추모함

開天紀元節追慕

느릿하고 꿈틀대는 중생들 가엾기도 하여라	于于蠢蠢衆生悲[1·2]
은택과 영광 입음을 알지 못하네.	被澤叨光自不知[3]
동서고금의 역사에 그 누가 있었던가	誰見東西古今史
신이며 스승, 임금과 아버지를 모두 겸한 분이.	神師君父摠兼之[4]

주석

1 于于우우 : 느리게 걷는 모양

2 蠢蠢준준 : 꿈틀대는 모양. 于于蠢蠢은 중생들이 본능에 충실하여 뚜렷한 지향 없이 살아가는 모습을 형용한 것이다.

3 叨光도광 : 영광을 함부로 차지하다(叨).

4 神師君父신사군부 : 《三聖記(삼성기)》 등 옛 상고사 기록에 따르자면, 한배검(단군황조)는 우리 민족의 國祖(국조 : 나라의 시조)인 동시에 인류의 세마루(三宗) 곧 어버이, 스승, 임금으로 본다.

해설

이 작품은 홍암 선생 타계 이후 개천절을 기하여 지은 것이다.

위의 첫 다섯 수는 『통용본』에 〈倧門題感(종문제감)〉이란 제목으로 수록되어 있으나, 『필사본』 제1권에는 같은 시들이 〈慶節題感(경절제감)〉으로 제목이 바뀌어 있다. 그리고 『필사본』 제2권에는 제1권의 〈경절제감〉其1(필자 주)이 〈종문제감〉이란 제목으로 별도 수록되어 있고, 『통용본』에서의 〈倧門題感(기쁜 명절에 소감을 적다)〉其2, 其3과 〈開天紀元節追慕(개천기원절에 추모함)〉 시는 『필사본』 제2권에 한데 묶여, '집'에 관련한 시들을 묶은 『愛吾汕廬草(고국의 집을 사랑하여)초안』 중 【廬中叢感(여중총감)–思本室】 시리즈 안에

〈開天紀元節追慕三首 十月三日〉로 수록되어 있다.

대종교 관련 시들의 이 같은 분리(分離) 또는 중복(重複)은 『필사본』에 보이는 특이한 면이다. 이는 〈李忠武公閑山島紀念三首(이충무공 한산도 기념 시 세 수)〉 시처럼 특별한 날을 기념하여 제작된 후, 해마다 4대 慶節(경사스러운 명절)에 두루 쓰이거나 새로 추가되기도 하면서 생겨난 현상으로 보인다.

『大倧敎重光六十年史(대종교 중광 육십 년사)』에 홍암 선생이 타계하신 1916년, 음력 10월 3일 "개천절에 국내 백천(白川), 함안(咸安), 당진(唐津), 만주의 和龍(화룡), 汪淸(왕청), 延吉(연길), 密山(밀산) 등 25개 교당(敎堂)에서 추모 예식을 받들었다"는 기록이 있어, 上海(상해)는 비록 거론되지는 않았으나, 독자적인 제목이 붙은 위 시의 제작시기를 가늠해 볼 수 있다.

VIII. 미계년(未繫年) 시

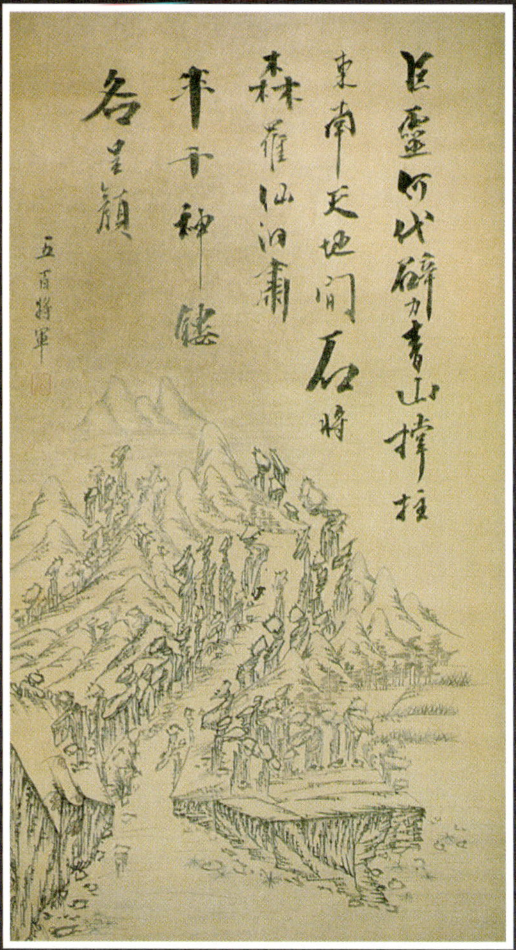

오백장군암(五百將軍巖), (韓) 허련(許鍊 1808~1893) 간송미술문화재단 소장

하얼빈 즉흥시

哈爾濱卽事[1]

안중근이 이등박문을 척살하였다·安重根刺伊籐[2]

청천대낮에 진동한 벽력소리	白日晴天霹靂聲
온 세계 사람들 간담이 놀랐도다.	六洲諸子膽魂驚
영웅이 한번 노하자 간웅 거꾸러지고	英雄一怒奸雄斃[3]
독립만세 삼창에 조국이 살아났도다.	獨立三呼祖國生[4]

주석

1 哈爾濱하얼빈 : 중국 흑룡강성(黑龍江省)의 성회(省會 : 전국 34개 특별시와 행정구역 외에 각 省에 하나씩 있는 도시). 송화강 남쪽 기슭에 위치한 도시. 만주어로 "그물을 말리는 곳"을 뜻한다.

2 安重根안중근 : 1879~1910. 1909년 10월 26일 중국 하얼빈에서 초대 조선통감 이토 히로 부미를 저격하여 처단한 구한말의 독립운동가. 〈輓安義士重根(안중근 의사 만사)〉 시 참조.

3 斃폐 : 넘어져 죽다

4 〖필사본〗에는 애도시 부분이 없어, 원문 등은 〖통용본〗에 따랐다.

해설

이 즉흥시의 제작 연도는 규명하기 쉽지 않다. 그것은 안중근 선생이 타계하신 1909년에 예관 선생이 하얼빈에 계시지 않았으므로, 거사 당시에 이 작품을 지은 것이 아니기 때문이다. 다만, 1914년 滄海老紡室(창해노방실, 즉 朴殷植(박은식)(필자 주)) 著(저) 『安重根傳(안중근전)』에 '青丘恨人(즉 예관 선생, 필자 주)作'으로 수록된 같은 작품의 제목은 〈聞哈爾濱砲擊(하얼빈 포격 소리를 듣다)〉로 되어 있어서, 이 시는 1914년도 『안중근전』 발행 이전에 지은 것이 분명하다.

예관 선생의 벗이기도 한 중국인 周浩(주호, 1881~1939, 字 少衡)는 『안중근전』 서문(序文)에서, 당시 본인이 하얼빈 소재 《東陲報(동수보)》라는 신문사에 근무하고 있었을 때 안중근 의사의 의거를 직접 목격하였다고 밝히면서, 그 기개를 기린 바 있다.

여순의 의로운 희생(안중근 의사)

旅順就義[1](安重根義士)

조국광복을 자기 사명으로 삼았고	光復舊邦爲己任
동양평화론을 제창하였네.	平和東亞唱公論[2]
그날 하얼빈 머리에 뿌린 피가	當年哈爾濱頭血[3]
어찌 장군의 가신 넋에 위로가 되리오.	豈慰將軍去後魂

주석

1 旅順여순 : 안중근 의사가 하얼빈 의거 후에 압송되어 순국한 곳. 청일전쟁 후 러시아의 조계지로, 러일전쟁 당시 중요한 전략적 장소가 되었다. 전후 일본의 해군기지가 되었으며, 그로 인해 여순에는 일본의 폭정의 흔적이 많이 남아 있다. 그 중에서도 여순 형무소는 안 의사가 5년간의 투옥생활을 하다가 순국한 장소이다. 단재(丹齋) 신채호(申采浩, 1880~1936) 선생도 이곳에서 순국하셨다.

2 東洋平和論동양평화론 : 안중근 의사가 1910년 3월 옥중에서 쓴 동양평화 실현을 위한 미완성의 논책. 요지는 러일전쟁에서 일본이 승리하게 된 데는 한국과 청나라의 지원이 중요하였음에도, 일본은 승리하자마자 '동양평화유지'와 '한국독립'이라는 당초 약속을 저버리고, 수만의 의병과 수백의 의병장을 학살하였다. 일본이 한국의 주권을 박탈하고 만주와 청국에 야욕을 가졌기 때문에 동양평화가 깨지게 된 것이다. 그러므로 일본은 한국의 국권을 되돌려주고, 독립한 한국·청국·일본 동양 3국이 일심협력하여 동양평화와 세계평화를 위해 진력하자는 것이다.

3 伊藤博文(이등박문)(이토 히로부미)의 피를 가리킨다.

해설

위 시 역시 1914년 滄海老紡室(창해노방실, 즉 朴殷植(박은식))이 지은 『安重根傳(안중근전)』에 수록되어 있으며 지은이는 靑丘恨人(즉 예관 선생, 필자 주)으로 되어 있다. 제목은 〈悼旅順受刑(여순에서 구형 받으심을 추도함)〉으로 조금 다르고, 내용 면에서도 제 3, 4구가 "松花江畔腥塵上, 誰慰將軍去後魂(송화강변 핏자국 위에, 그 누가 장군 가신 혼을 위로해드릴 건가)"로 다소 차이가 있어, 이 작품도 1914년 『안중근전』이 나오기 전의 작품임을 알 수 있다.

위 두 작품은 輓詞(만사)류로 간주되어, 〖통용본〗에만 수록되어 있다.

쌓인 울분

孤憤

멀리 동으로 흐르는 강물아	去去東流水
왜 나를 돌려보내길 망설이느뇨.	何慳掠我還[1·2]
작은 개울 백 굽이 에돌았어도	涓涓經百折[3]
천만 계곡을 벗어나지 못했어라.	尙在萬谿間

주석

1 慳간 : 망설이다

2 掠략 : 끌어내리다

3 涓涓연연 : 졸졸 흐르는 모습

해설

암담한 형국에 갇혀 고향으로 돌아가지 못하는 비통한 심경을 비유적으로 표현한 시이다.

위해의 선실에서 꿈자리를 적어 소, 자 두 벗에게 보이다

威海舟中紀夢示蘇子二友[1·2]

지난 밤 꿈에 어양 신선의 집 찾아가니	昨夜漁陽訪仙扉[3·4]
아름다운 두 사람 정답게 서 있고	蒹葭玉樹兩相依[5·6]
우리 형님과 우리 숙부도 '무탈하다' 하시면서	吾兄吾叔云無恙[7]
고향 산하로 손잡고 돌아가셨네.	某山某水携共歸
매섭고 거침없이 천하의 일을 논하며	劍語縱橫天下事
공들여 쌓아온 탑, 중간에 무너졌네.	婆心研鑽道中微[8]
조신이 주금의 가락에 젖어 눈물 흘린 일이	朝臣忽幻周琴者[9]
위해 조계지를 배로 지나는 나의 마음 뒤흔드네.	攪我舟過威海衛[10·11]

주석

1 威海위해 : 중국 산동성(山東省) 가장 동쪽에 위치한 도시. 삼면이 바다로 둘러싸여 있으며 동쪽으로 한반도를 마주보고 있다.

2 蘇, 子소, 자 : 未詳

3 漁陽어양 : 天津(천진)을 중심으로 한 山東半島(산동반도) 동북방 일대를 唐(당)나라 때 어양(漁陽)이라고 일컬었지만, 여기서는 예관 선생 등이 上海(상해)에서 기거하던 프랑스 조계지 내의 어양리(漁陽里)를 가리킨다. 〈旅泰樓(여태루)〉 시와 해설 참조.

4 仙扉비 : 신선의 집, 훌륭한 집. 그곳에 살던 인물을 존경하는 의미가 있다.

5 蒹葭겸가 : 갈대. 그리운 이가 갈대숲 강 건너 먼 곳에 있다는 『詩經(시경)』의 구절이 있다.

6 玉樹옥수 : 신선처럼 아름다운 모습. 『世說新語(세설신어)』에 "세상사에 참여하여 지란

(芝蘭)과 옥수(玉樹)처럼 출중한 이를 집안에 많이 나게 하고 싶다"라는 구절이 있다. 蒹葭玉樹(겸가옥수)는 아름다운 두 사람 모습을 형용한 것이다.

7 고국에서 고초를 당하고 있는 형 신정식(申廷植)과, 독립운동 연락기관을 마련하기 위해 중국 서간도 일대를 오가며 애쓰시던 숙부 신백우(申伯雨)를 가리키는 듯하다. 〈寄六五叔(육오숙께 부침)〉 시 참조.

8 婆心研鑽**파심연찬** : 오랜 시간 정성들여 갈고 닦음. 이백이 도끼를 갈아 바늘을 만드는 노파를 만났다고 하는 고사가 있다.

9 朝臣**조신** : 齊(제)나라 孟嘗君(맹상군)이 금(琴)을 잘 타는 雍門子周(옹문자주)에게 "금(琴)으로 나를 울릴 수 있겠는가?" 하고 물어, 옹문자주가 권력의 무상함을 열거한 후 금을 연주하여 그를 크게 울렸다는 고사가 있다.

10 威海衛**위해위** : 威海(위해)는 중국 山東省(산동성) 가장 동쪽에 위치한 도시이다. 삼면이 바다로 둘러싸여 있으며 동쪽으로 한반도를 마주보고 있다. 威海衛(위해위)는 1898년부터 1930년까지 이곳에 조성된 영국 租界地(조계지)로, 면세가 되는 자유 무역항이어서 수렵과 온천 등 여행 사업이 발전하였다.

11 攪**교** : 휘젓다. 어지럽게 하다.

해설

이국에서의 아름답던 순간들과 고난 속에 키워왔던 꿈이 주마등처럼 스쳐지나가고, 동지들의 분열에 중국 내의 정치 판도까지 더하여진 엄혹한 현실을 실감하며, 고국이 바라다 보이는 威海(위해)의 뱃전에서 그예 눈물을 흘리시는 예관 선생이시다.

지난 날 '漁陽 仙扉'의 '蒹葭와 玉樹'처럼 그림 같던 두 사람이란, 2차 혁명 실패 후 1915년 10월 29일 상해로 돌아와, 총리였던 孫文(손문)으로부터 淞滬司令長官(상해 사령장관)을 임명받고 法租界 環龍路 老漁陽里(법조계 환룡로 노어양리 5호 : 현재 南昌路 100弄 내)에 中華革命黨上海總機關部(중화혁명당 상해 총기관부)를 설치하고 집무실과 연결된 거주지에 머물던 陳其美(진기미)와, 당시 이곳을 자주 드나들던 그의 조카 陳果夫(진과부, 1892~1951)를 일컫는 듯하다. 이는 바로 뒤 숙질(叔姪) 간인 선생의 형님과 숙부가 등장하는 제 3, 4구와도 호응한다.

젊은 나이에 저격을 당하여 세상을 떠난 벗과 그 형제를 떠올리고, 공들였던 일이 중도에 허사가 되어 권력의 무상함에 공감하는 내용으로 보아, 1922년 즈음 말년의 작품으로 추정된다.

부도 정거장에서 감회를 씀

涪都車站題感[1·2]

고향산천은 어드메인가	鄕山何處是
하루면 가 볼 수 있으련만.	一日可相親[3]
고개 돌려 창망히 섰자니	回首蒼茫立
장승만도 못한 처지라.	不如木偶人[4·5]

주석

1 涪부 : 부수(涪水)는 본래 사천성(泗川省) 송반현(松潘縣)에서 발원하여 동남쪽으로 흐르는 강 이름이다. 1940년에 중경시(重慶市)를 부도(涪都)라고 부르기도 하였다는 기록이 있는데, 이 시에서는 시구와 부합하지 않는 듯이 보인다. 해설 참조.

2 車站차참 : 【중국어】 chēzhàn, 역(驛). 버스 정류장

3 고국에서 멀리 떨어진 곳에 와 있음을 상심한 것이다.

4 不如불여 : 〖통용본〗에는 "不知"로 되어 있으나, 〖필사본〗에는 "不如"로 되어 있는데, 시기상으로 앞서고 문맥상으로도 자연스러운 〖필사본〗에 따른다.

5 木偶人목우인 : 장승

해설

涪州(부주)는 唐(당) 武德 원년(618)에 설치했으며, 관할은 涪陵縣(오늘날 四川省 涪陵市)이다. 또한 인근의 綿陽(면양)을 부성(涪城)이라고 일컫기도 한다. 이름대로라면 이 시는 泗川省(사천성) 重慶(중경)에 흘러드는 강, 涪江(부강) 인근의 역(驛)에서 읊은 것이라 볼 수 있다. 그러나 중경까지는 1940년대까지 철로가 연결되지 못하였으므로 '車站'이 '중경 기차역'을 가리키는 것은 불가능하다. '차참(車站)에는 '버스 정류장'이란 뜻도 있지만, 역시 민국(民

國) 시기에 버스로 가기에도 미개발의 험로로서 쉽지 않았을 것이다.

더구나 '하루면 고향에 가볼 수 있다'는 시의 앞 두 구절은, 말년에 지은 〈過煙台題感(연태에서 감회를 읊음)〉 시의 "仁川如何到, 二十四鍾間(인천에는 어떻게 갈 수 있을까. 스물 네 시간이면 가는 길인데)" 구절과의 연관성을 짐작케 한다.

煙台(연태)의 옛 이름은 "芝罘(중국어 zhi fu)"이고, 清代(청대) 이전에는 "罘(fu)"라고만 불렀다. 『史記(사기)』의 기록에 따르자면, 秦始皇(진시황) 28년(B.C.219)에 진시황이 동쪽으로 순수(巡狩)를 나아가, 세 차례 罘山(부산)에 올라, 처음으로 芝罘라는 이름을 얻게 되었다고 한다. '芝罘'는 '之罘'라고도 불렸으며,《前漢·郊祀志 注(전한. 교사지 주)》에 "之罘山, 在東萊腄縣(지부산은 동래수현에 있다)"고도 하였는데, 여기서 腄縣은 錘縣(추현)이라고도 불리는 現 山東省(산동성) 烟台市(연태시) 福山區(복산구)로서, 역시 '福山' 의 '福' 음이 fu인 것도 '罘'와 통한다.

육지와 이어진 섬, 芝罘島(지부도)에는 연태항의 주요한 어업기지, 해운기지, 조선공업기지 등이 자리 잡고 있다. 烟台(연태) 바닷가 가까운 煙台 西驛(서역) 옆에는 涪江路(부강로)라는 거리명도 있다. 이 이름의 유래는 무척 오래되어, 1899년 4월 15일자 한국의《황성신문(皇城新聞)》 기사에는 芝罘港(지부항)이라는 언급이 있고, 1911년 2월 4일자 한국의《每日新報(매일신보)》 2면 "芝罘의 惡疫猖獗"이라는 제하의 기사에서는 "대련(大連) 격리소 내에 3인…" 운운하며 "芝罘領事의 보고(報告)"를 거론하였다.

위 시에서 涪都(부도)의 '涪'가 '罘'와 동음(同音) 'fu'이므로, 옛 전적(典籍)에 해박하신 예관 선생께서는 고국으로 가는 배 대신에, 고개를 돌려(回首) 중국 내륙으로 향하는 차를 기다릴 수밖에 없는 煙台(연태)에서의 감회를 쓴 작품이 아닐까 생각된다.

연태를 지날 때 소감을 적다

過煙台[1]題感

꿈에 고향집에 들렀는데, 세상 떠난 동생 남식이와 병석의 아내가 같이 보였다. 역시 한바탕 어지러운 꿈이다.

夢到家, 亡弟南植及病妻均現, 亦一亂夢也.

아아 고생하는 정위 새여	咄咄精禽苦[2·3]
바다를 메우려고 애만 쓰다 돌아가네.	期期填海還
조각구름은 동생의 넋이런가	片雲看弟魄
초승달은 아내 얼굴이런가.	纖月對卿顔[4]
솟구치는 물결에 마음은 아직 장하건만	波湧心猶壯
흔들리는 배에서 꿈자리도 사납구나.	舟搖夢不安
인천에는 어떻게 갈 수 있나	仁川如何到
스물 네 시간이면 가는 길인데.	二十四鍾間[5·6]

주석

1 煙台연태 : 중국 산동성(山東省) 동부, 교동반도(膠東半島) 북부의 항구도시

2 咄咄돌돌 : 탄식하는 소리

3 精禽填海정금전해 : 전설 속의 정위(精衛)라는 새는 본래 염제(炎帝)의 딸이었는데, 동해(東海)에 놀러갔다가 물에 빠져 죽은 후 새로 변하여, 서산(西山)의 나뭇가지와 돌을 물어다가 떨어뜨려 바다를 메우려 하였다고 한다. 어림없는 일을 도모하는 것을 비유한다.

4 纖月섬월 : 초승달. 『필사본』에는 약자(約字) '纎'으로 표기되어 있다.

卿경 : 【중국어】 qīng, 그대

5 鍾종 : 【중국어】 zhōng, 시간

6 개항 이후 인천(仁川)에서 중국 연태(煙台)를 오가는 배편은 유서 깊은 선박노선이다.

해설

도모하던 일들이 허사가 되어 심란하기 그지없는 마음을 안고, 되돌아가는 밤배에서 지은 시이다.

혜원 아우의 아버님(호는 성암) 회갑을 경하드리며

恭賀惠園仁弟[1]春庭大人[2](號城菴)六十一壽

탄생하신 그날이 다시 돌아와	重回嶽降喜期年
오색 춤과 고운 가락으로 생신 잔치 홍겹고	彩舞瑤絃共一筵
남극 노인성 뜨는 장수 마을	南極老星長壽城[3·4]
동계의 2월은 봄빛이 한창이리.	東溪二月仲春天
근면한 보람으로 전원은 아름답고	積勤成業田園美
학업으로 이름 날려 자제들 어지네.	篤學揚名子舍賢
외로운 나그네 시를 읊어 멀리서 감축드리니	孤客吟風遙獻賀
그 댁의 번성함은 길이 전해지리라.	君家盛事永相傳

주석

1 『통용본』에는 "惠仁園弟'로 되어 통용되어 왔으나, 『필사본』에는 '惠園仁弟'로 되어 있고, 『아목루』 시집에 〈送惠園弟赴美洲(미국으로 떠나는 혜원 아우를 배웅하며)〉 제목이 붙은 시가 있으므로, 『필사본』에 따른다.

2 春庭大人춘정대인 : 상대방의 아버님을 부르는 호칭

3 老人星노인성 : 장수(長壽)를 관장하는 별 canopus, 남극노인성(南極老人星)

4 城성 : 호(號)인 성암(城菴)을 연상시킨다.

해설

위 작품의 증여 대상이 누구인지 불분명하여 미계년에 귀속하였는데, 기존 판본의 잘못된 표기를 감안해 볼 때, 예관 선생이 특히 아끼던 혜원(惠園) 아우 신덕(申德)군 아버님의 회갑을 축원하는 시임은 분명하다. 또한 동계(東溪)라는 지역이 언급된 것으로 미루어 볼 때, 예관 선생의 고향 계산리(桂山里)가 속해있었던 충북 문의현 동면과의 연계성도 생각해 봄 직하다.

앞서 1912년 작품으로 계년 된 신덕(申德) 군에게 준 〈送惠園弟赴美洲(미국으로 떠나는 혜원 아우를 배웅하며)〉 시에서 확인한 바와 같이, 신덕이란 이름은 당시 많은 망명인들이 쓰던 가명이 아니라 실명(實名)이다. 4년간의 미국 유학 기간 동안 두 번의 개복수술을 하였고 급기야는 신병 치료를 위해 1917년 귀국한다는《新韓民報(신한민보)》 기사 이후, 국내외에서 그의 추후 활동에 대한 글들을 찾아볼 수 없고, 국내 양대 신씨 족보에도 신덕이란 이름이 보이지 않아, 현재로서는 그의 국내 활동 상황이나 부친의 실명을 추적하기 어렵다.

영락정 시로 철아 아우에게 줌

以永樂亭詩贈鐵兒弟[1]

형제 다정하고 자제들 어진 댁	棣蕚同聯賢子舍[2]
아득한 별빛이 노인정에 내려 축수하네.	星芒遙祝老人亭[3·4]
우리 금수강산은 무사할 수 있으리니	我山我水能無恙[5]
우리들 귀향을 기다려 맞아 주리라.	待吾還鄕倘可迎

주석

1 鐵兒철아 : 申武(申相武). 〈旅泰樓(여태루)〉, 〈乘江西船發向青島(강서선을 타고 청도로 떠나며)〉, 〈輓鐵兒盟弟(철아 맹제 만사)〉 시 참조.

2 棣蕚체악 : 형제. "常棣之華, 鄂不韡韡. 凡今之人, 莫如兄弟(아가위 꽃들이여, 꽃받침이 크기도 하다. 이 세상에 아무도 형제보다 좋은 이 없어라)" 『詩經(시경)』 《小雅(소아)》 〈常棣(상체)〉. '常棣'는 '棠棣'(당체)로 아가위나무이다.

3 星芒성망 : 별빛. 장수를 관장하는 노인성 별빛. 〈恭賀惠仁園弟春庭大人(혜원 아우 아버님의 회갑을 경하드리며)〉 시 참조.

4 老人亭노인정 : 제목의 영락정을 이른다.

5 恙양 : 근심

해설

이 작품은 내용으로 미루어 볼 때, 철아(鐵兒) 군의 인척으로 고국에 계신 노인을 축수하는 시로 추정된다. 〈自題吾廬(나의 집을 읊다)〉 시 류의 작품에 종종 등장하는 '我山我水' 같은 표현이 많아 1913년 말 이후의 작품으로 추정해 볼 수 있을 것 같다.

철아 맹제 만사

輓鐵兒盟弟[1]

성명은 신무, 호는 철아·申武 號鐵兒[2]

장한 회포로 함께 떨쳐나섰고	壯懷共奮
온갖 고초 같이 겪어내었지.	苦境同嘗
사귄지 벌써 십 년이 지났거니	交已歷十年
난초처럼 마음 맞아 막역하게 되었지.	契洽芝蘭成莫逆[3·4]
여러 공부 많이도 했건만	求學彌殷[5]
시국을 근심하다 병을 얻었지.	憂時生病
서른 살도 다 못 채우고	壽未滿三秩[6]
심혈 다해 노래하고 홀연 영 이별이시런가.	嘔完心血遽長辭[7·8]

주석

1 盟弟맹제 : 의형제

2 鐵兒철아 : 〈旅泰樓(여태루)〉, 〈乘江西船發向青島(강서선을 타고 청도로 향하며)〉, 〈以永樂亭詩贈鐵兒弟(영락정 시로 철아 아우에게 줌)〉 시 참조.

3 契洽계흡 : 서로 맞다. 일치하다.

4 芝蘭지란 : 지초와 난초. 『孔子家語(공자가어)』에 "선(善)한 사람과 함께 지내면 마치 지란(芝蘭)이 있는 방에 들어간 것과 같아 그 향기는 못 맡더라도 오래 지나면 스며든다" 하였다. 어진 벗과 사귀면 자기도 모르는 사이 그 영향으로 어질게 된다는 뜻이다.

5 彌殷미은 : 두루 열심히 하다.

6 秩질 : 쌓아놓는 것. 여기서는 10년 단위를 가리킨 듯하다.

7 嘔구 : 노래하다

8 辭사 : 하직하다

해설

주석에서 밝혔듯이 鐵兒(철아)는 『아목루』 시집에 여러 차례 등장하지만, 그에 관련된 기록은 없고, 부제(副題)에 본명으로 추정되는 申武(신무)란 인물에 대해서도 상세한 자료를 찾기 어렵다. 다만 1912년 7월 申圭植, 朴殷植 등 30여 명이 동제사(同濟社)를 결성하였을 때 대표자 명단에 申武(申相武)라고 표기된 것이 있으며, 1916년 창졸간에 살해된 陳其美(진기미)를 애도한 한국인(韓國人) 명단에 신철아(申鐵兒)가 있다. 위 애도시의 "십 년" 지기라는 표현에서 1921년 즈음까지 예관 선생과 상해에서 고락(苦樂)을 함께 했던 후배인 듯하다.

한편 독립운동가 주진수(朱鎭洙, 1878~1936), 조만식(趙晩埴, 1883~1931, 古堂과 동명이인) 등의 기록에도 신상무(申相武)가 등장하나, 길림(吉林) 등지에서 활약하였다는 申相武는 1925년 즈음까지도 생존하던 동명이인으로 보인다.

찾아보기

ㄷ

ㅇ

ㅈ

ㅊ

ㅋ

ㅌ

기타